HENRY BRADSHAW SOCIETY

ffounded in the year of Our Lord 1890
for the editing of Rare Liturgical Texts

VOLUME CX

ISSUED TO MEMBERS FOR THE YEAR 1995
AND
PUBLISHED FOR THE SOCIETY
BY
THE BOYDELL PRESS

HENRY BRADSHAW SOCIETY

for the editing of rare liturgical texts

PRESIDENT

The Very Revd Professor Henry Chadwick, KBE, DD, FBA

VICE-PRESIDENTS

Professor Dr Helmut Gneuss, FBA
Christopher Hohler Esq., FSA
M. Michel Huglo
Professor Aimé-Georges Martimort
The Revd Professor Richard W. Pfaff, DD, FSA
Professor Achille Triacca

OFFICERS OF THE COUNCIL

Revd H. E. J. Cowdrey, FBA (Chairman)
D. F. L. Chadd Esq. (General Secretary)
Professor M. Lapidge, LittD, FSA (Publications Secretary)
Dr M. B. Moreton (Treasurer)

Enquiries concerning membership of the Society should be addressed to the Hon. General Secretary, D. F. L. Chadd, School of Art History & Music, University of East Anglia, Norwich NR4 7TJ.

THE SACRAMENTARY OF ECHTERNACH

(Paris, Bibliothèque Nationale, MS. lat. 9433)

Edited by

Yitzhak Hen

LONDON
1997

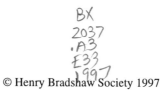

First published for the Henry Bradshaw Society 1997
by The Boydell Press
an imprint of Boydell & Brewer Ltd
PO Box 9, Woodbridge, Suffolk IP12 3DF, UK
and of Boydell & Brewer Inc.
PO Box 41026, Rochester, NY 14604-4126, USA

ISBN 1 870252 08 X

ISSN 0144-0241

British Library Cataloguing-in-Publication Data
The sacramentary of Echternach (Paris Bibliothèque Nationale,
lat. 9433).—(Henry Bradshaw Society ; v. 110)
1. Sacramentaries – France   2. Sacramentaries – Criticism,
interpretation, etc. – France
I. Hen, Yitzhak   II. Henry Bradshaw Society
264'.023'0944
ISBN 187025208X

Typeset by Galleon Typesetting, Ipswich

This publication is printed on acid-free paper

Printed in Great Britain by
St Edmundsbury Press Ltd, Bury St Edmunds, Suffolk

TABLE OF CONTENTS

To My Parents

PUBLICATION SECRETARY'S PREFACE

For the period before the eleventh century, which saw the emergence of the plenary missal, the sacramentary was the mass-book *par excellence*: it was a type of book of which every church, indeed every priest, needed to have a copy. Inevitably, thousands of manuscript sacramentaries survive from the period before *c.* 1100; and since each church venerated its own local saints, and often preserved its own local liturgical traditions, it is not surprising that no two early medieval sacramentaries are identical. On the other hand, following the liturgical reforms associated with Charlemagne, a text-type broadly described as 'Gregorian' emerged as dominant, with the result that most manuscript sacramentaries of the later ninth, tenth and eleventh centuries have a common and stable core, although they also normally exhibit local and individual variations. Given this common 'Gregorian' core, however, and given the fact that the principal 'Gregorian' types are available in excellent modern editions, the question is frequently posed to the HBS Council of whether there is any merit in printing individual sacramentaries *in extenso*. The Council's deliberations on this question may be summarized approximately as follows. In spite of the common 'Gregorian' core shared by many sacramentaries, the local and individual variation found in many of them justifies printing *in extenso*, particularly in cases where the sacramentary in question has a substantial number of variations, or is eccentric in some important respect. Furthermore, it has become the Council's policy in recent years to provide each edition with (what we call) 'collation tables', so that the individual variation in a sacramentary – indeed in any liturgical book – can be seen at a glance, and the unique elements in its composition quickly grasped. It must also be said, finally, that individual 'Gregorian' prayers were seldom reproduced verbatim by scribes, and it is only by having access to the printed text that such variation can be seen and studied.

The justification of the Council's deliberations on these matters will be appreciated in the case of the present 'Sacramentary of Echternach', by any standard one of the most eccentric mass-books of the early Middle Ages. As Dr Hen shows, the compiler of the sacramentary, working at Echternach some few years before 900, was apparently drawing on three separate sources: a Gregorian sacramentary of the *Hadrianum* type, an Eighth-Century Gelasian, and an Old Gelasian, so that the compilation has been referred to as a 'Gelasianised Gregorian' sacramentary. From a Gregorian exemplar he adopted the arrangement of placing the *ordo missae* and the Roman Canon at the beginning of the book, as well as a large proportion of the prayers which are contained in the book; from an Eighth-Century Gelasian mass-book he took a number of distinctive prayers; and from an Old Gelasian exemplar he took the division into three books (one each for the temporale, the sanctorale and votive masses), together with various prayers. The admixture of these three sources casts fascinating light on Carolingian liturgical scholarship; interestingly, it also casts indirect but valuable light on the liturgical resources which may have been available to St Willibrord at the time of Echternach's foundation, and hence on the liturgy which may have been brought to the Continent by Willibrord from his native England.

Given these three distinct sources, however, the resulting compilation is (not surprisingly) a massive work. The size of the compilation posed problems for the Council of the HBS, which was obliged to entertain the possibility of issuing the text of the 'Sacramentary of Echternach' without collation tables, thereby reducing the book to more manageable (and less costly) proportions. It was felt, however, that the collation tables were indispensable for analysis of the discrete components of the sacramentary. The additional expense of publishing the 'Sacramentary of Echternach' has been met by a generous grant from The Scouloudi Foundation in association with the Institute of Historical Research (London). As a result of this subvention, here gratefully acknowledged, it is possible to issue 'The Sacramentary of Echternach' to members for the year 1995.

M.L.
January 1997

PREFACE

Like all endeavours of this kind, this edition of the Sacramentary of Echternach could not have been undertaken, or completed, without the extensive assistance and support of many individuals and institutions, and it is a great pleasure as well as a considerable obligation to thank them all here. I would like in particular to thank Marios Costambeys, Mayke De Jong, Mary Garrison, Matthew Innes, Amnon Linder, Rob Meens, Jinty Nelson, Tieneke Neyman, Susan Rankin, and Miri Rubin, with whom I have discussed various issues related to the early medieval liturgy of Echternach.

Yet, foremost among those who helped me are two individuals who offered much intellectual stimulation and support. Rosamond McKitterick has given me abundant advice and consistent encouragement throughout. Her friendship and critical comments have always been crucial, and her lucid suggestions have helped me to improve this edition immensely. Then it was Michael Lapidge who came forward, and championed my cause with the Henry Bradshaw Society. He offered much help and advice, liturgical as well as editorial. He also read the manuscript with great care and made numerous helpful suggestions regarding its content and presentation. Rosamond, Michael and, of course, Rosalind Love who kindly proof-read the entire text, have saved me from a multitude of errors, and any that remain are my own.

It is further a great pleasure to thank 'Yad Hanadiv', whose generous post-doctoral grant enabled me to work peacefully on the present edition of the Sacramentary of Echternach. Special thanks should go to Ariel Weiss and Nethanya Isaac, both from 'Yad Hanadiv', for being so patient and attentive to my queries.

To the following libraries, where I have spent many hours collating manuscripts or gathering material, I am grateful for their help: the Bibliothèque Nationale, Paris; the University Library, Cambridge; the Bodleian Library, Oxford; the British Library, London; the University and National Library, Jerusalem; and the University Library, Haifa. Thanks should also go to the staff of Boydell and Brewer who saw the book through press.

Finally, I should like to thank my wife, Racheli, for her unfailing support, and to my parents. To them I dedicate this book – one small way of saying thank you for so much.

Y.H.

ABBREVIATIONS

AASS	*Acta Sanctorum* (Antwerp and Brussels, 1643–)
Bede, *HE*	*Historia Ecclesiastica Gentis Anglorum*, eds. and trs. B. Colgrave and R.A.B. Mynors (Oxford, 1969; rev. ed. 1991)
BL	British Library
BM	Bibliothèque Municipale
BN	Bibliothèque Nationale
Bobbio	*The Bobbio Missal. A Gallican Mass-Book*, ed. E.A. Lowe, HBS 58 (London, 1920)
CCCM	*Corpus Christianorum, continuatio medievalis* (Turnhout, 1969–)
CCSL	*Corpus Christianorum, series latina* (Turnhout, 1953–)
CLA	E.A. Lowe, ed., *Codices Latini Antiquiores. A Palaeographical Guide to Latin Manuscripts prior to the Ninth Century*, 11 vols. + supplement (Oxford, 1935–71)
DACL	*Dictionaire d'archéologie chrétienne et de liturgie*, ed. F. Cabrol and H. Leclercq (Paris, 1907–53)
Gellone	*Liber Sacramentorum Gellonensis*, eds. A. Dumas & J. Deshusses, *CCSL* 159 (Turnhout, 1981)
Gothicum	*Missale Gothicum*, ed. L.C. Mohlberg, RED 5 (Rome, 1961)
Hadrianum	*Le Sacramentaire Grégorien*, ed. J. Deshusses, Spicilegium Friburgense 16 (Freiburg, 1971)
HBS	Henry Bradshaw Society (London, 1890–)
MGH	*Monumenta Germaniae Historica*
SRG	*Scriptores Rerum Germanicarum in usum scholarum* (Hannover, 1891–)
SRM	*Scriptores Rerum Merovingicarum* (Hannover, 1885–1951)
SS	*Scriptores*
RED	Rerum Ecclesiasticarum Documenta, series maior (Rome, 1956–)
Settimane	*Settimane di studio dell Centro italiano di studi sull'alto medioevo* (Spoleto, 1954–)

Wampach I   C. Wampach, *Geschichte der Grundherrschaft Echternach im Frühmittelalter*, vol. 1 – Textband (Luxemburg, 1929)

Wampach II   C. Wampach, *Geschichte der Grundherrschaft Echternach im Frühmittelalter*, vol. 2 – Quellenband (Luxemburg, 1930)

INTRODUCTION

Echternach and its Scriptorium

The early history of the abbey of Echternach is closely related to the Anglo-Saxon missionary Willibrord, its founder and first abbot.[1] Northumbrian by birth, Willibrord was educated at the monastery of Ripon under the supervision of Wilfrid of York. In his early twenties he joined the English community at the monastery of Rath-Melsigi in Ireland, from where he was sent by Egbert to convert the pagans of Frisia. Willibrord and his band of twelve companions reached Frisia in about 690. From the beginning of their mission they received strong support from the Austrasian *major domus,* Pippin II of Herstal, without which it is hard to imagine Willibrord's mission reaching a successful outcome.[2]

[1] Our main source for the history of Echternach is the *liber aureus Epternacensis* (Gotha, Landesbibliothek, MBR. I. 71), a twelfth-century copy of the charters drawn up on behalf of the abbey of Echternach. For more details on the manuscript and its content, see Wampach I, pp. 67–110. The charters of the *liber aureus* were edited in Wampach II. Other material from the codex is edited by L. Weiland, *Monumenta Epternacensia, MGH SS* XXIII (Stuttgart, 1874), pp. 11–72. On the authenticity of the charters in the *liber aureus,* see E. Mühlbacher, 'Urkundenfälschung in Echternach', *Mitteilungen des Instituts für Österreichische Geschichtsforschung* 21 (1900), pp. 350–4. On the history of Echternach, see Wampach I; F. Prinz, *Frühes Mönchtum im Frankenreich. Kultur und Gesellschaft in Gallien, den Rheinlanden und Bayern am Beispiel der monastischen Entwicklung (4. bis 8. Jahrhundert)* (München, 1965), pp. 200–2.
[2] The sources for Willibrord's life and activity are Bede, *HE* III.13, 27, V.9–11; Alcuin, *Vita Willibrordi,* ed. W. Levison, *MGH SRM* VII, pp. 81–141; and of course Willibrord's own autobiographical note: see H.A. Wilson, ed., *The Calendar of St. Willibrord,* HBS 55 (London, 1918), fol. 39v, marginal note. For some discussion of Willibrord's career, see Wampach I, pp. 5–64; W. Levison, *England and the Continent in the Eighth Century* (Oxford, 1946), pp. 45–59; idem, 'St. Willibrord and his place in history', *Durham University Journal* 22 (1940), pp. 23–41; G. Verbist, *Saint Willibrord, Apôtre des Pays-Bas et fondateur d'Echternach* (Louvain, 1939); C. Wampach, *Sankt Willibrord, sein Leben und Lebenswerk* (Luxembourg, 1953); N. Gauthier, *L'évangélisation des pays de la Moselle* (Paris, 1980), pp. 314–30; R. McKitterick, 'The diffusion of insular culture in Neustria between 650 and 850: the implications of the manuscript evidence', in H. Atsma, ed., *La Neustrie. Les pays au nord de la Loire de 650 à 850,* Beihefte de Francia 16 (Sigmaringen, 1989), pp. 395–432, especially pp. 422–9; I.N. Wood, *The Merovingian Kingdoms, 450–751* (London, 1994), pp. 317–21, and the two recent volumes of papers dedicated to Willibrord and his time: G. Kiesel and J. Schroeder, eds., *Willibrord Apostel der Niederlande Gründer der Abtei Echternach* (Luxembourg, 1989); P. Bange and A.G. Weiler, eds., *Willibrord, zijn Wereld en zijn Werk* (Nijmegen, 1990).

1

At a fairly early stage of his mission, Willibrord travelled to Rome to seek the Pope's approval for his activities, and encouraged by Pippin, he visited Rome once again in 695, whence he was consecrated by the Pope as 'the archbishop of the Frisians'.[3]

In 1 November 697/8 Willibrord received from Abbess Irmina of Oeren, mother-in-law of Pippin II, her half of the family *villa* at Echternach. This included, as she herself puts it:

> basilicas in nomine sanctae trinitatis vel in honore gloriosissimae virginis Mariae, genetricis domini nostri Ihesu Christi, seu et beatissimorum apostolorum Petri et Pauli vel ceterorum sanctorum in villa mea propria quae vocatur Epternacus, sita super fluvio Sura, seu et monesteriolum ibidem ad monachos peregrinos conversandum vel pauperes ibidem alimoniam petendum pro divino respectu vel pro animae meae remedio construxi.[4]

This donation was complemented a few years later by Pippin II and his wife, Plectrudis, who gave their half of the estate to Willibrord.[5]

Willibrord and his community settled in the *monesteriolum* given to him by Irmina, who continued heaping on him additional gifts of land, furniture and vestments.[6] Through numerous donations made to the monastery itself, and sometimes to Willibrord personally, the monastery gained a vast amount of resources, and thus became the most important ecclesiastical foundation in the Moselle region of Austrasia, near Trier.[7] Sponsored by the local aristocracy of Toxandria and Hesse, a new monastery was constructed at Echternach between 704 and 706, to replace the small and inadequate *monesteriolum*.[8]

Willibrord died at the age of ninety on 7 November 739 in Utrecht. According to his will, his body was transferred to the basilica of Echternach,[9] and all the gifts he had received personally were left to the monastery.[10] Under Willibrord's successors Echternach continued

---

[3] Bede, *HE* V.11: 'Fresorum genti archiepiscopus'.

[4] Wampach II, no. 3, pp. 17–20, at p.19. On the nature of the donations made to Echternach and to Willibrord himself, see M. Costambeys, 'An aristocratic community on the northern Frankish frontier 690–726', *Early Medieval Europe* 3 (1994), pp. 39–62.

[5] Wampach II, no. 14, pp. 38–41.

[6] Wampach II, nos. 4, 6, 9, 10, 12, pp. 20–3, 24–6, 31–4, 36–7.

[7] See R. Gerberding, *The Rise of the Carolingians and the Liber Historiae Francorum* (Oxford, 1987), pp. 126–9, 134–6; Costambeys, 'An aristocratic', pp. 39–62; and see the various charters in Wampach II.

[8] Wampach II, nos. 13–15, pp. 37–43. See also H. Cüppers, 'Die Basilika des heiligen Willibrord zu Echternach und ihre Vorgängerbauten', *Hémecht* 27 (1975), pp. 233–49; Gauthier, *L'evangelisation*, pp. 319–21. The constructions were completed before 13 May 706, as indicated by Pippin's and Plectrudis' charter (Wampach II, no. 15, pp. 41–3).

[9] That was on 10 November 739.

[10] For Willibrord's will, see Wampach II, no. 39, pp. 83–97.

growing. Gifts were continuously bestowed on the monastery by various aristocrats, and especially by members of the Carolingian family. With Pippin III's accession to the throne, Echternach became a royal monastery, and from then on was under the protection of the Carolingian kings.[11]

At a fairly early stage of the monastery's history a scriptorium was established at Echternach. The existence of such a scriptorium is attested by four manuscripts, all written and decorated in the Insular style.[12] Three of these manuscripts were signed by scribes who also wrote charters for Echternach, that is, a Book of Prophets (from Jeremiah to Malachi) written by the scribe Virgilius,[13] the Augsburg Gospels and the *Martyrologium Hieronymianum* both signed by the scribe Laurentius.[14] The fourth manuscript contains a short biographical statement written in Willibrord's own hand.[15] It is reasonable to assume that Willibrord brought with him to the Continent not only books, but also trained scribes to provide for the ever-growing demand for books. These presumably formed the nucleus around which a new scriptorium was founded at the abbey of Echternach.

During the course of the eighth and the ninth century the scriptorium at Echternach witnessed an immense growth. This expansion is well attested by the names of more than twenty scribes who drew up charters on behalf of the monastery,[16] and by the relatively large number of

---

[11] See Wampach I, pp. 141–98.

[12] The notion of a scriptorium at Echternach was first introduced by E.H. Zimmermann, *Vorkarolingische Miniaturen* (Berlin, 1916), pp. 122–30. On the early scriptorium of Echternach, see C. Nordenfalk, 'On the age of the earliest Echternach manuscripts', *Acta Archaeologica* 3 (1932), pp. 57–62; McKitterick, 'The diffusion', pp. 422–30; eadem, 'Frankish Uncial: a new context for the Echternach scriptorium', in Bange and Weiler, eds., *Willibrord*, pp. 374–88; N. Netzer, 'The early scriptorium at Echternach: the state of the question', in Kiesel and Schroeder, eds., *Willibrord*, pp. 127–37 with plates on pp. 311–18; eadem, 'Willibrord's Scriptorium at Echternach and its relationship to Ireland and Lindisfarne', in G. Bonner, D. Rollason, and C. Stancliffe, eds., *St Cuthbert, His Cult and His Community to A.D. 1200* (Woodbridge, 1989), pp. 203–12; and more recently her splendid book *Cultural Interplay in the Eighth Century. The Trier Gospels and the Making of a Scriptorium at Echternach* (Cambridge, 1994), especially pp. 4–11.

[13] Paris, BN lat. 9382 (*CLA* V.577). For the charters written by Virgilius, see Wampach II, nos. 16, 31, 32, pp. 43–6, 72–6.

[14] Augsburg, Universitätsbibliothek, Cod. 1.2.4°2 (*CLA* VIII.1215) and Paris, BN lat. 10837, ff. 1–33 (*CLA* V.605). For the charters written by Laurentius, see Wampach II, nos. 8, 17, 28, 32, pp. 27–31, 46–48, 68–70, 76. The *liber aureus* also identifies this Laurentius with the scribe Virgilius. For the identification, see Wampach II, no. 32, p. 76, which is a summary of a lost charter. On this issue, see I. Heidrich, 'Titular und Urkunden der arnulfingischen Hausmeier', *Archiv für Diplomatik* 11/12 (1965/6), pp. 71–279, at p. 174, n. 504.

[15] This is Willibrord's calendar, Paris, BN lat. 10837, ff. 34–41 (*CLA* V.606a).

[16] See McKitterick, 'The diffusion', p. 429.

manuscripts whose Echternach provenance is nowadays acknowledged by most scholars.[17] The scriptorium of Echternach was a meeting point where various Insular and Continental styles and methods were allowed to interact freely,[18] and consequently it became one of the most prolific of the early medieval scriptoria in northern Gaul. Such interactions, one must remember, lay behind the splendid products of the Carolingian renaissance.[19]

It was at the end of the ninth century, in this distinctive and busy scriptorium, that a scribe compiled the peculiar and quaint Sacramentary of Echternach.

The Sacramentary of Echternach (Paris, BN lat. 9433): Technical Description

The manuscript known as the Sacramentary of Echternach is now in the Bibliothèque Nationale in Paris, where it bears the press-mark *MS. lat. 9433*. The manuscript's old shelf mark *Suppl. l. 227 A* is still visible on the top-right corner of f. 1r, underneath which the numbers *8[. . .]6*, perhaps part of an even older shelf-mark, can still be seen. The sixteenth-century shelf mark, and a short statement of the volume's content – *B7: Continet ordinationem beati Jeronimi de officio misse* – were written on the top-left corner of f. 1r during the re-arrangement of the abbey's library under the archivist Willibrord Schramn.[20] The manuscript remained in Echternach's library throughout the Middle

---

[17] For a list of these manuscripts, see McKitterick, 'The diffusion', p. 423; Netzer, *Cultural Interplay*, pp. 9–11. On the ultimately unconvincing attempt to attribute several of the Echternach manuscripts to Ireland or Anglo-Saxon England, see D. Ó Cróinín, 'Pride and prejudice', *Peritia* 1 (1982), pp. 352–62; idem, 'Rath Melsigi, Willibrord, and the earliest Echternach manuscripts', *Peritia* 3 (1984), pp. 17–42; idem, 'Is the Augsburg Gospel codex a Northumbrian manuscript?', in Bonner, Rollason, and Stancliffe, eds., *St Cuthbert*, pp. 189–201; and compare the above cited studies by McKitterick and Netzer.

[18] An excellent example of this is the Trier Gospels (Trier, Domschatz 61; *CLA* IX.1364). See Netzer, *Cultural Interplay*, passim.

[19] A study of Echternach and its scriptorium in the ninth century is badly needed. For the tenth century onwards, see J. Schroeder, 'Bibliothek und Schule der Abtei Echternach um die Jahrtausendwende', *Publications de la Section Historique de l'Institute G.-D. de Luxembourg* 91 (Luxembourg, 1977), pp. 201–377; H. Hoffmann, *Buchkunst und Königtum im ottonischen und frühsalischen Reich*, Schriften der MGH 30 (Stuttgart, 1986), vol. 1, pp. 509–11. For a general survey, see now M.C. Ferrari, *Sancti Willibrordi Venerantes Memoriam. Echternacher Schreiber und Schriftsteller von den Angelsachsen bis Johann Bertels* (Luxembourg, 1994).

[20] On the re-arrangement of the library under Willibrord Schramn, see Schroeder, 'Bibliothek', pp. 228–9.

Ages, and it appears in the eighteenth-century library catalogue as *de oficiis misae et sacramentis*.[21] During the French revolution, after the fall of Echternach on 12 December 1794, the manuscript was transferred with many other manuscripts from Echternach to Paris. It then entered the royal collection, and subsequently the collection of the Bibliothèque Nationale.

MATERIAL

The manuscript is written on stiff and well prepared parchment, though not of uniform quality. A different kind of coarse parchment, of a much lower quality, was used for ff. 1–2 and 159–60, which were added to the manuscript at a later stage.

The ink with which the manuscript was written has survived remarkably well. Usually the writing on the flesh side is as clear and legible as the writing on the hair side, although in some places (such as ff. 5–12) the writing on the flesh side has deteriorated, and is almost illegible. The colour of the ink ranges from a pale brown hue to dark brown, which is the result of differences in ink mixing rather than the effect of time on the ink.

Colours were also used by the scribe. Red was used mainly for capital letters (not for *Vere Dignum* however) and headings in Uncial script, while green, yellow and orange were used in the decorated initials on ff. 3r, 5r, 14v, 20v, 21r & v, 22r & v and 241r (also with blue).

LEAVES

The manuscript consists of 259 folios, and not 260 as often reported. The folios are numbered twice, in two different sequences, both in so-called Arabic numerals. Both numbers appear at the top-right corner of each folio. The two numerations are obviously later than the manuscript itself, and they were added after the now-missing folios of the original codex were removed. Sequence 1, which is the sequence I use throughout this edition, is later, and it takes into account the fly-leaves added at a later stage. Thus, the folios according to sequence 1 are numbered from 1 to 260, whereas the numbers 190 and 191 were assigned to the same folio. The collation of the two sequences is as follows:

---

[21] On this catalogue, see Schroeder, 'Bibliothek', pp. 356–70. The manuscript described as *de oficiis misae et sacramentis* was not identified by Schroeder as Paris, BN lat. 9433; see ibid., p. 364.

Sequence 1	Sequence 2
1–2	—
3–123	1–121
124	—
125–137	122–134
138	—
139 –165	135–161
166	—
167–182	162–177
183	178
184–198	178–191
199	—
200–216	192–208
217	—
218–249	209–240
250	241
251	241
252	241
253–260	242–249

SIZE

The folios of the manuscript measure 300 x 230 mm. (202 x 138 mm.), apart from the following folios which were inserted as singletons, and thus differ in their measurements:

f. 124   185 x 85 mm. (175 x 76 mm.)
f. 138   215 x 177 mm. (r: 155 x 162 mm.; v: 145 x 152 mm.)
f. 156   220 x 140 mm. (195 x 100 mm.)
f. 183   143 x 80 mm. (112 x 70 mm.)
f. 224   220 x 130 mm. (r: 185 x 85 mm.; v: 190 x 110 mm.)

RULING

There are, normally, 26 long lines on ff. 3–18, and 22 long lines on ff. 19–258, in one column, except f. 13v and part of f. 17r, which are written in two columns, and part of f. 16v which is written in six columns. The ruling was done with a hard point on the hair side, four bifolia at a time before folding, guided by pricking at the outer margins of the bifolia.

The space between the lines measures 8 mm. in the 26 lines folios, and 9–10 mm. in the 22 lines folios. Bounding space (10 mm. width) is also provided on both sides of each folio, and is used only on the left side for capital letters (normally in red, except *Vere Dignum* which is always in black).

6

QUIRES

The manuscript has thirty-four quires which usually consist of four bifolia (eight folios) each. The bifolia are arranged with the hair side uppermost so that flesh faces flesh and hair faces hair within the quire, and hair faces hair in the middle after folding. This achieved visual uniformity and consistency to the eye.

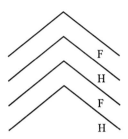

There are neither quire marks, nor catchwords, throughout the manuscript.

COLLATION

The collation of the manuscript is as follows:

* 3 modern paper leaves.
I²   ff. 1–2
II⁸   ff. 3–10
III⁸   ff. 11–18
IV⁸   ff. 19–26
V⁷   ff. 27–33

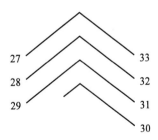

* STRENGTHENING
VI¹⁰   ff. 34–43
VII⁸   ff. 44–51
VIII⁸   ff. 52–59
IX⁸   ff. 60–67
X⁸   ff. 68–75
XI⁸   ff. 76–83

7

* STRENGTHENING
XII⁸ ff. 84–91
XIII⁸ ff. 92–99
XIV⁸ ff. 100–107
XV⁴ ff. 108–111
XVI⁸ ff. 112–119
XVII⁹ ff. 120–128

120   128
121   127
122   126
123   125

124

*STRENGTHENING
XVIII⁸ ff. 129–136
XIX⁹ ff. 137–145

137   145
138
139   144
140   143
141   142

XX⁸ ff. 146–153
XXI⁹ ff. 154–162

154   162
155   161
156
157   160
158   159

XXII⁸ ff. 163–170
XXIII⁸ ff. 171–178
* STRENGTHENING
XXIV⁹ ff. 179–187

179   187
180   186
181   185
182   184

183

XXV⁸ ff. 188–196
(ff. 190–191 are the same f.)
XXVI⁸ ff. 197–204
XXVII⁸ ff. 205–212
XXVIII⁸ ff. 213–220
XXIX⁹ ff. 221–229

```
221                  229
222                  228
223                  227
224
225                  226
```

* STRENGTHENING
XXX⁸ ff. 230–237
XXXI⁵ ff. 238–242

```
238                  242
239                  241
                     240
```

XXXII⁸ ff. 243–250
XXXIII⁸ ff. 251–258
XXXIV² ff. 259–260
* 3 modern paper leaves.

All the strengthening and the paper leaves at the beginning and the end of the codex are modern additions to the manuscript, inserted when it was rebound, probably in the later part of the nineteenth century. The modern binding is very tight, and the outside cover is made of light-brown tooled calf. Like the rest of the Echternach manuscripts in the Bibliothèque Nationale it is stamped with a monogram of Louis Philippe.

SCRIPT

The Sacramentary of Echternach, it seems, is the product of a single writing campaign of a single scribe (hereafter **A**), who copied the main part of the manuscript (ff. 4r–18v, 20v–123v, 125r–137v, 139r–155v, 157r–182v, 184r–223v, 224r–258v). The script which **A** used is unmistakably Caroline minuscule of the German type,[22] characteristic to the

---

[22] On Caroline minuscule of the German type, see B. Bischoff, *Latin Palaeography: Antiquity and the Middle Ages*, trs. D. Ó Cróinín and D. Ganz (Cambridge, 1990), pp. 112–27, especially pp. 118–22; idem, *Die südostdeutschen Schreibschulen und Bibliotheken in der Karolingerzeit*, vol. 1—Die bayerischen Diözesen (Wiesbaden, 3rd ed., 1974), and vol. 2—Die vorwiegend österreichischen Diözesen (Wiesbaden, 1980); See also Hoffmann, *Buchkunst*, and especially pp. 444–54 on Trier.

region of Trier and Echternach during the late ninth and early tenth century.[23] It is a clear and erect script, slightly inclined towards the right, and with fuller bows than normal minuscule. It has unified head and baseline, as well as ascenders and descenders. The minims are straight, and those shafts that end on the baseline often have small foot serifs, characteristic of manuscripts produced at centres with distinctive Insular tradition.

The letters have the normal form of Caroline minuscule, although the following variations can also appear:

a	Uncial *a* is the most common form, but the half-uncial open-headed *a* (almost like *u)* occurs as well.
d	Straight-backed *d* is usually the case, though uncial *d* occurs as well.
g	Half-uncial *g* which often has the lower bow slightly open.
n	Two forms, uncial and minuscule. Although the minuscule form is more common, the two are used indifferently, occurring even side by side in the same word.
m	Two forms, uncial and minuscule, although the minuscule form is more common.
q	Half-uncial *q.*
r	Short *r* is usually the case, but the rounded *r* (like 2) is also used, particularly at the end of words and after *o.*
s	Tall *s* is favoured, whereas short *s* is rarely used.
t	Flat-headed *t.*
x	A very distinctive *x*, with a very long left descender (twice as long as the letter itself).
y	Always dotted.

The headings of the prayers and the title of each sub-section in the prayer itself (i.e. *praefatio, secreta* etc.) are all written in uncial of Carolingian Franco-Saxon type,[24] mostly in red. The instructions to the

---

[23] A similar script is found in Paris, BN lat. 10864, ff. 1r–29r and 96r–118r, and it seems that Paris, BN lat. 10865, ff. 1v–23v (*Vita Willibrordi*) and Paris, BN lat. 9421, f. 1v were written by **A** as well. See Hoffmann, *Buchkunst*, pp. 484–5, 503, and 511–12 respectively. See also C. Nordenfalk, 'Ein karolingisches Sakramentar aus Echternach und seine Vorläufer', *Acta Archaeologica* 2 (1931), pp. 227–32.

[24] On Carolingian uncial script, see E.A. Lowe, 'The Morgan Golden Gospels; the date and origin of the manuscript', in D. Miner, ed., *Studies in Art and Literature for Belle da Costa Greene* (Princeton, 1954), pp. 266–79; rep. in *Palaeographical Papers*, ed. L. Bieler (Oxford, 1972), vol. 2, pp. 399–416, especially p. 406. See also R. McKitterick, 'Carolingian Uncial: a context for the Lothar Psalter', *The British Library Journal* 16 (1990), pp. 1–15.

celebrant regarding the performance of the mass are written in rustic capitals, whereas square capitals are used as display script, mainly after big decorated initials. Square capitals are also used as capital letters at the beginning of each prayer, and as such they are written on the left bounding space, mostly in red. This use of display script and the hierarchy of scripts in the Sacramentary of Echternach resemble north Frankish practice, and especially that of St Amand.[25]

From among the various corrections and additions that were made to the texts at a later stage, one should mention here another scribe, who actually started working on this codex, and abandoned it in favour of **A**. This scribe copied ff. 3r–4r in a Caroline minuscule of the German type,[26] very similar to **A**'s minuscule. Yet his script is less unified than **A**'s, more inclined to the right, without **A**'s very distinctive *x*, and with an Insular half-uncial *g*.[27] There is no indication why the task was transferred to **A**.

LIGATURES

The most common ligatures are: *ct, na, ns, nt, or, ra, rt, ri, ro, us, ut,* and two forms for *et* – & and 7. The use of *e caudata* for *ae* is most common throughout the text, and & *caudata* for *aet* occurs as well. This is in fact a very unusually varied use of ligatures, similar to the use of St Amand in the late ninth century.

ABBREVIATIONS

Abbreviations are frequent, but there is nothing unusual in them. Most of the abbreviations used by the scribe are the common syllabic abbreviations, the *nomina sacra*, and the usual liturgical ones (such as *DS, NTL* or *SCS*). In addition the scribe used various forms of contraction (such as *OR, ADC,* or *SCRT*) to indicate the following

---

[25] See Nordenfalk, 'Ein karolingisches Sakramentar', p. 208, R. McKitterick, 'Carolingian book production: some problems', *The Library* 12 (1990), pp. 1–33, at pp. 18–26; and compare, for example, ff. 21v, 22v or 174v with Saint-Amand manuscripts, such as Paris, BN lat. 2, f. 6v. On the hierarchy of scripts, see also R. McKitterick, 'Text and image in the Carolingian world', in eadem, ed., *The Uses of Literacy in Early Medieval Europe* (Cambridge, 1990), pp. 297–318, at pp. 301–4.

[26] His exemplar was, most probably, Paris, BN lat. 10837, known to have come from Echternach.

[27] This points to a clear Insular influence on Echternach's scriptorium, which is not at all surprising. See N. Netzer, 'The early scriptorium at Echternach and its relations', pp. 203–12; eadem, 'The early scriptorium at Echternach: the state of the question', pp. 127–143; McKitterick, 'The diffusion', pp. 395–432; eadem, 'The Anglo-Saxon missionaries in Germany: reflections on the manuscript evidence', *Transactions of the Cambridge Bibliographical Society* 9 (1989), pp. 291–329.

prayer-titles: *oratio, ad complendum, super oblata, secreta, praefatio,* and *super populum.*

The scribe does not use Tironian notes, apart from 7 to indicate *et,* and the rare use of ÷ to indicate *est* or *esse.*[28]

ORTHOGRAPHY

The orthography is quite regular, and the errors in spelling found in the manuscript are few. Whenever irregularities are found they are systematic, although in many cases the normal orthography is also found. The following list includes most of the peculiar forms:

c for *ch*   for example: *caticuminum* (f. 60v)
ch for *c*   for example: *archanae* (f. 30r)
ci for *ti*   for example: *propiciationem* (f. 49v)
d for *t*   for example: *adtende* (f. 248r)
e for *ae*   for example: *egypto* (f. 59r)
i for *y*   for example: *misterio* (f. 92r)
k for *c*   for example: *karissimi* (f. 58v)
p for *n*   for example: *sollempnitate* (f. 108r)
t for *d*   for example: *aput* (f. 120r)
th for *t*   for example: *thori* (f. 206v)

The correct use of the diphthong *ae* is usually maintained.

PUNCTUATION

The manuscript is punctuated throughout with great care. A *punctus* is used for short pauses, and a *punctus elevatus* is used for the long ones. Question marks occur as well, looking like a lower point with a small curving zig-zag sign on top, very similar to the form used in the palace school of Charles the Bald.[29]

Uncial *litterae notabiliores*, mostly in red, mark the beginning of a new paragraph. Smaller uncial letters are also used in a mid prayer/paragraph position to indicate the beginning of a new sentence.

NEUMES[30]

There are two sections in the manuscript where musical notation is added to the text. One is the beginning of the Roman canon before the

[28] Both 7 and ÷ are signs of Insular influence. See W.M. Lindsay, *Notae Latinae. An Account of Abbreviations in Latin Manuscripts of the Early Minuscule Period (c. 700–850)* (Cambridge, 1915; rep. Hildesheim, 1965), pp. 69–73, 74–6.
[29] Bischoff, *Latin Palaeography*, p. 170.
[30] I am grateful to Susan Rankin for the kind help she offered me in analysing the neumes of this manuscript.

Sanctus and *Te igitur* (ff. 20v–21r), and the other is the *benedictio caerei* (ff. 58v–60r). These musical notations were added by two different hands. The neumes on ff. 58v–60r are in the same colour ink as the main text, and it seems that they were added by the scribe or by somebody else at the same time of copying. The neumes on ff. 20v–21r, on the other hand, were added later, by a different hand and in a darker brown ink.

Palaeographically, the neumes of both sections belong to the Old-German type of neumatic notation, characteristic of the region of Metz and Trier, the earliest examples of which date from the late ninth and early tenth century.[31] From the difference between the two, and from the fact that the scribe of ff. 58v–60r experiments with different ways of recording the same information, it is clear that at the time there was no standardised form for the neumes at Echternach.[32] Notwithstanding the fact that the neumes in our manuscript are less beautifully written and much less uniform than the contemporary neumes known to us from St Gallen,[33] they were written nevertheless with much care and attention, and with a fair amount of detail.

The annotated texts were meant to be recited by the celebrant or the deacon during mass. Therefore, the neumes are closely tied to the structure of the text, appearing at the beginning and the end of each sentence, and thus indicating inflections. Very few neumes are found in a mid-sentence position.

NUMERATION

Roman numerals are used by the scribe to number each mass. They were added, in most cases, in the left-hand margin, during the time of copying, and thus serve as an important indication of missing folios. Although the numeration is usually consecutive and clear, the following mistakes appear:

---

[31] For an excellent general introduction to Carolingian music, see S. Rankin, 'Carolingian music', in R. McKitterick, ed., *Carolingian Culture: Emulation and Innovation* (Cambridge, 1994), pp. 274–316, and see there for further bibliography. On early medieval neumes the starting point is S. Corbin, *Die Neumen*, Palaeographie der Musik I.3, ed. W. Arlt (Cologne, 1977).

[32] For the attempt to identify a school of neumatic notation at Echternach, see S. Corbin, 'Le fonds d'Echternach à la Bibliothèque Nationale de Paris', *Annuaire de l'Ecole pratique des Hautes Etudes, IIIe section, sciences historiques et philosophiques* (Paris, 1972), pp. 374–7, and see the criticism by F.C. Lochner, 'La "notation d'Echternach" reconsidérée', *Revue belge de musicologie* 44 (1990), pp. 41–55. It is worth mentioning that the neumes in both sections are not of the type Corbin identified as coming from Echternach.

[33] See for example *Cantatorium IXe siècle, no. 359 de la Bibliothèque de Saint-Gall*, ed. A. Mocquereau, Paléographie Musicale, 2nd ser. 2 (Tournai, 1924).

Book I
    I–IV are omitted
    XI appears twice (= XI and XIa)
    XIII–XIIII are missing
    XXVII appears as LXXVII
    CXXXIIII appears twice (= CXXXIIII and CXXXIIIIa)
Book II
    XVIIII appears twice (= XVIIII and XVIIIIa)
    XLVIIII comes before XLVIII, but the scribe indicates it as a mistake
    LXXVII and LXXVIII were assigned to the same mass
    CLXVI and CLXVII are missing
Book III
    VII appears as VI
    The scribe jumps from XXIV to XXXV, and from LXXI to LXXVI
    CXIII appears three times (= CXIII, CXIIIa, and CXIIII)
    CXXVIII appears as CXXVII
    CXXVIIII is omitted
    CXXXI–CXXXIV are missing
    The scribe jumps from CXXXVII to CXXXVIIII

MISSING FOLIOS

Several folios of the original text are missing from the manuscript. It is unknown when these folios were taken out, yet it was before the folios were numbered. The missing folios are as follows:

One folio is missing between f. 29 and f. 30, containing all I:XIII and the beginning of I:XIIII.

An unknown number of folios are missing between f. 109 and f. 110, containing the end of book I and the *incipit* of book II.

A quire is missing between f. 170 and f. 171, containing the end of II:CXLV, all II:CXLVI–CLXVI, and the beginning of II:CLXVII.

Three folios are missing between f. 239 and f. 240, containing the end of III:CXXX, and all III:CXXXI–CXXXIV.

Unknown number of folios are missing after f. 258, containing the end of book III.

DECORATED INITIALS

The Sacramentary of Echternach is an extraordinary example of the Franco-Saxon style,[34] which is characterised by elaborately developed initials of intricate interlace and animal ornament, where the affinity with Insular art is deep. All evidence points to Saint-Amand, not far from Echternach, as its place of origin.[35] Nevertheless, the Franco-Saxon style was by no means a distinct house style. At an early stage it had spread throughout the regions of north-Frankish Gaul, where Insular monastic foundations were numerous, and it became the most common style in that region during the second half of the ninth century. The decorations in the Sacramentary of Echternach are confined to initials only. There are neither carpet pages, nor miniatures. The main decorative elements to be found in the Sacramentary of Echternach are abstract interlace ornaments, with animal heads (dogs and birds), and sometimes with wine leaves, a clear Roman influence.[36] Typical Franco-Saxon frames are to be found only on f. 20v and f. 21r, surrounding the beginning of the Roman canon (*Per omnia saecula . . .*) and the initial-ligature *VD* (*Vere Dignum*), and inter-spatial panels of interlace appear in many of the Sacramentary's decorated initials. Following the practice of the Franco-Saxon style, in which figural elements play a marginal role, if they appear at all,[37] there are no figurative elements in our manuscript.

The Sacramentary of Echternach, however, is not a typical product of a Franco-Saxon atelier. Unlike the lavish colours of Franco-Saxon manuscripts, products of ateliers such as Saint-Amand,[38] Saint-Vaast

[34] For an excellent analysis of the manuscript's decoration, see Nordenfalk, 'Ein karolingisches Sakramentar', pp. 212–44. See also R. Schumacher, 'L'enlumineur d'Echternach—arte européen', *Les Cahiers Luxembourgeois* 30.6 (1958), pp. 181–195, at pp. 194–5.
[35] On the early development of the Saint-Amand scriptorium, see B. Bischoff, *Die südostdeutschen Schreibschulen*, vol. 2, pp. 53–83; A. Boutémy, 'Le scriptorium et la bibliothèque de Saint-Amand', *Scriptorium* 1 (1946), pp. 6–16. For some general comments on the Franco-Saxon style, see also O. Pächt, *Book Illumination in the Middle Ages*, tr. K. Davenport (London, 1986), pp. 72–4; E. Kitzinger, *Early Medieval Art*, 2nd ed. (London, 1983), pp. 59–62. On the scriptorium of Saint-Amand and the Franco-Saxon style, see A. Boutémy, 'Le style Franco-Saxon, style de Saint-Amand', *Scriptorium* 3 (1949), pp. 260–4; idem, 'Quel fut le foyer du style franco-saxon?', *Miscellanea Tournacensia. Mélanges d'archéologie et d'histoire, Congrès de Tournai 1949* (Brussels, 1951), vol. 2, pp. 749–73; and more recently McKitterick, 'Carolingian book production', pp. 14–29; eadem, 'The Gospels of Saint Hubert', in G. Fogg and L. Berg, eds., *Art at Auction. The Year at Sotheby's 1985–86* (London, 1986), pp. 154–7.
[36] Nordenfalk, 'Ein karolingisches Sakramentar', pp. 223–5.
[37] Pächt, *Book Illumination*, p. 73.
[38] See for example the Second Bible of Charles the Bald (Paris, BN lat. 2).

d'Arras,[39] or Saint-Omer,[40] the decorated initials in the Sacramentary of Echternach are more austere. Whereas the Franco-Saxon artist loves gold and silver, bright green and blue, the artist who decorated the Sacramentary of Echternach uses mostly orange/red and darkgrey/green, sometimes with pale blue and yellow, but never with gold, silver, or shining green and blue. He also leaves many of the decorated initials untinted. Whether these features are characteristic solely of Echternach, one cannot decide until the Franco-Saxon manuscripts have been better analysed and described. It might well be, as Nordenfalk concluded, that the decorated initials in the Sacramentary of Echternach represent a later stage of the Franco-Saxon style, rather than peculiarities characteristic of a provincial scriptorium.[41]

There is no clear indication of who painted the decorated initials of the sacramentary. However, it seems more than probable that the scribe who copied the sacramentary (**A**) was also responsible for the decorations. The pale-brown ink in some of the initials gives the impression that **A** dipped his quill there, and therefore suggests that **A** and the decorator were the same man. This receives further support from another manuscript – Paris, BN lat. 10865 – in which ff. 1v–23v were also written by **A**, and whose decorated initials (on f. 1v and 4v) have a strong resemblance to Echternach's Franco-Saxon style, as manifested in the Sacramentary of Echternach.[42]

The decorated initials in the Sacramentary of Echternach can be divided into three groups. The first group includes the usual one-line square capitals which appear at the beginning of each prayer, to which small vegetal ornaments, small sections of braids, or very small interlace panels were added.[43] The second group includes those initials which measure three to five lines, and which are decorated more elaborately by bigger sections of interlace panels, by vegetal ornaments, or by vine leaves. Some of these are also painted in red.[44] Finally, there are the monumental initials which are much larger in format (ten to twenty lines) and

---

[39] See for example the Saint-Vaast Gospels (Arras, BM 1045).

[40] See for example the Psalter of Louis the German (Berlin, Staatsbibliothek, theol. lat. fº 58).

[41] Nordenfalk, 'Ein karolingisches Sakramentar', p. 225.

[42] See Hoffmann, *Buchkunst*, pp. 484–5; Nordenfalk, 'Ein karolingisches Sakramentar', pp. 229–33.

[43] These are *A* (f. 56r); *C* (f. 209v); *D* (f. 35r); *O* (f. 56v and f. 97v); *V* (f. 32v).

[44] These are *A* (f. 5r); *C* (f. 169v, f. 240v and f. 248v); *D* (f. 169v, f. 51r, f. 132r, f. 134v-uncial and f. 256r-uncial); *E* (f. 22v and f. 104r); *M* (f. 86r-uncial); *O* (f. 52r and f. 64v); *S* (f. 22v). To this group one can add an 'A' initial which depicts three curved birds with the beak of one touching the breast of another (f. 205v).

more elaborately decorated with longer braids, big panels of interlace, various terminal interlaced knots, dog heads, and vine leaves. Some of these are painted with orange, green, yellow and blue.[45]

CORRECTIONS AND ADDITIONS

Generally speaking, the corrections made by **A** are very few. In some cases **A** erased the entire word or sentence by clipping the parchment, and writing the new words over the erased space. In others, **A** simply underlined the word, and added the corrected new word interlinearly.

Not long after its compilation, the manuscript was read thoroughly and corrected in many places by another scribe (hereafter **B**), who also added several prayers. **B**'s handwriting is very similar to **A**'s, though it is a bit more cramped, and slightly inclined to the left. In the prayers he adds, **B** uses rustic capitals for headings and titles, whereas **A** would have used uncial. It seems that **B** is also responsible for the palimpsest sections on ff. 139v–140r.

Other additions and corrections by various hands were made during the tenth, eleventh, and twelfth centuries,[46] and several small fly-leaves were also added to the sacramentary throughout the years.[47] I should like to discuss more fully three of these corrections and additions. First, f. 156v, a small inserted fly-leaf, which is written in a Frankish minuscule, is contemporaneous with **A**. If indeed this small fly-leaf was written at Echternach, as is highly probable, one has another wonderful example of the variety of styles practised at the scriptorium of Echternach. Second, on ff. 163v–164r, parts containing the vigil for St Caecilia were palimpsested during the late tenth or early eleventh century, and were rewritten with a prayer commemorating Willibrord's ordination. This confirms the date of Willibrord's ordination given by his calendar (21 November), as opposed to Bede who places the ordination at the Church of St Caecilia in Rome 'die natalis eius' (i.e. 22 November).[48] And finally ff. 19v–20r, left empty by the scribe for some

---

[45] These monumental initials are *D* (f. 3r – uncial, f. 68r, f. 110r, and f. 161r – uncial); *DS* (f. 199r); *E* (f. 241r); *I* (f. 174v); *KL* (f. 5r); *O* (f. 161r, f. 175r); *P* (f. 20v—with frame); *S* (f. 14v); *T* (f. 22v and f. 249r); *VD* (f. 21r—with frame).

[46] All these are indicated in the following edition, with a short reference to their date and place of origin where traceable.

[47] See above, p. 6.

[48] Bede, *HE* V.11. The date of 22 November was adopted by a later martyrology of Echternach (Paris, BN lat. 10158), but this, as Wilson suggested, rests merely on the authority of Bede. See Wilson, *The Calendar*, pp. 42–3. On this later martyrology of Echternach, see H. Quentin, *Les martyrologes historiques du moyen âge* (Paris, 1908; rep. Aalen, 1969), pp. 233–7.

reason, were filled during the twelfth century with *benedictiones candelae* for the festival of St Mary, which points to the growth of the cult of St Mary.[49] The four folios that were added at a much later stage, two at the beginning and two at the end of the codex (ff. 1–2 and 259–60), were written by various hands during the eleventh and twelfth centuries, in a very unprofessional minuscule. These folios, apart from several prayers, lists of churches and bishops, and a sixteenth-century shelfmark, contain a small drawing depicting a dog and a couple. Both the man and the woman have their left hands extended towards the dog, as if calling him, while holding in their right hands a bouquet of flowers and a horn, respectively. It is most likely that this small realistic drawing was also added during the twelfth century.

Date and Place of Production

Ad Reiners was the first to date the Sacramentary of Echternach, attributing it to the tenth century.[50] Two years after Reiners, Léopold Delisle dated the Sacramentary of Echternach to the early years of the eleventh century.[51] That was in 1886, and for a long time afterwards Delisle's opinion remained unchallenged, and his short palaeographical analysis, 'écriture du commencement du XIᵉ siècle',[52] was echoed by several scholars who studied the Sacramentary of Echternach.[53] It was only in 1931 that Delisle's dating was rightly questioned by Carl Nordenfalk, in what is still the best study of Paris, BN lat. 9433.[54]

---

[49] On the cult of St Mary, see G. Frénaud, 'Le culte de Notre-Dame dans l'ancienne liturgie latine', in H. du Manoir, ed., *Maria*, 8 vols. (Paris, 1949–71), vol. 6, pp. 157–211; L. Scheffczyk, *Das Mariengeheimnis in Frömmigkeit und Lehre der Karolingerzeit*, Erfurt Theologische Studien 5 (Leipzig, 1959); M. Clayton, *The Cult of the Virgin Mary in Anglo-Saxon England* (Cambridge, 1990), especially pp. 1–89; J. Chélini, *L'Aube du moyen âge. Naissance de la chrétienté occidentale* (Paris, 1991), pp. 316–18.

[50] A. Reiners, *Die Tropen-, Prosen-, und Präfations-Gesänge des feiersichen Hochamtes im Mittelalter* (Luxembourg, 1884), pp. 14–15.

[51] L. Delisle, 'Mémoires sur d'anciens sacramentaires', *Mémoires de l'Institut Nationale de France, Académie des Inscriptions et Belles-lettres* 32.1 (1886), pp. 57–423, at pp. 254–7.

[52] Delisle, 'Mémoires', p. 254.

[53] See V. Leroquais, *Les sacramentaires et les missels manuscrits des bibliothèques publiques de France* (Paris, 1924), vol. 1, pp. 121–5; *DACL* 13.2, cols. 2105–6; K. Gamber, *Sakramentartypen. Versuch einer Gruppierung der Handschriften und Fragmenten bis zum Jahrtausendwende*, Texte und Arbeiten 49–50 (Beuron, 1958), p. 58, n. 2.

[54] Nordenfalk, 'Ein karolingisches Sakramentar', pp. 207–44.

Nordenfalk attributes the Sacramentary of Echternach to the years 895–900, on both palaeographical and contextual grounds. Palaeographically, he argues, the attribution to the eleventh century is impossible. Both the script, a clear Caroline minuscule, and the Franco-Saxon decoration point to the late ninth or the early tenth century.[55] Furthermore, the dedication of Willibrord's basilica, mentioned in the sacramentary's calendar on October 19, does not necessarily refer to the dedication of the newly built basilica in 1031,[56] as was thought by Leroquais.[57] We do not know when precisely the old basilica was consecrated. Yet, it is more than probable that the exact date of the original consecration was known to the monks at Echternach, and that the consecration of the new basilica was enacted on the very same day.

Ruling out 1031 as the *terminus ante quem non*, and consequently the first half of the eleventh century as the date of the manuscript, Nordenfalk argues for the years 895–900, on the basis of three masses *pro rege* that mention King Zwentibold of Lotharingia.[58] Delisle, who also noted these masses, argued that the exemplar on which this sacramentary is based was executed at the time of Zwentibold.[59] Yet, the palaeographical evidence mentioned by Nordenfalk, and the fact that the references to King Zwentibold are as if he were still alive, leave no doubt that the manuscript was produced during his short reign. Moreover, as Nordenfalk points out, Bishop Radbod of Trier, who was also King Zwentibold's chancellor, was at that time the abbot of Echternach as well.[60] Thus, concludes Nordenfalk, the Sacramentary of Echternach cannot be but a product of the years 895–900, and this date nowadays is widely accepted by scholars.[61]

Based on further contextual evidence, I should like to suggest an even more precise chronology for the production of the Sacramentary of Echternach. Radbod, the bishop of Trier from 883,[62] was made

---

[55] Nordenfalk, 'Ein karolingisches Sakramentar', pp. 211–12.

[56] See *Catalogi Abbatum Epternacensium*, ed. L. Wieland, *MGH SS* XXIII (Stuttgart, 1874), pp. 30–8; also edited by G. Waitz, *MGH SS* XIII (Stuttgart, 1881), pp. 737–42. The old basilica was burned in 1016.

[57] Leroquais, *Les sacramentaires*, p. 125.

[58] These are nos. 2094, 2098, and 2102.

[59] Delisle, 'Mémoire', p. 256.

[60] Nordenfalk, 'Ein karolingisches Sakramentar', p. 112.

[61] Gamber, *Codices Liturgici Latini Antiquiores*, 2nd. ed., Spicilegii Friburgensis Subsidia 1 (Freibourg, 1968), no. 920, pp. 412–13; E. Bourque, *Études sur les sacramentaires romains*, II.2 (Rome, 1958), no. 212, pp. 268–9; C. Vogel, *Medieval Liturgy: An Introduction to the Sources*, tr. W. Storey and N. Rasmussen (Washington, DC, 1981), p. 103.

[62] Regino of Prüm, *Chronicon*, ed. F. Kurze, *MGH SRG* 50 (Hannover, 1890), p. 120 (s.a. 833).

abbot of Echternach by King Arnulf,[63] and retained his position both as bishop and as abbot under Zwentibold.[64] When Zwentibold, the illegitimate son of Arnulf of Carinthia, himself an illegitimate child of Carloman, was made king of Lotharingia and Burgundy in 895,[65] he made Radbod his arch-chancellor.[66] As Zwentibold's chancellor, Radbod acted for the benefit of Echternach as well, impelling Zwentibold to confirm the grants made to the abbey in the past.[67]

In 897, less than two years after his accession to the throne, several Lotharingian magnates, who had been deprived of their offices, rose up against Zwentibold.[68] A reconciliation between the two camps took place at the assembly in Worms the very same year, under the auspices of Arnulf. However, Radbod was suspended from the chancery and was forced to give up the abbacy of Echternach, probably because of his involvement in this affair.[69] Zwentibold's new trustee was Reginar, an ancestor of the late duke of Lotharingia.[70] Reginar then succeeded Radbod in 897 as the abbot of Echternach.[71]

The year 898 was not an easy one for King Zwentibold. He had broken once again with his vassals, this time irrevocably. A group of Lotharingian magnates joined by Reginar, who lost all his fief as a result, had invited Charles the Simple to take over rule in Lotharingia. Negotiations between Zwentibold, Arnulf and Charles took place in 899, and the succession of Louis the Child, Arnulf's legitimate son, to the throne of

[63] See *Catalogi Abbatum Epternacensium.*
[64] On the history of Lotharingia at that period the starting point should be H. Hlawitschka, *Lotharingien und das Reich an der Schwelle der deutschen Geschichte* (Stuttgart, 1968). See also R. McKitterick, *The Frankish Kingdoms Under the Carolingians, 751–987* (London, 1983), pp. 258–75; T. Reuter, *Germany in the Early Middle Ages, 800–1056* (London, 1991), pp. 115–26; R. Schieffer, *Die Karolinger* (Stuttgart, 1992), pp. 187–200.
[65] *Annales Fuldenses*, ed. F. Kurze, *MGH SRG* 7 (Hannover, 1891), p. 126; *Annales Vedastini*, ed. B. von Simson, *MGH SRG* 12 (Hannover, 1909), pp. 75–6. Regino reports that Arnulf had tried to crown Zwentibold a year earlier, but had failed because of a strong Lotharingian opposition. See Regino of Prüm, *Chronicon*, ed. F. Kurze, *MGH SRM* 50 (Hannover, 1890), p. 142.
[66] See Wampach I, p. 189; and see also T. Schieffer, 'Die lothringische Kanzlei um 900', *Deutsches Archiv* 14 (1958), pp. 16–148.
[67] See Zwentibold's charter from 895 in Wampach II, no. 159, pp. 242–4. The original is still preserved in Trier's Stadtbibliothek, and see Wampach I, after p. 208 for a facsimile.
[68] *Annales Fuldenses*, pp. 130–1; Regino, *Chronicon*, pp. 144–5. Regino also names them as: Odacer, Stephen, and the brothers Gerard and Matfrid. On this episode, see Hlawitschka, *Lotharingien*, pp. 164–71.
[69] See Wampach I, pp. 189–91.
[70] Regino, *Chronicon*, p. 145: '... Reginarium ducem sibi fidissimum et unicum conciliarium, nescio cuius instinctu, a se repulit'.
[71] See *Catalogi Abbatum Epternacensium.*

Lotharingia was secured by a private agreement. Zwentibold's position was never secure again, and it became even shakier after Arnulf's death in December 899.[72] Lacking any local support, Zwentibold's last year was disastrous.

> [He] . . . continued . . . to attack the lands of the church with immoderate cruelty. His worst crime was to strike Radbod, archbishop of Trier, on the head with his own pastoral staff, contrary to the honour due a bishop. He was deserted by all his men, both bishops and counts, and, rashly taking up arms against them with a few supporters in an attempt to recover his position, ended his life and his reign.[73]

These acts, as recorded by the Annals of Fulda, look like the last frantic moves of a sovereign whose days are numbered, and who recognises the fact that he has nothing much to lose.

Against this background, it seems more probable that the Sacramentary of Echternach, with the three prayers to the king in which Zwentibold's name is mentioned, was produced between 895 and 898, when the king had good and trustworthy relations with the abbots of Echternach, whether Radbod or Reginar. The years 899 and 900 were years of turmoil and distress. Zwentibold lost all his support among the Lotharingian magnates, and consequently the legitimacy of his claim to the throne after Arnulf's death. Refusing to abdicate, Zwentibold fought hopelessly to keep Lotharingia under his control, and was killed on 16 August 900. It is hard to imagine the monks of Echternach producing a sacramentary with a favourable attitude towards Zwentibold during those years. The name of the king could have been omitted easily, as happened in many other sacramentaries.[74] Therefore, mentioning Zwentibold's name should be interpreted as a tribute to a king who favoured the monastery, and thus must have been written between 895 and 898.

Although nothing is known about the provenance of the manuscript before the sixteenth century, when, as was noted above, a distinctive Echternach shelf-mark was added on f. 1r,[75] its assignment to the abbey of Echternach is straightforward. Bearing in mind E.A. Lowe's rule that 'if a very ancient manuscript is preserved in a centre that is still more ancient, one is entitled to believe, in absence of proof to the

---

[72] *Annales Vedastini*, p. 80; Regino, *Chronicon*, pp. 145–8. See also Hlawitschka, *Lotharingien*, pp. 174–80; H. Beumann, 'Köning Zwentibolds Kurtswechsel 898', *Rheinische Vierteljahrsblätter* 31 (1966–7), pp. 14–41.

[73] *Annales Fuldenses*, p. 134. I cite the translation of T. Reuter, *The Annals of Fulda*, Ninth Century Histories 2 (Manchester, 1992), p. 140.

[74] See for example *Bobbio* 492–6, pp. 151–3; *Gellone* 2091, pp. 296–8.

[75] See above, p. 4.

contrary, that it originated in that centre',[76] the attribution to Echternach seems logical. It gets further support from internal evidence which points unmistakably to the abbey of Echternach. First, in the calendar appended to the sacramentary, one can find the following entries:

> 30 January – deposition of Wilgislus, Willibrord's father, who ended his life as the abbot of a small community near the mouth of the Humber.[77]
>
> 7 September – dedication of St Peter's church, that is, the second church built by Willibrord at Echternach.
>
> 15 September – dedication of the crypt in St Peter's church at Echternach.
>
> 19 October – dedication of St Willibrord's basilica.
>
> 7 November – deposition of Willibrord.
>
> 20 November – birth of Egbert, Willibrord's mentor and abbot of Rath-Melsigi.

And to these one may add:

> 3 April – death of Thiofridus, abbot of Echternach (d. 1110), which implies that the manuscript was at Echternach at least from the early twelfth century.

Secondly, there are several prayers in the sacramentary in which Willibrord's name is mentioned. These include the litany,[78] the recitation of the names of the living and the dead which follows the Roman canon,[79] the prayers *in natale Thomae apostoli*,[80] the prayers for an abbot and his congregation,[81] and the prayers *pro fratribus nostris defunctis*, where Willibrord is called 'patronus noster'.[82] Furthermore, two masses are dedicated to Willibrord, one to commemorate his death,[83] and the other for his ordination.[84] All these suggest that the sacramentary was composed with an evident view to use in Echternach, if it was not composed at Echternach itself.

---

[76] *CLA* VI, p. xiv.
[77] Alcuin, *Vita Willibrordi* 1.
[78] No. xii.
[79] No. 7.
[80] No. 1590.
[81] No. 2122.
[82] Nos. 2354 and 2356.
[83] Nos. 1504–10.
[84] Nos. 1530–32. This mass was added later, on a palimpsested mass for the vigil of St Caecilia.

There is, however, one significant piece of evidence, which confirms the attribution of the sacramentary to Echternach. The original codex of the sacramentary begins with two spurious letters, the first from Chromatius of Aquileia and Heliodorus of Altino to Jerome,[85] and the second a response from Jerome himself.[86] These two letters do not survive in any of Jerome's letter collections, but as the preface to the so-called *Martyrologium Hieronymianum*.[87] The earliest manuscript of the Martyrology known to us (Paris, BN lat. 10837; *CLA* V.605) was copied at Echternach,[88] and there is no doubt that the two letters at the beginning of our codex were actually copied from that specific manuscript.[89] Hence, it is beyond any reasonable doubt that Paris, BN lat. 9433 was produced at Echternach.

The Content of Paris, BN lat. 9433

THE MARTYROLOGY

Like many contemporary liturgical compositions, the Sacramentary of Echternach begins with a martyrology (ff. 3r–14r), which consists of several sections apart from the abbey's calendar. It opens, as does the *Martyrologium Hieronymianum*, with two letters, one by Chromatius and Heliodorus to Jerome (f. 3r–v), and the other a response from Jerome to Chromatius and Heliodorus (ff. 3v–4r).[90] These two letters are followed by the *Breviarium Apostolorum* – a list of the Apostles with a short biographical statement on each of them, including the dates of their festivals. Such a list appears in the Old Gelasian Sacramentary,[91] in two

---

[85] f. 3r–v.
[86] ff. 3v–4r.
[87] See *Martyrologium Hieronymianum*, ed. H. Quentin and H. Delehaye, *AASS* Nov. II.2 (Brussels, 1931), pp. 1–2. On the *Martyrologium Hieronymianum*, see J. Dubois, *Les martyrologes du moyen âge latin*, Typologie des sources du moyen âge occidental 26 (Turnhout, 1978), pp. 29–37; and see idem, *Sources et méthodes de l'hagiographie médiévale* (Paris, 1993), pp. 103–8 for further bibliography.
[88] It was copied by Laurentius, a scribe who also drew up several charters for Echternach. On this Laurentius, see above p. 3.
[89] This can be deduced from various orthographic and grammatical mistakes which appear only in these two manuscripts, such as: antestiti (166), *add.* esse (179), or quid (192). [The numbers refer to the words in the *AASS* edition.]
[90] On these letters see above.
[91] Vatican, Reg. lat. 316 + Paris, BN lat. 7193, ff. 41–59 (*CLA* I.105). The best edition is *Liber Sacramentorum Romanae Aeclesiae Ordinis Anni Circuli (Sacramentarium Gelasianum)*, ed. L.C. Mohlberg, RED 4 (Rome, 1960). On this manuscript, see Y. Hen, *Culture and Religion in Merovingian Gaul, A.D. 481–751* (Leiden, New York and Köln, 1995), pp. 44–5, and see there for further bibliography.

23

of the earliest copies of the *Martyrologium Hieronymianum*,[92] and in several later abridged versions of it.[93] Yet it does not appear in the Echternach copy of the Martyrology, and thus must have been copied from a different exemplar.[94]

The calendar of the abbey follows next.[95] It is constructed of four columns, of which the first gives the 'Dominical numbers' from I to VII, which help to follow the Sundays throughout the year, since each year has one constant 'Dominical number';[96] the second column gives the 'Lunar letters' from A to V,[97] yet from the mistakes our scribe made it is doubtful whether he understood their function; the third column gives the dates according to the Julian solar calendar, and the fourth mentions the events one should celebrate on each day. The calendar as a whole contains both technical and liturgical elements. The technical component includes computistical information, such as the number of days and nights, which appears as the heading for each month (for example: *mensis Ianuarius habet dies XXXI, lunam XXX*), and the number of night and day hours, which appears at the end of each month (for example: *nox horarum XVI – dies horarum VIII*). Other technical material includes various astrological indications. The entrance of the sun into a new sign of the zodiac is indicated at the XV Kl. of each months, and so are the equinoxes, the seven embolisms, and the beginning of the seasons. Furthermore, each month in the calendar is headed with the corresponding verse from a poem by Ausonius on the twelve months and their astrological signs.[98]

Two kinds of *nefas* days are also indicated in our calendar. The so-called Egyptian days (*dies aegyptiaci*), two hazardous and unlucky

---

[92] Bern, Burgerbibliothek 289 (*CLA* VII.861); Wolfenbüttel, Herzog August Bibliothek, Weissenburg 23.

[93] Dublin, Trinity College, A 4º 20; Gellone 3025–37; Trier, Stadtbibliothek 1245. The latter is based on an exemplar which I suspect was also composed at Echternach.

[94] This could be either another copy of the Martyrology, or a sacramentary like the Old Gelasian or Gellone both of which include the *breviarium apostolorum*.

[95] For a general account of liturgical calendars, see Dubois, *Sources*, pp. 135–60, especially pp. 130–45 on the technical elements, and pp. 145–50 on the liturgical aspects. See also B. Günzel, ed., *Ælfwine's Prayerbook*, HBS 108 (London, 1993), pp. 16–30; A. Borst, *Computus—Zeit und Zahl in der Geschichte Europas* (Berlin, 1990); F.K. Ginzel, *Handbuch der mathematischen und technischen Chronologie*, 3 vols. (Leipzig, 1906–1914).

[96] On the 'Dominical numbers', see Günzel, *Ælfwine's Prayerbook*, pp. 18–20.

[97] On the 'Lunar letters', see Günzel, *Ælfwine's Prayerbook*, p. 20

[98] R.P.H. Green, ed., *The Works of Ausonius* (Oxford, 1991), no. XIV.9, p. 101; see also *Anthologia Latina*, I.2, ed. A. Riese (Leipzig, 1906), no. 640, pp. 106–7; H.G. Evelyn-White, ed. and tr., *Ausonius* (London and Cambridge, MA, 1919), no. VII.16, vol. 1, p. 190. This poem was quoted by Bede in his *De temporum ratione*, ed. C.W. Jones, *CCSL* 123B (Turnhout, 1977), p. 333.

days in each month, which were considered to be unsuited for any major work or enterprise, especially blood-letting, are indicated in red uncial script throughout the calendar.[99] And the so-called dog days (*dies caniculares*), that is, the seven days of the moon which fall between mid July and early September and which were considered unsuited for any medical treatment, are indicated in Caroline minuscule.[100]

The liturgical material in the calendar includes both temporal and sanctoral feasts. Christmas (25 December) and Epiphany (6 January) are mentioned without Advent, and as far as Easter is concerned, there are several indications by which the exact date may be calculated. Since Easter falls on the fourteenth day of the first lunar month (Nisan), the first and the last days (8 March and 5 April) on which this lunar month can begin are indicated as *prima incensio lunae paschale* and *ultima incensio lunae paschae* respectively. Easter, subsequently, can fall between 21 March and 18 April, and both dates are indicated in the calendar as *pascha incipit* (21 March) and *luna xiiii novissima* (19 April). The Crucifixion and the Resurrection are also mentioned on 25 and 27 March respectively. These, however, bear no significance as to the date of the calendar itself, since they became traditional, and were inserted as such in many calendars.[101] The rest of the liturgical material in the calendar consists of various sanctoral feasts, as well as the commemoration of special events, such as church dedications, the creation of the first man (23 March), or the day in which Noah came out of the ark (28 April).

The exemplars on which this calendar is based are various. Paraphrasing Edmund Bishop, Wilson has stated that '. . . in a formation of a church calendar two elements of great importance are combined – one derived from the sanctoral of the mass-book in use at the time and place where the calendar was formed, the other from the

---

[99] On the Egyptian days, see L. Thorndike, *A History of Magic and Experimental Science*, I (New York, 1923), p. 14; R. Kieckhefer, *Magic in the Middle Ages* (Cambridge, 1989), pp. 86–8, 181, 190; Dubois, *Sources*, pp. 144–5, and see there for further bibliography. See also V.I.J. Flint, *The Rise of Magic in Early Medieval Europe* (Oxford, 1991), pp. 322–3. One however has to be very cautious with Flint's interpretation of these days as magical practices that were rescued by the Church.

[100] On these days, see Flint, *The Rise*, p. 323, n. 215; Günzel, *Ælfwine's Prayerbook*, p. 31. The dog days usually fall between 14 July and 5 September, although in our manuscript this period stretches from 13 July to 6 September.

[101] See for example Gellone 30–41, p. 496. See also Dubois, *Sources*, p. 143. For more details on the temporal cycle of liturgy, see G.G. Willis, *A History of Early Roman Liturgy to the Death of Gregory the Great*, HBS Subsidia 1 (London, 1994), pp. 79–115; Hen, *Culture and Religion*, pp. 61–81, and see there for further bibliography.

current martyrology. These do not supply the whole material for the calendar, but they are of special importance in its construction . . .'.[102] As far as the mass-book is concerned, one finds a very high correlation between the saints to whom a mass is dedicated by the Sacramentary of Echternach and the saints mentioned in the calendar.[103] With reference to the martyrology, on the other hand, there are three different martyrologies or calendars on which the compiler relied while constructing our calendar. The first is the Echternach copy of the *Martyrologium Hieronymianum*.[104] From there he took not only the prefatory letters to and from Jerome, but also the reference to Cuthbert (20 March) which does not appear in any copy of the *Martyrologium Hieronymianum* apart from that from Echternach. The second is the calendar of St Willibrord,[105] from which our compiler took several references, such as the reference to Wilgislus, Willibrord's father (30 January). One has to remember that the Echternach copy of the *Martyrologium Hieronymianum* and Willibrord's calendar were bound together from the first half of the eighth century.[106] Thus if our composer knew one of them he must have known the other as well. The third source is an abridgement of the *Martyrologium Hieronymianum*, like the calendar appended to the Sacramentary of Gellone or the so-called Martyrology of Trier.[107] From such a martyrology the compiler copied out, most probably, the *breviarium apostolorum* which precedes the calendar, and from there he also took various references, such as Kilian and his companions (8 July), the *divisio apostolorum* (15 July),[108] or the feast of St Afra (7 August).[109]

The local tint of the calendar, as I have already noted, is obvious. It became even more straightforward when various entries were

---

[102] Wilson, *The Calendar*, p. xiv.

[103] One exception is Sigismund, whose feast is not mentioned by the calendar, although a mass is dedicated to him in the sacramentary. But the feast of Sigismund is normally associated with votive masses for the sick, and therefore it is not necessarily a calendrical feast. On Sigismund and his cult, see F.S. Paxton, 'Power and the power to heal. The cult of St Sigismund of Burgundy', *Early Medieval Europe* 2 (1993), pp. 95–110.

[104] On the Echternach copy of the *Martyrologium Hieronymianum*, see above pp. 23–4.

[105] On the calendar of St Willibrord, see above p. 3.

[106] Wilson, *The Calendar*, p. ix.

[107] See Dubois, *Les martyrologes*, pp. 60–1. For these two martyrologies, see Gellone, 3030–50, pp. 490–513; 'Martyrologium Hieronymianum e codice Trevirensi nunc primum editum', *Analecta Bollandiana* 2 (1883), pp. 7–34.

[108] Kilian and the *divisio apostolorum* both appear in the Trier Martyrology.

[109] This feast of Afra appears in the Gellone Martyrology. On the possibility that the compiler used a version of an eighth-century Gelasian sacramentary as an exemplar for the prayers as well, see below p. 34.

added later by different hands. Most of these additions can be dated palaeographically to the twelfth century, and the vast majority of them refer to abbots and monks of the monastery, such as Abbot Thiofridus (3 April),[110] or to various *laici* connected with Echternach, such as Ravangerus (19 April).[111] Unfortunately, most of the local people mentioned by the twelfth-century additions are mentioned here for the first time, and are unknown to us from other sources.

Immediately after the calendar, the preoccupation of the compiler with computistical material is seen at its best. To the calendar he appended a comparative table of the Hebrew, Greek, Egyptian and Roman months (f. 13r), a poem on the Roman months taken from the *Anthologia Latina* (f. 13v),[112] and a detailed note on the hours of the days in each of the months (f. 14r). This preoccupation is by no means a peculiarity of the scribe who composed this specific calendar. The interest in *computus* characterised both Anglo-Saxon and Carolingian scholarship as a whole, and many computistical treatises were composed by eminent Anglo-Saxon and Carolingian scholars.[113] It is impossible to gauge which sources the Echternach scribe used for these sections of his sacramentary. Yet, Bede's *De temporum ratione* or *Liber de temporibus* and Hrabanus Maurus' *Liber de computo* are likely candidates.[114] Furthermore, this information could have been included in one of the exemplars the scribe used, and we know of several sacramentaries, such as Stockholm, Kungliga Bibliotheket, Holm. A.136 and St Petersburg, Public Library Q.v.I.41, both from

---

[110] Thiofridus, abbot of Echternach from 1083 to 1110. See *Catalogi Abbatum Epternacensium*.

[111] Ravangerus is mentioned in a charter to the abbey, dated 23 April 1131. See Wampach II, no. 203, pp. 333–5.

[112] *Anthologia Latina*, I.1, ed. A. Riese (Leipzig, 1894), no. 395, pp. 309–11. On this poem, see Y. Hen, 'A new manuscript witness for the *Tetrasticon autenticum de singulis mensibus*' (forthcoming).

[113] See A. Murray, *Reason and Society in the Middle Ages* (Oxford, 1978), pp. 151–7; C.W. Jones, 'Polemius Silvius, Bede and the names of the months', *Speculum* 9 (1934), pp. 50–6; B. Bischoff, 'Libraries and schools in the Carolingian revival of learning', in *Manuscripts and Libraries in the Age of Charlemagne*, tr. M.M. Gorman (Cambridge, 1994), pp. 93–114, at pp. 107–8 [originally published as 'Die Bibliothek im Dienste der Schule', *La scuola nell'Occidente dell'alto medioevo, Settimane* 22 (Spoleto, 1972), pp. 385–415; rep. in *Mittelalterliche Studien*, vol. 3 (Stuttgart, 1981), pp. 213–33]; Borst, *Computus*, pp. 31–43.

[114] See Bede, *De temporum ratione*, ed. C.W. Jones, *CCSL* 123B (Turnhout, 1977), pp. 263–460; idem, *Liber de temporibus*, ed. C.W. Jones, *CCSL* 123C (Turnhout, 1980), pp. 585–611; Hrabanus Maurus, *Liber de computo*, ed. W.M. Stevens, *CCCM* 44 (Turnhout, 1979), pp. 199–322.

Saint-Amand, which also include astronomical and computistical material.[115]

THE APOLOGIES

Seven *orationes ante altare* attributed to Ambrose of Milan follow the Martyrology, and appear under the title *confessio peccatorum brevis sit inter missarum sollemnia* (ff. 14v–16r). These *orationes*, commonly known as *apologiae*, are, in fact, the personal avowals of guilt and unworthiness which the celebrant ought to recite. Although such orations appear in several early Gallican prayerbooks, like the *Missale Gothicum* and the Bobbio Missal,[116] their popularity reached its peak in the eleventh century.[117]

The *apologiae* in the Sacramentary of Echternach are based neither on the *apologia* of the *Missale Gothicum*, nor on the Bobbio one. Since very few sacramentaries prior to the tenth century contain such orations, it is impossible to trace the sources of those in our sacramentary. However, three of the Echternach *apologiae* (nos. ii, iii and viii) appear also in two ninth-century sacramentaries, one from Saint-Amand,[118] and the other from Corbie,[119] and it might well be that sacramentaries of these types were used as exemplars by the scribe who compiled the Sacramentary of Echternach.

Immediately after the *apologiae*, the compiler inserted four prayers on the Trinity (f. 16r–v). The first (no. viii), attributed to Augustine, is dedicated to the Trinity as a whole. The three that follow (nos. ix–xi) are each dedicated to one of the *personae* – the Father, the Son, and the Holy Spirit. To the best of my knowledge, all four prayers mentioned above do not appear in any Frankish sacramentary known to us from the early Middle Ages.

---

[115] On the sacramentaries of Saint-Amand, see J. Deshusses, 'Chronologie des grands sacramentaires de Saint-Amand', *Revue Bénédictine* 87 (1977), pp. 230–7; idem, 'Encore les sacramentaires de Saint-Amand', *Revue Bénédictine* 89 (1979), pp. 310–12.

[116] *Gothicum*, no. 275, pp. 70–1; Bobbio, no. 483, p. 146.

[117] On the *apologiae*, see F. Cabrol, 'Apologies', *DACL* I, cols. 2591–601; see also J.A. Jungmann, *The Mass of the Roman Rite: Its Origins and Development*, tr. F.A. Brunner (New York, 1950; rep. 1986), vol. I, pp. 78–9.

[118] Paris, BN lat. 2291. This manuscript includes all three *apologiae* (*Hadrianum* 4373–4 and 4384).

[119] Paris, BN lat. 12050. This manuscript includes only nos. ii and iii (*Hadrianum* 4373–4). On this manuscript, see D. Ganz, *Corbie in the Carolingian Renaissance*, Beihefte der Francia 20 (Sigmaringen, 1990), pp. 145–6; see also Deshusses' introduction to the *Hadrianum*, vol. 1, p. 41.

THE LITANY

The litany is a special form of prayer, consisting of a series of invocations to Christ, followed by invocations to individual saints, asking or
bidding them to pray for us.[120] The Sacramentary of Echternach has
such a litany after the four prayers on the Trinity discussed above (ff.
16v–17r). Apart from the unusual start to the Echternach litany, which
does not begin with a straight invocation of Christ – *kyrie eleison* – but
with invoking the Trinity 'miserere nobis miseris misericors trinitas
sancta . . .', all the rest of the litany is perfectly common. A long list of
saints, some with the imperative *ora* or *orate* after their name, follows
the bidding, and is followed by a double series of requests for mercy
and deliverance addressed to Christ himself. The list of saints invoked
in litanies varies locally, and indeed a local element, that is Willibrord,
is incorporated into the Echternach litany as well. The rest of the saints
are of ecumenical or general Frankish character, and they are invoked
in the common order, that is, Mary first, the archangels and angels, the
patriarchs and prophets, the apostles and evangelists, the martyrs, the
confessors, and finally the virgins. The litany is followed by a series of
orationes post laetaniam (ff. 17r–18r).

The earliest litany known to have been composed on the Continent is
the litany of the Gellone Sacramentary.[121] This, however, could not
have been the exemplar for the Echternach litany, because of significant differences in length and construction. Yet, there are three
litanies which closely resemble the Echternach litany, and they are all
transmitted by three sacramentaries of Saint-Amand.[122] Although more
elaborate than our litany, the correspondence between the Saint-Amand
litanies and the Echternach one is obvious. It is probable that the text of
a similar litany lay in front of our scribe while compiling the litany in
the Sacramentary of Echternach.

A series of prayers to be said by the celebrant before, during, and
after the eucharistic ceremony is added after the *orationes post
laetaniam*, and thus ends the introductory section of the sacramentary
itself.

---

[120] For an excellent discussion of the history and the development of the litanies, see the
introduction to M. Lapidge, *Anglo-Saxon Litanies of the Saints*, HBS 106 (London,
1991); see also Dubois, *Sources*, pp. 99–102.

[121] Gellone, 2313, pp. 332–3.

[122] These sacramentaries are Paris, BN lat. 2291; Stockholm, Kungliga Bibliotheket,
Holm. A.136; St Petersburg, Public Library Q.v.I.41. This litany is edited in *Hadrianum*
4501. Note that the Paris and the St Petersburg copies are closer to the Echternach litany
than the Stockholm one.

THE SACRAMENTARY

The sacramentary proper (ff. 20v–258v) is divided into three books, and its content runs as follows:

Book I

I–VI	The *ordo missae* and the Roman canon.
VII–IX	Ordinations: bishops, presbyters, deacons.
X–XV	Vigil and mass of Christmas; octave of Christmas.
XVI	*missa prohibendum ab idolis.*
XVII–XXVI	Vigil and mass of Theophany; octave of Theophany; II Sunday after Christmas; I–VI Sundays after Theophany.
XXVII–XXXIII	Septuagesima; Sexagesima; Quinquagesima; public penance; Ash Wednesday, Thursday, Friday and Saturday.
XXXIIII–LXVIII	I–V weeks of Lent.
LXVIIII–LXXVII	Holy Week: benediction of the palms (*benedictio palmorum*); Palm Sunday, Tuesday, Wednesday, Holy Thursday, blessing of oils; Good Friday, Holy Saturday.
LXXVIII–XCIII	Last stages of the catechumenate and various baptismal matters; vigil for Easter; Easter Sunday; Easter Week; Low Sunday (*post albas*).
XCIIII–C	I–II Sundays after Easter's octave; Greater Litany; III Sunday after Easter's octave.
CI–CVI	Vigil and mass for Ascension; Sunday after Ascension; orations for Pentecost vigil; prayers for sick catechumens etc.
CVII–CXLVI	Vigil and mass for Pentecost; octave of Pentecost; II–III Sundays after Pentecost; Ember days of the fourth month; IIII–XVII Sundays after Pentecost; Ember days of the eighth month; vacant Sunday, XVIII–XXV Sundays after Pentecost.
CXLVII–CLIV	I–III weeks of Advent.
CLV–CLVIII	Ember days of the tenth month; vacant Sunday.
CLVIIII–	Orations for Advent.

Book II
I–CXXVIIII	Various saints.
CXL–CXLIV	Commons of Apostles.
CXLV–CLXVIII	Commons of Confessors and Martyrs.
CLXVIIII–CLXXI	Commons of Virgins.
CLXXII–CLXXIII	Vigil and mass for the feast of St Mary.

Book III
I–XXII	Various masses arranged in series of three masses, each series ascribed to a day from Sunday to Saturday.
XXIII–XXVIIII	Masses attributed to Augustine for a whole week.
XL–XLV	Masses against temptation, and for penance.
XLVI–LII	Orations and masses for the dedication of a church and its accoutrements; birthday of a pope.
LIII–LXIIII	Ordinations: presbyters, bishops, priests, deacons, virgins, widows, and servants of God (*ancillae dei*).
LXV–LXVI	Nuptial blessings and masses.
LXVII–LXXVIII	Masses for various occasions: *in natale genuini*, sterility of women and of land, requests for rain, or the calming of storms.
LXXVIIII–LXXXV	Masses for times of tribulation; mass for a dying man; mass against animal pestilence.
LXXXVI	Mass for the irreligious.
LXXXVII–LXXXVIII	Masses against maljudgment and slander.
LXXXVIIII–XCV	Masses in times of war, in peace, and *pro caritate*.
XCVI–C	Various masses for safe return and safe journey.
CI–CII	Masses for a new home and for good crops.
CIII–CVI	Various masses for the king.
CVII–CX	Various masses for the monastic community and its abbot.

31

CXI–CXVI	Votive masses.
CXVII–CXX	Masses for friends, family, and enemies.
CXXI–CXXIIII	Masses for sinners.
CXXV–CXXXIIII	Masses for the living and the dead.
CXXXV–CXXXVI	Masses in veneration of the evangelists, pastors and wise men.
CXXXVII–CLIIII	Visitation of the ill; mass for the dead.
CLV–CLX	Masses in memory of bishops, priests, churchmen, abbots, and monks.

It is impossible to examine here every single prayer which appears in the Sacramentary of Echternach. Therefore, in the following discussion I shall confine myself to general issues regarding the production, the sources, and the character of the sacramentary itself.[123]

Although the Sacramentary of Echternach begins with the *ordo missae* and the Roman canon, as does the Gregorian Sacramentary commonly known as the *Hadrianum,* it is definitely not a simple copy of the *Hadrianum.* The Sacramentary of Echternach is classified by Cyrille Vogel as an eccentric type of the so-called mixed- or Gelasianised-Gregorian sacramentaries,[124] which are a unique fusion of the *Hadrianum,* supplemented by Benedict of Aniane, with an eighth-century Frankish Gelasian sacramentary.[125] Sacramentaries of the Gelasianised-Gregorian type are large books, packed with liturgical material which the scribes assembled because of a 'compiling mania', as Bourque put it.[126] Indeed, the Sacramentary of Echternach is a huge collection of liturgical material taken from various sacramentaries. But unlike other sacramentaries of the Gelasianised-Gregorian type, the prayers in the Sacramentary of Echternach were chosen carefully, and arranged with a discernible logic.

As far as the sources for the Sacramentary of Echternach are concerned, it seems that a triple exemplar lay in front of the scribe while

---

[123] The historical and contextual perspective with reference to each of the prayers can be deduced from the collation tables at the end of this volume.

[124] Vogel, *Medieval Liturgy*, p. 103. On the mixed- or Gelasianised-Gregorian sacramentaries, see ibid., pp. 102–5.

[125] A detailed discussion of all these types of sacramentaries is far beyond the scope of this introduction. For more details, see Vogel, *Medieval Liturgy*, pp. 61–134, and see there for further bibliography. On the eighth-century Gelasians, see also B. Moreton, *The Eighth-Century Gelasian Sacramentaries: A Study in Tradition* (Oxford, 1976); and Dumas' introduction to *Gellone*, pp. xxiii-xxvi. On the Gregorian sacramentaries, see the excellent introduction by Deshusses, *Hadrianum* vol. I, pp. 29–75.

[126] Bourque, *Études,* vol. II.2, pp. 292–9.

compiling the Sacramentary, that is, a copy of the *Hadrianum*, a copy of an eighth-century Gelasian sacramentary and, unexpectedly, a version of the Old Gelasian. Looking for traces of the above mentioned sacramentaries in the Sacramentary of Echternach is no easy task. One has to acknowledge that all these sacramentaries, in their turn, are based on older versions, and are themselves interrelated. The eighth-century Frankish Gelasians, for example, are a careful fusion of a papal sacramentary (similar to the Sacramentary of Padua) and an Old Gelasian Sacramentary.[127] The *Hadrianum*'s supplement, we are told, is drawn mainly from eighth-century Gelasian material,[128] and the mixed-Gregorian Sacramentaries, as we have already mentioned, are a unique fusion of a supplemented *Hadrianum*, and an eighth-century *Gelasianum*. Hence, it is not always clear which of the antecedent types is the source of the prayers in question.

The most obvious feature which points to the use of an Old Gelasian sacramentary by the compiler is the division into three books – one for the temporal cycle, one for the sanctoral cycle, and one for votive masses and various masses for different occasions. Such a division appears only in the Old Gelasian Sacramentary, and in Stockholm, Kungliga Bibliotheket, Holm. A.136. The next oldest sacramentary with a separate sanctoral cycle is the Leofric Missal (Oxford, Bodleian Library, Bodley 579), written somewhere in Lotharingia at the beginning of the tenth century,[129] and afterwards only English prayerbooks conform to this pattern.[130] That the later Anglo-Saxon Church favoured such a division within its sacramentaries is obvious not only from the adoption and use of the Leofric Missal, but also from the compilation in Anglo-Saxon England of other sacramentaries in which this pattern has been adopted, such as the Winchcombe Sacramentary (Orléans, BM 127 (105) – second half of

---

[127] Vogel, *Medieval Liturgy*, p. 74.

[128] Vogel, *Medieval Liturgy*, pp. 85–6.

[129] I refer here to the first part of the Leofric Missal, known as Leofric A. The other sections, Leofric B and C, were added at a later date in Anglo-Saxon England. On the Leofric Missal, see D.N. Dumville, *Liturgy and the Ecclesiastical History of Late Anglo-Saxon England* (Woodbridge, 1992), pp. 39–65. For an edition, see F.E. Warren, ed., *The Leofric Missal as used in the Cathedral of Exeter during the Episcopate of its First Bishops, A.D. 1050–1072, together with some accounts of the Red Book of Derby, the Missal of Robert of Jumièges, and a Few Other Early Manuscript Service Books of the English Church* (Oxford, 1883).

[130] C. Hohler, 'Some service-books of the later Saxon church', in D. Parsons, ed., *Tenth-Century Studies* (London, 1975), pp. 60–83, at 61–2.

the tenth century),[131] the Missal of Robert of Jumièges (Rouen, BM Y. 6 (274) – first half of the eleventh century),[132] and London, BL Cotton Vitellius A. xviii (second half of the eleventh century).[133] It is less obvious whether such Anglo-Saxon attitudes had anything to do with the decision to follow the Old Gelasian's book division in the Sacramentary of Echternach. However, there is now a wider range of evidence to support Hohler's assertion that the Old Gelasian was composed for use in seventh-century England,[134] and consequently it is less of a surprise to find such a division emerging in distinctive Anglo-Saxon foundations such as Echternach.[135]

The use of an eighth-century Gelasian Sacramentary is not less obvious. Few features common to both the Old Gelasian and the eighth-century Gelasians, such as the *missa prohibendum ab idolis* (61–3), and the frequent provision of two orations at the beginning of each mass, appear in the Sacramentary of Echternach as well. Yet, one cannot tell whether these were copied from the former or the latter. Nevertheless, it is justifiable to assume the use of an eighth-century Gelasian by the Echternach compiler. Several prayers in the Sacramentary of Echternach appear only in the eighth-century Gelasians and in the Sacramentary of Padua,[136] – a Gregorian Sacramentary type-II, which was an important component in the creation of the eighth-century Gelasians.[137]

---

[131] On the Winchcombe Sacramentary, see Dumville, *Liturgy*, pp. 80–1; idem, *English Caroline Script and Monastic History: Studies in Benedictinism, A.D. 950–1030* (Woodbridge, 1993), pp. 58–9; and compare with M. Lapidge, 'Abbot Germanus, Winchcombe, Ramsey and the "Cambridge Psalter"', in M. Korhammer et al., *Words, Texts and Manuscripts* (Woodbridge, 1992), pp. 99–129. For an edition, see A. Davril, ed., *The Winchcombe Sacramentary*, HBS 109 (London, 1995).

[132] On the Missal of Robert of Jumièges, see Dumville, *Liturgy*, p. 87. For an edition, see *The Missal of Robert of Jumièges*, ed. H.A. Wilson, HBS 11 (London, 1896).

[133] See Dumville, *Liturgy*, pp. 53–4 and 67.

[134] Hohler, 'Some service-books', p. 61. See also Y. Hen, 'The liturgy of St Willibrord', *Anglo-Saxon England* (forthcoming).

[135] I shall discuss this issue more fully in my book on liturgical manuscripts and book production in the Frankish kingdoms, forthcoming in the HBS Subsidia series.

[136] On the Paduan version of the Gregorian Sacramentary, see Vogel, *Medieval Liturgy*, pp. 92–7. For an edition, see *Hadrianum* I, pp. 609–84. This manuscript (Padua, Biblioteca Capitolare, D.47) is also a Lotharingian product of Lothar's court school. See R. McKitterick, 'Carolingian uncial: a context for the Lothar Psalter', *The British Library Journal* 16 (1990), pp. 1–15, especially p. 9.

[137] Vogel, *Medieval Liturgy*, pp. 74–5; Bourque, *Études*, II.1, pp. 283–321; A. Chavasse, 'Le sacramentaire gélasien du VIIIe siècle: ses deux principales formes', *Ephemerides Liturgicae* 73 (1959), pp. 249–98.

The third exemplar used by the compiler of our Sacramentary was a copy of the *Hadrianum*. As I have already mentioned, the Sacramentary of Echternach begins with the *ordo missae* and the Roman canon, followed by prayers for the ordination of bishops, presbyters and deacons. This is a feature that is particularly characteristic of the Gregorian sacramentaries. The titles given to each prayer of the mass in the Sacramentary of Echternach, furthermore, are very *Hadrianum*-like. Thus one finds titles such as *super oblata, praefatio,* and *ad complendum*, instead of the Old Gelasian's *secreta, praefatio,* and *post communionem*, or the eighth-century Gelasian's *secreta, contestata,* and *post communionem*.[138] Moreover, the last prayer is called *super populum* (rarely *ad populum*), unlike the *ad pacem* of the Bobbio or the Gothic Missals. In a few sections throughout the Sacramentary one can also find titles such as *secreta* and *post communionem,* which unmistakably point to the fact that an Old Gelasian or an eighth-century Gelasian exemplar were also used.

The version of the *Hadrianum* used by the scribe cannot be ascertained. It seems highly probable that the *Hadrianum* used as an exemplar was already fused with Benedict of Aniane's supplement. The Sacramentary of Echternach has no separate section of *praefationes*. These are incorporated into the body of the mass, after the prayer *super oblata* and before the oration *ad complendum*, and other sections of the supplement are distributed within the Sacramentary at the appropriate places. One has to acknowledge that it could have been the compiler himself who fused the *Hadrianum* and the supplement while compiling the Sacramentary itself. Yet, by that time, such a fusion had already taken place many times,[139] and it is more likely that the scribe used an already fused version of the *Hadrianum*.

In an attempt to unravel the nature of the *Hadrianum* used by the scribe, I have examined the various versions of the *Hadrianum* which survive. I discovered that a whole group of sacramentaries contains Gregorian elements which are similar to these in the Sacramentary of Echternach. This group of sacramentaries, known as the Saint-

---

[138] Only in one place (1145) does the scribe use *praelocutio* for *praefatio*.
[139] See Vogel, *Medieval Liturgy*, p. 92.

Amand Sacramentaries, includes the following manuscripts, listed chronologically:[140]

1. Le Mans, BM 77 (composed for the bishop of Le Mans *c.* 851).
2. New York, Pierpont Morgan Library, G.57 (composed for the nunnery of Chelles *c.* 855).
3. St. Petersburg, Public Library, Q.v.I.41 (composed for the bishop of Noyon-Tournai *c.* 863).
4. Paris, BN lat. 2290 (composed for the abbey of Saint-Denis *c.* 867).
5. Rheims, BM 213 (composed for the abbey of Saint-Thierry in Rheims *c.* 869).
6. Paris, BN lat. 2291 (composed for the abbey of Saint-Germain-des-Près *c.* 871).
7. Stockholm, Kungliga Bibliotheket, Holm. A.136 (composed for the archbishop of Sens *c.* 876).

Although belonging to the same group, these sacramentaries are not identical. Various differences, some dictated by their specific geographical destination, others as a result of developments in sacramentary-production at the scriptorium of Saint-Amand, can be observed. Yet the basic structure of a fused *Hadrianum* is strictly kept by them all, and prefatory material, such as calendars, apologies or *computus*, is added to most of them at the beginning of the codex, immediately before the sacramentary proper.

Although no particular reliance on any of the Saint-Amand Sacramentaries can be secured, they and the Sacramentary of Echternach are of sufficient affinity to suggest that a similar version of the *Hadrianum* was the exemplar used by the scribe at Echternach. This assertion is based on the structure of these manuscripts which accords with the structure and the sequence of the Gregorian material in the Sacramentary of Echternach, as well as on the distinctive features of the apologies, the litany, the computistical material, and the Franco-Saxon decoration, all of which point to the practice of Saint-Amand. It seems, moreover, that the version of the *Hadrianum* used by the scribe was even closer to two specific Saint-Amand redactions (St Petersburg, Public Library, Q.v.I.41 and Paris, BN lat. 2290). This implies that the

---

[140] On all these manuscripts, see Deshusses, 'Chronologie', pp. 230–7, especially pp. 234–6; C. Hohler, 'The type of sacramentary used by Boniface', in *Sankt Bonifatius* (Fulda, 1954), pp. 89–93; D.H. Turner, ed., *The Missal of the New Minster, Winchester (Le Havre, BM MS 330)*, HBS 93 (London, 1962), pp. xvii-xviii. For their content, see *Hadrianum*, III, pp. 34–45. A detailed study of the Saint-Amand Sacramentaries is badly needed.

supposed Saint-Amand exemplar was a product of the central phase of sacramentary production at the scriptorium of Saint-Amand, and therefore can be dated to the mid–860s. That the scriptorium of Saint-Amand produced liturgical manuscripts for export is quite obvious from the various churches and abbeys for which the Saint-Amand Sacramentaries were written,[141] and it is not unlikely that such a sacramentary found its way to Echternach. Whether this specific sacramentary was commissioned for Echternach or for a centre not far removed from Echternach in terms of geography or kinship, such as Trier or Metz, is unknown. Yet, the fact that such a manuscript lay before our compiler is highly probable.

A close examination of the way the compiler of the Sacramentary of Echternach used these three exemplars, reveals an interesting picture. For the first book – the temporal cycle – our compiler relied heavily on the Gregorian Sacramentary. He generally gives the Hadrianic prayers with the prefaces and other material from the supplement of Benedict of Aniane, and only rarely does the compiler provide Gelasian prayers or compose some of his own.[142]

The situation is completely different in the second and third books. Unlike the first book, which is massively Gregorian, the second book is a complex fusion of both Gregorian and Gelasian (mainly eighth-century Gelasian) Sacramentaries. Most of the saints mentioned by the *Hadrianum* are indeed incorporated into the Sacramentary of Echternach, but they are supplement by many saints and prayers from the Gelasian sanctoral cycle[143] with, of course, some new additions.[144] The same is true for the commons of saints. Although taken mainly from the Gregorian version, the commons of saints are supplemented

---

[141] This has some interesting palaeographical implications, on which see McKitterick, 'Carolingian book production', pp. 1–33, esp. pp. 29–33 for a general discussion of the production of manuscripts for export. See also Deshusses, 'Chronologie des grands sacramentaires', pp. 230–7; idem, 'Encore les sacramentaires de Saint-Amand', pp. 310–12.

[142] See for example 513–22, 560–5 and 704–25. In one place (I:CV) the compiler even indicates that the prayers are *secundum Gelasianum*.

[143] For example 975–7 (Maria and Martha); 977–1000 (Emerentiana and Macharius); 1001–4 (Proiectus); 1129–31 (Sother); 1038–40 (Valentinus, Vitalis, Felicula and Zeno); 1041–5 (Iuliana); 1051–5 (Perpetua and Felicitas); 1076–9 (Pope Leo); 1080–84 (Eufemia); 1104–9 (Sigismundus); 1110–13 (Iuvenalis); 1162–5 (Vitus); 1166–8 (vigil for Gervasius and Protasius); 1193 (John and Paul the martyrs); 1285–8 (Donatus); 1345–8 (Magnus); 1358–61 (Rufus); 1407–10 (Cyprianus); 1435–43 (Mauritius, Exuperius, Candidus, Victor, Innocentius and their companions); 1466–8 (Marcellus and Apuleus); 1580–2 (Damasus); 1583–5 (Lucia).

[144] See for example 1253–5 (Simplicius, Faustinus, Beatrix and Felix); 1392–4 (Adrian); 1504–10 and 1530–2 (Willibrord); 1580–2 (*Octabas* of Andrew).

with ample material from the Gelasian and from the so-called 'Missa Alcuini'.[145] Thus, the Gregorian and the Gelasian exemplars served equally as the models for the compilation of the second book of the Sacramentary of Echternach.

The third book, like the second one, is also based on both the Gregorian and the Gelasian versions. However, the careful fusion of the two, which characterised book II, is missing from the third book. The compiler simply copied quantities of masses and prayers from either of his exemplars, paying less attention to editorial work. Yet there are some prayers and masses in this book which are not found in the *Hadrianum* or the Gelasian Sacramentaries. The unction of the dying, for example, is one of the new sections introduced by the compiler to the Sacramentary of Echternach.[146] Its closest parallel is to be found in the Fulda Sacramentary (Göttingen, Universitätsbibliothek, Theol. 231).[147] But the relation between the two is not at all clear.

To sum up, a triple exemplar was used by the compiler of the Sacramentary of Echternach, and it included both an Old Gelasian and an eighth-century Gelasian, as well as a supplemented *Hadrianum* of the Saint-Amand type. The result of this liturgical enterprise is a sacramentary which is divided into three books, following the Old Gelasian manner, and which includes material from all three antecedent types in a unique and most interesting combination. Nevertheless, any attempt to delineate the lines of development and to estimate the contribution of each exemplar to the creation of the Sacramentary of Echternach will do less than justice to the compiler himself, who read, selected, composed some prayers of his own, and produced what appears to be an elaborate and intriguing Sacramentary, perhaps the most intriguing one from the Carolingian period.

---

[145] See 1617–31 and 1644–8 respectively.

[146] See 2226–58.

[147] See *Sacramentarium Fuldense saeculi X*, eds. G. Richter and A. Schönfelder (Fulda, 1912)[rep. HBS 101 (London, 1977)], no. 438, pp. 284–300. On the development of this rite, see R. Dalla-Mutta, 'Un rituel de l'onction des malades du IXe siècle en Flandre, chaînon important entre le rituel "carolingien" et les rituels des Xe-XIe siècles', in *Mens concordet voci. Mélanges offerts à Mgr Martimort* (Paris, 1983), pp. 608–18; F.S. Paxton, *Christianizing Death. The Creation of a Ritual Process in Early Medieval Europe* (Ithaca and London, 1990), especially pp. 162–200. See also M. McLaughlin, *Consorting with Saints. Prayer for the Dead in Early Medieval France* (Ithaca and London, 1994).

THE ECHTERNACH MATERIAL

The appended material was added to the Sacramentary of Echternach in the form of four fly-leaves, two at the beginning and two at the end of the codex, and contains a few sections which are highly relevant to the history of the abbey.

A list of names appears at the head of f. 1v, to which one can add the two names on f. 159r, inserted by the same hand. From all these names only Wido and Friderhic are names known to us from Echternach charters.[148] There is nothing, however, to indicate that these names refer to the same people mentioned in the charters. We do not know who the rest of those people were, and there is nothing to enable us to resolve this mystery.

Following the names on f. 1r is a list of churches. This corresponds with a second list of churches added at the bottom of f. 2v by the same hand.[149] The list on f. 2v is titled 'ecclesiae quas Theodericus habet: nomina ecclesiarum de Fresia', and is almost identical to the lists in two Echternach documents – one sent by Abbot Gerardus of Echternach to Count Theodericus VI of Holland,[150] and one a charter drawn up on behalf of the abbey by the same Theodericus, his wife Sophia, and their son Florentius.[151] It is highly probable that the Theodericus mentioned here is none other than Count Theodoricus of the charters, and if this is the case, then these lists cannot be dated earlier than 1156.

At f. 260r one finds a list of the bishops of Trier, which begins with Eucharius and ends with Megginerus (d. 1130). The eleventh-century hand which added this list included the bishops from Eucharius to Poppo (d. 1049),[152] and various later hands added the bishops from Eberhardus to Meginnerus.[153] Next to the list of the bishops of Trier, in the right margin, another scribe started a list of the bishops of Metz. Yet this list includes the names of only two bishops – Adelbero and

[148] Wampach II, no. 106, pp. 342–3 (dated 1156), and no. 226, pp. 396–7 (dated 1181–1210) respectively. Another Fridericus, a *testis* from Trier, is mentioned in Wampach II, no. 213, pp. 356–8 (dated 1179).
[149] It is the same hand which wrote the names on top of f. 1v, and on f. 259r.
[150] Wampach II, no. 206, pp. 342–3 (dated 1156).
[151] Wampach II, no. 207, pp. 344–5 (dated 1156).
[152] This eleventh-century scribe omitted Hildulfus, whose name was added at the appropriate place by a different hand.
[153] For a list of the bishops of Trier, see *Series Archiepiscoporum Treverensium, MGH SS* XIII (Stuttgart, 1881), pp. 296–301. See also L. Duchesne, *Fastes Épiscopaux de l'ancienne Gaul* (Paris, 1907–15), III, pp. 30–44.

Deodericus – and a further list of fourteen initials. These initials, however, do not correspond to the names of the bishops of Metz.[154]

The Sacramentary of Echternach and the Liturgy of Frankish Gaul

Composed at the abbey of Echternach during the early years of King Zwentibold's reign, the Sacramentary of Echternach is one of the first examples of the mixed-Gregorian sacramentary-type. It is based, as we have seen, on a triple exemplar, from which the compiler chose prayers, sometimes rearranged them according to his needs, and often added some new material of his own. Yet, the importance of the Sacramentary of Echternach goes far beyond the fact that it is a special hybrid specimen of the late ninth-century family of sacramentaries. The Old Gelasian components in it can teach us more about the circulation and function of the Old Gelasian in particular, and on the diffusion of Merovingian Frankish liturgy in the Carolingian period in general. It can also shed new light on the Carolingian liturgical reforms, their enforcement and effects.

Liturgical practices and traditions die hard, and the Sacramentary of Echternach is a unique testimony to the circulation and survival of the Merovingian liturgy in the Carolingian period.[155] The liturgical reforms of Pippin III and his son Charlemagne aimed at unifying the Frankish liturgy according to what they understood to be Roman practice.[156] Consequently, a new series of sacramentaries were composed, the so-called eighth-century Gelasian Sacramentaries, in which

---

[154] For a list of the bishops of Metz, see *Catalogi Episcoporum Mettensium, MGH SS* XIII (Stuttgart, 1881), pp. 303–7. See also Duchesne, *Fastes*, III, pp. 44–58.

[155] On the Merovingian liturgy, see Hen, *Culture and Religion*, pp. 43–153, especially 43–60 and see there for further bibliography. See also idem, 'Unity in diversity: the liturgy of Frankish Gaul before the Carolingians', *Studies in Church History* 32 (1995), pp. 19–30.

[156] On the liturgical reforms of Pippin III and Charlemagne, see R. McKitterick, *The Frankish Church and the Carolingian Reforms, 789–895* (London, 1977), pp. 115–54; C. Vogel, 'La réform liturgique sous Charlemagne', in W. Braunfels, ed., *Karl der Große. Lebenswerk und Nachleben* (Düsseldorf, 1965), II, pp. 217–32; idem, 'Les motifs de la romanisation du culte sous Pépin le Bref (751–768) et Charlemagne (774–814)', in *Culto cristiano, politica imperiale carolingia. Atti del XVIII Convegno di Studi sulla spiritualità medievale, 9–12 ottobre 1977* (Todi, 1979), pp. 13–41; A. Wilmart. 'La réforme liturgique de Charlemagne', *Ephemerides Liturgicae* 45 (1931), pp. 186–207. On the issue of unity and diversity in the Carolingian Church, see R. Kottje, 'Einheit und Vielfalt des kirchlichen Lebens in der Karolingerzeit', *Zeitschrift für Kirchengeschichte* 76 (1965), pp. 323–42; R. McKitterick, 'Unity and diversity in the Carolingian Church', *Studies in Church History* 32 (1995), pp. 59–82.

an effort to Romanise the Frankish liturgy was made.[157] However, these new sacramentaries, although showing a strong tendency towards the Roman practice both in their content and in their structure, used Frankish prayers extensively, and they are all based on earlier Frankish exemplars.

When Charlemagne received at his own request a copy of the Gregorian Sacramentary from Pope Hadrian, a new phase of liturgical production was initiated in the Frankish kingdom.[158] The Gregorian Sacramentary which Charlemagne received, the so-called *Hadrianum*, was copied and distributed throughout the Carolingian world, and thus was intended to replace the earlier Frankish versions of liturgical prayer-books. But even then, a substantial number of Frankish elements were incorporated into those newly-copied sacramentaries, and Benedict of Aniane even provided a supplement to the Gregorian Sacramentary, based almost exclusively on earlier Frankish material.[159] Although aiming at uniformity according to the Roman practice, as manifested in the Gregorian Sacramentary, the Carolingian reforms were far from achieving it, not least because of the inadequacies of the Gregorian Sacramentary to answer the liturgical needs in the Frankish territories. Frankish sacramentaries were still being used, as suggested by Benedict of Aniane's supplement to the *Hadrianum*, despite the fact that their authenticity and correctness of rite were fiercely contested by the Carolingian reformers, who deliberately enhanced the *Hadrianum*'s authenticity.

Although the authenticity of the Merovingian liturgical compositions remained, in a sense, untouched in the eyes of those who held them, and although liturgical composers returned to them for material when updating or compiling new sacramentaries, Merovingian sacramentaries ceased to be copied after the reforms of Pippin III. Furthermore, very rarely can one recognise compilers who might have used Merovingian material in their version of the *Hadrianum* after Benedict of Aniane's monumental supplement.

Echternach, however, was never one of the leading forces in the

---

[157] On these sacramentaries, see Moreton, *The Eighth-Century Gelasian Sacramentary*, *passim*; Vogel, *Medieval Liturgy*, pp. 70–8, and see there for further bibliography.
[158] On the *Hadrianum*, see Vogel, *Medieval Liturgy*, pp. 79–85, and see there for further bibliography.
[159] On these sacramentaries, see J. Deshusses, 'Le supplément au sacramentaire grégorien', *Archiv für Liturgiewissenschaft* 9 (1965), pp. 48–71; idem, 'Le sacramentaire grégorien préhadrianique', *Revue Bénédictine* 80 (1970), 213–37; Vogel, *Medieval Liturgy*, pp. 85–92, and see there for further bibliography.

cultural developments of the Carolingian reforms. Its remote and relatively marginal location makes it more than possible that pre-Carolingian liturgical compositions were still in use at the abbey long after they had been rejected by the Carolingian reformers. The Old Gelasian elements in the Sacramentary of Echternach strengthen this supposition, and they point to the fact that various Merovingian liturgical practices continued to live in the liturgy of the abbey. Whether this use of older liturgical traditions was also characteristic of other monastic communities at the peripheries of the Carolingian empire, or was a unique Echternach peculiarity, is impossible to gauge at present. Nor is it clear whether the Anglo-Saxon connection of Echternach had anything to do with the use of the Old Gelasian. Nevertheless, the fact that various prayers and benedictions from older Frankish compositions were incorporated into the Sacramentary of Echternach, makes the subject of the liturgy of Echternach in the early Middle Ages one of extraordinary interest and importance.

BIBLIOGRAPHY

Primary Sources

Ælfwine's Prayerbook, ed. B. Günzel, HBS 108 (London, 1993).

Alcuin, *Vita Willibrordi*, ed. W. Levison, *MGH SRM* VII, pp. 81–141.

Anglo-Saxon Litanies of the Saints, ed. M. Lapidge, HBS 106 (London, 1991).

Annales Fuldenses, ed. F. Kurze, *MGH SRG* 7 (Hannover, 1891) [English tr. T. Reuter, *The Annals of Fulda*, Ninth Century Histories 2 (Manchester, 1992)].

Annales Vedastini, ed. B. von Simson, *MGH SRG* 12 (Hannover, 1909).

Anthologia Latina, vol. I.2, ed. A. Riese (Leipzig, 1906).

Ausonius, *Opera*, ed. R.P.H. Green, *The Works of Ausonius* (Oxford, 1991); see also H.G. Evelyn-White, ed. and tr., *Ausonius* (London and Cambridge, MA, 1919).

Bede, *De temporum ratione*, ed. C.W. Jones, *CCSL* 123B (Turnhout, 1977), pp. 263–460.

———, *Historia Ecclesiastica Gentis Anglorum*, eds. and trs. B. Colgrave and R.A.B. Mynors (Oxford, 1969; rev. ed. 1991).

———, *Liber de temporibus*, ed. C.W. Jones, *CCSL* 123C (Turnhout, 1980), pp. 585–611.

The Bobbio Missal – A Gallican Mass-Book, ed. E.A. Lowe, HBS 58 (London, 1920) [facsimile: ed. J.W. Legg, HBS 53 (London, 1917)].

The Calendar of St. Willibrord, ed. H.A. Wilson, HBS 55 (London, 1918).

Cantatorium IXe siècle, no. 359 de la Bibliothèque de Saint-Gall, ed. A. Mocquereau, Paléographie Musicale 2nd ser. 2 (Tournai, 1924).

Catalogi Abbatum Epternacensium, ed. L. Wieland, *MGH SS* XXIII (Stuttgart, 1874), pp. 30–8; also ed. G. Waitz, *MGH SS* XIII (Stuttgart, 1881), pp. 737–42.

Catalogi Episcoporum Mettensium, *MGH SS* XIII (Stuttgart, 1881), pp. 303–7.

Liber Sacramentorum Augustodunensis, ed. O. Heiming, *CCSL* 159B (Turnhout, 1984).

Liber Sacramentorum Engolismensis, ed. P. Saint-Roch, *CCSL* 159C (Turnhout, 1987).

Liber Sacramentorum Gellonensis, eds. A. Dumas and J. Deshusses, *CCSL* 159 (Turnhout, 1981).

Liber Sacramentorum Romanae aeclesiae ordinis anni circuli – (Sacramentarium Gelasianum), ed. L.C. Mohlberg, RED 4 (Rome, 1960) [facsimile: eds. L.M. Tocci and B. Neunheuser, *Codices e Vaticanis Selecti Phototypice – series major* 38 (Vatican, 1975)].

Hrabanus Maurus, *Liber de computo*, ed. J. McCulloh, *CCCM* 44 (Turnhout, 1979), pp. 199–322.

The Leofric Missal as used in the Cathedral of Exeter during the Episcopate of its First Bishops, A.D. 1050–1072, together with some accounts of the Red Book of Derby, the Missal of Robert of Jumièges, and a Few Other Early Manuscript Service Books of the English Church, ed. F.E. Warren (Oxford, 1883).

Martyrologium Hieronymianum, eds. H. Quentin and H. Delehaye, *AASS* Nov. II.2 (Brussels, 1931).

'Martyrologium Hieronymianum e codice Trevirensi nunc primum editum', *Analecta Bollandiana* 2 (1883), pp. 7–34.

Missale Gothicum, ed. L.C. Mohlberg, RED 5 (Rome, 1961) [facsimile: ed. L.C. Mohlberg, *Codices Liturgici e Vaticanis Praesertim Selecti Phototypice Expressi* 1 (Augsburg, 1929)].

The Missal of the New Minster, Winchester (Le Havre, BM MS 330), ed. D.H. Turner, HBS 93 (London, 1962).

The Missal of Robert of Jumièges, ed. H.A. Wilson, HBS 11 (London, 1896).

Monumenta Epternacensia, ed. L. Wieland, *MGH SS* XXIII (Stuttgart, 1874), pp. 11–72.

Regino of Prüm, *Chronicon*, ed. F. Kurze, *MGH SRG* 50 (Hannover, 1890).

Le Sacramentaire Grégorien, ed. J. Deshusses, Spicilegium Friburgense 16, 24, and 28 (Fribourg, 1971–82).

Sacramentarium Fuldense saeculi X, eds. G. Richter and A. Schönfelder (Fulda, 1912); rep. HBS 101 (London, 1977).

Sacramentarium Paduense, ed. J. Deshusses, *Le Sacramentaire Grégorien*, Spicilegium Friburgense 16 (Fribourg, 1971), pp. 609–84.

Series Archiepiscoporum Treverensium, *MGH SS* XIII (Stuttgart, 1881), pp. 296–301.

The Winchcombe Sacramentary, ed. A. Davril, HBS 109 (London, 1995).

Secondary Sources

Bange, P. and Weiler, A.G., eds., *Willibrord, zijn Wereld en zijn Werk* (Nijmegen, 1990).
Beumann, H., 'König Zwentibolds Kurtswechsel 898', *Rheinische Vierteljahrsblätter* 31 (1966–7), pp. 14–41.
Bischoff, B., *Die südostdeutschen Schreibschulen und Bibliotheken in der Karolingerzeit*, 2 vols. (Wiesbaden, 1960–80).
———, *Latin Palaeography: Antiquity and the Middle Ages*, trs. D. Ó Cróinín and D. Ganz (Cambridge, 1990).
———, 'Libraries and schools in the Carolingian revival of learning', in *Manuscripts and Libraries in the Age of Charlemagne*, tr. M.M. Gorman (Cambridge, 1994), pp. 93–114 [originally published as 'Die Bibliothek im Dienste der Schule', *La scuola nell'Occidente dell'alto medioevo, Settimane* 22 (Spoleto, 1972), pp. 385–415; rep. in his *Mittelalterliche Studien*, III (Stuttgart, 1981), pp. 213–33].
Bonner, G., Rollason, D. and Stancliffe, C. eds., *St Cuthbert, His Cult and His Community to A.D. 1200* (Woodbridge, 1989).
Borst, A., *Computus – Zeit und Zahl in der Geschichte Europas* (Berlin, 1990).
Bourque, E., *Études sur les sacramentaires romains*, II.2 (Rome, 1958).
Boutémy, A., 'Le scriptorium et la bibliothèque de Saint-Amand', *Scriptorium* 1 (1946), pp. 6–16.
———, 'Le style Franco-Saxon, style de Saint-Amand', *Scriptorium* 3 (1949), pp. 260–4.
———, 'Quel fut le foyer du style franco-saxon?', *Miscellanea Tournacensia. Mélanges d'archéologie et d'histoire, Congrés de Tournai 1949*, 2 vols. (Brussels, 1951), II, pp. 749–73.
Cabrol, F., 'Apologies', *DACL* I, cols. 2591–601.
Canet, L., 'La prière "pro Judaeis" de la liturgie catholique romaine', *Revue des Éudes Juives* 61 (1911), pp. 213–21.
Chavasse, A., 'Le sacramentaire gélasien du VIIIe siècle: ses deux principales formes', *Ephemerides Liturgicae* 73 (1959), pp. 249–98.
Clayton, M., *The Cult of the Virgin Mary in Anglo-Saxon England* (Cambridge, 1990).

Corbin, S., 'Le fonds d'Echternach à la Bibliothèque Nationale de Paris', *Annuaire de l'Ecole pratique des Hautes Etudes, IIIe* section, sciences historiques et philosophiques (Paris, 1972), pp. 374–7.

————, *Die Neumen*, Palaeographie der Musik I.3, ed. W. Arlt (Cologne, 1977).

Costambeys, M., 'An aristocratic community on the northern Frankish frontier 690–726', *Early Medieval Europe* 3 (1994), pp. 39–62.

Cüppers, H., 'Die Basilika des heiligen Willibrord zu Echternach und ihre Vorgängerbauten', *Hémecht* 27 (1975), pp. 233–49.

Dalla-Mutta, R., 'Un rituel de l'onction des malades du IXe siècle en Flandre, chaînon important entre le rituel "carolingien" et les rituels des Xe-XIe siècles', in *Mens concordet voci. Mélanges offerts à Mgr Martimort* (Paris, 1983), pp. 608–18.

Delisle, L., 'Mémoires sur d'anciens sacramentaires', *Mémoires de l'Institut National de France, Académie des Inscriptions et Belles-lettres* 32.1 (1886), pp. 57–423.

Deshusses, J., 'Chronologie des grands sacramentaires de Saint-Amand', *Revue Bénédictine* 87 (1977), pp. 230–7.

————, 'Encore les sacramentaires de Saint-Amand', *Revue Bénédictine* 89 (1979), pp. 310–12.

————, 'Le sacramentaire grégorien préhadrianique', *Revue Bénédictine* 80 (1970), pp. 213–37.

————, 'Le supplément au sacramentaire grégorian', *Archiv für Liturgiewissenschaft* 9 (1965), pp. 48–71.

Dictionaire d'archéologie chrétienne et de liturgie, ed. F. Cabrol and H. Leclercq, 15 vols. in 30 (Paris, 1907–53).

Dubois, J., *Les martyrologes du moyen âge latin*, Typologie des sources du moyen âge occidental 26 (Turnhout, 1978).

————, *Sources et méthodes de l'hagiographie médiévale* (Paris, 1993).

Duchesne, L., *Fastes épiscopaux de l'ancienne Gaule*, 3 vols. (Paris, 1907–15).

Dumville, D.N., *English Caroline Script and Monastic History: Studies in Benedictinism, A.D. 950–1030* (Woodbridge, 1993).

————, *Liturgy and the Ecclesiastical History of Late Anglo-Saxon England* (Woodbridge, 1992).

Ferrari, M.C., *Sancti Willibrordi Venerantes Memoriam. Echternacher Schreiber und Schriftsteller von den Angelsachsen bis Johann Bertels* (Luxembourg, 1994).

Flint, V.I.J., *The Rise of Magic in Early Medieval Europe* (Oxford, 1991).

Frénaud, G., 'Le culte de Notre-Dame dans l'ancienne liturgie latine', in H. du Manoir, ed., *Maria*, 8 vols. (Paris, 1949–71), VI, pp. 157–211.

Gamber, K., *Codices Liturgici Latini Antiquiores*, 2nd. ed., Spicilegii Friburgensis Subsidia 1 (Fribourg, 1968).

——, *Sakramentartypen. Versuch einer Gruppierung der Handschriften und Fragmenten bis zum Jahrtausendwende*, Texte und Arbeiten 49–50 (Beuron, 1958).

Ganz, D., *Corbie in the Carolingian Renaissance*, Beihefte der Francia 20 (Sigmaringen, 1990).

Gauthier, N., *L'évangélisation des pays de la Moselle* (Paris, 1980).

Gerberding, R., *The Rise of the Carolingians and the Liber Historiae Francorum* (Oxford, 1987).

Ginzel, F.K., *Handbuch der mathematischen und technischen Chronologie*, 3 vols. (Leipzig, 1906–1914).

Heidrich, I., 'Titular und Urkunden der arnulfingischen Hausmeier', *Archiv für Diplomatik* 11/12 (1965/6), pp. 71–279.

Hen, Y., 'A new manuscript witness for the *Tetrasticon autenticum de singulis mensibus*' (forthcoming).

——, *Culture and Religion in Merovingian Gaul, A.D. 481–751* (Leiden, New York and Köln, 1995).

——, 'The liturgy of St Willibrord', *Anglo-Saxon England* (forthcoming).

——, 'Unity in diversity: the liturgy of Frankish Gaul before the Carolingians', *Studies in Church History* 32 (1995), pp. 9–30.

Hlawitschka, H., *Lotharingien und das Reich an der Schwelle der deutschen Geschichte* (Stuttgart, 1968).

Hoffmann, H., *Buchkunst und Königtum im ottonischen und frühsalischen Reich*, Schriften der MGH 30 (Stuttgart, 1986).

Hohler, C., 'Some service-books of the later Saxon Church', in D. Parsons, ed., *Tenth-Century Studies* (London, 1975), pp. 60–83.

——, 'The type of sacramentary used by Boniface', in *Sankt Bonifatius* (Fulda, 1954), pp. 89–93.

Jones, C.W., 'Polemius Silvius, Bede and the names of the months', *Speculum* 9 (1934), pp. 50–6.

Jungmann, J.A., *The Mass of the Roman Rite: Its Origins and Development*, tr. F.A. Brunner (New York, 1950; rep. 1986).

Kieckhefer, R., *Magic in the Middle Ages* (Cambridge, 1989).

Kiesel, G. and Schroeder, J., eds., *Willibrord, Apostel der Niederlande, Gründer der Abtei Echternach* (Luxembourg, 1989).

Kitzinger, E., *Early Medieval Art*, 2nd. ed. (London, 1983).

Kottje, R., 'Einheit und Vielfalt des kirchlichen Lebens in der Karolingerzeit', *Zeitschrift für Kirchengeschichte* 76 (1965), pp. 323–42.

Lapidge, M., 'Abbot Germanus, Winchcombe, Ramsey and the "Cambridge Psalter" ', in M. Korhammer et al., eds., *Words, Texts and Manuscripts* (Woodbridge, 1992), pp. 99–129.

Leroquais, V., *Les sacramentaires et les missels manuscrits des bibliothèques publiques de France*, 3 vols. (Paris, 1924).

Levison, W., 'St. Willibrord and his place in history', *Durham University Journal* 22 (1940), pp. 23–41.

———, *England and the Continent in the Eighth Century* (Oxford, 1946).

Lindsay, W.M., *Notae Latinae. An Account of Abbreviations in Latin Manuscripts of the Early Minuscule Period (c. 700–850)* (Cambridge, 1915; rep. Hildesheim, 1965).

Lochner, F.C., 'La "notation d'Echternach" reconsidérée', *Revue belge de musicologie* 44 (1990), 41–55.

Lowe, E.A., ed., *Codices Latini Antiquiores. A Palaeographical Guide to Latin Manuscripts prior to the Ninth Century*, 11 vols. + supplement (Oxford, 1934–71).

———, 'The Morgan Golden Gospels; the date and origin of the manuscript', in D. Miner, ed., *Studies in Art and Literature for Belle da Costa Greene* (Princeton, 1954), pp. 266–79; rep. in *Palaeographical Papers*, ed. L. Bieler, 2 vols. (Oxford, 1972), II, pp. 399–416.

McKitterick, R., 'Carolingian book production: some problems', *The Library* 12 (1990), pp. 1–33.

———, 'Carolingian Uncial: a context for the Lothar Psalter', *The British Library Journal* 16 (1990), pp. 1–15.

———, 'Frankish Uncial: a new context for the Echternach scriptorium', in Bange and Weiler, eds., *Willibrord*, pp. 374–88.

———, 'Text and image in the Carolingian world', in *The Uses of Literacy in Early Medieval Europe*, ed. R. McKitterick (Cambridge, 1990), pp. 297–318.

———, 'The Anglo-Saxon missionaries in Germany: reflections on the manuscript evidence', *Transactions of the Cambridge Bibliographical Society* 9 (1989), pp. 291–329.

———, 'The diffusion of insular culture in Neustria between 650 and 850: the implications of the manuscript evidence', in H. Atsma, ed., *La Neustrie. Les pays au nord de la Loire de 650 à 850*, Beihefte de Francia 16 (Sigmaringen, 1989), pp. 395–432.

————, *The Frankish Church and the Carolingian Reforms, 789–895* (London, 1977).

————, *The Frankish Kingdoms Under the Carolingians, 751–987* (London, 1983).

————, 'The Gospels of Saint Hubert', in G. Fogg and L. Berg, eds., *Art at Auction. The Year at Sotheby's 1985–86* (London, 1986), pp. 154–7.

————, 'Unity and diversity in the Carolingian Church', *Studies in Church History* 32 (1995), pp. 59–82.

McLaughlin, M., *Consorting with Saints. Prayer for the Dead in Early Medieval France* (Ithaca, NY and London, 1994).

Moreton, B., *The Eighth-Century Gelasian Sacramentaries: A Study in Tradition* (Oxford, 1976).

Mühlbacher, E., 'Urkundenfälschung in Echternach', *Mitteilungen des Instituts für Österreichische Geschichtsforschung* 21 (1900), pp. 350–4.

Murray, A., *Reason and Society in the Middle Ages* (Oxford, 1978).

Netzer, N., *Cultural Interplay in the Eighth Century. The Trier Gospels and the Making of a Scriptorium at Echternach* (Cambridge, 1994).

————, 'The early scriptorium at Echternach: the state of the question', in Kiesel and Schroeder, eds., *Willibrord*, pp. 127–37 with plates on pp. 311–18.

————, 'Willibrord's scriptorium at Echternach and its relationship to Ireland and Lindisfarne', in Bonner, Rollason, and Stancliffe, eds., *St Cuthbert*, pp. 203–12.

Nordenfalk, C., 'Ein karolingisches Sakramentar aus Echternach und seine Vorläufer', *Acta Archaeologica* 2 (1931), pp. 227–32.

————, 'On the age of the earliest Echternach manuscripts', *Acta Archaeologica* 3 (1932), pp. 57–62.

Ó Cróinín, D., 'Is the Augsburg Gospel codex a Northumbrian manuscript?', in Bonner, Rollason, and Stancliffe, eds., *St Cuthbert*, pp. 189–201.

————, 'Pride and prejudice', *Peritia* 1 (1982), pp. 352–62.

————, 'Rath Melsigi, Willibrord, and the earliest Echternach manuscripts', *Peritia* 3 (1984), pp. 17–42.

Pächt, O., *Book Illumination in the Middle Ages*, tr. K. Davenport (London, 1986).

Paxton, F.S., *Christianizing Death. The Creation of a Ritual Process in Early Medieval Europe* (Ithaca, NY and London, 1990).

————, 'Power and the power to heal. The cult of St Sigismund of Burgundy', *Early Medieval Europe* 2 (1993), pp. 95–110.

Prinz, F., *Frühes Mönchtum im Frankenreich. Kultur und Gesellschaft in Gallien, den Rheinlanden und Bayern am Beispiel der monastischen Entwicklung (4. bis 8. Jahrhundert)* (München, 1965).

Quentin, H., *Les martyrologes historiques du moyen âge* (Paris, 1908; rep. Aalen, 1969).

Rankin, S., 'Carolingian music', in R. McKitterick, ed., *Carolingian Culture: Emulation and Innovation* (Cambridge, 1994), pp. 274–316.

Reiners, A., *Die Tropen-, Prosen-, und Präfations-Gesänge des feiersichen Hochamtes im Mittelalter* (Luxembourg, 1884).

Reuter, T., *Germany in the Early Middle Ages, 800–1056* (London, 1991).

Scheffczyk, L., *Das Mariengeheimnis in Frömmigkeit und Lehre der Karolingerzeit*, Erfurt Theologische Studien 5 (Leipzig, 1959).

Schieffer, R., *Die Karolinger* (Stuttgart, 1992).

Schieffer, T., 'Die lothringische Kanzelei um 900', *Deutsches Archiv* 14 (1958), pp. 16–148.

Schroeder, J., 'Bibliothek und Schule der Abtei Echternach um die Jahrtausendwende', *Publications de la Section Historique de l'Institut G.-D. de Luxembourg* 91 (Luxembourg, 1977), pp. 201–377.

Schumacher, R., 'L'enlumineur d'Echternach – art européen', *Les Cahiers Luxemburgeois* 30.6 (1958), pp. 181–95.

Thorndike, L., *A History of Magic and Experiments*, I (New York, 1923).

Verbist, G., *Saint Willibrord, apôtre des Pays-Bas et fondateur d'Echternach* (Louvain, 1939).

Vogel, C., 'Les motifs de la romanisation du culte sous Pépin le Bref (751–768) et Charlemagne (774–814)', in *Culto cristiano, politica imperiale carolingia. Atti del XVIII Convegno di Studi sulla spiritualità medievale, 9–12 ottobre 1977* (Todi, 1979), pp. 13–41.

Vogel, C., 'La réforme liturgique sous Charlemagne', in W. Braunfels, ed., *Karl der Große. Lebenswerk und Nachleben* (Düsseldorf, 1965), II, pp. 217–32.

————, *Medieval Liturgy: An Introduction to the Sources*, tr. W. Storey and N. Rasmussen (Washington, DC, 1981).

Wampach, C., *Geschichte der Grundherrschaft Echternach im Frühmittelalter*, 2 vols. (Luxemburg, 1929–30).

——————, *Sankt Willibrord, sein Leben und Lebenswerk* (Luxembourg, 1953).

Willis, G.G., *A History of Early Roman Liturgy to the Death of Gregory the Great*, HBS Subsidia 1 (London, 1994).

Wilmart, A., 'La réforme liturgique de Charlemagne', *Ephemerides Liturgicae* 45 (1931), pp. 186–207.

Wood, I.N., *The Merovingian Kingdoms, 450–751* (London, 1994).

Zimmermann, E.H., *Vorkarolingische Miniaturen* (Berlin, 1916).

EDITORIAL PROCEDURE

The Sacramentary of Echternach has never been edited, nor studied thoroughly in the past. Therefore I am presenting in this volume of the Henry Bradshaw Society a diplomatic edition of the Sacramentary of Echternach.

I have expanded silently the abbreviations found in the manuscript, except those of the dates and *VD*, which stands for *Vere Dignum*. I have not modernised the spelling nor altered it at all, except where a spelling is evidently wrong. In those few cases I have noted the erroneous spelling in the apparatus. Later additions and corrections are also indicated in the apparatus. I have followed the punctuation of the manuscript in most cases.

Uncial script is printed as capitals; rustic capitals are printed as italic capitals; and Caroline minuscule is printed as small letters. In the calendar alone I have also used bold letters to indicate red entries, and underlined letters to indicate later additions. Initials of proper names and of words at the beginning of a sentence are printed as capitals. In every occasion that an *e caudata* is found in the manuscript I have printed *ae*. The letters *u* and *v* are printed as *u* in the text and *v* in numbers, whereas *V* is printed for both *U* and *V* throughout. Letters and words which are wrongly given by the manuscript and therefore should be omitted are given in square brackets. Those that are wrongly omitted by the scribe are added between triangular brackets.

The beginning of a new page is indicated in the left margin by the folio number, and in the text by a solidus. I have numbered all the liturgical formulae. Those formulae of the main text are numbered consecutively from 1 to 2357; those of the added folios are numbered separately and are indicated by * next to their number; the formulae of the preface are also numbered separately with Roman numerals.

THE TEXT

\<PRAEFATIONES\>[1]

/f. 3r   / IN CHRISTI NOMINE INCIPIT EPISTVLA CHROMATII ET HELIODORI, SCRIPTA ET AD BEATVM HIERONIMVM MISSA.[2]

/f. 3v   / RESCRIPTIO SANCTI HIERONIMI PRESBITERI.[3]

/f. 4r   /INCIPIT FESTIVITATES ET ORTVS APOSTOLORVM DOMINI NOSTRI IESV CHRISTI, VEL VBI PRAEDICAVERVNT.[4]

---

[1] ff. 1–2 are two fly-leaves written later than the main part of the manuscript, and added at an unknown date. For the content of these leaves, see Appendix.

[2] *Martyrologium Hieronyminaum*, eds. H. Quentin and H. Delehaye, *AASS* Nov. II.2 (Brussels, 1931), p. 1.

[3] Ibid., pp. 1–2.

[4] Ibid., pp. 3–4. See also *Gellone* 3025–37 (pp. 489–90).

/f. 5r

/ Principium Iani sancit tropicus Capricornus[5]
MENSIS IANVARIVS HABET DIES XXXI, LVNAM XXX.

I	A	KL	IANR	CIRCVMCISIO DOMINI NOSTRI IESV CHRISTI. *DIES AEGYPTVM*.
II	B	IIII	NON	Hierosolima Stephani et Macharii abbatum.
III	C	III	NON	Natale sanctae Genofeuae uirginis et martyris.
IIII	D	II	NON	In Affrica, Aquilini, Martiani, et Quinti.
V	E	NONAS		Hierosolima Simonis propheta, et cum obtulit dominum.

/f. 5v /VI F VIII ID — Epyphania domini nostri Iesu Christi et sancti Melani episcopi.

VII	G	VII	ID	Depositiones sancti Ysidori, et in Nicomedia Luciani presbiteri.
I	H	VI	ID	Natale sanctorum martyrum Timothei, Luciani, Maximi, et eductio Iesum ex Aegypto.
II	I	V	ID	In Affrica Epictati, Iocundi, Quinti, Saturnini, et dimissio corui columbaeque de arca.
III	K	IIII	ID	Natale sancti Pauli primi heremitae.
IIII	L	III	ID	Sanctorum Augentii, Donati, Felicitatis.

In idibus V M II ID — Natale sancti Iohannis papae.

xiii VI N IDVS — Octabas epyphaniae, et Pyctauis depositio sancti Hilarii episcopi et confessoris.

VII	O	XVIIII KL	FEBR	Natale sancti Felicis in pincis, et Agapati martyris.
I	P	XVIII	KL	Remis depositio sancti Remigii, et sancti Crysogoni martyris, et Abbacuc propheta.
II	Q	XVII	KL	Natale sancti Marcelli papae et martyris, et depositio Honorati episcopi.
III	R	XVI	KL	Natale sancti Antonini monachi et abbatis, et Sulpicii confessoris, et sanctorum geminorum apud Lingonas.
IIII	S	XV	KL	Natale sanctae Priscae uirginis. SOL IN AQAERIVM.
V	T	XIIII	KL	Natale sanctarum Mariae et Martha martyrum.
VI	V	XIII	KL	Natale sanctorum Fabiani et Sebastiani martyres. Audifax Abacuc.

---

[5] This is the first line of a poem dedicated to the months and their Astrological signs. The rest of the poem appears, each line at a time, as the heading of the following months. For the poem, which is ascribed to Ausonius, see R.P.H. Green, ed., *The Works of Ausonius* (Oxford, 1991), no. XIV.9, p. 101; see also *Anthologia Latina*, I.2, ed. A. Riese (Leipzig, 1906), no. 640, pp. 106–7; H.G. Evelyn-White ed. and tr., *Ausonius* (London and Cambridge, MA, 1919), no. VII.16, I, p. 190. This poem was quoted by Bede in his *De temporum ratione*, ed. C.W. Jones, *CCSL* 123B (Turnhout, 1977), p. 16.

VII	A	XII	KL	Natale sanctae Agnetis uirginis et martyris in Roma.
I	B	XI	KL	Natale sancti Vincentii martyris, et sancti Anastasii episcopi et martyris.
II	C	X	KL	Natale sanctae Emerentianae uirginis, et Macharii martyris.
III	D	VIIII	KL	Natale sancti Babilli episcopi, et trium puerorum ab eo baptizatorum.
IIII	E	VIII	KL	Conuersio sancti Pauli, et natale sancti Proiecti martyris. *DIES EGIPTVM*.
V	F	VII	KL	Natale sancti Policarpi martyris. VII AEGYPTVM MENSIS MECHIR.
VI	G	VI	KL	Natale sancti Iohanis Chrissontimi, et sancti Vitalis papae.
VII	H	V	KL	Sanctae Agnetis uirginis de natiuitate, et sanctae Perpetuae. Obitus Karoli magni imperatoris.
I	I	IIII	KL	In Treueris depositio sancti Valerii episcopi, et confessoris. <u>Osteruuera</u>.
II	K	III	KL	Depositio sancti Vuilgilsi abbatis et sanctae Aldegundae uirginis et martyris et sancti Flauiani martyris.
III	L	II	KL	Natale sanctorum Victoris, Saturnini, Trasci, Zotici, et sancti Concordii martyris.

NOX HORARVM XVI–DIES HORARVM VIII

/f. 6r

In kl. xxxii

/ Mense Nume in medio solidi stat sidus Aquarii
MENSIS FEBRVARIVS HABET DIES XXVIII, LVNAM XXVIIII

IIII	M	KL	FEBR	Natale sancti Policarpi episcopi et martyris et sanctae Brigidae uirginis.
V	N	IIII	NON	Purificatio sanctae Mariae, Ypapanti domini, id est susceptio domini.
VI	O	III	NON	
VII	P	II	NON	Natale sancti Gelasii magni *DIES EGIPTVM*.
I	Q	NONAS		Natale sanctae Agathae uirginis et martyris.
II	R	VIII	ID	Natale sanctorum Vedasti et Amandi episcoporum et confessorum.
III	S	VII	ID	Sancti Anguli episcopi. *VERIS INITIVM, ANTE ISTVM LOCVM NON EST HABET DIES XCI QVOD GRATIA.*
IIII	T	VI	ID	Depositio Pauli episcopi.
V	V	V	ID	Natale sancti Alexandri, Monii, et aliorum XX.
VI	A	IIII	ID	Natale sanctae Sotheris uirginis et martyris, et sanctorum Erenei, Zotici, Iacincti martyrum.
VII	B	III	ID	Natale sancti Desiderii episcopi, et sancti Castrensis martyris, et sanctae Euprasiae uirginis.
I	C	II	ID	Natale sanctae Susannae, et Damiani militis infantum.
II	D	IDVS		Lugdunense depositione sancti Stephani episcopi, Castoris presbiteri. Hugo presbyter et martyr.
III	E	XVI	KL MAR	Natale sanctorum Valentini, Vitalis, Feliculae, et Zenonis martyrum.
IIII	F	XV	KL	Angelis satanae recessit a deo. Ipso die tonitruum audiuimus. **Sol in pisce**.
V	G	XIIII	KL	Natale sanctae Iuliana uirginis et martyris, et Polichroni episcopi, et Lucianae uirginis.
VI	H	XIII	KL	Natale sancti Pimeni, et Valentini martyrum.
VII	I	XII	KL	Natale sanctorum Rutili et Siluani.
I	K	XI	KL	In Africa natale Publii, Iuliani, Marcelli.
II	L	X	KL	Depositio sancti Gagi episcopi.
III	M	VIIII	KL	Assumptio reliquiae sanctae Scolasticae.
IIII	N	VIII	KL	Cathedra sancti Petri, et natale sancti Sirici papae. VIRNVS ORIS.
V	O	VII	KL	Natale sancti Policarpi episcopi.
VI	P	VI	KL	Natale sancti Mathei apostoli, et inuentio capitis praecursoris Christi. **Sol**[. . .].
VII	Q	V	KL	Natale sanctorum Iusti et Sirici.
/f. 6v / I	M	IIII	KL	Natale sancti Felicis cum sociis suis. *DIES EGIPTVM*.
II	N	III	KL	Natale sanctorum Alexandri, Antigoni.
III	O	II	KL	Passio sanctorum XL militum martyrum.

NOX HORARVM XIII–DIES HORARVM X

Procedunt duplices in Martio tempora Pisces
MENSIS MARTVM HABET DIES XXXI, LVNA XXX

In kl. habet
dies lx | IIII | P | KL | MAR | In Africa natale sancti Donati martyris, et passione sancti Leudegarii. **Hic mutantus est anni ab initio mundi et concurrenter**. *DIES EGIPTVM.*

V Q VI NON — Natale sancti Simplicii papae.

VI R V NON — Natale sancti Fortunati.

VII S IIII NON — Natale sanctorum DCCC^torum martyrum. In prima sabbati in XII lectiones.

I T III NON — *ENDECAS VII EMBOLISMUS*

II V II NON — Natale sancti Victoris. *OGDOAS III EMBOLISMUS*

In non. III A NONAS — Natale sanctarum Perpetuae et Felicitatis martyrum.

lxvi IIII B VIII ID — *INITIVM PRIMI MENSIS, PRIMA INCENSIO LVNAE PASCHALE.*

V C VII ID — Passio sanctorum XL militum in Sebasta ciuitate.

VI D VI ID — Natale sanctae Agapae uirginis.

VII E V ID — Natale sancti Eracli.

I F IIII ID — Natale sancti Gregorii papae, et depositio, et aliarum XL.

II G III ID — Natale sancti Macedonis presbiteri. In Attica miluus apparet.

III H II ID — Natale sancti Leonis papae et martyris, sancti Felicissimi.

In idibus IIII I IDVS — Ierosolimitana Iacobi apostoli, et Luce euan-
lxxiiii — gelistae.

V K XVII KL — APRL Natale sanctae Eugeniae uirginis.

VI KLXVI — Natale sancti Patricii episcopi, et sanctae[6] Gerethrudis. **Italiae miluus ostenditur.**

VII M XV KL — Natale sancti Pemeni abbatis. *PRIMVS DIES SAECVLI, SOL IN ARIETAE.*

I N XIIII KL — Depositio Ioseph sponsi sanctae Mariae, et natale sancti Theodori episcopi.

/f. 7r / II O XIII KL — Natale sancti Chutberti episcopi et confessoris. Luna paschae. Incipit sedes epactarum.

III P XII KL — Depositio sancti Benedicti abbatis, et sancti Policarpi. Aequinoctium. Pascha incipit.

IIII Q XI KL —

V R X KL — Natale sancti Felicis. *PRIMVS HOMO FACTVS EST.*

VI S VIIII KL — Concurrentium locus.

VII T VIII KL — Adnuntiatio sanctae Mariae, et domini crucifixio.

---

[6] MS *sancti* for *sanctae*.

59

I	V	VII	KL	natale sancte Castuli, et depositio sancti Chiliani episcopi et martyris.
II	A	VI	KL	Resurrectio domini nostri Iesu Christi, VIII Aegypti mensis Farmuthi.
III	B	V	KL	In Caesarea natale sanctae Mariae. *DIES EGIPTVM*.
IIII	C	IIII	KL	Ordinatio beati Gregorii papae.
V	D	III	KL	Depositio Pastoris.
VI	E	II	KL	Natale Anesi Felicis.

NOX HORARVM XII–DIES HORARVM XII

Respicis Apriles Aries Fixae kalendas
MENSIS APRILIS HABET DIES XXX, LVNAM XXVIIII

In kl. xci	VII	F	KL	APRL	In oriente natale Quintiani, Venantii, et Anastasii martyrum.

In kl. xci VII F KL APRL In oriente natale Quintiani, Venantii, et Anastasii martyrum.

I G IIII NON Depositio Vincentii episcopi.

II H III NON Thiofridus beate memoris abas noster.

III I II NON Natale sancti Ambrosii confessoris, et Agathoni diaconi.

In non. xcv IIII K NONAS Natale sancti Claudiani. *VLTIMA INCENSIO LVNAE PASCHAE.*

V L VIII ID

VI M VII ID In Syria Timothei.

VII N VI ID Natale septem uirginum quae in unum coronari meruerunt. Et Marie Aegipticae.

I O V ID

II P IIII ID Natale sancti Apolloni. *DIES AEGIPTVM.*

/ f. 7v / III Q III ID Natale sancti Siagrii pape, et natale Leonis pape.

IIII R II ID Natale sancti Carpi episcopi. Obiit Hizo laicus.

V S IDVS Natale sanctae Eufemiae uirginis.

VI T XVIII KL MAI Natale sanctorum Tiburtii, Valeriani, et Maximi martyrum.

VII V XVII KL Natale sancti Matonis.

I A XVI KL Natale sanctorum Castuli Leonis.

II B XV KL Natale sancti Petri diaconi. SOL IN TAVRVM.

III C XIIII KL Natale sanctorum Victorici, Ermoginis.

IIII D XIII KL Natale sancti Victori. Rauangerus laicus. *LVNA XIIII NOVISSIMA.*

V E XII KL Natale sanctorum Valeriani et Maxime. Ereza deo digna. *DIES AEGIPTVM.*

VI F XI KL Natale sancti Philippi apostoli, et sancti Gagi pape. Obitus Arnolfi monachi.

VII G X KL Natale Nabori, Roma.

I H VIIII KL Natale sancti Georgii martyris. Kurzela.

II I VIII KL Tres pueri liberati sunt de camino in Babiuel, et natale sancti Melliti episcopi.

III K VII KL Natale sancti Marci euangelistae, et laetania maior. VLTIMVM PASCHA.

IIII L VI KL Natale sanctorum Castoris, et Stephani episcopi. VIIII AEGYPTVM MENSIS PACHO.

V M V KL Gundolfi monachi.

VI N IIII KL Roma natale sancti Vitalis martyris. Et in Militania ciuitate Ermoginis. **Egressione Noe de Arca.**

VII O III KL Natale sancti Germani episcopi. Obitus Hildegardae regina.

I P II KL Natale Dorothei presbiteri, Viatoris, Terenti, Sophiae. Herifrithi monachi.

NOX HORARVM X–DIES XIIII

MENS MAI HABET DIES XXXI, LVNAM XXVIIII
Maius Agenorei miratur cornua Tauri

In kl. cxx	II	Q KL	MAI	Natale sanctorum apostolorum Philippi et Iacobi, et depositio Hieremiae prophetae.
	III	R VI	NON	Natale sancti Germani.
	IIII	S V	NON	Inuentio sanctae crucis. Et natale sanctorum Alexandri, Euentii, et Theodoli presbiteri. DIES AEGYPTVM.
/ f. 8r	/V	T IIII	NON	In Nicomedia Antoniae umbra absumitur in merore.
	VI	V III	NON	ASCENSIO DOMINI AD CAELOS.
in no. cxxvii	VII	A II	NON	Natale sancti Iohannis apostoli ante portam latinam.
	I	B NONAS		Natale sancti Iuuenalis. Aegyptum canis uespere occidit.
	II	C VIII	ID	Natale sancti Victoris. Et ingressio Noe in arcam.
	III	D VII	ID	AESTATIS INITIVM HABET DIES.
	IIII	E VI	ID	Natale sanctorum Gordiani, et Epimachi martyrum, et Romae Calepodii presbiteri.
	V	F V	ID	Natale sancti Antonii.
	VI	G IIII	ID	Natale sanctorum Nerei, Achilei, et Pancratii martyrum.
	VII	H III	ID	Dedicatio ecclesiae beatae Mariae ad martyres, et natale sancti Seruasii, et sancti Gangolfi martyrum.
	I	I II	ID	
	II	K IDVS		Primum pentecosten.
	III	L XVII	KL IVN	Natale sanctorum Aquilini, Victoriani, et translatio corporis beati Terentii confessoris.
	IIII	M XVI	KL	Natale sanctorum Eraclii, et Pauli. Herimunus monachus leuita bonae memoriae.
	V	N XV	KL	Natale sancti Vrbani papae, et sancti Iohanis papae et martyris. Sol in geminos. Obitus Godouuini.
	VI	O XIIII	KL	Natale sancti Augustini episcopi, et sanctae Potentianae uirginis.
	VII	P XIII	KL	Natale sanctae Basilissae uirginis et martyris.
	I	Q XII	KL	Natale sancti Mathei, Caesorionis gladius occidere incipit.
	II	R XI	KL	Natale sanctorum Faustini, et Timothei.
	III	S X	KL	Natale Quintini et Luci. Harcheri laici.
	IIII	T VIIII	KL	Natale sanctorum Donatiani, et Rogatiani. AESTAS ORITVR.
	V	V VIII	KL	Natale sancti Vrbani papae et martyris.
	VI	A VII	KL	Sancti Augustini episcopi in Cantia. Arca Noe eleuata. **X Aegyptum mensis Pauni**.

VII	B	VI	KL	Natale sancti Restituti intra sancti Andreae. Et consecratio sancti Ragnulfi martyris. <u>Buirolfus presbiter</u>
I	C	V	KL	<u>Depostio Germani episcopi.</u>
II	D	IIII	KL	<u>Sancti Maximini episcopi et confessoris.</u>
/III	E	III	KL	Natale sancti Felicis papae.
IIII	F	II	KL	Natale sanctae Petronillae uirginis.

/ f. 8v

NOX HORARVM VIII–DIES HORARVM XVI

63

Iunius aequatos caelo uidet ire Laconas. Signum gemini
MENSIS IVNIVS HABET DIES XXX, LVNA XXVIIII

In kl. clii	V	G KL	IVN	Natale sancti Prisci martyris, et sanctae Teclae uirginis, et dedicatio sancti Nicomedis martyris.
	VI	H IIII	NON	Natale sanctorum Marcellini et Petri martyrum, et sanctae Blandinae, cum XLVII martyribus.
	VII	I III	NON	Natale Marcellini, Auiti.
	I	K II	NON	Natale Cirini episcopi.
In non. clvi	II	L NONAS		Natale Bonifacii episcopi et martyris, et aliorum LII.
	III	M VIII	ID	Natale sancti Saturnini episcopi.
	IIII	N VII	ID	Natale sancti Luciani.
	V	O VI	ID	Natale sancti Medardi episcopi et confessoris, et Gildardi episcopi.
	VI	P V	ID	Natale sanctorum Primi et Feliciani martyrum.
	VII	Q IIII	ID	Natale sancti Zachariae. *DIES EGIPTVM*.
	I	R III	ID	Natale sancti Barnabae apostolorum discipuli.
	II	S II	ID	Natale sanctorum Basilidis, Cirini, Naboris, et Nazarii martyrum. Buouelini laici.
In idibus clxvi	III	T IDVS		Natale sancti Luciani. VLTIMVM PENTECOSTEN.
	IIII	V XVIII	KL IVL	Sanctorum Rufini et Valerii martyrum, et translatio Aniani.
	V	A XVII	KL	Natale sanctorum Viti, et modesti martyrum.
	VI	B XVI	KL	Natale sancti Diogenis, et Feriolis presbiteri, et Ferucionis diaconi. *DIES EGIPTVM*.
	VII	C XV	KL	Natale sanctorum Digeni, Basti, Quiriaci, et aliorum CCLXII. Sol in cancrum.
	I	D XIIII	KL	Natale sanctorum Marci, et Marcelliani martyrum.
	II	E XIII	KL	Natale sanctorum Geruasii, et Protasii martyrum.
	III	F XII	KL	Natale sanctorum Pauli et Ciriaci. SOL STITIVM.
/ f. 9r	/IIII	G XI	KL	Natale sancti Albani martyris in Mogontia, et sanctae Nonicae uirginis.
	V	H X	KL	In Perside natale sancti Iacobi Alfei apostoli, et aliorum DCCCLXXXVIIII.
	VI	I VIIII	KL	Vigiliae sancti Iohannis baptistae, et natale sancti Auiti.
	VII	K VIII	KL	*NATIVITAS SANCTI IOHANNIS BAPTISTAE*.
	I	L VII	KL	Vigilia sanctorum Iohannis et Pauli martyrum. *XI EGYPTVM, EPIPHI*. Adalbertus diaconus et monachus maximus.
	II	M VI	KL	Natale eorundem.
	III	N V	KL	Septem germanorum dormientium.
	IIII	O IIII	KL	Vigilia sanctorum apostolorum Petri et Pauli, et aliorum DCCCLXXVII.

| V | P | III | KL | Natale eorundem. |
| VI | Q | II | KL | |

NOX HORARVM VI–DIES HORARVM XVIII

Solstitio ardentis Cancri fert Iulius austrum
MENSIS IVLIVS HABET DIES XXXI, LVNAM XXX

In kl.					
clxxxii	VII	R	KL	IVL	Depositio sancti Gagi episcopi urbis Romae, et in monte Or sancti Aaron sacerdotis.
	I	S	VI	NON	Natale sanctorum Processi et Martiniani martyrum.
	II	T	V	NON	Translatio corporis sancti Thomae apostoli. <u>Vigilia sancti Huothelrici episcopi, et confessoris.</u>
	III	V	IIII	NON	Ordinatio sancti Martini episcopi, et translatio corporis, et dedicatio basilicae. <u>Et sancti Huothelrici episcopi.</u>
	IIII	A	III	NON	Natale sanctorum Maximi et Fecundi martyrum.
	V	B	II	NON	Octaba apostolorum Petri et Pauli, et natale sancti Goarii confessoris.
In non.	VI	C	NONAS		Depositio sancti Eraclii.
clxxxviiii	VII	D	VIII	ID	Natale sancti Kiliani episcopi et martyris cum sociis suis, et sancti Vualtfredi confessoris.
	I	E	VII	ID	
	II	F	VI	ID	Natale sanctorum VII fratrum filiorum Felicitatis; et sancti Patronii.
	III	G	V	ID	Depositio sancti Benedicti abbatis, et aduentus sancti Nazarii in Laurisham *DIES EGYPTVM*.
	IIII	H	IIII	ID	Natale sanctorum Naboris et Felicis. Et sanctae Margarite uirginis.
/ f. 9v	/V	I	III	ID	Natale sancti Serapionis. Dies canicularum. *DIES EGIPTVM*.
In id.	VI	K	II	ID	Sancti Iusti confessoris.
cxcvi	VII	L	IDVS		Natale sanctorum Ciri, Cassiani, Iuliae. Et diuisio XII apostolorum ad predicandum. DIES AEGYPTVM.
	I	M	XVII	KL	AVT Natale sancti Aquilini.
	II	N	XVI	KL	Natale sancti Sperati episcopi et martyris.
	III	O	XV	KL	Natale sancti Arnulfi confessoris, et sanctae Simphorosae. SOL IN LEONEM.
	IIII	P	XIIII	KL	Natale sancti Rustici prespiteri.
	V	Q	XIII	KL	Natale sancti Philiberti confessoris, et sanctorum Luciani et Petri.
	VI	R	XII	KL	Natale sanctae Praxedis uirginis, et sancti Victoris martyris.
	VII	S	XI	KL	Natale sanctae Mariae Magdalenae.
	I	T	X	KL	Natale sancti Apollonaris martyris, et depositio Vuandregiseli.
	II	V	VIIII	KL	Natale sancti Victorini, et sanctae Cristinae uirginis.
	III	A	VIII	KL	Natale sancti Iacobi apostoli fratris Iohanis euangelistae, et sancti Cristofori martyris. **XII Aegyptum mensis Messore.**

66

IIII	B	VII	KL	
V	C	VI	KL	Depositio Samsoni episcopi, et sancti Simeonis monachi.
VI	D	V	KL	Natale sanctorum Nazarii, Celsi, Pantaleon, et Lupi episcopi.
VII	E	IIII	KL	Natale sanctorum Felicis, Simplicii, Faustini, et Beatricis martyrum.
I	F	III	KL	Natale sanctorum Abdonis, et Sennis martyrum.
II	G	II	KL	Natale sancti Germani episcopi in Rauenna.

NOX HORARVM VIII–DIES XVI

Augustum mensem Leo feruidus igne perurit
MENS AVGVSTVS HABET DIES XXX, LVNAM XXVIIII

In kl.					
ccxiii	III	H	KL		Sancti Petri ad uincula, et natale Machabeorum, VII fratrum cum matre martyrum.
	IIII	I	IIII	NON	Natale sancti Stephani papae et martyris. <u>Geila</u>. VI EMBOLISMUS
In non.	V	K	III	NON	Inuentio corporis sancti Stephani primi martyris.
ccxxvii	VI	L	II	NON	Natale sanctorum Iustini et Crisentionis.
/ f. 10r	/VII	M	NONAS		Natale sancti Osuualdi regis Anglorum, et
	I	N	VIII	ID	Natale sanctorum Sixti episcopi, et Felicissimi et Agapiti martyrum.
	II	O	VII	ID	Natale sancti Donati episcopi, et sanctae Affrae uirginis. **Autumni initium habet dies XCI.**
	III	P	VI	ID	Natale sancti Ciriaci martyris.
	IIII	Q	V	ID	Natale Romani militis, et uigilia sancti Laurentii martyris.
	V	R	IIII	ID	Natale sancti Laurentii martyris.
	VI	S	III	ID	Natale sancti Tiburtii martyris, et sanctae Sussanae uirginis, et sancti Gaugerici confessoris.
In idibus	VII	T	II	ID	Natale sanctorum Euplici, et Leuci.
ccxxxv	I	V	IDVS		Natale sancti Ypoliti martyris, et aliorum, et sanctae Radegundis uirginis.
	II	A	XVIIII	KL	SEPT Depositio sancti Eusebii sacerdotis.
	III	B	XVIII	KL	Assumptio sanctae Mariae dei genetricis.
	IIII	C	XVII	KL	Natale sancti Quinti, et sancti Arnulfi confessoris, et sanctae Margaretae uirginis.
	V	D	XVI	KL	Octaba sancti Laurentii martyris, et sancti Mammertis martyris.
	VI	E	XV	KL	Natale sancti Agapiti martyris. SOL IN VIRGINEM.
	VII	F	XIIII	KL	Natale sancti Magni martyris.
	I	G	XIII	KL	Natale sancti Filiberti, et Athanasii episcopi. <u>Obitus Berigandi.</u>
	II	H	XII	KL	Natale sancti Theodoti episcopi, et Iulii, Iuliani, et sancti Priuati martyrum.
	III	I	XI	KL	Natale sanctorum Timothei, et Simphoriani martyrum. **Autumnus ortus.**
	IIII	K	X	KL	Vigilia sancti Bartholomei apostoli.
	V	L	VIIII	KL	Natale sancti Bartholomei apostoli, et sancti Genesii martyris, et Titi.
	VI	M	VIII	KL	
	VII	N	VII	KL	Natale sancti Habundi.
	I	O	VI	KL	Natale sancti Rufi martyris. AEGYPTVM MENSIS THOTH.
	II	P	V	KL	Natale sanctorum Hermetis, et Iuliani martyrum, et sancti Augustini episcopi.
	III	Q	IIII	KL	Decollatio sancti Iohanis, et sancti Floriani cum sociis, et sanctae Sabinae uirginis.

68

IIII	R	III	KL	Natale sanctorum Felicis et Audacii martyrum.
V	S	II	KL	In Treueris natale sancti Paulini episcopi et confessoris.

NOX HORARVM X–DIES XIIII

/ f. 10v   / Sidere Virgo tuo Bachum September optimat
MENSIS SEPTEMBER HABET DIES XXX, LVNAM XXX

In kl.

ccxliii	VI	T	KL	SEPT	Natale sancti Prisci martyris, et dedicatio ecclesiae sancti Nazarii in Lauris habet.
	VII	V	IIII	NON	Lugdunense Iusti episcopi, depositio Iosue, et sancti Mamme martyris. <u>Otperti</u>.[7]
	I	A	III	NON	Natale sancti Remacli episcopi et confessoris, et sanctorum Iusti et Feliciani martyrum. DIES AEGYPTVM.
In non.	II	B	II	NON	Depositio Moysi.
ccxlviii	III	C	NONAS		Sanctorum confessorum Anserici, Bertini, et Quintini confessor. <u>Godefridus presbiter et monachus noster.</u>
	IIII	D	VIII	ID	Roma Eleutherii episcopi, et Zachariae prophetae. Hic finiuntur dies canicularum.
	V	E	VII	ID	Natale Sinoti martyris, et dedicatio ecclesiae sancti Petri et trium altarium in monte.
	VI	F	VI	ID	Natiuitas sanctae Mariae matris domini, et natale sancti Adriani martyris.
	VII	G	V	ID	Natale sancti Gorgonii martyris, et sancti Audomari episcopi.
	I	H	IIII	ID	Natale sanctorum DCCCtorum martyrum.
	II	I	III	ID	Natale sanctorum Proti et Iacincti.
	III	K	II	ID	Natale Sacerdotis episcopi, et Teclae uirginis. <u>Et depositio sancti Maximini episcopi.</u>
In id. cclvi	IIII	L	IDVS		Natale sanctorum Felicissimi, Maurilionis, et Amati confessorum.
	V	M	XVIII	KL OCTB	Exaltatio sanctae crucis, et in Treueris natale sancti Materni episcopi, et Cornelii, et Cipriani martyrum, **et dedicatio criptae eiusdem sancti Petri ecclesiae.**
	VI	N	XVII	KL	Natale sancti Nicomedis martyris, et Apri episcopi.
	VII	O	XVI	KL	Natale sanctorum Luciae et Geminiani martyrum, et sanctae Eufemiae uirginis.
	I	P	XV	KL	Natale sancti Lantberti episcopi et martyris. SOL IN LIBRAM.
	II	Q	XIIII	KL	Natale sancti Trofimi, et sancti Mariani.
	III	R	XIII	KL	Natale sancti Theodori episcopi, et Fereoli martyris.
	IIII	S	XII	KL	Natale Ianuarii, et Faustae. Et uigilia sancti Mathei. **Aequinoctium secundum Graecos.**
	V	T	XI	KL	Natale sancti Mathei apostoli et euangelistae. ***DIES EGIPTVM***.
	VI	V	X	KL	Natale sanctorum Mauritii et sociorum eius VI DLXXXVI martyrum.

[7] *Otperti* added in the left margin.

70

VII	A	VIIII	KL	Conceptio sancti Iohanis. **Hic indictio incipiunt et finiuntur, et hic aequinoctium secundum Latinos.**
I	B	VIII	KL	
II	C	VII	KL	Lugdunense Lupi episcopi, et sancti Firmini martyris.
/III	D	VI	KL	Natale sanctorum Sulpicii et Seruiliani martyrum, <u>et ad Eleuanges monasterium Cipriani episcopi.</u>
IIII	E	V	KL	Natale sanctorum Cosme et Damiani martyrum.
V	F	IIII	KL	Natale sancti Iustini. II AEGYPTVM MENSIS FAOFI.
VI	G	III	KL	Dedicatio basilicae sancti Michaelis archangeli in monte Gargano.
VII	H	II	KL	Depositio sancti Hieronimi presbiteri et confessoris.

/ f. 11r (margin note, aligned with /III row)

NOX HORARVM XII–DIES XII

71

Aequat et Octimber sementis tempore Libram
MENSIS OCTOBER HABET DIES XXXI, LVNAM
XXVIIII

In kl.

cclxxviiii					
	I	I	KL	OCTB	Natale sanctorum Remigii et Germani seu Vedasti episcoporum et confessorum.
	II	K	VI	NON	Natale sancti Leudegarii episcopi et martyris, et Sereni confessoris.
	III	L	V	NON	*DIES EGIPTVM.*
	IIII	M	IIII	NON	Natale sanctorum Heoualdi, et Eoualsi.
	V	N	III	NON	Natale sanctae Cristinae
	VI	O	II	NON	
	VII	P	NONAS		Natale sancti Marci papae. <u>Marcelli et Apulei.</u>
	I	Q	VIII	ID	Vigilia sanctorum Dionisii, Rustici, et Eleutherii martyrum.
	II	R	VII	ID	Natale sanctorum eorundem, et Richarii, Marcellini, et Gemini.
	III	S	VI	ID	Natale sanctorum [sanctorum] Gereonis, Victoris, et Publii, et aliorum CCCXX martyrum.
	IIII	T	V	ID	Natale Annasii presbiteri, et Venantii.
	V	V	IIII	ID	Sancti Heudisti.
	VI	A	III	ID	Eleuatio corporis sancti Sebastiani de Roma, et natale Faustini, et Anastasii.
	VII	B	II	ID	Natale sancti Calixti papae, et sancti Lupi.
	I	C	IDVS		Natale sancti Fortunati.
	II	D	XVII	KL NOV	Depositio sancti Galli confessoris, et sancti Longini martyris.
	III	E	XVI	KL	Natale sanctorum Victorini, et Lucae euangelistae uigilia.
	IIII	F	XV	KL	Natale sancti Lucae euangelistae. SOL IN SCORPIONEM.
/ f. 11v	/V	G	XIIII	KL	**DEDICATIO BASILICAE SANCTI VVILLIBRORDI EPISCOPIS.**
	VI	H	XIII	KL	Natale sancti Neonis martyris.
	VII	I	XII	KL	Sancti patris nostri Hilarionis, et sancti Iusti.
	I	K	XI	KL	Sancti Seueri episcopi.[8] *DIES EGIPTVM.*
	II	L	X	KL	Natale sancti Dorothei, <u>et in Colonia sancti Seuerini episcopi et confessoris.</u>
	III	M	VIIII	KL	In ecclesia [. . .] sancti S[. . .] episcopi.[9]
	IIII	N	VIII	KL	Natale sanctorum Crispini et Crispiniani martyrum.
	V	O	VII	KL	Natale sancti Luciani. Translatio sancti Amandi.
	VI	P	VI	KL	Vigilia sanctorum apostolorum Simonis et Iudae.
	VII	Q	V	KL	Natale eorundem, et depositio sancti Diuitiani episcopi. **III AEGYPTVM MENSIS Athur.**

[8] Originally *Seuerini*, the *ni* is deleted.
[9] The line is thoroughly deleted. It seems that the saint in question is Seuerini, whose feast was transferred by a later hand to a day earlier.

I	R	IIII	KL	
II	S	III	KL	Natale sancti Saturnini.
III	T	II	KL	Natale sanctorum Quintini, et Crescentiani martyrum. **Et hic signum fuit in solae et stellis in caelo, quando super uniuersum[10] mundum dies in tenebris uersus est.**

NOX HORARVM XIIII–DIES HORARVM X

---

[10] *Cuthberi* is added and deleted interlinearly by a later hand.

\<Scorpios hibernum praeceps iubet ire Nouembrem\>
MENSIS NOVEMBER HABET DIES XXX, LVNAM XXX

In kl. cccv	IIII	V	KL	NOV	FESTIVITAS OMNIVM SANCTORVM, et natale sancti Caesarii martyris et sanctorum Hilarii, et Eustachi confessorum.
	V	A	IIII	NON	Sancti Poliani. V EMBOLISMUS
	VI	B	III	NON	Natale sancti Hugberti episcopi et confessoris, et sanctorum Mariani, Ianuari, et Pelagii.
In non.	VII	C	II	NON	Sanctorum Amantii, et Caesarii diaconi.
cccxiii	I	D	NONAS		Natale Dominiani et Quarti.
	II	E	VIII	ID	Natale sancti Melani episcopi.
	III	F	VII	ID	**Depositio sancti Vuillibrordi archepiscopi et confessoris. Hiemis initium XCII.**
	IIII	G	VI	ID	Natale sanctorum IIII coronatorum.
/ f. 12r	/V	H	V	ID	Natale sancti Theodori martyris. <u>Hardouuini monachi.</u>
	VI	I	IIII	ID	Sancti Leonis papae.
	VII	K	III	ID	Natale sancti Martini episcopi et confessoris. Et sancti Menne martyris.
	I	L	II	ID	Natale sanctorum Mauruli et Publii. <u>Thancradus laicus.</u>
	II	M	IDVS		Natale sanctorum Brictii episcopi, et Felicis presbiteri.
	III	N	XVIII	KL DECB	Natale sanctae Theodotae.
	IIII	O	XVII	KL	Sancti Fecundini.
	V	P	XVI	KL	Natale sancti Eucherii episcopi.
	VI	Q	XV	KL	Sancti Aniani episcopi, et sanctae Teclae uirginis. *SOL IN SAGITARIVM.*
	VII	R	XIIII	KL	Natale sancti Platonis martyris.
	I	S	XIII	KL	Natale sancti Maximi martyris.
	II	T	XII	KL	Natale sancti Echberti episcopi.
	IIII*	V	XI	KL	Natale sancti Potentiani, et uigilia sanctae Ceciliae uirginis.
	V	A	X	KL	Natale sanctae Caeciliae uirginis, et sancti Thrudonis confessoris, et sanctae Mederismae uirginis.
	VI	B	VIIII	KL	Natale sancti Clementis papae et martyris, et sanctae Felicitatis cum VII pignoribus.
	VII	C	VIII	KL	Natale sancti Chrisogoni martyris. HIEMPS ORITVR.
	I	D	VII	KL	Natale sancti Luciani. ET HIC SALTVS LVNAE.
	II	E	VI	KL	Natale sanctorum Cassiani et Felicissimi, et Amatoris.

* The scribe jumps from II to IIII.

74

III	F	V	KL	Natale sancti Optati episcopi. VIIII AEGYPTVM MENSIS PACHO.
IIII	G	IIII	KL	Natale sancti Theodoli. *DIES AEGYPTVM*.
V	H	III	KL	Natale sanctorum Saturnini, Criscanti, Mauri, et Dariae uirginis, et uigilia sancti Andreae apostoli.
VI	I	II	KL	Natale sancti Andreae apostoli.

NOX HORARVM XVI–DIES VIII

Terminat Architenens medio sua signa Decimbri
MENSIS DECEMBER HABET DIES XXX, LVNAM
XXVIIII

/ f. 12v	/VII	K	KL	DCEB	Natale sancti Candidi et Eligii confessorum.
In kl.	I	L	IIII	NON	I EMBOLISMUS
cccxxxv	II	M	III	NON	Natale sanctae Agricolae, Saturnini.
	III	N	II	NON	Natale sanctae Barbarae uirginis. IIII EMBOLISMUS
	IIII	O	NONAS		Natale sancti Crispini martyris.
	V	P	VIII	ID	Natale sancti Fortunati.
	VI	Q	VII	ID	Octaba sancti Andreae apostoli, et natale sancti Sabini.
	VII	R	VI	ID	Treueris depositio sancti Eucharii episcopi et confessoris, et Eutici, Zenonis, et Sabini.
	I	S	V	ID	In Africa Petri, Victoris, Vrbani, et translatio sancti Sebastiani in ciuitate Suessionis.
	II	T	IIII	ID	Natale sanctae Eulaliae uirginis.
	III	V	III	ID	Natale sancti Damasi papae.
	IIII	A	II	ID	Natale sancti Vualerici. *DIES EGIPTVM*.
in id	V	B	IDVS		Natale sanctae Luciae uirginis et martyris.
cccxlvii	VI	C	XVIIII KL IAN		Remissio sancti Nicasii.
	VII	D	XVIII	KL	Natale sancti Maximi episcopi. *DIES EGIPTVM.*
	I	E	XVII	KL	Natale sancti Valentini.
	II	F	XVI	KL	Natale sancti Ignati episcopi et martyris.
	III	G	XV	KL	SOL IN CAPRICORNIVM.
	IIII	H	XIIII	KL	Sanctorum Zosimi et Pauli.
	V	I	XIII	KL	Natale sancti Athanasii episcopi, et uigilia sancti Thomae apostoli.
	VI	K	XII	KL	In india translatio sancti Thomae apostoli. **Sol stitium est.**
	VII	L	XI	KL	Natale sanctorum XXX martyrum.
	I	M	X	KL	Natale sanctae Eugeniae uirginis.
	II	N	VIIII	KL	Vigilia natiuitatis domini, et natale sancti Luciani.
	III	O	VIII	KL	**Natiuitas domini nostri Iesu Christi, et natale sanctae Anastasiae uirginis.**
	IIII	P	VII	KL	Natale sancti Stephani protomartyris. V AEGYPTVM MENSIS TYBI.
/ f. 13r	/V	Q	VI	KL	Natale sancti Iohannis apostoli et euangelisate. Regennerus laicus.
	VI	R	V	KL	Natale sanctorum innocentium martyrum, CXLIIII[or] milium.
	VII	S	IIII	KL	Natale sancti Felicis.
	I	T	III	KL	Natale sancti Perpetui.
	II	V	II	KL	Natale sancti Siluestri papae, et sanctae Columbae uirginis.

76

NOX HORARVM XVIII–DIES VI

EXPLICIVNT IIII[or] TEMPORA ANNI, MENSES XII, EBDOMADAE LIIII ET VNA DIES, DIES CCCLXV ET HORAE VI, HORAE VIIII·DCCCLXV, MOMENTA CCCL·DC·LX.

DE MENSIBVS HEBREORVM			MENSES EGYPTIORVM			MENSES GRAECORVM		
Nisan	I	Aprilis	I	Thoth	IIII KL September	Apileus	I	Decmber
Iar	II	Maius	II	Faofi	IIII KL October	Eudinius	II	Ianuarius
Siuan	III	Iunius	III	Athur	V KL Nouember	Peritius	III	Februarius
Tamul	IIII	Iulius	IIII	Choeac	V KL December	Distrus	IIII	Martius
Ab	V	Augustus	V	Tubi	VI KL Ianuarius	Xanthicos	V	Aprilis
Elul	VI	Sptember	VI	Mechir	VII KL Fenruarius	Arthemiseos	VI	Maius
Thesseri	VII	October	VII	Faminoth V	KL Martius	Deseos	VII	Iunius
Maresuan	VIII	Nouember	VIII	Farmuthi VI	KL Aprilis	Panemos	VIII	Iulius
Casleu	VIIII	December	VIIII	Pacho	VI KL Maius	Loos	VIIII	Augustus
Thebeth	X	Ianuarius	X	Pauni	XVII KL Iunius	Gorpieos	X	September
Sabath	XI	Februarius	XI	Efipi	VII KL Iulius	Yperberitheos	XI	October
Adar	XII	Martius	XII	Mesore VIII	KL Augustus	Dyos	XII	Nouember

/f. 13v / TETRASTICON AVTENTICVM DE SINGVLIS MENSIBVS.[11]

/f. 14r / IN IANVARIVS NOX HABET HORARVM XVI, DIES HORARVM VII. Ianuarius cum Decembrio in horarum mensura concordat. IAN hora prima undecima pedes uiginti et nouem; hora ii et x, pedes xviiii; hora iii et viiii, pedes xvii; hora iiii et viii, pedes xv; hora v et vii, pedes xiiii; hora vi, pedes xi.

IN FEBRVARIVS NOX HABET HORARVM XIIII, DIES X. FEB cum Nouembrio spatium aequale tenent. FEBR hora i et xi, pedes xxvii; hora ii et x, pedes xvii; hora iii et viiii, pedes xv; hora iiii et viii, pedes xiii; hora v et vii, pedes xi; hora vi, pedes viiii.[12]

NOX HORARVM XII, DIES XII. MAR consentit Ocrobrio. MAR hora i et xi, pedes xxv; hora ii et x, pedes xv; hora iii et viiii, pedes xiii; hora iiii et viii, pedes xi; hora v et vii, pedes viiii; hora vi, pedes vii.

NOX HORARVM X, DIES XIIII. APL aequat cum Septembrio. APL hora i et xi, pedes xxiii; hora ii et x, pedes xiii; hora iii et viiii, pedes xi; hora iiii et viii, pedes viiii; hora v et vii, pedes vii; hora vi, pedes v.

NOX HORARVM VIII, DIES XVI. MAI respondet Augusto. MAI hora i et xi, pedes xxi; hora ii et x, pedes xi; hora iii et viiii, pedes viiii; hora iiii et viii, pedes vii; hora v et vii, pedes v; hora vi, pedes iii.

NOX HORARVM VI, DIES XVIII. Iunius conparest Iulio. IVN hora i et xi, pedes x et viiii; hora ii et x, pedes xviiii; hora iii et viiii, pedes vii; hora iiii et viii, pedes v; hora v et vii, pedes iii; hora vi, pes i.[13]

---

[11] *Anthologia Latina*, I.1, ed. A. Riese (Leipzig, 1894), no. 395, pp. 309–11. See also Y. Hen, 'A new manuscript witness for the *tetrasticon authenticum de singulis mensibus*' (forthcoming).

[12] At the right margin the following names were added in a later stage: Hecil, Emeza, Becela, Hezel, and Wazzo. The script is the same as on f. 1r. See above, pp. 39–40.

[13] At the bottom of f. 14r the following prayer is added by a later and an unprofessional hand: Exaudi nos domine deus omnipotens, lumen indeficiens, qui es conditor omnium luminum, benedic hoc lumen quod per nos sanctificari et benedici uoluisti, et si cum illuminatur a te omnis mundus ita a te uero lumine accendamus, et igne claritatis tuae illuminemus, et si cum illuminasti Moysen, sic illumina corda nostra, ut te semper uidere ualeamus. Per.

/ CONFESSIO PECCATORVM BREVIS SIT INTER
MISSARVM SOLEMNIA

ORATIO SANCTI AMBROSII ANTE ALTARE

i SVSCIPE CONFESSIONEM MEAM VNICA SPES
SALVTIS MEAE DOMINE DEVS MEVS QVI A
GVLAE, EBRIETATE, FORNICATIONE, *LIBIDINE,*
TRISTITIA, IRA, ACCIDIA, SOMNOLEN tia, negligentia,
cupiditate, inuidia, malitia, odio, detractione, periurio,
falsitate, mendatio, uanagloria, leuitate, ac superbia
perditus sum, et omni cogitatione, locutione, actione,
/f. 15r atque / omnibus sensibus extinctus, qui iustificas impios et
uiuificas mortuos iustifica me et resuscita me domine deus
meus. Per.

ii ALIA: Ante conspectum diuinae maiestatis tuae domine
deus meus omnipotens reus adsisto, qui inuocare nomen
sanctum tuum praesumo. Miserere mihi domine homini
peccatori. Ignosce indigno sacerdoti per cuius manus haec
oblatio uidetur offerri, parce peccatori labe prae ceteris
capitalium polluto, et non intres in iudicium cum seruo tuo,
quia non iustificabitur in conspectu tuo omnis homo uiuens.
Scilicet uitiis ac uoluptatibus carnis adgrauati sumus, recor-
dare domine quod caro sumus, in tuo conspectu etiam caeli
non sunt mundi, quanto magis nos homines terreni in
mundi sicut pannus menstruatae, indigni sumus domine
Iesu Christe ut simus uiuentes. Sed tu qui non uis mortem
peccatoris da nobis ueniam in carne constitutis, ut per
penitentiam labores uitae aeternae perfruamur in caelis. Per
te Iesu Christe qui cum patre et spiritu sancto uiuis et
regnas in saecula saeculorum. Amen.

iii ALIA: Ignosce domine quod tunc rogare compellor dum
per inmunda labia nomen sanctum tuum assumo, et inmundorum actuum secreta confiteor, non habeo ergo aput te
uerba sine crimine. Tu enim conscientiae meae uulnera
tu cogitationum mearum inmunditias nosti. Misere mihi
domine miserere, ignosce mysterii tui secreta tractandi, nec
indignum misericordiae tuae iudices, quem pro aliis rogare
permittis, et in quo testimonium boni operis non agnoscis,

79

officium saltem dispensationis credere non recuses, saluator mundi. Qui in trinitate uiuis et regnas.

iv ALIA: Deus qui de indignis dignos, de peccatoribus iustos, de inmundis mundos facis, munda corpus meum et cor meum ab omni sorde / et contagio iniquitatis, et praesta ut in hoc altari ad quod indignus accedo, placabiles atque acceptabiles hostias offeram, pro peccatis et offensionibus, et in numeris cotidianisque excessibus meis, ut per eum tibi meum sit acceptabile uotum, qui se tibi deo patri obtulit in sacrificium, qui est omnium opifex, et solus sine macula peccati pontifex, Iesus Christus dominus noster. Qui tecum uiuit.

/f. 15v

v ALIA: Da mihi domine conpuctionem cordis et lacrimas oculis meis, ut defleam diebus ac noctibus omnes negligentiae meae dies, cum humilitate et puritate cordis adpropiet oratio mea in conspectu tuo domine. Si iratus fueris domine contra me, quem adiutorem quaeram? aut quis miserebitur iniquitatibus meis? Memento domine quod Chananeam et publicanum uocasti ad poenitentiam, et Petrum lacrimantem suscepisti, et meas suscipe praeces misericors deus, salua me saluator mundi.

vi ALIA: Rogo te altissime deus sabaoth pater sancte et me tunica castitatis digneris accingere, et meos lumbos baltheo tui timoris baltire, ac renes cordis mei tuae caritatis igne urere, ut pro peccatis meis possim intercedere et adstantis populi peccatorum ueniam promereri, ac pacificas singulorum hostias immolare, me quoque audaciter accedentem non sin asperire, sed dignare lauare ornare, et leniter suscipere. Per.

vii ALIA: Indignum me domine sacrificiis tuis esse fateor, qui innumeris cotidie peccatis fuscor, quid ergo blandis te uerbis rogare praesumo, quam improbis sepissime factis offendo? Tu enim mihi medicinam ingeris egro. Ego sanitate mea contrarius existo, ego legem tuam sacris inolitam paginis lego, sanam uero disciplinam infelix negligo. Ad tuum quidem altare quasi deuotus accedo, sed a praeceptis tuis contumaci corde recedo. Da ergo mihi cor

80

conpunctum, ut ueraciter odio habeam peccatum. Meum est si donaueris delicta deflere, / tuum est ut nubem cito depellere. Licet palmam ammiserim inimico fraudente ad ueniam saltem te miserante peruenire merear. Tibi honor regi cunctorum regum, cuncta regenti in saecula saeculorum. Amen.

ORATIO SANCTI AVGVSTINI DE SANCTA TRINITATE

viii Auxiliatrix esto mihi trinitas sancta, et exaudi me domine. Tu es deus meus uiuus et uerus, tu es pater meus sanctus, tu es deus meus pius, tu es rex meus sanctus et magnus, tu es iudex meus iustus, tu es magister meus unus oportunus, tu es medicus meus potentissimus, tu es dilectus meus pulcherrimus, tu es panis meus uiuus, tu es sacerdos meus in aeternum, tu es dux meus ad patriam, tu es lux mea uera, tu es dulcedo mea sancta, tu es sapientia mea clara, tu es simplicitas mea cara, tu es unitas mea catholica, tu es concordia mea pacifica, tu es custodia mea tota, tu es perfectio mea bona, tu es salus mea sempiterna, tu es misericordia mea magna, tu es patientia mea robustissima, tu es uictoria mea inmaculata, tu es redemptio mea facta, tu es resurrectio mea sancta, tu es uita mea perpetua, te depraecor, supplico et rogo, ut per te ambulem, ad te perueniam, in te requiescam. Qui uiuis et regnas deus per omnia saecula.

ORATIO AD PERSONAM PATRIS

ix Domine sancte pater qui consubstantialem et coaeternum tibi ineffabiliter filium genuisti cum quo atque spiritu sancto ex te eodemque filio procedente, atque quaecumque existunt uisibilia creasti, te adoro, te laudo, te glorifico, este quaeso propitius mihi peccatori, et ne despicias me opus manuum tuarum, sed salua et adiuua me propter sanctum tuum nomen.

ORATIO AD PERSONAM FILII

x Domine Iesu Christe fili dei uiui qui es uerus et omnipotens deus splendor et imago patris et uita aeterna cui una est cum patre et spiritu sancto substantia aequus honor eademque gloria, coaeterna maiestas, te adoro, te laudo, te glorifico, ne me obsecro / perire patiaris, sed salua me et adiuua gratuitu munere tuo, qui me dignatus es redimere praetioso sanguine tuo.

AD PERSONAM SPIRITVS SANCTI

xi Domine sancti spiritus omnipotens qui aequalis, coaeternus, et consubstantialis patri filioque existens, et ab eis inennarrabiliter procedens, qui super eundem dominum Iesum Christum in columbae specie super sanctos apostolos in linguis igneis descendisti, te adoro, te laudo, teque glorifico, depelle a me quaeso tenebras totius iniquitatis et perfidiae, et accende in me lumen tuae misericordiae, et ignem sanctissimi ac suauissimi amoris tui.

LAETANIA

xii Miserere nobis miseris misericors trinitas sancta, et dimitte uniuersa delicta nostra quae commisimus coram angelis tuis in conspectu tuo, per merita et orationes et intercessiones et inuocationes omnium sanctorum tuorum quorum hodie festiuitas caelebratur, et quorum hic nomina et reliquiae habentur, et quorum nomina hunc recitamur:

Sancta Maria ora
Sancte Michael ora
Sancte Raphael ora
Sancte Gabriel
Omnes sancti angeli orate
Sancte Enoch orate
Sancte Noe
Sancte Melechisedech
Sancte Abraham
Sancte Isaac
Sancte Iacob
Sancte Moyses
Sancte Samuhel
Sancte Dauid
Sancte Helias
Sancte Heliseus
Sancte Isaias
Sancte Hieremias
Sancte Ezechiel
Sancte Daniel
Omnes sancti patriarchi et prophetae

Sancte Petre
Sancte Paule
Sancte Andrea
Sancte Iohanes
Sancte Iacobe
Sancte Thome
Sancte Philippe
Sancte Bartholome
Sancte Matheae
Sancte Simon
Sancte Dathee
Sancte Mathias
Omnes sancti apostoli
Sancte Iohanes baptista
Sancte Stephane
Sancte Clemens
Sancte Cipriane
Sancte Laurenti
Sancte Mauriti
Sancte Quintine
Sancte Dionisi
Sancte Iuliane
Sancte Romane
Sancte Xiste
Sancte Bonifaci
Omnes sancti martyres
Sancte Siluester
Sancte Hilari
Sancte Martine
Sancte Ambrosi
Sancte Augustini
Sancte Benedicte
Sancte Gregori
Sancte Hieronime
Sancte Columbane
Sancte Remigi
Sancte Vuillibrorde
Omnes sancti confessores
Sancta Felicitas ora
Sancta Agatha ora
Sancta Agnes ora

Sancta Lucia ora
Sancta Cecilia ora
Sancta Anastasia ora
Sancta Eugenia ora
Sancta Eufemia ora
Sancta Aldegundis ora
Sancta Brigida ora
Omnes sanctae uirgines orate
Omnes sancti orate pro nobis.[14]

/f. 17r   **xiii**   / Propitius esto parce nobis domine.
Propitius esto libera nos domine.
Ab omni malo libera.
Ab omni temptatione mala libera.
Ab omni iniquitate libera.
Ab omni inmunditia cordis et corporis libera nos domine.
Per crucem tuam libera nos domine.
Peccatores te rogamus audi nos.
Vt pacem nobis donare digneris te rogamus.
Vt indulgentiam delictorum nostrorum nobis donare
digneris.
Vt nos ab omni peccato et iniquitate mundare digneris.
Vt iugiter timorem tuum pre oculis habere possimus
domine.
Vt precibus nostris aures clementiae tuae inclinare digneris
domine.
Vt mundo corde et casto corpore conspectibus tuis semper
adsistere mereamur domine Iesu.
Vt corpus et sanguinem tuum semper mundi percipere
mereamur domine Iesu.
Vt cum omnibus electis misericordias in aeternum cantare
ualeamus domine Iesu te rogamus.
Vt nos exaudire digneris.
Fili dei te rogamus audi nos.
Agnus dei qui tollis peccata mundi dona nobis pacem.
Agnus dei qui tollis miserere nobis.[15]

---

[14] The list of the saints is arranged in four columns.
[15] Section xiii is written in two columns.

ORATIO POST LAETANIAM

xiv Omnes sancti dei electi quorum reliquiae in hoc loco a
fidelibus uenerantur, precor uobis intercedite pro me misero
peccatori ad dominum deum uestrum cum sociis uestris.
Exultabunt sancti in gloria, laetabuntur in cubilibus suis.

xv ALIA: Omnipotens aeterne deus clementiam tuam suppliciter
exoramus, ut cum exultantibus sanctis tuis in caelestis
regni cubilibus gaudia nostra subiungas, et quos uirtutis imitatione sequi non possumus, debitae uenerationis
contingamus affectu, atque per eorum intercessionem
/f. 17v   pietatis tuae munera capiamus, quorum / recordationibus
exhibentur. Per.

ITEM AD PRAESENTIARVM RELIQVIA

xvi Concede quaesumus omnipotens deus ut sancta dei genetrix
Maria, sanctique apostoli tui, martyres, confessores, uirgines, atque omnes sancti quorum in ista continentur
patrocinia nos ubique adiuuent, quatinus hic in illorum
praesenti suffragia, tranquilla pace in tua laude laetemur.
Per.

ITEM ORATIO AD QVEMLIBET SANCTVM

xvii Propitiare quaesumus domine nobis famulis tuis per huius
sancti martyris seu confessoris tui illius, qui in hac
praesenti requiescit ecclesia meritis gloriosa, ut eius pia
intercessione ab omnibus semper protegamur aduersis. Per.

AD SANCTAM MARIAM

xviii Sancta Maria genetrix domini nostri Iesu Christi semper
uirgo gloriosa, per te uenit ad nos salus mundi, per te
redemptio nostra, tu templum dei uiui, te elegit dominus ex
filiabus Israel in salutem populi sui, tu pulchra filia
Hierusalem, concupiuit rex decorem tuum, et spiritus
sanctus superueniet in te et uirtus altissimi obumbrabit tibi,
te benedicent omnes generationes, quia fecit tibi dominus
magna qui potens est et sanctum nomen eius, tu gloriosa
inter choros uirginum qui secuntur agnum quocumque
ierit. Ego miser peccator et fragilis amisi uirginitatem,
praeuaricator factus sum omnium, adiuua me habeam
emendationem et remissionem peccatorum, ut possim

domini misericordiam consequi et ueniam de peccatis meis, quia dominus [quia dominus] pro peccatoribus uenit, ut saluos faceret qui perierant. Iesus Christus dominus noster qui cum patre et spiritus sanctus uiuit.

AD SANCTVM PETRVM

xix Sancte Petre apostole electe dei confessus es filium dei, super te aedificauit dominus ecclesiam suam, tibi tradidit claues regni caelorum, tibi dedit potestatem ligandi atque soluendi et remittendi peccata. Tu es pastor omnium exemplar confessionis, et exemplar penitentiae, doctor ecclesiae, gignitor paradysi, auditor electorum, susceptor animarum. Ego miser peccator et fragilis quid sum /f. 18r facturus? Cum uenero ad te adiuua me ne recedam / confusus propter uitia et peccata quae mala commisi, sed potius solue uincula peccatorum meorum, quia tu habes potestatem ligandi et soluendi in caelo et in terra. Sancte Petre, sancte Paule, sancte Andrea lucidissimi atque splendidissimi apostoli domini nostri saluatoris Christi, aperite mihi portas iustitiae, ut ingressus in eas confitear domino.

ORATIO DIACONORVM

xx Omnipotens clementissime deus qui me dignum sacris altaribus ministrare concedisti, et sancti nominis tui laudare potentiam, concede propitius per huius caelebrationis mysterium cunctorum meorum ueniam peccatorum, quicquid delectatione carnali, uel animi cogitatione, uel una huius saeculi ambitione contra tuorum rectitudinem praeceptorum deliqui, gratia sancti spiritus cor meum illuminare digneris, ut tuis mysteriis digne ministrare, teque aeterna caritate diligere merear, quatinus huius diaconatus ordo non ad iudicium sed ad indulgentiam mihi proficiat sempiternam, et perpetuae beatitudinis prestet ingressum. Per dominum.

QVANDO SACERDOS AD IMMOLANDVM ACCEDIT ANTE ALTARE, HANC DICAT ORATIONEM

xxi Deus qui te praecipis a peccatoribus exorare, tibique contriti cordis sacrificium offerri, hoc sacrificium quod ego indignus de tua misericordia confisus tuae pietati offerre praesumo acceptare dignare, et ut ipse tibi et sacerdos et ara et templum et sacrificium esse merear propitius concede,

quo per huius ministerii exhibitionem, peccatorum meorum
adipisci merear remissionem, mihique et his pro quibus
offertur tuam miserissimam propitiationem. Per.

ALIA FESTIS QVANDO SACERDOS
OBLATIONEM [. . .]

xxii Suscipe sancta trinitas hanc oblationem quam tibi
offero in memoriam incarnationis, natiuitatis, passionis,
/f. 18v   ressurectionis, ascensionis / domini nostri Iesu Christi, et in
honore omnium sanctorum tuorum qui tibi ab initio mundi
placuerunt, et quorum hodie festiuitates caelebrantur, et
quorum hic nomina et reliquiae habentur, ut illis proficiat
ad honorem, nobis ad salutem, quatinus illi omnes pro
nobis intercedere dignentur in caelis, quorum memoriam
facimus in terris.[16]

QVANDO CLERVS YMNVM ANGELORVM, ID EST
SANCTVS, HANC DEO SVPPLICANS DICAT
SACERDOS ORATIONEM

xxiii Deus qui non mortem sed paenitentiam desideras peccatorum, me miserum fragilemque peccatorem a tua pietate
non repellas, neque aspicias peccata et scelera mea, et
inmunditias turpesque cogitationes quibus flebiliter a tua
disiungor uoluntate, sed ad misericordias tuas, et ad fidem
deuotionemque eorum qui per me peccatorem tuam expetunt
misericordiam. Et quia me indignum inter te et populum
tuum fieri uoluisti, fac me talem ut digne possim exorare
misericordiam tuam pro me et populo tuo, et adiunge uoces
nostras uocibus sanctorum angelorum tuorum, ut sicut illi te
laudant incessabiliter in aeterna beatitudine. Ita nos quoque
inter eorum uirtutes mereamur laudare inculpabiliter in hac
peregrinatione.

[16] The following is added at the left margin, probably by **B**: In nomine[+] domini
nostri Iesu[+] Christi, sit sacrificium istud inmaculatum[+], et a te deo uiuo[+] et
uero[+] adunatum[+], atque benedictum[+].

ORATIO AD CORPVS DOMINI FRANGENDVM

xxiv Emittere digneris domine sanctum angelum tuum ad sacrum et inmortale mysterium scilicet corpus et sanguinem tuum, nos frangimus illud domine, tu dignare benedicere, et praesta ut inmaculatis sensibus illud tractare ualeamus et digne sumere. Pax domini sit semper uobiscum.
R. Et cum spiritu tuo.

QVANDO CORPVS DOMINI IN CALICEM MITTITVR, DICES ORATIONEM

/f. 19r   **xxv** / Fiat commixtio corporis et sanguinis domini accipientibus nobis in uitam aeternam.

xxvi ALIA: Haec sacrosancta commixtio corporis et sanguinis domini nostri Iesu Christi fiat omnibus sumentibus salus mentis et corporis, et ad uitam capescendam aeternam preparatio salutaris.

AD EVCHARISTIA PERCIPIENDO

xxvii Perceptio corporis et sanguinis tui domine Iesu Christe quam indignus sumere praesumo, non mihi proueniat ad iudicium et condempnationem, sed tua pietate prosit mihi ad tutamentum mentis et corporis.

xxviii ALIA: Domine Iesu Christe fili dei uiui corpus tuum pro nobis crucifixum edimus, et sanguinem tuum pro nobis effusum bibimus, fiat nobis corpus tuum ad salutem et sanguis sanctus tuus in remissionem peccatorum, hic et in aeternum, et in saecula saeculorum.

AD CORPVS DOMINI DANDVM

xxix Corpus domini Iesu Christi custodiat te in uitam aeternam.

xxx ITEM: Corpus cum sanguine domini nostri Iesu Christi, sit tibi sanitas mentis et corporis in uitam aeternam.

ORATIO POST EVCHARISTIAM

xxxi Domine Iesu Christe fili dei uiui qui ex uoluntate patris cooperante spiritu sancto per mortem tuam mundum uiuificasti, libera me per hoc sacrum corpus ac sanguinem tuum a cunctis iniquitatibus et uniuersis malis, et fac me tuis oboedire praeceptis, et a te numquam in perpetuo separare.

xxxii ITEM: Corpus tuum domine accepimus, et calicem tuum quem potauimus adhereat in uisceribus nostris, et praesta omnipotens ut non remaneat macula, ubi pura et sancta intrauerunt sacramenta.

/f. 19v

/ BENEDITIONES CANDELA in festiuitatem sanctem Mariae

xxxiii \<D\>omine creator caeli et terrae, rex regum, et dominus dominantium, exaudi nos famulos tuos, clamantes, et orantes ad te. Precamur te domine sancte pater omnipotens aeterne deus, qui omnia ex nihilo creasti, et iussu tuo per opera apud hunc liquorem ad perfectionem caere euenire fecisti, et qui hodierna die petitionem iusti Symeonis implesti, te humiliter depraecamur, ut has candelas ad usus hominum, et ad sanitatem animarum et corporum, siue in terra, siue in aquis, per inuocationem tuis sancti nominis, et per intercessionem sancte Mariae uirginis, genetricis tue, cuius hodie festa deuote colimus, et per praeces omnium sanctorum, benedicere⁺, et sanctificare digneris, ut haec plebs tua illas honorifice in manibus portans, cantando, teque laudando, tu exaudies uoces eorum de caelo sancto tuo, et de sede maiestatis tuae, propiciusque sis omnibus clamantibus ad te, quos redemisti praecioso sanguine tuo. Qui uiuis.

xxxiv \<O\>mnipotens aeterne deus qui hodierna die unigenitum
/f. 20r   tuum ulnis sancti Simeonis in templo sancto / tuo suscipiendum praesentasti, tuam supplices depraecamur clementiam, ut has candelas que nos tui famuli in tui nominis magnificentia suscipientes gestare cupimus luce accensos, benedicere et sanctificare, atque lumine superne benedictionis accendere digneris, quatinus eos tibi domino deo nostro offerendo, digni et sancta igne tue dulcissime caritatis succensi, in templo sancto glorie tuae repraesentari mereantur. Per eundem dominum.

xxxv \<B\>enedic domine Iesu Christe hanc creaturam caere supplicationibus nostris, et infunde ei per crucis⁺ tue sanctae

uirtutem benedictionem caelestem, ut qui eam ad repel-
lendas tenebras humano generi tribuisti, taliter signaculo
crucis tuae fortitudinem et benedictionem accipiat, ut in
quibuscumque locis accensa siue posita fuerit, discedat,
contremiscat diabolus et fugiat pauidus, cum omnibus min-
istris suis de habitationibus illis, nec praesumat amplius
inquietare uel illudere seruientes deo. Proinde supplices
quaesumus te domine, ut emittas sanctum angelum tuum
Raphahelem qui euulsit, et repulit a Sara et Tobia demonem
mortiferum infestantem conterit illum.[17]

---

[17] Sections xxxiii-xxxv were added during the twelfth century on space that
was left empty.

/ INCIPIT SACRAMENTORVM LIBER

<I>

1 PER OMNIA SAECVLA SAECVLORVM.
R.: AMEN.
SVRSVM CORDA.
R.: HABEAMVS AD DOMINVM.
GRATIAS AGAMVS DOMINO DEO NOSTRO.
/f. 21r   R.: DIGNVM ET IVSTVM EST./

<II>

/f. 21v   2 VD / ET IVSTVM EST AEQVVM ET SALVTARE NOS
TIBI SEMPER ET VBIQVE GRATIAS AGERE DOMINE
SANCTE PATER OMNIPOTENS AETERNE DEVS PER
CHRISTVM DOMINVM NOSTRVM. *PER QVEM
MAIESTATEM TVAM LAVDANT ANGELI, ADORANT
DOMINATIONES, TREMVNT POTESTATES, CAELI
CAELORVMQVE* uirtutes ac beata seraphim socia exultatione
concelebrant, cum quibus et nostras uoces, ut admitti iubeas
deprecamur, supplici confessione dicentes.[1]

<III>

/f. 22r   3 / *SANCTVS SANCTVS SANCTVS DOMINVS DEVS
SABAOTH. PLENI* sunt caeli et terra gloria tua, osana in
excelsis. Benedictus qui uenit in nomine domini, osana in
excelsis.

<IIII>

4 ET IDEO CVM ANGELIS ET ARCHANGELIS CVM
THRONIS ET DOMINATIONIBVS. Cumque omni militia
caelestis exercitus hymnum gloriae tuae canimus sine fine
dicentes.

<V>

5 *SANCTVS SANCTVS SANCTVS DOMINVS DEVS SABAOTH.*
Pleni sunt caeli et terra gloria tua, osana in excelsis. Benedictus qui uenit in nomine domini osana in excelsis.

---

[1] This passage is fully annotated with musical neumes.

VI

/f. 22v **6** / TE IGITVR CLEMENTISSIME PATER PER IESVM
CHRISTVM FILIVM TVVM DOMINVM NOSTRVM
/f. 23r SVPPLICES / ROGAMVS ET PETIMVS VTI ACCEPTA
HABEAS ET BENEDICAS HAEC DONA+, HAEC
MVNERA+, HAEC SANCTA+ SACRIFICIA inlibata.
Inprimis que tibi offerimus pro ecclesia tua sancta catholica,
quam pacificare, custodire, adunare et regere digneris, toto
orbe terrarum una cum famulo tuo papa nostro illo, et antestite
nostro illo, et abbate nostro,[2] et omnibus orthodoxis atque
catholicae et apostolicae fidei cultoribus. Per Christum.

7 Memento domine famulorum famularumque tuarum, N et N
uiuorum uel defunctorum pro quibus omnipotens deus ad te
ego debitor sum cotidie clamare, uel cunctorum qui se in
orationibus meis specialiter commendauerunt, et elemosinam
dederunt, et confessi fuerunt, et quibus uotum uoui, et omnium
circumstantium, quorum tibi fides cognita est et nota deuotio,
pro quibus tibi offerimus uel qui tibi offerunt hoc sacrificium
laudis, pro se suisque omnibus, pro redemptione animarum
suarum, pro spe salutis et incolomitatis suae tibi reddunt
uota sua aeterno deo, uiuo et uero. Communicantes et
memoriam uenerantes, inprimis gloriosae semper uirginis
Mariae genetricis dei et domini nostri Iesu Christi. Sed et
beatorum apostolorum ac martyrum tuorum Petri, Pauli,
/f. 23v Andreae, Iacobi, / Iohannis, Thomae, Iacobi, Philippi, Bartholomei, Matthei, Simonis, et Taddei, Lini, Cleti, Clementis, Xisti,[3] Cornelii, Cipriani, Laurentii, Chrisogoni, Iohannis
et Pauli, Cosme et Dammiani, Hilarii, Gregorii, Hieronimi,
Benedicti, Vuillibrordi, et omnium sanctorum tuorum, quorum
meritis precibusque concedas ut in omnibus protectionis tuae
muniamur auxilio. Per Christum dominum nostrum.

8 Hanc igitur oblationem seruitutis nostrae, sed et cunctae
familiae tuae quaesumus domine ut placatus accipias, diesque
nostros in tua pace disponas, atque ab aeterna damnatione nos
eripi, et in electorum tuorum iubas grege numerari. Per
Christum dominum nostrum.

---

[2] *et abbate nostro* interlinear addition by **B**.
[3] MS *Xisti* for *Syxti*.

9 Quam oblationem tu deus in omnibus quaesumus benedictam⁺
adscriptam⁺ ratam⁺ rationabilem acceptabilemque facere digneris, ut nobis corpus⁺ et sanguis⁺ fiat dilectissimi filii tui
domini dei nostri Iesu Christi. Qui pridie quam pateretur
accepit panem in sanctas ac uenerabiles manus suas, eleuatis
oculis in caelum ad te deum patrem suum omnipotentem, tibi
gratias agens benedixit⁺, fregit, dedit discipulis suis dicens:
accipite et manuducate ex hoc omnes, hoc est enim corpus
meum. Simili modo posteaquam caenatum est, accipiens et
hunc praeclarum calicem in sanctas ac uenerabiles manus suas,
item tibi gratias agens, benedixit⁺, dedit discipulis suis [suis]
dicens: accipite et bibite ex eo omnes, hic est enim calix
/ sanguinis mei noui et aeterni testamenti misterium fidei, qui
pro uobis et pro multis effundetur in remissionem peccatorum.
Haec quotienscumque feceritis in mei memoriam facietis.

/f. 24r

10 Vnde et memores sumus domine nos tui serui, sed et plebs
tua sancta Christi filii tui domini nostri, tam beate passionis, necnon et ab inferis resurrectionis, sed et in caelos
gloriose ascensionis offerimus praeclare maiestati tuae, de tuis
donis ac datis, hostiam puram⁺, hostiam sanctam⁺, hostiam
inmaculatam⁺, panem sanctum⁺ uitae aeternae et calicem⁺
salutis perpetuae. Supra quae propitio ac sereno uultu
respicere digneris, et accepta habere sicuti accepta habere
dignatus es munera pueri tui iusti Abel, et sacrificium
patriarchae nostri Abrahae, et quod tibi obtulit summus
sacerdos tuus Melchisedech, sanctum sacrificium inmaculatam
hostiam.

11 Supplices te rogamus omnipotens deus iube haec perferri per
manus sancti angeli tui in sublime altare tuum, in conspectum diuinae maiestatis tuae, ut quotquot ex hac altaris
participatione sacrosanctum filii tui corpus⁺ et sanguinem⁺
sumpserimus, omni benedictio caelesti et gratia repleamur. Per
Christum dominum nostrum.

12 SI DEFVNCTORVM NOMINA RECITANDA SVNT, DICIS:
Memento etiam domine famulorum famularumque tuarum, N
et N, et eorum qui nos precesserunt ab Adam usque in hodiernam diem cum signo fidei, et dormiunt in somno pacis. [. . .]

/f. 24v / qui de rebus tuis ditauerunt uenerabilem locum istum, et alia loca sanctorum, uel quorum corpora in hoc loco requiescunt et in circuitu ecclesiae istius. Ipsis domine et omnibus in Christo quiescentibus locum refrigerii lucis et pacis, ut indulgeas deprecamur. Per Christum dominum nostrum.

13 Memento mei quaeso domine et miserere, et licet haec sancta indigne tibi sancte pater omnipotens aeterne deus meis manibus oferantur sacrificia, qui nec inuocare sanctum ac uenerabile nomen tuum dignus sum, sed quoniam in honore, laude et memoria gloriosissimi dilecti fili tui domini nostri Iesu Christi offeruntur, sicut incensum in conspectu diuinae maiestatis tuae, cum odore suauitatis accendantur. Per Christum dominum nostrum.

14 Nobis quoque peccatoribus famulis tuis de multitudine miserationum tuarum sperantibus partem aliquam et societatem donare digneris, cum tuis sanctis apostolis et martyribus, cum Iohanne, Stephano, Mathia, Barnaba, Ignatio, Alexandro, Marcellino, Petro, Felicitate, Perpetua, Agatha, Lucia, Agne, Caecilia, Anastasia, et cum omnibus sanctis tuis, intra quorum nos consortium non aestimator meriti, sed uenie quaesumus largitor admitte. Per Christum dominum nostrum. Per quem haec omnia domine semper bona creas, sanctificas+,
/f. 25r uiuificas+, benedicis+, et praestas nobis. / Per ipsum, et cum ipso, et in ipso est tibi deo patri omnipotenti in unitate spiritus sancti, omnis honor et gloria, per omnia saecula saecularum. Amen.

15 OREMVS: Praeceptis salutaribus moniti, et diuina institutione formati, audemus dicere.

16 Pater noster qui es in caelis sanctificetur nomen tuum, adueniat regnum tuum, fiat uoluntas tua sicut in caelo et in terra. Panem nostrum cotidianum da nobis hodie, et dimitte nobis debita nostra sicut et nos dimittimus debitoribus nostris, et ne nos inducas in temptationem.
R.: Sed libera nos a malo.

17 Libera nos quaesumus domine ab omnibus malis, praeteritis, praesentibus et futuris, et intercedente pro nobis beata et gloriosa semper uirgine dei genetrice Maria et beatis apostolis tuis Petro et Paulo, atque Andrea, cum omnibus sanctis. Da propitius pacem in diebus nostris, ut ope misericordiae tuae adiuti, et a peccato simus semper liberi, et ab omni perturbatione securi. Per dominum nostrum Iesu Christum filium tuum, qui tecum uiuit et regnat deus in unitate spiritus sancti, per omnia saecula saeculorum.

R.: Amen.

Pax domini sit semper uobiscum.

R.: Et cum spiritu tuo.

Agnus dei qui tollis peccata mundi miserere nobis.

VII
INCIPIT BENEDICTIO EPISCOPORVM

/f. 25v **18** / Adesto supplicationibus nostris omnipotens deus, et quod humilitatis nostrae gerendum est ministerio, tuae uirtutis impleatur effectu. Per.

19 Propitiare domine supplicationibus nostris, et inclinato super hunc famulum tuum cornu gratiae sacerdotalis, benedictionis tuae in eo effunde uirtutem. Per.

20 CONSECRATIO: Deus honorum omnium, deus omnium dignitatumque gloriae tuae sacratis famulantur. Deus qui Moysen famulum tuum secreti familiaris affatu, inter cetera caelestis documenta culturae, de habitu quoque indumenti sacerdotalis instituens. Electum Aaron mistico amictu uestri inter sacra iussisti, ut intellegentiae sensum de exemplis priorum caperet secutura posteritas, ne eruditio doctrinae tuae ulli deesset aetati. Cum et apud ueteres reuerentiam ipsa significationum species obtineret, et apud nos certiora essent experimenta rerum, quam enigmata figurarum. Illius namque sacerdotis anterioris habitus nostrae mentis oratus est, et pontificalem gloriam non iam nobis honor commendat uestium, sed splendor animarum, quia et illa quae tunc carnalibus blandiebantur obtutibus, ea postius quae in ipsis erant intellegenda poscebant. Et idcirco huic famulo tuo quem ad summi sacerdotii ministerium elegisti, hanc quaesumus domine gratiam largiaris, ut quicquid illa uelamina, in fulgoris auri, in nitore gemmarum, in multimodi operis uarietate signabant, hoc in

95

/f. 26r eius moribus / actibusque clarescat. Comple in sacerdote tuo ministerii tui summam et ornamentis totius glorificationis instructum caelestis unguenti flore sanctifica⁺. Hoc domine copiose in eius caput influat⁺, hoc in oris subiecta decurrat, hoc in totius corporis extrema descendat, ut tui spiritus uirtus, et interiora eius repleat, et exteriora circumtegat. Habundet in eo constantia fidei, puritas dilectionis, sinceritas pacis. Tribuas ei cathedram episcopalem ad regendam ecclesiam tuam, et plebem uniuersam. Sis ei auctoritas, sis ei firmitas, sis potestas. Multiplices super eum benedictionem⁺ et gratiam tuam, ut ad exorandam misericordiam tuam, tuo munere semper idoneus, tua gratia possit deuotus. Per dominum nostrum.

21 SVPER OBLATA: Haec hostia domine quaesumus emundet nostra delicta, et sacrificium caelebrandum subditorum tibi corpora mentesque sanctificet. Per.

22 INFRA ACTIONEM: Hanc igitur oblationem seruitutis nostrae, sed et cunctae familiae tuae quam tibi offerimus, etiam pro famulo tuo illo, quem ad episcopatus ordinem promouere dignatus es, quaesumus domine ut placcatus accipias, et propitius in eo tua dona custodias, ut quod diuino munere consecutus est, diuinis effectibus exsequatur. Diesque nostros.

23 AD COMPLENDVM: Haec nos communio domine purget a crimine, et caelestis remedii faciat esse consortes. Per.

VIII
ORATIO AD ORDINANDVM PRESBITERVM

24 Oremus dilectissimi deum patrem omnipotentem, ut super hunc famulum suum quem ad praesbiterii munus elegit, */f. 26v* caelestia / dona multiplicet, auxiliante domino nostro Iesu Christo qui cum eo uiuit et regnum deus in unitate spiritus sancti per omnia saecula.

25 ALIA: Exaudi nos quaesumus domine deus noster, et super hunc famulum tuum benedictionem sancti spiritus, et gratiae sacerdotalis effunde uirtutem, ut quem tuae pietatis aspectibus offerimus consecrandum, perpetua muneris tui largitate consequaris. Per.

26 CONSECRATIO: Domine sancte pater omnipotens aeterne deus, honorum auctor, et distributor omnium dignitatum, per quem proficiunt uniuersa, per quem cuncta firmantur amplificatis semper in melius naturae rationalis incrementis per ordinem congrua ratione dispositum. Vnde et sacerdotales gradus atque officia leuitarum sacramentis misticis instituta creuerunt, ut cum pontifices summos regendis populis praefecisses, ad eorum societatis et operis adiumentum sequentis ordinis uiros, et secundae dignitatis eligeres. Sic in heremo per lxx^{ta} uirorum prudentium mentem Moysi spiritum propagasti, quibus ille adiutoribus usus in populo, innumeras multitudines facile gubernauit. Sic in Eleazaro et Ithamar paternae plentitudinis abundantiam transfudisti, ut ad hostias salutares, et frequentioris officii sacramenta ministerium sufficeret sacerdotum. Haec prouidentia domine apostolis filii

/f. 27r tui doctores / fidei comites addidisti, quibus illi orbem totum secundis praedicatoribus impleuerunt. Quapropter infirmitati quoque nostrae domine haec adiumenta largire, qui quanto magis fragiliores sumus, tanto his pluribus indigemus. Da quaesumus pater in hunc famulum tuum praesbiterii dignitatem innoua in uisceribus eius spiritum sanctitatis. Acceptum a te deus secundi meriti munus obtineat, censuramque morum exemplo suae conuersationis insinuet. Sit probus cooperator ordinis nostri, eluceat in eo totius forma iustitiae, ut bonam rationem dispensationis sibi creditae redditurus, aeternae beatitudinis praemia consequatur. Per dominum nostrum Iesum Christum.

VIIII
ORATIO AD ORDINANDVM DIACONVM

27 Oremus dilectissimi dominum patrem omnipotentem, ut super hunc famulum suum quem in sacrum ordinem dignatus adsumere benedictionis suae gratiam clementem effundat eique donum consecrationis indulgeat. Per quod eum ad praemia aeterna perducat, auxiliante domino nostro Iesu Christo. Qui cum eo.

28 ALIA: Exaudi domine praeces nostras et super hunc famulum tuum spiritum tuae benedictionis emitte, ut caelesti munere ditatus, et tuae gratiam possit maiestatis adquirere, et bene uiuendi aliis exemplum praebere. Per dominum.

/f. 27v **29** CONSECRATIO: / Adesto quaesumus omnipotens deus, honorum dator, ordinum distributor, officiorumque dispositor, qui in te manens innouas omnia et cuncta disponis, per uerbum, uirtutem, sapientiamque tuam Iesum Christum filium tuum dominum nostrum sempiterna prouidentia praeparas, et singulis quibusque temporibus aptanda dispensas, cuius corpus ecclesiam tuam caelestium gratiarum uarietate distinctam, suorumque conexam districtione membrorum per legem mirabilem totius conpagis unitam, in augmentum templi tui crescere dilatarique largiaris, sacri muneris seruitutem trinis gradibus ministrarum nomini tuo militare constituens. Electis ab initio Leui filiis qui misticis operationibus domus tuae fidelibus excubiis permanentes, hereditatem benedictionis aeterne forte perpetua possiderent. Super hunc quoque famulum tuum quaesumus domine placatus intende, quem tuis sacrariis seruiturum in officium diaconii suppliciter dedicamus, et nos quidem tamquam homines diuinis sensus, et summae rationis ignari, huius uitam quantum possumus aestimamus. Te autem domine ea quae nobis sunt ignota non transeunt, te occulta non fallunt, tu cognitor secretorum, tu scrutator es cordium, tu eius uitam caelesti poteris examinare iudicio, quo semper praeuales, et amissa purgare, et ea quae sunt agenda concedere. Emitte in eum domine quaesumus spiritum sanctum, quo in opus ministerii fideliter exsequendi septiformis gratiae munere

/f. 28r roboretur. Habundet / in eo totius forma uirtutis, auctoritas modesta, pudor constans, innocentiae puritas, et spiritualis obseruatio disciplinae, in moribus eius praecepta tua fulgeant, ut suae castitatis exemplo, imitationem sancta plebs adquierat. Et bonum conscientiae testimonium proferens, in Christo firmus, et stabilis perseueret. Dignisque successibus de inferiori gradu per gratiam suam capere potiora mereatur. Per dominum.

X
VIIII KL. IAN. – ORATIO IN VIGILIA DOMINI

30 Deus qui nos redemptionis nostrae annua expectatione laetificas, praesta ut unigenitum tuum quem redemptorem laeti suscipimus, uenientem quoque iudicem securi uideamus. \<Per\> Iesum Christum.[4]

---

[4] *per* is thoroughly deleted and completely invisible. *Iesum Christum* interlinear addition by **B**.

31 SVPER OBLATA: Da nobis quaesumus omnipotens deus, ut qui ad adoranda natalitia filii tui praeuenimus, sic eius munera capiamus sempiterna gaudentes. Per eundem.[5]

32 PRAEFATIO: VD per Christum dominum nostrum. Cuius hodie faciem in confessione praeuenimus, et uoce supplici exoramus, ut superuenturae noctis officiis nos ita peruigiles reddat, ut sinceris mentibus eius percipere mereamur natale uenturum, in quo inuisibilis ex substantia tua,[6] uisibilis per carnem apparuit in nostra. Tecumque unus non tempore genitus, non natura inferior, ad nos uenit ex tempore natus. Per quem maiestatem.

33 AD COMPLENDVM: Da nobis domine quaesumus unigeniti filii tui recensita natiuitate respirare, cuius caelesti mysterio pascimur et potamur. Per eundem.

XI

VIII KL. IAN.—NATALIS DOMINI AD SANCTAM
MARIAM MAIOREM

/f. 28v 34 / Deus qui hanc sacratissimam noctem ueri luminis fecisti inlustratione clarescere, da quaesumus ut cuius lucis mysteria in terra cognouimus, eius quoque gaudiis in caelo perfruamur. Qui tecum uiuit.

35 SVPER OBLATA: Acepta tibi sit domine quaesumus hodiernae festiuitatis oblatio, ut tua gratia largiente, per haec sacrosancta commertia, in illius inueniamur forma, in quo tecum est nostra substantia. Qui tecum uiuit et regnat.

36 PRAEFATIO: VD aeterne deus. Quia per incarnati uerbi mysterium noua mentis nostrae oculis lux tuae claritatis infulsit,[7] ut dum uisibiliter deum cognoscimus, per hunc inuisibilium amore rapiamur. Et ideo cum angelis.

37 ALIA PRAEFATIO: VD per Christum dominum nostrum. Cuius diuinae natiuitatis potentiam ingenita uirtutis tuae genuit magnitudo, quem semper filium et ante tempora

---

[5] *eundem* interlinear addition by **B**.

[6] *tua* interlinear addition by **B**.

[7] *infulsit* interlinear addition by **B**.

genitum aeterna, quia tibi pleno atque perfecto aeterni patris nomen non defuit praedicamus, et honore maiestate atque uirtute, aequalem tibi cum spiritu sancto confitemur, et in trino uocabulo unicam credimus maiestatem. Et ideo.

38 Communicantes et noctem sacratissimam caelebrantes, qua beatae Mariae intemerata uirginitas huic mundo edidit saluatorem. Sed et memoriam uenerantes eiusdem gloriosae semper uirginis Mariae, genetricis dei / domini nostri Iesu Christi. Sed et beatorum apostolorum.

/f. 29r

39 AD COMPLENDVM: Da nobis quaesumus domine deus noster, ut qui natiuitatem domini nostri Iesu Christi nos frequentare gaudemus, dignis conuersationibus ad eius mereamur pertinere consortium. Qui tecum uiuit.

XI<a>
DE NOCTE AD SANCTAM ANASTASIAM

40 Da quaesumus deus ut qui beatae Anastasiae martyris tuae sollemnia colimus, eius apud te patrocinia sentiamus. Per.

41 ALIA: Da quaesumus omnipotens deus ut qui noua incarnati uerbi tui luce perfundimur, hoc in nostro resplendeat opere, quod per fidem fulget in mente. Per eundem dominum nostrum.

42 SVPER OBLATA: Accipe quaesumus domine munera dignanter oblata, et beatae Anastasiae martyris tuae suffragantibus meritis, ad nostrae salutis auxilium prouenire concede. Per dominum.

43 SVPER OBLATA: Munera nostra quaesumus domine natiuitatis hodierne mysteriis apta proueniant, ut sicut homo genitus idem refulsit deus, sic nobis haec terrena substantia conferat quod diuinum est. Per eundem.

44 PRAEFATIO: VD aeterne deus. Qui ut de hoste generis humani maior uictoria duceretur, non solum per uiros uirtute martyrii, sed de eo etiam per feminas triumphasti. Et ideo.

100

45 PRAEFATIO: VD aeterne deus. Quia nostri saluatoris hodie lux uera processit, quae clara nobis omnia et intellectu manifestauit et uisu. Et ideo cum angelis.

/f. 29v 46 AD COMPLENDVM: / Satiasti domine familiam tuam muneribus sacris, eius quaesumus semper interuentione nos refoue, cuius sollemnia caelebramus. Per.

47 ALIA: Huius nos domine sacramenti semper nouitas natalis instauret, cuius natiuitas singularis humanam reppulit uetustatem. Per eundem.

XII
IN NATALE DOMINI AD SANCTVM PETRVM

48 Omnipotens sempiterne deus qui hunc diem per incarnationem uerbi tui, et partum beatae Mariae uirginis consecrasti, da populis tuis in hac celebritate consortium, ut qui tua gratia sunt redempti, tua sint adoptione securi. Per.

49 SVPER OBLATA: Oblata domine munera noua unigeniti tui natiuitate sanctifica, nosque a peccatorum nostrorum maculis emunda. Per eundem.

50 PRAEFATIO: VD aeterne deus. Quia per incarnati uerbi mysterium, noua mentis nostrae oculis lux tuae claritatis infulsit. Vt dum uisibiliter deum cognoscimus. Et ideo cum angelis.

51 Communicantes et diem sacratissimum caelebrantes, quo beatae Mariae intemerata uirginitas huic mundo edidit saluatorem. Sed et memoriam uenerantes.

52 AD COMPLENDVM: Praesta quaesumus omnipotens deus, ut natus hodie saluator mundi, sicut diuinae nobis generationis est auctor, ita et inmortalitatis sit ipse largitor, qui tecum uiuit.

XIII
ALIA ORATIO DE NATALE DOMINI
[. . .][8]

---

[8] One folio, containing all c. XIII and the beginning of c. XIIII, is missing between ff. 29 and 30.

\<XIIII\>

53 / SVPER OBLATA: Muneribus nostris quaesumus domine praecibusque susceptis, et caelestibus nos munda mysteriis, et clementer exaudi. Per.

54 PRAEFATIO: VD aequum et salutare. Nos sursum cordibus erectis diuinum adorare mysterium, ut quod magno dei munere geritur, magnis ecclesiae gaudiis caelebretur. Quoniam humana conditio ueteri terrenaque lege cessante, noua caelestisque substantia mirabiliter restaurata profertur. Per Christum.

55 AD COMPLENDVM: Da nobis quaesumus domine deus noster, ut qui natiuitatem domini nostri Iesu Christi nos frequentare gaudemus, dignis conuersationibus ad eius mereamur pertinere consortium. Per eundem dominum nostrum.

XV
KL. IAN. OCTABAS DOMINI AD SANCTAM MARIAM AD MARTYRES

56 Deus qui nati saluatoris diem caelebrare concedis octauum, fac quaesumus nos eius perpetua diuinitate muniri, cuius sumus carnali commertio reparati. Per deum.

57 SVPER OBLATA: Praesta quaesumus domine ut per haec munera quae domini nostri Iesu Christi archanae natiuitatis mysterio gerimus, purificatae mentis intellegentiam conse-quamur. Per.

58 PRAEFATIO: VD per Christum dominum nostrum. Cuius hodie circumcissionis diem et natiuitatis octauum caelebrantes, tua domine mirabilia ueneramur. Quia quae peperit et mater et uirgo est, qui natus est et infans et deus est. Merito caeli locuti sunt, / angeli gratulati, pastores laetati, magi mutati, reges turbati, paruuli gloriosa passione coronati. Lacta mater cibum nostrum, lacta panem de caelo uenientem, in praesepio positum uelut piorum cibaria iumentorum. Illic namque agnouit bos possesorem suum, et asinus praesepium domini sui, circumcisio scilicet et praeputium. Quod etiam

102

saluator et dominus noster a Symeone susceptus in templo, plenissime dignatus est adimplere. Et ideo.

59 AD COMPLENDVM: Praesta quaesumus domine ut quo saluatoris nostri iterata sollempnitate percepimus, perpetuae nobis redemptionis conferat medicinam. Per.

60 SVPER OBLATA: Omnipotens sempiterne deus qui tuae mensae participes a diabolico iubes abstinere conuiuio, da quaesumus plebi tuae ut gustu mortifere profanitatis abiecto, puris mentibus ad aepulas aeternae salutis accedat. Per.

XVI
MISSA PROHIBENDVM AB IDOLIS

61 Omnipotens sempiterne deus da nobis uoluntatem tuam et fideli mente retinere, et pia conuersatione depromere, ut ecclesia tua a profanis uanitatibus expiata, non aliud profiteatur uerbis, aliud exerceat actione. Per dominum nostrum Iesum Christum filium tuum.

62 SVPER OBLATA: Vt tibi grata sint domine⁹ munera populi tui, ab omni quaesumus eum contagione peruersitatis emunda, nec falsis gaudiis inherere patiaris, quos ad ueritatis tuae praemia uenire promitis. Per.

63 AD COMPLENDVM: Mysteriis tuis ueneranter adsumptis quaesumus domine, ut contra nostrae conditionis errorem, et contra diabolicas armemus insidias. Per.

XVII
/f. 31r / NON. IAN.—VIGILIA THEOPHANIAE

64 Corda nostra quaesumus domine uenturae festiuitatis splendor inlustret, quo mundi huius tenebras carere ualeamus, et perueniamus ad patriam claritatis aeternae. Per dominum.

65 SVPER OBLATAM: Tribue quaesumus domine ut eum praesentibus immolemus sacrificiis, et sumamus, quem uenturae sollempnitatis pia munera praeloquuntur. Per.

---

⁹ *domine* interlinear addition by **B**.

66 PRAEFATIO: VD aeterne deus. Et te laudare mirabilem dominum in omnibus operibus tuis, quibus sacratissima regni tui mysteria reuelasti. Hanc etenim festiuitatem dominicae apparitionis index stella praecessit, quae natum in terra caeli dominum magis stupentibus nuntiaret. Vt manifestandus mundo deus, et caelesti denuntiaretur indicio, et temporaliter procreatus, signorum temporalium ministerio panderetur. Et ideo cum angelis.

67 AD COMPLENDVM: Inlumina quaesumus domine populum tuum, et splendore gratiae tuae cor eius semper accende, ut saluatoris mundi stella famulante, manifestata natiuitas, mentibus eorum et reueletur semper et crescat. Per.

XVIII

VIII ID. IAN.—EPIPHANIA AD SANCTVM PETRVM

68 Deus qui hodierna die unigenitum tuum gentibus stella duce reuelasti, concede propitius, ut qui iam te ex fide cognouimus, usque ad contemplandam speciem tuae celsitudinis perducimur. Per eundem.

69 SVPER OBLATA: Ecclesiae tuae quaesumus domine dona propitius intuere, quibus non iam aurum, thus, et myrra profertur, sed quod eisdem muneribus / declaratur, immolatur et sumitur. Per.

/f. 31v

70 PRAEFATIO: VD aeterne deus. Quia cum unigenitus in substantia nostra mortalitatis apparuit, in noua nos inmortalitatis suae luce reparauit. Et[10] ideo cum angelis.

71 Communicantes et diem sacratissimum caelebrantes, quo unigenitus tuus in tua tecum gloria coaeternus in ueritate carnis nostrae uisibiliter corporalis apparuit. Sed et memoriam.

72 AD COMPLENDVM: Praesta quaesumus omnipotens deus, ut quae sollempni caelebramus officio, purificatae mentis intellegentia consequamur. Per.

---

[10] MS *E* for *Et.*

73 ALIA ORATIONES: Deus inluminator omnium gentium da populis tuis perpetua pace gaudere, et illud lumen splendidum infunde cordibus nostris quod trium magorum mentibus aspirasti. Per.

74 ALIA: Deus cuius unigenitus in substantia nostrae carnis apparuit, praesta quaesumus ut per eum quem similem nobis foris agnouimus, intus reformari mereamur. Per eundem dominum.

75 ALIA: Omnipotens sempiterne deus fidelium splendor animarum, qui hanc sollemnitatem electionis gentium primitiis consecrasti, imple mundum gloria tua, et subditis tibi populis per luminis tui appare claritatem. Per.

76 ALIA: Concede nobis omnipotens deus ut salutare tuum noua caelorum luce mirabile, quod ad salutem[11] mundi hodierna festiuitate processit / nostris semper innouandis cordibus oriatur. Per.

/f. 32r

77 ALIA: Da nobis quaesumus domine digne celebrare mysterium, quod in nostri saluatoris infantia miraculis coruscantibus declaratur, et corporalibus incrementis manifesta designatur humanitas. Per eundem.

78 ALIA: Praesta quaesumus omnipotens deus, ut saluatoris mundi stella duce manifestata natiuitatis, mentibus nostris reueletur semper et crescat. Per eundem.

79 ALIA: Inlumina quaesumus domine populum tuum, et splendore gloriae tuae cor eius semper accende, ut saluatorem suum et incessanter agnoscat, et ueraciter adpraehendat. Iesum Christum filium tuum dominum nostrum qui tecum.

XVIIII
IN OCTABAS THEOPHANIAE

80 Deus cuius unigenitus in substantia nostrae carnis apparuit, praesta quaesumus ut per eum quem similem nobis foras agnouimus, intus reformari mereamur. Per.

---

[11] The *sa* is added interlinearly by **B**.

81 SVPER OBLATAM: Intende quaesumus domine hostias familiae tuae, et quam sacris muneribus facis esse participem, tribuas ad eius plenitudinem peruenire. Per.

82 AD COMPLENDVM: Caeleste lumen quaesumus domine semper et ubique nos praeueniat,[12] ut mysterium cuius nos participes esse uoluisti, et puro cernamus intuitu, et digno percipiamus effectu. Per.

83 SVPER OBLATA: Tuere quaesumus domine plebem tuam[13] et sacram sollemnitatem recolentem, gratiae tuae caelestis largitate prosequere, ut uisibilibus adiuta solatiis, ad inuisibilia bona promptius incitetur. Per.

XX
DOMINICA II POST NATIVITATEM DOMINI

/f. 32v **84** / Omnipotens sempiterne deus dirige actus nostros in beneplacito tuo, ut in nomine dilecti filii tui mereamur bonis operibus abundare. Per.

85 SVPER OBLATA: Concede quaesumus domine ut oculis tuae maiestatis munus oblatum, et gratiam nobis deuotionis obtineat, et effectum beatae perennitatis adquirat. Per.

86 PRAEFATIO: VD aeterne deus. Qui peccato primi parentis hominem a salutis finibus exulantem, pietatis indulgentia ad ueniam uitamque reuocasti, mittendo nobis unigenitum filium tuum dominum et saluatorem nostrum. Per quem.

87 AD COMPLENDVM: Per huius operationem mysterii, et uitia nostra purgentur, et iusta desideria conpleantur. Per dominum nostrum.

XXI
DOMINICA I POST THEOPHANIA

88 Vota quaesumus domine supplicantis populi tui caelesti pietate prosequere, ut et quae agenda sunt uideant, et ad implenda quae uiderint conualescant. Per dominum nostrum.

---

[12] The *at* is added interlinearly by **B**.
[13] *tuam* interlinear addition by **B**.

89 SVPER OBLATA: Oblatum tibi domine sacrificium, uiuificet nos semper et muniat. Per.

90 PRAEFATIO: VD aeterne deus. Qui cum unigenitus tuus in substantia nostrae mortalitatis apparuit, in nouam nos in mortalitatis suam lucem reparauit. Et ideo cum angelis.

91 AD COMPLENDVM: Supplices te rogamus omnipotens deus, ut quos tuis reficis sacramentis, tibi etiam placitis moribus dignanter deseruire concedas. Per dominum nostrum Iesum filium tuum.

/f. 33r

/XXII
DOMINICA II POST THEOPHANIA

92 Omnipotens sempiterne deus, qui caelestia et terrena moderaris, supplicationes populi tui clementer exaudi, et pacem tuam nostris concede temporibus. Per.

93 SVPER OBLATAM: Oblata domine munera sanctifica, nosque a peccatorum nostrorum maculis emunda. Per.

94 PRAEFATIO: VD aeterne deus. Semperque uirtutes et laudes tuas labiis exultationis effari, qui nobis ad releuandos istius uitae labores, diuersa donorum tuorum solatia, et munerum salutarium gaudia contulisti, mittendo nobis Iesum Christum filium tuum dominum nostrum. Per quem.

95 AD COMPLENDVM: Augeatur in nobis domine tuae uirtutis operatio, ut diuinis uegetati sacramentis, ad eorum promissa capienda tuo munere praeparemur. Per.

XXIII
DOMINICA III POST THEOPHANIA

96 Omnipotens sempiterne deus infirmitatem nostram propitius respice, atque ad protegendum nos dexteram tuae maiestatis extende. Per.

97 SVPER OBLATA: Haec hostia domine quaesumus emundet nostra delicta, et sacrificium caelebrandum, subditorum tibi corpora mentesque sanctificet. Per.

98 PRAEFATIO: VD aeterne deus. Et in omni tempore conlaudare et benedicere, quia in te uiuimus, mouemur et sumus.
Et nullum tempus nullumque momentum est, quod a beneficiis
/f. 33v   pietatis tuae uacuum transigamus. Variis etenim / sollem-
nitatum causis, salutarium nobis operum tuorum et munerum
memoria praesentis uitae tempora exornat. Vnde et nos uel
innouante laetitia praeteriti gaudii, uel permanentis boni tempus agnoscentes, indefessas maiestati tuae grates exsoluimus.
Per Christum.

99 AD COMPLENDVM: Quos tantis domine largiris uti mysteriis,
quaesumus ut effectibus eorum ueraciter aptare digneris. Per.

XXIIII
DOMINICA IIII POST THEOPHANIA

100 Deus qui nos in tantis periculis constitutos post humana scis
fragilitate non posse subsistere, da nobis salutem mentis et
corporis, ut ea quae pro peccatis nostris patimur, te adiuuante
uincamus. Per dominum nostrum Iesum Christum.

101 SVPER OBLATA: Concede quaesumus omnipotens deus ut
huius sacrificii munus oblatum, fragilitatem nostram ab omni
malo purget semper et muniat. Per.

102 <PRAEFATIO:> VD aeterne deus. Qui genus humanum
praeuaricatione sua in ipsius originis radice dampnatum, per
florem uirginalis uteri reddere dignatus es absolutum. Vt
hominem quem unigenitum creaueras, per filium tuum deum
et hominem recreares. Et diabolus qui Adam in fragili carne
deuicerat, conseruata iustitia a deo carne uinceretur adsumpta.
Per quem.

103 AD COMPLENDVM: Munera tua nos deus a delectationibus
terrenis expediant, et caelestibus semper instruant alimentis.
Per dominum nostrum.

/f. 34r   ## /XXV
DOMINICA V POST THEOPHANIA

104 Familiam tuam quaesumus domine continua pietate custodi, ut
quae in sola spe gratiae caelestis innititur, tua semper protectione muniatur. Per dominum nostrum.

105 SVPER OBLATA: Hostias tibi domine placationis offerimus, ut et delicta nostra miseratus absoluas, et nutantia corda tu dirigas. Per.

106 PRAEFATIO: VD aeterne deus. Et tibi hanc immolationis hostiam offerre, quae est salutifera, et ineffabile diuinae gratiae sacramentum quae offertur a plurimis, et unum Christi corpus sancti spiritus infusione perficitur. Singuli accipiunt Christum dominum, et in singulis portionibus totus est, nec per singulos minuitur, sed integrum se praebet in singulis. Propterea ipsi qui sumimus communionem huius sancti panis et calicis, unum Christi corpus efficimur. Per ipsius itaque maiestatem te supplices exoramus, ut nos ab omnibus emundes contagiis uetustatis, et in nouitate uitae perseuerare concedas. Per Christum.

107 AD COMPLENDVM: Quaesumus omnipotens deus, ut illius salutaris capiamus effectum, cuius per hanc mysteria pignus accepimus. Per.

XXVI
DOMINICA VI POST THEOPHANIA

108 Conserua populum tuum deus, et tuo nomini fac deuotum, ut diuinis subiectus oficiis, et temporalia uiriliter, et aeterna dona percipiat. Per dominum.

109 SVPER OBLATA: Haec nos oblatio deus mundet quaesumus et renouet, et gubernet, et protegat. Per.

/f. 34v 110 /PRAEFATIO: VD aeterne deus. Ad cuius immensam pertinet gloriam, ut non solum mortalibus tua pietate succurreres, sed de ipsa etiam mortalitate nostra nobis remedium prouideres. Et perditos quosque unde perierant inde saluares. Per Christum.

111 AD COMPLENDVM: Caelestibus domine pasti diliciis, quaesumus ut semper eadem per quae ueraciter uiuimus appetamus. Per dominum nostrum Iesum Christum.

[L]XXVII
ORATIO IN SEPTVAGESSIMA STATIO AD SANCTVM
LAVRENTIVM FORIS MVRVM

112 Praeces populi tui quaesumus domine clementer exaudi, ut qui
iuste pro peccatis nostris affligimur, pro tui nominis gloria
misericorditer liberemur. Per dominum.

113 SVPER OBLATA: Muneribus nostris quaesumus domine
praecibusque susceptis, et caelestibus nos munda mysteriis, et
clementer exaudi. Per.

114 PRAEFATIO: VD aeterne deus. Quia per ea quae conspiciun-
tur instruimur, quibus modis ad inuisibilia tendere debeamus.
Denique commonemur anni ducente successu, de praeteritis
ad futura, de uetustate in nouitatem uitae transire. Vt
terrenis sustentationibus expediti, caelestis doni capiamus
desiderabilius ubertatem. Et per eum cibum qui beneficiis
praerogatur alternis, perueniamus ad uictum sine fine man-
surum Iesum Christum dominum nostrum, per maiestatem
tuam.

115 AD COMPLENDVM: Fideles tui deus per tua dona firmentur,
/f. 35r   ut eadem et percipiendo / requirant, et quaerendo sine fine
percipiant. Per.

XXVIII
IN SEXAGESIMA AD SANCTVM PAVLVM

116 Deus qui conspicis quia ex nulla nostra actione confidimus,
concede propitius, ut contra aduersa omnia doctoris gentium
protectione muniamur. Per dominum.

117 SVPER OBLATA: Oblatum tibi domine sacrificium uiuificet
nos semper et muniat. Per.

118 PRAEFATIO: VD aeterne deus. Qui rationabilem creaturam
ne temporalibus dedita bonis, ad praemia sempiterna non
tendat, ea dispensatione digneris erudire, ut nec castigatione
deficiat, nec prosperitatibus insolescat. Sed hoc potius fiat eius
gloriosa deuotio, quo nullis aduersitatibus obruta superetur.
Per Christum.

119 AD COMPLENDVM: Supplices te rogamus omnipotens deus, ut quos tuis reficis sacramentis, tibi etiam placitis moribus dignanter deseruire concedas. Per.

XXVIIII
IN QVINQVAGESIMA AD SANCTVM PETRVM

120 Preces nostras quaesumus domine clementer exaudi, atque a peccatorum uinculis absolutos, ab omni nos aduersitate custodi. Per.

121 SVPER OBLATA: Haec hostia domine quaesumus emundet nostra delicta, et ad sacrificium caelebrandum, subditorum tibi corpora mentesque sanctificet. Per.

122 PRAEFATIO: VD aeterne deus. Et maiestatem tuam cernua deuotione exorare, ut modulum terrenae fragilitatis aspiciens, non in ira tua pro nostra prauitate nos arguas, sed inmensa clementia purifices erudias et consoleris. Qui cum sine te nihil possumus facere / quod tibi sit placitum, tua nobis gratia sola praestabit, ut salubri conuersatione uiuamus. Per Christum.

/f. 35v

XXX
AD SANCTAM ANASTASIAM

123 Concede nobis domine praesidia militiae Christianae sanctis inchoare ieiuniis, ut contra spiritales nequitias pugnaturi continentiae muniamur auxiliis.[14] Per dominum nostrum.

<XXXa>
ORATIONES ET PRECES SVPER PAENITENTEM ET
CONFITENTEM PECCATA SVA MORE SOLITO

124 Exaudi domine preces nostras, et confitentium tibi parce peccatis, ut quos conscientia reatus accusat, indulgentia tuae miserationis absoluat. Per dominum.

125 ALIA: Praeueniat hunc famulum tuum N quaesumus domine misericordia tua, ut et omnes inquitates eius celeri indulgentia deleantur. Per.

---

[14] *auxiliis* interlinear addition by **B**.

126 ALIA: Adesto domine supplicationibus nostris nec sit ab hoc famulo tuo N clementiae tuae longinqua miseratio, sana uulnera, eiusque remitte peccata, ut nullis a te iniquitatibus separatus, tibi domino semper ualeat adherere. Per dominum.

127 ALIA: Domine deus noster qui offensione nostra non uinceris sed satisfactione placaris, respice quaesumus ad hunc famulum tuum N qui se tibi peccasse grauiter confitetur. Tuum est /f. 36r ablutionem criminum / dare, et ueniam praestare peccantibus, qui dixisti paenitentiam te malle peccatorum quam mortem. Concede ergo domine hoc ut tibi penitentiae excubias caelebret, et correctis actibus suis, conferri sibi a te sempiterna gaudia gratuletur. Per.

128 ALIA: Precor domine clementiam tuae maiestatis ac nominis, ut huic famulo tuo N peccata et facinora sua confitenti ueniam relaxare, et praeteritorum criminum indulgentiam dare digneris, qui humeris tuis ouem perditam reduxisisti ad caulas, qui publicani precibus uel confessione placatus es, tu etiam domine et huic famulo tuo N placere, tu eius precibus benignus adsiste, ut in confessione flebili permanens, clementiam celeriter exoret, et sanctis ac sacris altaribus restitutus, spei rursus aeterne, et caelesti gloriae reformetur. Per.

129 ALIA: Benedicat te deus pater, sanat te dei filius, inluminet te spiritus sanctus, corpus tuum custodiat, animam tuam saluet, et ad supernam uitam te perducat. Qui in triniatate.

XXXI
MISSA AD SANCTAM SAVINAM

130 Praesta domine fidelibus tuis, ut ieiuniorum ueneranda sollemnia, et congrua pietate suscipiant, et securi deuotione percurrant. Per dominum nostrum Iesum Christum.

131 SVPER OBLATA: Fac nos quaesumus domine his muneribus offerendis conuenienter aptari, quibus ipsius uenerabilis sacramenti caelebramus exordium. Per.

/f. 36v **132** / PRAEFATIO: VD aeterne deus. Qui corporali ieiunio uitia conprimis, mentem eleuas, uirtutem largiris et praemia. Per Christum.

133 AD COMPLENDVM: Percepta nobis domine praebeant sacramenta subsidium, ut et tibi grata sint nostra ieiunia, et nobis proficiant ad medelam. Per.

134 SVPER POPVLVM: Inclinantes se domine maiestati tuae propitiatus intende, ut qui diuino munere sunt refecti, caelestibus semper nutriantur auxiliis. Per.

XXXII
FERIA V AD SANCTVM GEORGIVM

135 Deus qui culpa offenderis, paenitentia placaris, preces populi tui supplicantis propitius respice, et flagella tuae iracundiae quae pro peccatis nostris meremur auerte. Per.

136 SVPER OBLATA: Sacrificiis praesentibus domine quaesumus intende placatus, ut et deuotioni nostrae proficiant et saluti. Per.

137 AD COMPLENDVM: Caelestis doni benedictione percepta, supplices te deus omnipotens deprecamur, ut hoc[15] idem nobis et sacramenti causa sit et salutis. Per.

138 SVPER POPVLVM: Parce domine parce populo tuo, ut dignis flagellationibus castigatus, in tua miseratione respiret. Per dominum.

XXXIIII
FERIA VI AD SANCTOS IOHANNEM ET PAVLVM

139 Inchoata ieiunia quaesumus domine benigno fauore prosequere, ut obseruantiam quam corporaliter exhibemus, mentibus etiam sinceris exercere ualeamus. Per.

140 SVPER OBLATA: Sacrificium domine obseruantia paschalis offerimus, praesta quaesumus ut tibi et mentes nostras reddat
/f. 37r acceptas, et continentiae / promptioris nobis tribuat facultatem. Per.

141 AD COMPLENDVM: Spiritum in nobis domine tuae caritatis infunde, ut quos uno caelesti pane satiasti, tua facias pietate concordes. Per.

---

[15] *hoc* interlinear addition by **B**.

142 SVPER POPVLVM: Tuere domine populum tuum, et ab omnibus peccatis clementer emunda, quia nulla ei nocebit aduersitas, si nulla dominetur iniquitas. Per dominum nostrum Iesum Christum filium tuum.

XXXIIII
IN QVADRAGESIMA AD SANCTVM IOHANNEM IN LATERANIS

143 Deus qui ecclesiam tuam annua quadragesimali obseruatione purificas, praesta familiae tuae ut quod a te obtinere abstinendo nititur, hoc bonis operibus exsequatur. Per.

144 SVPER OBLATA: Sacrificium quadragesimalis initii solemniter immolamus, te domine deprecantes, ut cum aepularum restrictione carnalium, a noxiis quoque uoluptatibus temperemus. Per.

145 PRAEFATIO: VD per Christum dominum nostrum. Qui continuatis quandraginta diebus et noctibus, hoc ieiunium non esuriens dedicauit. Postea enim esuriit, non tam cibum hominum quam salutem, non aescarum saecularium aepulas concupiuit, sed animarum desiderauit potius sanctitatem. Cibus namque eius est redemptio populorum. Cibus eius est totius bonae uoluntatis affectus. Qui nos docuit operari non solum cibum qui terrenis dapibus apparatur, sed etiam eum qui /f. 37v diuinarum / scripturarum lectione percipitur. Per quem maiestatem.

146 AD COMPLENDVM: Tui nos domine sacramenti libatio sancta restauret, et a uetustate purgatos, in mysterii salutaris faciat transire consortium. Per.

147 AD VESPEROS: Da nobis quaesumus omnipotens deus, et aeternae promissionis gaudia quaerere, et quaesita citius inuenire. Per dominum nostrum.

148 AD FONTES: Adesto quaesumus domine supplicationibus nostris, et in tua misericordia confidentes, ab omni nos aduersitate custodi. Per dominum.

XXXV
FERIA II AD SANCTVM PETRVM IN VINCVLA

149 Conuerte nos deus salutaris noster, et ut nobis ieiunium quad-
ragesimale proficiat, mentes nostras caelestibus instrue disciplinis. Per dominum.

150 SVPER OBLATA: Munera domine oblata sanctifica, nosque a
peccatorum nostrorum maculis emunda. Per dominum.

151 PRAEFATIO: VD aeterne deus. Qui das escam omni carni, et
non solum carnalibus sed etiam spiritualibus escis reficis. Vt
non in solo pane uiuamus, sed in omni uerbo tuo uitalem
habeamus alimoniam. Nec tantum aepulando, sed etiam
ieiunando pascamur. Nam ut dapibus et poculis corpora, sic
ieiuniis et uirtutibus animae saginantur. Magnam in hoc
munere salubritatem mentis ac corporis contulisti, quia
ieiunium nobis uenerabile dedicasti. Vt ad paradysum de quo

/f. 38r / non abstinendo cecidimus,[16] ieiunando sollemnius redeamus.
Per Christum.

152 AD COMPLENDVM: Absolue quaesumus domine nostrorum
uincula peccatorum, et quicquid pro eis meremur propitiatus
auerte. Per.

153 SVPER POPVLVM: Super populum tuum domine quaesumus
benedictio copiosa descendat, indulgentia ueniat, consolatio
tribuatur, fides sancta succrescat, redemptio sempiterna firmetur. Per.[17]

XXXVI
FERIA III AD SANCTAM ANASTASIAM

154 Respice domine familiam tuam, et presta ut apud te mens
nostra tuo desiderio fulgeat, quae se carnis maceratione cas-
tigat. Per.

155 SVPER OBLATA: Oblatis quaesumus domine placare
muneribus, et a cunctis nos defende periculis. Per.

---

[16] The *ci* is added interlinearly by **B**.
[17] Paragraph 153 was added at the right margin by **B**.

156 PRAEFATIO: VD per Christum dominum nostrum. In quo ieiunantium fides additur, spes prouehitur, caritas roboratur. Ipse est enim panis uiuus et uerus, qui substantia aeternitatis et esca uirtutis est. Verbum enim tuum per quod facta sunt omnia, non solum humanarum mentium, sed ipse panis est angelorum. Hunc panem ministrare nobis non desinis, et ut[18] eum indesinenter esuriamus hortaris. Cuius carne dum pascimur roboramus, et sanguine dum potamur abluimur. Per quem.

157 AD COMPLENDVM: Quaesumus omnipotens deus ut illius salutaris capiamus effectum, cuius per haec mysteria pignus accepimus effectum per.

158 SVPER POPVLVM: Ascendant ad te domine praeces nostrae, et ab ecclesia tua cunctam repelle nequitiam. Per

XXXVII
FERIA IIII AD SANCTAM MARIAM MAIOREM

159 Praeces nostras quaesumus domine clementer exaudi, et contra cuncta nobis aduersantia dexteram tuae maiestatis extende. Per.

160 ALIA: Deuotionem populi tui domine quaesumus benignus intende, ut qui / per abstinentiam macerantur in corpore, per fructum boni operis reficiantur in mente. Per.

/f. 38v

161 SVPER OBLATA: Hostias tibi domine placationis offerimus, ut et delicta miseratus absoluas, et nutantia corda tu dirigas. Per.

162 PRAEFATIO: VD aeterne deus. Qui in alimentum corporis humani frugum copiam producere iussisti, et in alimentum animarum ieiunii nobis medicinam indidisti. Te itaque supplices inuocamus, ut tibi sit acceptabile ieiunium nostrum, et nos a cibis ieiunantes, a peccatis absoluas. Per Christum.

163 AD COMPLENDVM: Tui domine perceptione sacramenti, et a nostris mundemur occultis, et ab hostium liberemur insidiis. Per.

---

[18] *ut* interlinear addition by **B**.

164 SVPER POPVLVM: Mentes nostras quaesumus domine lumine tuae claritatis inlustra, ut et uidere possimus quae agenda sunt, et quae recta sunt agere ualeamus. Per.

XXXVIII
FERIA V AD SANCTVM LAVRENTIVM IN FORMONSVM

165 Deuotionem populi tui quaesumus domine benignus intende, ut qui per abstinentiam macerantur in corpore, per fructum boni operis reficiantur in mente. Per.

166 SVPER OBLATA: Sacrificia quaesumus domine propitius ista nos saluent, quae medicinalibus sunt instituta ieiuniis. Per.

167 PRAEFATIO: VD aeterne deus. Quia conpetenter atque salubriter religiosa sunt nobis instituta ieiunia, ut corporeae iucunditatis inmoderatas coherceamus inlecebras, et terrenae delectationis insolentia refrenata, purior atque tranquillior appetitus / ad caelestia contemplanda mysteria, fidelium reddatur animarum. Per Christum.

/f. 39r

168 AD COMPLENDVM: Tuorum nos domine largitate donorum, et temporalibus adtolle praesidiis, et renoua sempiternis. Per.

169 SVPER OBLATA: Da quaesumus domine populis christianis et quae profitentur agnoscere, et caeleste munus diligere quod frequentant. Per.

XXXVIIII
FERIA VI AD APOSTOLOS

170 Esto domine propitius plebi tuae, et quam tibi facis esse deuotam, benigno refoue miseratus auxilio. Per.

171 SVPER OBLATA: Suscipe domine quaesumus nostris oblata seruitiis, et tua propitius dona sanctifica. Per.

172 PRAEFATIO: VD aeterne deus. Qui ieiunii obseruatione et elemosynarum gratissima largitate nos docuisti, nostrorum consequi remedia peccatorum. Vnde tuam imploramus clementiam, ut his obseruationibus et ceteris operum exhibitionibus muniti, ea operemur, quibus ad aeterna gaudia consequenda, et spes nobis suppetat, et facultas. Per Christum dominum nostrum.

173 AD COMPLENDVM: Per huius domine operationem mysterii, et uitia nostra purgentur, et iusta desideria impleantur. Per dominum.

174 SVPER POPVLVM: Exaudi nos misericors deus, et mentibus nostris gratiae tuae lumen ostende. Per dominum.

XL
SABBATVM IN XII LECTIONES AD SANCTVM PETRVM

175 Populum tuum domine quaesumus propitius respice, atque ab eo flagella tuae iracundiae clementer auerte. Per dominum.

176 ALIA: Deus qui nos in tantis periculis constitutos pro humana
/f. 39v scis / fragilitate non posse subsistere, da nobis salutem mentis et corporis, ut ea quae pro peccatis nostris patimur, te adiuuante uincamus. Per dominum nostrum.

177 ALIA: Protector noster aspice deus, ut qui malorum nostrorum pondere premimur, percepta misericordia libera tibi mente famulemur. Per.

178 ALIA: Adesto quaesumus domine supplicationibus nostris, ut esse te largiente mereamur et inter prospera humiles, et inter aduersa securi. Per dominum Iesum Christum filium tuum.

179 ALIA: Preces populi tui quaesumus domine clementer exaudi, ut qui iuste pro peccatis nostris affligimur, pro tui nominis gloria misericorditer liberamur. Per dominum.

180 ALIA: Quaesumus omnipotens deus uota humilium respice, atque ad defensionem nostram dexteram tuae maiestatis extende. Per.

181 ALIA: Actiones nostras quaesumus domine et aspirando praeueni, et adiuuando prosequere, ut cuncta nostra operatio et a te semper incipiat, et per te coepta finiatur. Per.

182 AD MISSAM: Deus qui tribus pueris mitigasti flammas ignium, concede propitius ut nos famulos tuos non exurat flamma uitiorum, sed tui nos brachii protectio defendat. Per.

183 ALIA: Deus quem omnia opera benedicunt, quem caeli glorificant, angelorum multitudo conlaudat, quaesumus te ut sicut tres pueros de camino ignis incendii non solum inlesos, /f. 40r / sed etiam tuis laudibus conclamantes liberasti, ita nos peccatorum nexibus obuolutos, uelut de uoragine ignis eripias, ut te deum patrem benedictione laudamus, criminum flammas, operumque carnalium incendia superantes, hymnum tibi debitum iure meritoque reddamus. Per dominum.

184 SVPER OBLATA: Praesentibus sacrificiis domine ieiunia nostra sanctifica, ut quod obseruantia nostra profitetur extrinsecus interius operetur. Per.

185 PRAEFATIO: VD aeterne deus. Inluminator et redemptor animarum nostrarum, qui nos per primum Adam abstinentiae lege uiolata paradyso eiectos, fortioris ieiunii remedio ad antiquae patriae benedictionem per gratiam reuocasti. Nosque pia institutione docuisti, quibus obseruationibus a peccatis omnibus liberemur. Per Christum dominum nostrum.

186 AD COMPLENDVM: Sanctificationibus tuis omnipotens deus et uitia nostra curentur, et remedia nobis aeterna proueniant. Per.

187 SVPER POPVLVM: Fideles tuos domine benedictio desiderata confirmet, quae eos et a tua uoluntate numquam faciat discrepare, et tuis semper indulgeat beneficiis gratulari. Per dominum.

188 AD VESPERVM: Da nobis obseruantiam domine legitima deuotione perfectam, ut cum refrenatione placeamus. Per dominum nostrum Iesum Christum.

XLI
DIE DOMINICO VACAT

/f. 40v **189** / Deus qui conspicis omni nos uirtute destitui, interius exteriusque custodi, ut et ab omnibus aduersitatibus muniamur in corpore, et a prauis cogitationibus mundemur in mente. Per.

190 SVPER OBLATA: Sacrificiis praesentibus domine quaesumus intende placatus, ut et deuotioni nostrae proficiant et saluti. Per dominum.

191 PRAEFATIO: VD aeterne deus. Et maiestatem tuam suppliciter exorare, ut mentibus nostris medicinalis obseruantiae munus infundas. Et qui neglegentibus etiam subsidium ferre non desinis, beneficia praebeas potiora deuotis. Per Christum.

192 AD COMPLENDVM: Supplices te rogamus omnipotens deus, ut quos tuis reficis sacramentis, tibi etiam placitis moribus dignanter deseruire concedas. Per.

193 SVPER POPVLVM: Familiam tuam quaesumus domine propitiatus inlustra, ut bene placitis inherendo, cuncta quae bona sunt mereatur accipere. Per.

XLII
FERIA II AD SANCTVM CLEMENTEM

194 Praesta quaesumus omnipotens deus, ut familia tua quae se affligendo carne ab alimentis abstinet, sectando iustitiam a culpa ieiunet. Per.

195 SVPER OBLATA: Haec hostia domine placationis et laudis tua nos propitiatione dignos efficiat. Per.

196 PRAEFATIO: VD aeterne deus. Et pietatem tuam supplici deuotione deposcere, ut ieiunii nostri oblatione placatus, et peccatorum nobis concedas ueniam, et nos a noxiis liberes insidiis. Per Christum.

197 AD COMPLENDVM: Haec nos communio domine purget a crimine, et caelestis remedii faciat esse consortes. Per dominum nostrum.

/f. 41r **198** SVPER POPVLVM: / Adesto supplicationibus nostris omnipotens deus, et quibus fiduciam sperandae pietatis indulges, consuetae misericordiae tribue benignus effectum. Per.

XLIII
FERIA III AD SANCTAM BALBINAM

199 Perfice quaesumus domine benignus in nobis obseruantiae sanctae subsidium, ut quae te auctore facienda cognouimus, te operante impleamus. Per dominum nostrum.

200 SVPER OBLATA: Sanctificationem tuam nobis domine his mysteriis placatus operare, quae nos et a terrenis purget uitiis, et ad caelestia dona perducat. Per.

201 PRAEFATIO: VD aeterne deus. Qui ob animarum medellam ieiunii deuotione castigari corpora praecepisti. Conde quaesumus ut corda nostra ita pietatis tuae ualeant exercere mandata, ut ad tua mereamur te opitulante peruenire promissa. Per Christum.

202 AD COMPLENDVM: Vt sacris domine reddamur digni muneribus, fac nos quaesumus tuis oboedire mandatis. Per dominum nostrum.

203 SVPER POPVLVM: Propitiare domine supplicationibus nostris, et animarum nostrarum medere languoribus, ut remissione percepta, in tua semper benedictione laetemur. Per.

XLIIII
FERIA IIII AD SANCTAM CAECILIAM

204 Populum tuum domine propitius respice, et quos ab aescis carnalibus praecipis abstinere, a noxiis quoque uitiis cessare concede. Per dominum.

205 Hostias domine quas tibi offerimus propitius respice, et per haec sancta commertia, uincula peccatorum nostrorum absolue. Per.

/f. 41v **206** / PRAEFATIO: VD per Christum dominum nostrum. Per quem humani generis reonciliationem mirabili dispensatione operatus es. Praesta quaesumus ut sancto purificati ieiunio, et tibi tot corde simus subiecti, et inter mundanae prauitatis insidias, te miserante perseueremus inlesi. Per quem.

207 AD COMPLENDVM: Sumptis domine sacramentis, ad redemptionis aeternae quaesumus proficiamus augmentum. Per dominum.

208 SVPER POPVLVM: Deus innocentiae restitutor et amator, dirige ad te tuorum corda seruorum, ut spiritus tui feruore concepto, et in fide inueniantur stabiles, et in opere efficaces. Per dominum nostrum.

XLV
FERIA V AD SANCTAM MARIAM TRANS TIBERIM

209 Praesta nobis domine quaesumus auxilium gratiae tuae, ut ieiuniis et orationibus conuenienter intenti, liberemur ab hostibus mentis et corporis. Per dominum nostrum.

210 SVPER OBLATA: Praesenti sacrificio nomini tuo nos domine ieiunia dicata sanctificent, ut quod obseruantia nostra profitetur exterius, interius operetur effectum. Per dominum nostrum.

211 PRAEFATIO: VD aeterne deus. Et tuam cum celebratione ieiunii pietatem deuotis mentibus obsecrare, ut qui peccatis ingruentibus malorum pondere praemimur, et a peccatis omnibus liberemur, et libera tibi mente famulemur. Per Christum.

212 AD COMPLENDVM: Gratia tua nos quaesumus domine non derelinquat, quae nobis opem semper adquirat. Per dominum nostrum.

/f. 42r **213** SVPER POPVLVM: / Adesto domine famulis tuis, et perpetuam benignitatem largire poscentibus, ut his qui te auctore et gubernatore gloriantur, et congregata restaures, et restaurata conserues. Per dominum.

XLVI
FERIA VI AD SANCTVM VITALEM

214 Da quaesumus omnipotens deus ut sacro nos purificante ieiunio, sinceris mentibus ad sancta uentura facias peruenire. Per.

215 SVPER OBLATA: Haec in nobis sacrificia deus, et actione permaneant, et operatione firmentur. Per dominum.

216 PRAEFATIO: VD aeterne deus. Qui delinquentes perire non pateris, sed ut ad te conuertantur et uiuant hortaris. Poscimus itaque pietatem tuam, ut a peccatis nostris tuae seueritatis[19] suspendas uindictam, et nobis optatam misericorditer tribuas ueniam. Nec iniquitatum nostrarum moles te prouocet ad ultionem, sed ieiunii obseruatio, et morum emendatio te flectat ad peccatorum nostrorum remissionem. Per Christum.

217 AD COMPLENDVM: Fac nos domine quaesumus accepto pignore salutis aeterne sic tendere congruenter, ut ad eam peruenire possimus. Per.

218 SVPER POPVLVM: Da quaesumus domine populo tuo salutem mentis et corporis, ut bonis operibus inherendo, tuae semper uirtutis mereatur protectione defendi. Per.

XLVII
SABBATVM AD SANCTOS MARCELLINVM ET PETRVM

219 Da quaesumus domine nostris effectum ieiuniis salutarem, ut castigatio carnis adsumpta, ad nostrarum uegetationem / transeat animarum. Per.

/f. 42v

220 SVPER OBLATA: His sacrificiis domine concede placatus, ut qui propriis oramus absolui delictis, non grauemur externis. Per.

221 PRAEFATIO: VD aeterne deus. Et tuam iugiter exorare clementiam, ut mentes nostras quas conspicis terrenis affectibus praegrauari, medicinalibus tribuas ieiuniis exonerari. Et

---

[19] MS *saeueritatis* for *seueritatis*.

per afflictionem corporum, proueniat nobis robor animarum. Per Christum.

222 AD COMPLENDVM: Sacramenti tui domine diuina libatio penetrabilia nostri cordis infundat, et sui participes potenter efficiat. Per.

223 SVPER POPVLVM: Familiam tuam quaesumus domine continua pietate custodi, ut quae in sola spe gratiae caelestis innititur, caelesti etiam protectione muniatur. Per.

XLVIII
DIE DOM. AD SANCTVM LAVRENTIVM FORIS MVRVM

224 Quaesumus omnipotens deus uota humilium respice, atque ad defensionem nostram dexteram tuae maiestatis extende. Per.

225 SVPER OBLATA: Haec hostia domine quaesumus emundet nostra dilecta, et sacrificium caelebrandum, subditorum tibi corpora mentesque sanctificet. Per.

226 PRAEFATIO: VD aeterne deus. Et te suppliciter exorare, ut cum abstinentia corporali, mens quoque nostra sensus declinet inlicitos. Et quae terrena delectatione carnalibus aepulis abnegamus, humanae uoluntatis prauis intentionibus amputemus. Quatenus ad sancta sanctorum fideliter salubriterque capienda, competenti ieiunio ualeamus aptari. Tanto nobis certi propensius iugiter adfutura / quanto fuerimus eorum institutionibus gratiores. Per Christum.

/f. 43r

227 AD COMPLENDVM: Cunctis nos domine reatibus et periculis propitiatus absolue, quos tanti mysterii tribuis esse participes. Per dominum.

XLVIIII
FERIA II AD SANCTVM MARCVM

228 Cordibus nostris quaesumus domine gratiam sancti spiritus[20] benignus infunde, ut sicut ab aescis corporalibus abstinemus, ita sensus quoque nostros a noxiis retrahamus excessibus. Per dominum nostrum.

---

[20] *gratiam sancti spiritus* interlinear addition by **B**.

124

229 SVPER OBLATA: Munus quod tibi domine nostrae seruitutis offerimus, tu salutare nobis perfice sacramentum. Per dominum nostrum.

230 PRAEFATIO: VD aeterne deus. Et clementiam tuam cum omni supplicatione precari, ut per hanc ieiuniorum obseruationem crescat nostrae deuotionis affectus, et nostras actiones religiosus exornet effectus. Quatinus te auxiliante, et ab humanis semper[21] retrahamur excessibus, et monitis inhaerere ualeamus te largiente caelestibus. Per Christum.

231 AD COMPLENDVM: Praesta quaesumus omnipotens et misericors deus, ut quae ore contingimus pura mente capiamus. Per dominum nostrum.

232 SVPER POPVLVM: Subueniat nobis domine misericordia tua, ut ab iminentibus peccatorum nostrorum periculis, te mereamur protegente saluari. Per.

L

FERIA III AD SANCTAM PVDENTIAM

233 Exaudi nos omnipotens et misericors deus, et continentiae salutaris propitius nobis dona concede. Per dominum.

234 SVPER OBLATA: Per haec ueniat quaesumus domine /f. 43v   sacramenta nostrae deuotionis effectus, / qui nos et ab humanis retrahat semper excessibus, et ad salutaria cuncta perducat. Per.

235 VD aeterne deus. Qui peccantium non uis animas perire sed culpas, et peccantes non semper continuo iudicas, sed ad paenitentiam prouocatos expectas. Auerte quaesumus quam mereamur iram, et quam optamus super nos effunde clementiam. Vt sacro purificati ieiunio, electorum tuorum adscisci mereamur collegio. Per Christum dominum nostrum.

236 AD COMPLENDVM: Sacris domine mysteriis expiati, et ueniam consequamur et gratiam. Per.

---

[21] *semper* interlinear addition by **B**.

237 SVPER POPVLVM: Tua nos domine protectione defende, et ab omni semper iniquitate custodi. Per.

LI
FERIA IIII AD SANCTVM SYXTVM

238 Praesta nobis quaesumus domine, ut salutaribus ieiuniis eruditi, a noxiis quoque uitiis abstinentes, propitiationem tuam facilius impetremus. Per.

239 SVPER OBLATA: Suscipe quaesumus domine praeces populi tui cum oblationibus hostiarum, et tua mysteria caelebrantes, ab omnibus nos defende periculis. Per dominum nostrum.

240 PRAEFATIO: VD aeterne deus. Tuamque misericordiam suppliciter exorare, ut ieiuniorum nostrorum sacrosancta mysteria tuae sint pietati semper accepta. Concedasque ut quorum corpora abstinentiae obseruatione macerantur, mentes quoque uirtutibus et caelestibus institutis exornentur. Per Christum.

/f. 44r 241 AD COMPLENDVM: / Sanctificet nos domine qua pasti sumus mensa caelestis, et a cunctis erroribus expiatos, supernis promissionibus reddat acceptos. Per.

242 SVPER POPVLVM: Concede quaesumus omnipotens deus, ut qui protectionis tuae gratiam querimus, liberati a malis omnibus secura tibi mente seruiamus. Per.

LII
FERIA V AD SANCTOS COSMAM ET DAMIANVM

243 Magnificet te domine sanctorum tuorum Cosmae et Damiani beata sollemnitas, quia et illis gloriam sempiternam, et opem nobis ineffabili prouidentia contulisti. Per.

244 SVPER OBLATA: In tuorum domine praeciosa morte iustorum, sacrificium illud offerimus, de quo martyrium sumpsit omne principium. Per dominum nostrum Iesum Christum.

245 PRAEFATIO: VD aeterne deus. Et tuam inmensam clementiam supplici uoto deposcere, ut nos famulos tuos et ieiunii maceratione castigatos, et ceteris bonorum operum exhibitionibus eruditos, in mandatis tuis facias perseuerare

sinceros, et ad paschalia festa peruenire inlesos. Sicque praesentibus subsidiis consolemur, quatenus ad aeterna gaudia pertingere mereamur. Per Christum.

246 AD COMPLENDVM: Sit nobis domine sacramenti tui certa saluatio, quae cum beatorum martyrum Cosmae et Damiani meritis imploratur. Per.

247 SVPER POPVLVM: Subiectum tibi populum quaesumus domine propitiatio caelestis amplificet, et tuis semper faciat seruire mandatis. Per dominum nostrum Iesum Christum.

/f. 44v
/LIII
FERIA VI AD SANCTVM LAVRENTIVM IN LVCINE
248 Ieiunia nostra quaesumus domine benigno fauore prosequere, ut sicut ab alimentis in corpore, ita a uitiis ieiunemus in mentem. Per dominum.

249 SVPER OBLATA: Respice domine propitius ad munera quae sacramus, ut et tibi sint grata, et nobis salutaria semper existant. Per dominum.

250 VD per Christum dominum nostrum. Qui ad insinuandum humilitatis suae mysterium, fatigatus resedit ad puteum. Qui a muliere samaritana aquae sibi petiit porrigi potum, qui in ea creauerat fidei donum. Et ita eius sitire dignatus est fidem, ut dum ab ea aquam peteret, in ea ignem diuini amoris accenderet. Imploramus itaque tuam inmensam clementiam, ut contempnentes tenebrosam profunditatem uitiorum, et reliquentes noxiarum hydriam cupiditatum, et te qui fons uitae et origo bonitatis es semper sitiamus, et ieiuniorum nostrorum obseruatione tibi placeamus. Per quem maiestatem.

251 AD COMPLENDVM: Huius nos domine perceptio sacramenti mundet a crimine, et ad caelestia regna perducat. Per dominum.

252 SVPER POPVLVM: Praesta quaesumus omnipotens deus ut qui in tua protectione confidimus, cuncta nobis aduersantia te adiuuante uincamus. Per dominum.

127

LIIII
SABBATVM AD SANCTAM SVSANNAM

253 Praesta quaesumus omnipotens deus, ut qui se affligendo carne ab alimentis abstinent, sectando iustitiam a culpa ieiunent. Per dominum nostrum.

/f. 45r **254** / SVPER OBLATA: Concede quaesumus omnipotens deus, ut huius sacrificii munus oblatum fragilitatem nostram ab omni malo purget semper et muniat. Per.

255 PRAEFATIO: VD aeterne deus. Qui ieiunii quadragesimalis obseruationem in Moyse et Helia dedicasti, et in unigenito filio tuo legis et prophetarum nostrorumque omnium domino exornasti. Tuam igitur inmensam bonitatem supplices exposcimus, ut quod ille iugi ieiuniorum compleuit continuatione, nos adimplere ualeamus illius adiuti largissima miseratione. Et adimplentes ea quae praecepit, dona percipere mereamur quae promisit. Per quem maiestatem.[22]

256 AD COMPLENDVM: Quaesumus omnipotens deus ut inter eius membra numeremur, cuius corpori communicamus et sanguini. Per dominum.

257 SVPER POPVLVM: Praetende domine fidelibus tuis dexteram caelestis auxilii, ut et te toto corde perquirant et quae digne postulant consequi mereantur. Per dominum nostrum Iesum Christum.

LV
DIE DOMINICO AD HIERVSALEM

258 Concede quaesumus omnipotens deus, ut qui ex merito nostrae actionis affligimur, tuae gratiae consolatione respiremus. Per dominum.

259 SVPER OBLATA: Sacrificiis praesentibus domine quaesumus intende placatus, ut et deuotioni nostrae proficiant et saluti. Per dominum.

---

[22] *quem maiestatem* later addition, most probably by **A**, over two or more erased words.

260 PRAEFATIO: VD aeterne deus. Et te creatorem omnium de praeteritis fructibus glorificare, et de uenturis suppliciter exorare. Vt dum / de perceptis non inuenimur ingrati, de percipiendis non iudicemur indigni. Sed exhibita toties sollemni deuotione ieiunia cum subsidiis corporalibus, profectum quoque capiamus animarum. Per Christum.

/f. 45v

261 AD COMPLENDVM: Da nobis misericors deus, ut et sancta tua quibus incessanter explemur, sinceris tractemus obsequiis, et fideli semper mente sumamus. Per dominum.

262 ALIA ORATIO AD MISSAM: Deus qui in deserti regione multitudinem populi tua uirtute satiasti, in huius quoque saeculi transeuntis excursu, uictum nobis spiritalem ne deficiamus inpende. Per dominum.

LVI

FERIA II AD SANCTOS IIII^OR CORONATOS

263 Praesta quaesumus omnipotens deus ut obseruationes sacras annua deuotione recolentes, et corpore tibi placeamus et mente. Per.

264 SVPER OBLATA: Oblatum tibi domine sacrificium uiuificet nos semper et muniat. Per.

265 PRAEFATIO: VD aeterne deus. Et tuam suppliciter misericordiam implorare, ut exercitatio ueneranda ieiunii salutaris, nos a peccatorum nostrorum maculis purgatos reddat, et ad supernorum ciuium societatem perducat. Vt et hic deuotorum actuum sumamus augmentum, et illic aeternae beatitudinis percipiamus[23] emolumentum. Per Christum.

266 AD COMPLENDVM: Sumptis domine salutaribus sacramentis, ad redemptionis aeternae quaesumus proficiamus augmentum. Per dominum.

/f. 46r **267** SVPER POPVLVM: / Depraecationem nostram quaesumus domine benignus exaudi, et quibus supplicandi praestas affectum, tribue defensionis auxilium. Per.

---

[23] The *a* is added above the line by **B**.

LVII
FERIA III AD SANCTVM LAVRENTIVM IN DAMASVM

268 Sacrae nobis quaesumus domine obseruationis ieiunia, et piae conuersationis augmentum, et tuae propitiationis continuum praestent auxilium. Per dominum nostrum Iesum Christum.

269 Haec hostia domine quaesumus emundet nostra delicta, et ad[24] sacrificium caelebrandum, subditorum tibi corpora mentesque sanctificet. Per.

270 PRAEFATIO: VD aeterne deus. Per mediatorem dei et hominum Iesum Christum dominum nostrum, qui mediante die festo ascendit in templum docere, qui de caelo descendit mundum ab ignorantiae tenebris liberare. Cuius descensus genus humanum doctrina salutari inseruit, mors a perpetua redemit, ascensio ad caelestia regna perducit. Per quem te summe pater poscimus, ut eius institutione edocti, salutaris parsimoniae deuotione purificati, ad tua perueniamus promissa securi. Per quem.

271 AD COMPLENDVM: Huius nos domine perceptio sacramenti mundet a crimine, et ad caelestia regna perducat. Per.

272 SVPER POPVLVM: Miserere domine populo tuo, et continuis tribulationibus laborantem, propitius respirare concede. Per.

LVIII
FERIA IIII AD SANCTVM PAVLVM

/f. 46v **273** / Deus qui et iustis praemia meritorum, et peccatoribus per ieiunium ueniam praebes, miserere supplicibus tuis, ut reatus nostri confessio, indulgentiam ualeat percipere delictorum. Per.

274 ALIA: Praesta quaesumus omnipotens deus ut quos ieiunia uotiua castigant, ipsa quoque deuotio sancta laetificet ut terrenis affectibus mitigatis, facilius caelestia capiamus. Per dominum.

---

[24] *ad* interlinear addition probably by **A**.

130

275 SVPER OBLATA: Supplices domine te rogamus, ut his sacrificiis peccata nostra mundentur, quia tunc ueram nobis tribuis et mentis et corporis sanitatem. Per dominum nostrun Icsum Christum filium tuum.

276 PRAEFATIO: VD per Christum dominum nostrum. Qui inluminatione suae fidei tenebras expulit mundi, et genus humanum quod primae matris uterus profuderat caecum, incarnationis suae mysterio reddidit inluminatum. Fecitque filios adoptionis, qui tenebantur uinculis iustae damnationis. Per ipsum te petimus ut tales in eius inueniamur iustissima examinatione, quales facti sumus in lauacri salutaris felicissima regeneratione. Vt eius incarnationis medicamine inbuti, sacrosancti lauacri ablutione loti, parsimoniae deuotione ornati, ad aeterna gaudia perueniamus inlaesi. Per quem.

277 AD COMPLENDVM: Sacramenta quae sumpsimus domine deus noster, et spiritalibus nos repleant alimentis, et corporalibus tueantur auxiliis. Per.

278 SVPER POPVLVM: Pateant aures misericordiae tuae domine
/f. 47r praecibus supplicantum / et ut petentibus desiderata concedas, fac eos quae tibi sunt placita postulare. Per.

LVIIII
FERIA V AD SANCTVM SILVESTRVM

279 Praesta quaesumus omnipotens deus, ut quos ieiunia uotiua castigant, ipsa quoque deuotio sancta laetificet, ut terrenis affectibus mitigatis facilius caelestia capiamus. Per dominum

280 SVPER OBLATA: Purifica nos misericors deus, ut ecclesiae tuae preces, quae tibi grata sunt pia munera deferentes, fiant expiatis mentibus gratiores. Per.

281 PRAEFATIO: VD aeterne deus. Cuius bonitas hominem condidit, iustitia dampnauit, misericordia redemit. Te humiliter exoramus, ut sicut per inlicitos appetitus a beata regione decidimus, sic ad aeternam patriam per abstinentiam redeamus. Sicque moderetur tua miseratione nostra fragilitas, ut et transitoriis subsidiis nostra sustentetur mortalitas, et per bonorum operum incrementa, beata adquiratur inmortalitas. Per Christum.

282 AD COMPLENDVM: Caelestia dona capientibus quaesumus domine non ad iudicium peruenire patiaris, quod fidelibus tuis ad remedium prouidisti. Per.

283 SVPER POPVLVM: Populi tui deus institutor et rector, peccata quibus inpugnantur expelle, ut semper tibi placitus, et tuo munimine sit securus. Per.

LX
FERIA VI AD SANCTVM EVSEBIVM

284 Deus qui ineffabilibus mundum renouas sacramentis, praesta quaesumus ut ecclesia tua aeternis proficiat institutis, et temporalibus non destituatur auxiliis. Per.

/f. 47v 285 SVPER OBLATA: / Munera nos domine quaesumus oblata purificent, et te nobis iugiter faciant esse placatum. Per.

286 PRAEFATIO: VD per Christum dominum nostrum. Qui est dies aeternus, lux indeficiens, claritas sempiterna. Qui sic sequaces suos in luce praecepit ambulare, ut noctis aeternae ualeant caliginem euadere, et ad lucis patriam feliciter peruenire. Qui per humilitatem adsumptae humanitatis Lazarum fleuit, per diuinitatis potentiam uitae reddidit, genusque humanum quadrifida peccatorum mole obrutum, ad uitam reducit. Per quem petimus ieiunii obseruatione, a peccatorum nostrorum nexibus solui, aeternae uitae feliciter reddi, et sanctorum coetibus connumerari. Per quem.

287 AD COMPLENDVM: Haec nos quaesumus domine participatio sacramenti, et propriis reatibus indesinenter expediat, et ab omnibus tueatur aduersis. Per dominum nostrum.

288 SVPER POPVLVM: Da quaesumus omnipotens deus, ut qui infirmitatis nostrae conscii de tua uirtute confidimus, sub tua semper pietate gaudeamus.[25] Per dominum.

---

[25] The second *a* is added interlinearly by **B**.

LXI
SABBTATVM AD SANCTVM LAVRENTIVM FORIS MVRVM

289 Fiat quaesumus domine per gratiam tuam fructuosus nostrae deuotionis affectus, quia tunc nobis proderunt suscepta ieiunia, si tuae sint placita pietati. Per dominum.

290 ALIA: Tua nos domine quaesumus gratia et sanctis exerceat ueneranda ieiuniis, / et caelestibus mysteriis efficiat aptiores. Per dominum.

f. 48r

291 SVPER OBLATA: Oblationibus quaesumus domine placare susceptis, et ad te nostras etiam rebelles conpelle propitius uoluntates. Per dominum.

292 PRAEFATIO: VD aeterne deus. Misericordiae dator, et totius bonitatis auctor. Qui ieiuniis orationibus et elemosinis peccatorum remedia, et uirtutum omnium tribuis incrementa. Te humili deuotione precamur, ut qui ad haec agenda saluberrimam dedisti doctrinam, ad complendum indefessam tribuas efficaciam. Vt oboedienter tua exsequentes praecepta, feliciter tua capiamus promissa. Per Christum.

293 AD COMPLENDVM: Tua nos quaesumus domine sancta purificent, et operationis suae perficiant esse placatos. Per dominum nostrum.

294 SVPER POPVLVM: Deus qui sperantibus in te misereri potius eligis quam irasci, da nobis digne flere mala quae fecimus, ut tuae consolationis gratiam inuenire mereamur. Per.

LXII
DIE DOMINICO DE PASSIONE DOMINI STATIO AD SANCTVM PETRVM

295 Quaesumus omnipotens deus familiam tuam propitius respice, ut te largiente regatur in corpore, et te seruante custodiatur in mente. Per dominum nostrum.

296 SVPER OBLATA: Haec munera domine quaesumus, et uincula nostrae prauitatis absoluant, et tuae nobis misericordiae dona concilient. Per dominum.

/f. 48v **297** PRAEFATIO: / VD aeterne deus. Maiestatem tuam propensius implorantes, ut quanto magis dies salutifere festiuitatis accedit, tanto deuotius ad eius digne celebrandum proficiamus paschale mysterium. Per Christum.

298 AD COMPLENDVM: Adesto nobis domine deus noster, et quos tuis mysteriis recreasti, perpetuis defende praesidiis. Per dominum.

299 SVPER POPVLVM: Da nobis quaesumus domine perseuerantem in tua uoluntate famulatum, ut in diebus nostris, et merito et numero populus tibi seruiens augeatur. Per.

LXIII
FERIA II AD SANCTVM CHRISOGONVM

300 Concede domine electis nostris, ut sanctis edocti mysteriis, et renouentur fonte baptismatis, et inter ecclesiae tuae membra numerentur. Per dominum nostrum.

301 ALIA AD MISSAM: Sanctifica quaesumus domine nostra ieiunia, et cunctarum nobis propitius indulgentiam largire culparum. Per dominum.

302 SVPER OBLATA: Concede nobis domine deus, ut haec hostia salutaris, et nostrorum fiat purgatio delictorum, et tuae propitiatio maiestatis. Per.

303 PRAEFATIO: VD aeterne deus. Te suppliciter exorantes, ut sic nostra sanctificentur ieiunia, quo cunctorum nobis peccatorum proueniat indulgentia. Quatenus adpropinquante unigeniti filii tui passione, bonorum operum tibi placere ualeamus exhibitione. Per quem.

304 AD COMPLENDVM: Sacramenti tui quaesumus domine participatio salutaris, et purificationem nobis praebeat et medelam. Per dominum.

/f. 49r **305** SVPER POPVLVM: / Da quaesumus domine populo tuo salutem mentis et corporis, ut bonis operibus inherendo, tua semper mereatur[26] protectione defendi. Per.

LXIIII
FERIA III AD SANCTVM CYRIACVM

306 Nostra tibi quaesumus domine sint accepta ieiunia, quae nos et expiando gratiae tuae dignos efficiant, et ad remedia perducant aeterna. Per.

307 SVPER OBLATA: Hostias tibi domine deferimus immolandas, quae temporalem consolationem significent, ut promissa certius non desperemus aeterna. Per dominum nostrum Iesum Christum.

308 PRAEFATIO: VD aeterne deus. Et te deuotis mentibus supplicare, ut nos interius exteriusque restaures, et parsimonia salutari a peccatorum sordibus purges. Et quos inlecebrosis delectationibus non uis inpediri, spiritalium uirtutum facias uigore muniri. Et sic in rebus transitoriis foueas, ut perpetuis inhaerere concedas. Per Christum.

309 AD COMPLENDVM: Da quaesumus omnipotens deus, ut quae diuina sunt iugiter exequentes, donis mereamur caelestibus propinquare. Per.

310 SVPER POPVLVM: Da nobis domine quaesumus perseuerantem in tua uoluntate famulatum, ut in diebus nostris, et merito et numero populus tibi seruiens augeatur. Per dominum nostrum Iesum Christum filium tuum.

311 ALIA: Afflictionem familiae tuae quaesumus domine intende placatus, ut indulta uenia peccatorum, de tuis semper beneficiis gloriemur. Per.

LXV
FERIA IIII AD SANCTVM MARCELLINVM

312 Sanctificato hoc ieiunio deus tuorum corda fidelium miserator
/f. 49v / inlustra, et quibus deuotionis praestas affectum, praebe supplicantibus pium benignus auditum. Per.

---

[26] Originally *mereamur*, changed probably by **B** to *mereatur*.

313 SVPER OBLATA: Annue misericors deus ut hostias placationis et laudis, sincero tibi deferamus obsequio. Per dominum.

314 PRAEFATIO: VD aeterne deus. Et te supplici deuotione exorare, ut per ieiunia quae sacris institutis exsequimur, a cunctis reatibus emundari mereamur. Tuamque percipere ualeamus propitiationem, qui praeparamur ad caelebrandam unigeniti filii tui passionem. Per quem.

315 AD COMPLENDVM: Caelestis doni benedictione percepta, supplices te deus omnipotens deprecamur, ut hoc idem nobis et sacramenti causa sit et salutis. Per dominum nostrum Iesum Christum.

316 SVPER POPVLVM: Adesto supplicationibus nostris omnipotens deus, et quibus fiduciam sperandae pietatis indulges, consuetae misericordiae tribue benignus effectum. Per dominum nostrum Iesum Christum.

LXVI
FERIA V AD SANCTVM APOLLINAREM

317 Praesta quaesumus omnipotens deus, ut dignitas conditionis humanae per inmoderantiam sauciata, medicinalis parsimoniae studio reformetur. Per dominum nostrum Iesum Christum.

318 SVPER OBLATA: Domine deus noster qui in his potius creaturis quas ad fragilitatis nostrae subsidium condidisti, tuo quoque nomini munera iussisti dicandam constitui tribue quaesumus, ut et uitae nobis / praesentis auxilium, et aeternitatis efficiant sacramentum. Per.

/f. 50r

319 PRAEFATIO: VD aeterne deus. Qui sic nos tribuis solempne tibi deferre ieiunium, ut indulgentiae tuae speremus nos percipere subsidium. Sic nos instituis ad celebranda paschalia festa, ut per haec adquiramus gaudia sempiterna. Per Christum.

320 AD COMPLENDVM: Quod ore sumpsimus domine mente capiamus, et de munere temporali fiat nobis remedium sempiternum. Per.

321 SVPER POPVLVM: Esto quaesumus domine propitius plebi tuae, ut quae tibi non placent respuentes, tuorum propitius repleatur dilectationibus mandatorum. Per.

LXVII
FERIA VI AD SANCTVM STEPHANVM

322 Cordibus nostris domine benignus infunde, ut peccata nostra castigatione uoluntaria cohibentes, temporaliter potius maceremur, quam suppliciis deputemur aeternis. Per.

323 SVPER OBLATA: Praesta nobis misericors deus, ut digne tuis seruire semper altaribus mereamur, et eorum perpetua participatione saluari. Per.

324 PRAEFATIO: VD aeterne deus. Cuius nos misericordia praeuenit ut benigne agamus, subsequitur ne frustra agamus. Accendit intentionem qua ad bona opera peragenda inardescamus, tribuit efficatiam, qua haec ad perfectum perducere ualeamus. Tuam ergo clementiam indefessis uocibus obsecramus, ut nos ieiunii uictimis a peccatis mundatos, ad celebrandam unigeniti filii tui domini nostri passionem / facias esse deuotos. Per quem maiestatem.

/f. 50v

325 AD COMPLENDVM: Sumpti sacrificii domine perpetua nos tuitio non relinquat, et noxia semper a nobis cuncta depellat. Per.

326 SVPER POPVLVM: Concede quaesumus omnipotens deus, ut qui protectionis tuae gratiam quaerimus, liberati a malis omnibus secura tibi mente seruiamus. Per.

LXVIII
SABBTVM AD SANCTVM PETRVM QVANDO
ELEMOSYNA DATVR

327 Proficiat quaesumus domine plebs tibi dicata piae deuotionis affectu, ut sacris actionibus erudita, quanto maiestati tuae fit gratior, tanto donis potioribus augeatur. Per.

137

328 SVPER OBLATA: Cunctis nos domine quaesumus reatibus et periculis propitiatus absolue, quos tanti mysterii tribuis esse consortes. Per.

329 PRAEFATIO: VD aeterne deus. Cuius nos fides excitat, spes erigit, caritas iungit. Cuius miseratio gratuita purificat, quos conscientiae reatus accusat. Te igitur cum interno rugitu depraecamur, ut carnalis alimoniae refrenatione castigati, ad caelebrandum paschale mysterium inueniamur idonei. Per Christum.

330 AD COMPLENDVM: Diuini satiati muneris largitate quaesumus domine deus noster, ut huius semper participatione uiuamus. Per.

331 SVPER POPVLVM: Tueatur quaesumus domine dextera tua populum tuum depraecantem, et purificatum dignanter erudiat, ut per consolationem praesentem ad futura bona proficiat. Per.

LXVIIII
BENEDICTIO PALMARVM SIVE FRONDIVM

/f.51r **332** / Deus cuius filius pro salute generis humani de caelo descendit ad terras, et adpropinquante hora passionis suae Hierosolimam in asino uenit, et a turbis rex appelari uoluit, benedicere dignare hos palmarum ceterarumue frondium ramos, ut omnes qui eos laturi sunt, ita benedictionis tuae dono repleantur, quatenus et in hoc saeculo hostis antiqui temptamenta superare ualeant, et in futuro cum palma uictoriae, et fructu bonorum operum tibi ualeant aparere.[27] Per dominum nostrum Iesum Christum.

333 ALIA: Omnipotens sempiterne deus qui in diluuio Noe famulo tuo ostendisti, ut post effusionem aquae per os columbae gestantis ramum oliuae pacem terrae redditam palmarum siue florum quam ante conspectum gloriae tuae offerimus ueritas tua sanctificet, ut et deuotus populus in manibus suscipiens, benedictionis tuae gratiam consequi mereatur. Per.

---

[27] Originally *aperere*, changed by a later hand to *aparere*.

334 ALIA: Deus qui filium tuum dominum nostrum Iesum Christum in hunc mundum pro nostra salute misisti, ut se humiliaret et nos reuocaret adimplere scripturas, credentium turba fidelissima deuotione uestimenta sua cum ramis oliuarum in uia sternebant, praesta quaesumus ut nos illi fidei uiam praeparemus, de qua remoto lapide offensionis et petra scandili frondea opera / et iustitiae ramos uestigiis eius sternamus, et usque ad palmam uictoriae peruenire mereamur. Per dominum.

/f. 51v

335 ALIA: Omnipotens deus Christe, mundi creator et redemptor, qui nostrae liberationis et saluationis gratia ex summa caeli arcae descendere, carnem sumere, et passionem subire dignatus es, quique sponte proprio loco eiusdem propinquans passionis, a turbis cum ramis palmarum obuiantibus, benedici, laudari, et rex benedictus in nomine domini eleuata uoce ueniens appelari uoluisti. Tu nunc nostrae laudationis confessionem acceptare, et hos palmarum ac florum ramos benedicere et sanctificare digneris, ut quicumque in tuae seruitutis obsequio exinde aliquid tulerit, caelesti benedictione sanctificatus peccatorum. Per te saluator mundi qui uiuis et regnas in saecula saeculorum.

336 ALIA: Ad huc petimus sancte pater omnipotens et misericors deus, ut per hos palmarum siue frondium ramos, boni odoris simus in praesentia tuae maiestatis. Per te Christe Iesu qui cum patre uiuis dominaris ac regnas, ante omne initium, una cum spiritu sancto in saecula saeculorum. Amen.

337 ITEM BENEDICTIO COMMVNIS: Deus qui dispersa congregas, et congregata conseruas, / qui populis obuiam Iesu ramos portantibus benedixisti, benedic etiam hos ramos palmae et oliuae, siue ramos arborum, quos tui famuli ad nominis tui benedictionem deferunt, ut omnia aduersa ualitudine depulsa, dextera tua protegat quos redemit. Per eundem dominum nostrum.

/f. 52r

LXX
DIE DOMINICO IN PALMAS STATIO AD SANCTVM IOHANNEM IN LATERANIS

338 Omnipotens sempiterne deus qui humano generi ad imitandum humilitatis exemplum, saluatorem nostrum carnem sumere et crucem subire fecisti, concede propitius, ut et patientiae ipsius habere documenta, et resurrectionis consortia mereamur. Per dominum.

339 SVPER OBLATA: Concede quaesumus domine, ut oculis tuae maiestatis munus oblatum et gratiam nobis deuotionis obtineat, et effectum beatae perennitatis adquirat. Per dominum nostrum.

340 PRAEFATIO: VD per Christum dominum nostrum. Per quem nobis indulgentia largitur, et pax per omne saeculum praedicatur. Traditur cunctis credentibus disciplina, ut sanctificatos nos possit dies uenturus excipere. Et ideo cum angelis.

341 AD COMPLENDVM: Per huius domine operationem mysterii, et uitia nostra purgentur, et iusta desideria conpleantur. Per dominum.

LXXI
FERIA II AD SANCTAM PRAXIDEM

/f. 52v 342 / Da quaesumus omnipotens deus, ut qui in tot aduersis ex nostra infirmitate deficimus, intercedente unigeniti filii tui passione respiremus. Per eundem dominum nostrum.

343 SVPER OBLATA: Haec sacrificia nos omnipotens deus potenti uirtute mundatos, ad suum faciant puriores uenire principium. Per.

344 PRAEFATIO: VD per Christum dominum nostrum. Cuius nos humanitas colligit, humilitas erigit, traditio absoluit, poena redimit, crux saluificat, sanguis emaculat, caro saginat. Per quem te summe pater cum ieiuniorum obsequiis obsecramus, ut ad eius celebrandam passionem, purificatis mentibus accedamus. Per.

140

345 AD COMPLENDVM: Praebeant nobis domine diuinum tua sancta feruorem, quo eorum pariter et actu delectemur et fructu. Per.

346 SVPER POPVLVM: Adiuua nos deus salutaris noster, et ad beneficia recolenda, quibus nos instaurare dignatus es, tribue uenire gaudentes. Per.

LXXII
FERIA III AD SANCTAM PRISCAM

347 Omnipotens sempiterne deus, da nobis ita dominicae passionis sacramenta peragere, ut indulgentiam percipere mereamur. Per.

348 SVPER OBLATA: Sacrificia nos quaesumus domine propensius ista restaurent, quae medicinalibus sunt instituta ieiuniis. Per dominum.

349 PRAEFATIO: VD per Christum dominum nostrum. Cuius salutiferae passionis et gloriosae resurrectionis dies adpropinquare noscuntur, in quibus et antiqui hostis superbia triumphatur, et nostrae redemptionis / mysterium caelebratur. Vnde poscimus tuam inmensam clementiam, ut sicut in eo solo consistit totius nostrae saluationis summa, ita per eum tibi sit ieiuniorum et actuum nostrorum semper uictima grata. Per quem.

/f. 53r

350 AD COMPLENDVM: Sanctificationibus tuis omnipotens deus, et uitia nostra curentur, et remedia nobis sempiterna proueniant. Per.

351 SVPER POPVLVM: Tua nos misericordia deus et ab omni subreptione uetustatis expurget, et capaces sanctae nouitatis efficiat. Per dominum nostrum.

LXXIII
FERIA IIII AD SANCTAM MARIAM MAIOREM

352 Praesta quaesumus omnipotens deus, ut qui nostris excessibus incessanter affligimur, per unigeniti tui passionem liberemur. Qui tecum uiuit.

353 ALIA: Deus qui pro nobis filium tuum crucis patibulum subire uoluisti, ut inimici a nobis expelleres potestatem, concede nobis famulis tuis ut resurrectionis gratiam consequamur. Per eundem dominum nostrum.

354 SVPER OBLATA: Purifica nos misericors deus, ut ecclesiae tuae preces quae tibi gratae sunt pia munera deferentes,[28] fiant expiatis mentibus gratiores. Per.

355 PRAEFATIO: VD per Christum dominum nostrum. Qui innocens pro impiis uoluit pati, et pro sceleratis indebitae condempnari. Cuius mors delicta nostra detersit, et resurrectio iustificationem nobis exhibuit. Per quem tuam pietatem supplices exoramus, ut sic nos hodie a peccatis emacules, ut cras / uenerabilis caenae dapibus saties. Hodie accipies confessionem nostrorum peccaminum, et cras tribuas spiritalium incrementa donorum. Hodie ieiuniorum nostrorum uota suscipias, et cras nos ad sacratissimae caenae conuiuium introducas. Per quem.

/f. 53v

356 AD COMPLENDVM: Largire sensibus nostris omnipotens deus, ut per temporalem filii tui mortem quam mysteria ueneranda testantur, uitam nobis dedisse perpetuam confidamus. Per eundem.

357 SVPER POPVLVM: Respice domine quaesumus super hanc familiam tuam, pro qua dominus noster Iesus Christus non dubitauit manibus tradi nocentium, et crucis subire tormentum. Qui tecum uiuit.

LXXIIII
ORATIO IN CAENA DOMINI AD MISSAM

358 Deus a quo et Iudas proditor reatus sui poenam, et confessionis suae latro praemium sumpsit, concede nobis tuae propitiationis effectum, ut sicut in passionem sua Iesus Christus dominus noster diuersa utrisque intulit stipendia meritorum, ita nobis ablato uetustatis errore, resurrectionis suae gratiam largiatur. Qui tecum uiuit.

---

[28] *deferentes* interlinear addition by **B**.

142

359 Ipse tibi quaesumus domine sancte pater omnipotens deus, sacrificium nostrum reddat acceptum, qui discipulis suis in sui commemoratione hoc fieri hodierna traditione monstrauit. Iesus Christus dominus noster.

/f. 54r 360 PRAEFATIO: / VD aeterne deus. Et clementiam tuam suppliciter obsecrare, ut spiritalis lauacri baptismo renouandis, creaturam chrismatis in sacramentum perfectae salutis uitaeque confirmes. Vt sanctificatione unctionis infusa, corruptione primae natiuitatis absorbta, sanctum unius cuiusque templum acceptabilis uitae, innocens odor redolescat. Vt secundum constitutionis tuae sacramentum regio et sacerdotali propheticoque honore perfusi, uestimento incorrupti muneris induantur. Per Christum dominum nostrum.

361 ITEM ALIA PRAEFATIO: VD per Christum dominum nostrum. Quem in hac nocte inter sacras aepulas increpantem, mens sibi conscia traditoris ferre non potuit. Sed apostolorum relicto consortio, sanguinis pretium a iudaeis accepit, ut uitam perderet quam distraxit. Caenauit igitur hodie proditor mortem suam, et cruentis manibus panem de manu saluatoris exiturus accepit. Vt saginatum cibo maior poena constringeret, quem nec sacrati cibi collatio ab scelere reuocaret. Patitur itaque dominus noster Iesus Christus filius tuus cum hoste nouissimum participare conuiuium, a quo se nouerat continuo esse tradendum. Vt et exemplum innocentiae mundo relinqueret, et /f. 54v passionem suam pro saeculi redemptione suppleret. / Pascit igitur mitis deus inmitem Iudam, et sustinet pius crudelem conuiuam. Qui merito laqueo suo periturus erat, quia de magistri sanguine cogitarat. O dominum per omnia patientem, o agnum inter suas aepulas mitem. Cibum eius Iudas in ore ferebat, et quibus eum traderet, persecutores aduocabat. Sed filius tuus dominus noster tamquam pia hostia, et immolari se tibi pro nobis patienter permisit, et peccatum quod mundus commiserat relaxauit. Per quem.

362 Communicantes et diem sacratissimum caelebrantes, quo dominus noster Iesus Christus pro nobis est traditus. Sed et memoriam uenerantes.

363 <INFRA ACTIONEM:> Hanc igitur oblationem seruitutis nostrae, sed et cunctae familiae tuae quam tibi offerimus ob diem in qua dominus noster Iesus Christus tradidit discipulis suis corporis et sanguinis sui mysteria caelebranda, quaesumus domine ut placatus accipias. Qui pridie quam pro nostra omnium salute pateretur hoc est hodie, accepit panem in sanctas ac uenerabiles manus.

LXXV
364 IN IPSO DIE CONFICITVR CRISMA IN VLTIMO AD MISSAM ANTEQVAM DICATVR PER QVEM HAEC OMNIA SEMPER BONA CREAS, LEVANTVR DE AMPVLLIS QVAS OFFERVNT POPVLI ET BENEDICIT TAM DOMNVS PAPA QVAM OMNES PRAESBITERI:

/f. 55r   / Emitte domine spiritum sanctum tuum paraclytum de caelis, in hanc pinguedinem oliuae, quam de uiridi ligno producere dignatus es ad refectionem corporis, ut tua sancta benedictione sit omni unguenti tangenti, tutamentum mentis et corporis, ad euacuandos omnes dolores, omnesque infirmitates, omnem aegritudinem corporis, unde unxisti sacerdotes, reges, prophetas, et martyres, chrisma tuum perfectum domine a te benedictum, permanens in uisceribus nostris, in nomine domini nostri Iesu Christi. Per quem haec omnia domine.

365 INCIPIT BENEDICTIO CRISMATIS PRINCIPALIS: Sursum corda.
R.: Habeamus ad dominum.
Gratias agamus domino deo nostro.
R.: Dignum et iustum est.

366 VD aeterne deus. Qui in principio inter caetera bonitatis et pietatis tuae munera terram producere fructifera ligna iussisti. Inter quae huius pinguissimi liquoris ministrae oleae nascerentur, quarum fructus sacro chrismate deseruiret. Nam et Dauid prophetico spiritu[29] gratiae tuae sacramenta praenoscens, uultus nostros in oleo exhilarandos esse cantauit, et cum mundi crimina diluuio quondam expiarentur effuso, similitudinem futuri muneris columba demonstrans, per oliuae ramum pacem terris redditam nuntiauit. Quod in nouissimis

---

[29] *spiritu* interlinear addition by **B**.

temporibus manifestis est effectibus declaratum, cum baptismatis aquis omnium criminum commissa delentibus. / Haec
olei unctio, uultus nostros iocundos efficit ac serenos. Inde
etiam Moyse famulo tuo mandatum dedisti, ut Aaron fratrem
suum prius aqua lotum, per infusionem huius unguenti con-
stitueret sacerdotem. Accessit ad hoc amplior honor, cum filius
tuus dominus noster Iesus Christus lauari a Iohanne undis
Iordanicis exegisset, ut spiritu sancto in columbae similitudine
desuper misso, unigenitum tuum in quo tibi optime con-
placuisset, testimonio subsequentis uocis ostenderes. Et hoc
illud esse manifestissime conprobares, quod eum oleo laetitiae
prae consortibus suis unguendum Dauid propheta cecinisset.
Te igitur deprecamur domine sancte pater omnipotens aeterne
deus per eundem Iesum Christum filium tuum dominum
nostrum, ut huius creaturae pinguedinem sanctificare tua
benedictione digneris, et sancti spiritus ei ammiscere uirtutem,
cooperante potentia Christi tui, a cuius sancto nomine chrisma
nomen accepit. Vnde unxisti sacerdotes, reges, prophetas, et
martyres, ut sit his qui renati fuerint ex aqua et spiritu sancto
chrisma salutis, eosque aeternae uitae participes, et caelestis
gloriae facias esse consortes. Per eundem dominum nostrum.

367 EXORCISMVS OLEI: Deus qui in uirtute sancti spiritus
tui inbecillarum mentium rudimenta confirmas, te oramus
domine, ut uenturis / ad beatae regenerationis lauacrum tribuas
per unctionem istius creaturae purgationem mentis et corporis,
ut si quae illis aduersantium spirituum inhesere reliquiae, ad
tactum sanctificati olei huius abscedant. Nullus spiritalibus
nequitiis locus, nulla refugis uirtutibus sit facultas, nulla
insidiantibus malis latendi licentia relinquatur. Sed uenient-
ibus ad fidem seruis tuis et sancti spiritus tui operatione
mundandis, sit unctionis huius praeparatio utilis ad salutem.
Quam etiam caelestis regenerationis natiuitate in sacramento
sunt baptismatis adepturi. Per dominum nostrum Iesum Christum qui uenturus est.

368 AD COMPLENDVM: Refecti uitalibus alimentis quaesumus
domine deus noster, ut quod tempore nostrae mortalitatis
exsequimur, inmortalitatis tuae munere consequamur. Per
dominum nostrum.

145

369 ORATIO POST MANDATVM: Adesto domine officio nostrae seruitutis quia tu pedes lauare dignatus es tuis discipulis, ne despiciamus opera manuum tuarum quae nobis retinenda mandasti, ut sicut hic exteriora abluuntur inquinamenta, sic a te omnium nostrorum interiora lauentur peccata, quod ipse praestare digneris. Qui in trinitate uiuis et regnas deus in saecula saeculorum.

/f. 56v

/LXXVI
ORATIONES QVAE DICENDAE SVNT VI FERIA MAIORE IN HIERVSALEM DE PASSIONE DOMINI

370 Deus a quo et Iudas proditor reatus sui poenam, et confessionis suae latro praemium sumpsit, concede nobis tuae propitiationis effectum, ut sicut in passione sua Iesus Christus dominus noster diuersa utrisque intulit stipendia meritorum, ita nobis ablato uetustatis errore, resurrectionis suae gratiam largiatur. Qui tecum uiuit.

371 ALIA: Deus qui peccati ueteris hereditariam mortem, in quam posteritatis genus omne successerat, dona ut conformes eidem facti, sicut imaginem terrenae naturae necessitate portauimus, ita imaginem caelestis gratiae sanctificatione poscemus, Christi domini nostri, qui tecum uiuit et regnat.

LXXVII
ITEM POST PASSIONEM DOMINI ORATIONES VBI SVPRA

372 Oremus dilectissimi nobis pro ecclesia sancta dei, ut eam deus et dominus noster pacificare et custodire dignetur toto orbe terrarum, subiciens ei principatus et potestates, detque nobis quietam et tranquillam uitam degentibus glorificare deum patrem omnipotentem.

373 OREMVS: Omnipotens sempiterne deus qui gloriam tuam omnibus in Christo gentibus reuelasti, custodi opera misericordiae tuae, / ut ecclesia toto orbe diffusa, stabili fide in confessionem tui nominis perseueret. Per eundem dominum nostrum.

/f. 57r

374 Oremus et pro beatissimo papa nostro illo ut deus et dominus noster qui elegit eum in ordine episcopatus, saluum atque

146

incolomem custodiat ecclesiae suae sanctae, ad regendum populum sanctum dei.

375 OREMVS: Omnipotens sempiterne deus, cuius iudicio uniuersa fundantur, respice propitius ad praeces nostras, et electum nobis antistitem tua pietate conserua, ut christiana plebs quae tali gubernatur auctore, sub tanto pontifice credulitatis suae meritis augeatur. Per dominum nostrum Iesum Christum.

376 Oremus et pro omnibus episcopis, presbiteris, diaconibus, sub-diaconibus, acolitis, exorcistis, lectoribus, hostiariis, confessoribus, uirginibus, uiduis, et pro omni populo sancto dei.

377 OREMVS: Omnipotens sempiterne deus, cuius spiritu totum corpus ecclesiae sanctificatur et regitur, exaudi nos pro uniuersis ordinibus supplicantes ut gratiae tuae munere, ab omnibus tibi gradibus fideliter seruiatur. Per dominum nostrum Iesum Christum.

378 Oremus et pro Christianissimo imperatore nostro, ut deus et dominus noster subditas illi faciat omnes barbaras nationes, ad nostram perpetuam pacem.

379 OREMVS: Omnipotens sempiterne deus, in cuius manu sunt
/f. 57v omnium potestates, / et omnia iura regnorum, respice ad romanum seu francorum benignum imperium, ut gentes quae in sua feritate confidunt, potentiae tuae dextera conprimantur. Per.

380 Oremus et pro catecuminis nostris, ut deus et dominus noster adaperiat aures praecordiorum suorum ianuamque misericordiae ut per lauacrum regenerationis, accepta remissione omnium peccatorum, et ipsi inueniantur in Christo Iesu domino nostro.

381 OREMVS: Omnipotens sempiterne deus, qui ecclesiam tuam noua semper prole fecundas, auge fidem et intellectum catecuminis nostris, ut renati fonte baptismatis, adoptionis tuae filiis aggregentur. Per dominum.

382 Oremus dilectissimi nobis deum patrem omnipotentem, ut cunctis mundum purget erroribus, morbos auferat, famem depellat, aperiat carceres, uincla dissoluat, peregrinantibus reditum, infirmantibus sanitatem, nauigantibus portum salutis indulgeat.

383 OREMVS: Omnipotens sempiterne deus, maestorum consolatio, laborantium fortitudo, perueniant ad te praeces de quacumque tribulatione clamantium, ut omnes sibi in necessitatibus suis misericordiam tuam gaudeant adfuisse. Per dominum.

384 Oremus et pro hereticis et schismaticis, ut deus ac dominus
/f. 58r   noster / eruat eos ab erroribus uniuersis, et ad sanctam matrem ecclesiam catholicam atque apostolicam reuocare dignetur.

385 OREMVS: Omnipotens sempiterne deus, qui saluas omnes et neminem uis perire, respice ad animas diabolica fraude deceptas, ut omni heretica[30] prauitate deposita, errantium corda resipiscant, et ad ueritatis tuae redeant unitatem. Per dominum.

386 Oremus et pro perfidis iudaeis, ut deus et dominus noster auferat uelamen de cordibus eorum, ut et ipsi agnoscant Christum Iesum dominum nostrum.[31]

387 Omnipotens sempiterne deus, qui etiam iudaicam perfidiam a tua misericordia non repellis, exaudi praeces nostras, quas pro illius populi obcecatione deferimus, ut agnita ueritatis tuae luce quae Christus est, a suis tenebris eruantur. Per eundem.

388 Oremus et pro paganis, ut deus omnipotens auferat iniquitatem a cordibus eorum et relictis idolorum conuertantur ad deum uiuum, et uerum et unicum filium eius Iesum Christum deum et dominum nostrum, cum quo uiuit et regnat cum spiritu sancto.

---

[30] *heretica* interlinear addition by **B**.
[31] *GENV PRO IVDAEIS NON FLECTENDVM EST* is added, most probably by **A**, on the right margin of the text. The script is 'capitalis rustica', and the phrase is surrounded by a frame. On this regulation, see L. Canet, 'La prière "pro Judaeis" de la liturgie catholique romaine', *Revue des études juives* 61 (1911), pp. 213–21.

389 OREMVS: Omnipotens sempiternae deus qui non mortem peccatorum sed uitam semper inquiris, suscipe propitius orationem nostram, et libera eos ab idolorum cultura, et adgrega ecclesiae tuae sanctae, ad laudem et gloriam nominis tui. Per dominum.

/f. 58v

/ LXVIII
BENEDICTIO CAEREI[32]

390 Exultet iam angelica turba caelorum, exultent diuina mysteria, et pro tanti regis uictoria, tuba intonet salutaris. Gaudeat se tellus inradiata fulgoribus, et aeterni regis splendore lustrata, totius orbis se sentiat amisisse caliginem. Laetetur et mater ecclesia, tanti luminis adornata fulgoribus, et magnis populorum uocibus haec aula resultet. Quapropter adstantibus uobis fratres karissimi ad tam miram sancti huius luminis claritatem, una mecum quaeso dei omnipotentis misericordiam inuocate, ut qui me non meis meritis intra leuitarum numerum dignatus est aggregare, luminis sui gratia infundente caerei huius laudem implere perficiat, Iesus Christus dominus noster, qui uiuit et regnat cum deo patre in unitate spiritus sancti deus, per omnia saecula saeculorum. Amen.
DOMINVS VOBISCVM.
R.: ET CVM SPIRITV TVO.
SVRSVM CORDA.
R.: HABEAMVS AD DOMINVM.
CARITAS AGAMVS DOMINO DEO NOSTRO
R.: DIGNVM ET IVSTVM EST.

391 VERE QVIA DIGNVM ET IVSTVM EST, ut inuisibilem
/f. 59r
deum omnipotentem patrem, / filiumque unigenitum dominum nostrum Iesum Christum cum sancto spirito, toto cordis ac mentis affectu, et uocis ministerio personare. Qui pro nobis aeterno patri adae debitum soluit, et ueteris piaculi cautionem pio cruore detersit. Haec sunt enim festa paschalium gaudiorum, in quibus uerus ille agnus occiditur, eiusque sanguis postes consecratur. Haec nox est, in qua primum patres nostros filios Israel eduxisti de Egypto, quos postea rubrum mare sicco uestigio transire fecisti. Haec igitur nox est, quae peccatorum tenebras columnae inluminatione

---

[32] Sections LXVIII and LXVIIII are annotated with neumes.

purgauit. Haec nox est, quae hodie per uniuersum mundum in Christo credentes, a uiciis saeculi segregatos, et caligine peccatorum, reddit gratiae, sociat sanctitati. Haec nox est, in qua destructis uinculis mortis, Christus ab inferis uictor ascendit. Nihil enim nobis nasci profuit, nisi redimi profuisset. O mira circa nos tuae pietatis dignatio. O inestimabilis dilectio caritatis, ut seruum redimeres, filium tradidisti. O certe necessarium adae peccatum nostrum, quod Christi morte deletum est. O felix culpa, quae talem ac tantum meruit habere redemptorem. O beata nox, quae sola meruit scire tempus et horam in qua Christus ab inferis resurrexit. Haec nox est, de

/f. 59v

qua / scriptum est, et nox ut dies inluminabitur, et nox inluminatio mea in deliciis meis. Huius igitur sanctificatio noctis, fugat scelera, culpas lauat, et reddit innocentiam lapsis, maestis laetitiam, fugat odia, concordiam parat, et curuat imperia. In huius igitur noctis gratia, suscipe sancte pater incensi⁺ huius sacrificium uespertinum, quod tibi in hac caerei⁺ oblatione sollemni, per ministrorum manus, de operibus apum, sacrosancta reddit ecclesia. Sed iam columnae huius praeconia nouimus, quam in honorem dei rutilans ignis accendit. Qui licet sit diuisus in partes, mutuati luminis detrimenta non nouit. Alitur enim liquentibus caeris, quas in substantiam praetiosae huius⁺ lampadis apis mater eduxit. Apis enim⁺ caeteris quae subiecta sunt homini, omnibus animantibus antecellens. Cum sit minima corporis paruitate, ingentes animos angusto uersat in pectore. Viribus inbecillis, sed fortis ingenio. Haec explorata temporum uice, cum caniciem pruinosa hiberna posuerint, et glaciali senio uerni temporis moderata deterserint, statim prodeundi ad laborem

/f. 60r

cura succedit. Dispersaeque / per agros, libratis paululum pennis, cruribus suspensis⁺ insidunt. Parte ore legere flosculos, oneratis uictualibus suis, ad castra remeant. Ibique aliae inaestimabili arte, cellulas tenaci glutino instruunt, aliae liquantia mella stipant, aliae uertunt flores in caeram, aliae ore natos fingunt, aliae collectum e foliis nectar includunt. O uere beata et mirabilis⁺ apis, cuius nec sexum masculi uiolant, foetus non quassant, nec filii destruunt castitatem. Sicut sancta concepit uirgo Maria, uirgo peperit, et uirgo permansit. O uere beata nox, quae expoliauit Aegyptios, ditauit Hebraeos. Nox in qua terrenis caelestia, humanis diuina iungantur. Oramus te domine, ut caereus iste in honorem nominis tui consecratus,⁺

ad noctis huius caliginem destruendam indeficiens perseueret, in odorem suauitatis acceptus, supernis luminaribus misceatur, flammas eius lucifer matutinus inueniat. Ille inquam lucifer, qui nescit occasum. Ille qui regressus ab inferis, humano generi serenus inluxit. Praecamur ergo te domine, ut nos famulos tuos omnem clerum et deuotissimum populum, una /f. 60v cum patre nostro papa illo et glorissimo / imperatore nostro illo nec non et antestite nostro illo quiete temporum concessa, in his paschalibus gaudiis conseruare digneris. Per dominum nostrum Iesum Christum filium tuum, qui tecum uiuit et regnat deus in unitate spiritus sancti, per omnia saecula saeculorum.

392 BENEDICTIO SALIS: *BENEDIC OMNIPOTENS DEVS HANC CREATVRAM* salis tua benedictione caelesti, in nomine domini nostri Iesu Christi, et in uirtute sancti spiritus tui, ad effugandum inimicum quam sanctificando sanctifices, et benedicendo benedicas, fiatque omnibus accipientibus perfecta medicina permanens in uisceribus sumentium. In nomine domini nostri Iesu Christi, qui uenturus est iudicare uiuos et mortuos.

LXVIIII
ORATIO AD CATICVMINVM FACIENDVM

393 Omnipotens sempiternae deus respicere dignare super hunc famulum tuum, quem ad rudimenta fidei uocare dignatus es, omnem caecitatem cordis ab eo expelle. Disrumpe omnes laqueos satanae quibus fuerat conligatus, aperi ei ianuam misericordiae tuae, et signo sapientiae tuae inbutus, omnium cupiditatum foetoribus careat, atque ad suauem odorem praeceptorum tuorum. Laetus tibi in ecclesia tua deseruiat, et proficiat de die in diem, signatus promissae gratiae tuae. Per dominum nostrum Iesum Christum.

/f. 61r **394** / ORATIO SVPER INFANTES IN QVADRAGESIMA AD QVATTVOR EVANGELIA: Aeternam ac iustissimam pietatem tuam depraecor domine sancte pater omnipotens aeterne deus, luminis et ueritatis super hos famulos et famulas tuas, digneris eos inluminare lumine intellegentiae tuae, munda eos et sanctifica, da eis scientiam ueram, ut digni efficiantur accedere ad gratiam baptismi tui. Teneant firmam spem, consilium rectum, doctrinam sanctam, apti sint ad percipiendam gratiam baptismi tui. Per dominum nostrum Iesum Christum.

395 ORATIONEM IN SABBATO PASCHAE AD REDDENTES DICIT DOMNVS PAPA POST PISTEVGIS. ITEM AD CATHECHIZANDOS INFANTES: Nec te latet satanas inminere tibi poenas, inminere tibi tormenta, diem iudicii, diem supplicii sempiterni, diem qui uenturus est, uelut clibanus ardens, in quo tibi atque angelis tuis praeparatus sempiternus erit interitus. Et ideo pro tua nequitia damnate atque damnandae, da honorem deo uiuo, da honorem Iesu Christo filio eius, da honorem spiritui sancto paraclyto, et recede ab his famulis et famulabus dei, quos hodie deus et /f. 61v dominus noster ad suam gratiam / et benedictionem uocare dignatus est. In nomine domini nostri Iesu Christi, qui uenturus est iudicare uiuos et mortuos[33] et saeculum per ignem.

396 *POST HOC TANGET SINGVLIS NARES ET AVRES, ET DICET EIS: EFFETA. POSTEA TANGET DE OLEO SANCTO SCAPVLAS ET PECTVS ET DICET: ABRENVNTIAS SATANE.*
R.: ABRENVNTIO.
ET OMNIBVS OPERIBVS EIVS.
R.: ABRENVNTIO.
ET OMNIBVS POMPIS EIVS.
R.: ABRENVNTIO.

LXXX
ORATIONES QVAE DICVNTVR AD LECTIONES IN ECCLESIA

397 *LECTIO LIBRI GENESIS*: In principio creauit deus caelum et terram [Gen. 1:1].
ORATIO: Deus qui mirabiliter creasti hominem, et mirabilius redemisti, da nobis quaesumus contra oblectamenta peccati mentis ratione persistere, ut mereamur ad gaudia aeterna peruenire. Per.

398 *LECTIO LIBRI EXODI*: Factum est in uigilia matutina [Ex. 14:24].

---

[33] *et mortuos* interlinear addition by **B**.

152

ORATIO : Deus cuius antiqua miracula in praesenti quoque saeculo coruscare sentimus, praesta quaesumus ut sicut priorem populum ab Aegyptiis liberasti, hoc ad salutem gentium per aquas baptismatis opereris. Per.

399 *LECTIO ISAIAE PROPHETAE* : Adpraehendent septem mulieres uirum unum [Isai. 4:1].

/f. 62r / *ORATIO* : Deus qui nos ad caelebrandum paschale sacramentum, utriusque testamenti paginis instruis, da nobis intellegere misericordiam tuam, ut ex perceptione[34] praesentium munerum, firma sit expectatio futurorum. Per.

400 *LECTIO ISAIAE PROPHETAE*: Haec est hereditas seruorum domini [Isai. 54:17].
ORATIO : Deus qui ecclesiam tuam semper gentium uocatione multiplicas, concede propitius ut quos aqua baptismatis abluis, continua protectione tuearis. Per dominum.

401 *CANTICVM DE PSALMO QVADRAGESIMO I*: Sicut ceruus desiderat ad fontes aquarum [Ps. 41].
ORATIO : Concede quaesumus omnipotens deus, ut qui festa paschalia agimus, caelestibus desideriis accensi, fontem uitae sitiamus. Per.

402 *ALIA ORATIO IN EODEM PSALMO XL^mo I* : Omnipotens sempiterne deus respice propitius ad deuotionem populi renascentis, qui sicut ceruus aquarum tuarum expetit fontem, et concede propitius ut fidei ipsius sitis baptismatis mysterio, animam corpusque sanctificet. Per dominum.

403 *ITEM VBI SVPRA IN SABBATO SANCTO, ORATIO POST BENEDICTIONEM CAEREI, DICENDA ANTEQVAM LEGATVR PRIMA LECTIO GENESIS IN PRINCIPIO* [Gen.
/f. 62v 1:1]: / Deus qui diuitias misericordiae tuae in hac praecipue nocte largiris, propitiare uniuerso ordini sacerdotalis officio, et omnes gradus famulatus nostri, perfecta delictorum remissione sanctifica, ut ministraturos regeneratricis gratiae tuae, nulli esse obnoxios patiaris offensae. Per.

---

[34] Originally *pertione*, changed interlinearly by **B** into *perceptione*.

ORATIONES PER SINGVLAS LECTIONES

404 *PRIMA ET ENIM LECTIO EST IN PRINCIPIO* [Gen. 1:1]: Deus qui mirabiliter creasti hominem et mirabilius redemisti, da nobis quaesumus contra oblectamenta peccati mentis ratione persistere, ut mereamur ad gaudia aeterna peruenire. Per.

405 SEQVITVR II DE NOE. NOE VERO CVM DEO [Gen. 6:9]: Deus incommutabilis uirtus lumen aeternum, respice propitius ecclesiae tuae mirabile sacramentum, et opus salutis humanae perpetuae dispositionis effectu, tranquillius operare, totusque mundus experiatur, et uidet deiecta erigi, inueterata nouari, et per ipsum redire omnia in integrum, a quo sumpsere principium. Per.

406 DE ABRAHA, III. TEMPTAVIT DEVS [Gen. 22:1]: Deus fidelium pater summe, qui in toto orbe terrarum promissionis tuae filios diffusa adoptione multiplicas, et per paschale sacramentum Abraham puerum tuum uniuersarum sicut iurasti gentium efficis patrem, / da populis tuis digne ad gratiam tuae uocationis intrare. Per.

/f. 63r

407 IN EXODO, IIII. FACTVM EST IN VIGILIA [Ex. 14:24] CVM CANTICO, *CANTEMVS DOMINO* [Ex. 15:1]: Deus cuius antiqua miracula etiam nostris saeculis coruscare sentimus, dum quod uni populo a persecutione Aegyptia liberando dexterae tuae potentia contulisti, id in salutem gentium per aquam regenerationis operaris, praesta ut et in Abrahae filios, et in Israeliticam dignitatem, totius mundi transeat plenitudo. Per.

408 IN ISAIA, V. HAEC EST HEREDITAS [Isai. 54:17]: Omnipotens sempiterne deus multiplica in honorem nominis tui quod patribus fidei spopondisti, et promissionis filios sacra adoptione dilata, ut quod priores sancti non dubitauerunt futurum, ecclesia tua magna iam ex parte cognoscat impletum Per dominum nostrum.

409 IN HIEREMIA, VI. AVDI ISRAHEL [Baruch 3:9]: Deus qui ecclesiam tuam semper gentium uocatione multiplicas, concede

154

propitius, ut quos aqua baptismatis abluis, continua protectione tuearis. Per.

410 IN EZECHIELE, VII. FACTA EST SVPER ME [Ez. *passim*]: Deus qui nos ad caelebrandum paschale sacramentum /f. 63v utriusque testamenti paginis imbuisti, da nobis / intelligere misericordias tuas, ut ex perceptione praesentium munere, firma sit expectatio futurorum. Per dominum.

411 IN ISAIA, .VIII. ADPREHENDENTES SEPTEM MVLIERES [Isai. 4:1] CVM CANTICO *VINEA FACTA EST* [Isai. 5:1]: Deus qui in omnibus ecclesiae tuae filiis sanctorum prophetarum uoce manifesta, in omni loco dominationis tuae satorem te bonorum seminum et electorum palmitum esse cultorem, tribue quaesumus populis tuis, qui et uinearum apud te nomine censentur et segetum, ut spinarum et tribulorum squalore resecato, digni efficiantur fruge fecunda. Per.

412 IN EXODO, NONA. DIXIT QVOQVE DOMINVS AD MOYSEN ET AARON [Ex. 12:1]: Omnipotens sempiterne deus qui in omnium operum tuorum dispensatione mirabilis es, intelligant redempti tui non fuisse excellentius quod in initio factus est mundus, quam quod in fine saeculorum pascha nostrum immolatus est Christus. Qui tecum uiuit et regnat.

413 DE IONA, X. FACTVM EST VERBVM DOMINI [Iona 1:1]: Deus qui diuersitatem omnium gentium in confessione tui nominis adunasti, da nobis et uelle et posse quae praecipis, ut populo ad aeternitatem uocato, una sit fides mentium et pietas actionum. Per dominum nostrum.

/f. 64r **414** / IN DEVTERONOMIO, XI. SCRIPSIT MOYSES [Deut. 31:22], CVM CANTICO *ADTENDE CAELVM* [Deut. 32:1]: Deus celsitudo humilium et fortitudo rectorum, qui per sanctum Moysen puerum tuum ita erudire populos tuos sacri carminis tui decantatione uoluisti, ut illa legis iteratio fieret, etiam nostra directio, excita in omnem iustificatarum gentium plenitudinem potentiam tuam, et da laetitiam mitigando terrorem, ut omnium peccatis tua remissione deletis, quod denuntiatum est in ultionem, transeat in salutem. Per dominum nostrum.

415 IN DANIEL, XII. NABVCHODONOSOR [Dan. 3:1]:
Omnipotens sempiterne deus spes unica mundi, qui
prophetarum tuorum praeconio praesentium temporum
declarasti mysteria, auge populi tui uota placatus, quia in nullo
fidelium nisi ex tua inspiratione proueniunt, quarumlibet
incrementa uirtutum. Per dominum.

416 ORATIO POST PSALMO XLI, *SICVT CERVVS* [Ps. 41]:
Omnipotens sempiterne deus, respice propitius ad deuotionem
populi renascentis, qui sicut ceruus aquarum expetit fontem, et
concede propitius ut fidei ipsius sitis baptismatis mysterio,
animam corpusque sanctificet. Per dominum nostrum.

/f. 64v

/ LXXXI
BENEDICTIO FONTIS

417 *OMNIPOTENS SEMPITERNE DEVS*, adesto magnae pietatis
tuae mysteriis, adesto sacramentis, et ad creandos nouos
populos quos tibi fons baptismatis parturit, spiritum adop-
tionis emitte, ut quod nostrae humilitatis gerendum est minis-
terio, tuae uirtutis impleatur effectu. Per.
DOMINVS VOBISCVM
R.: ET CVM SPIRITV TVO
SVRSVM CORDA
R.: HABEAMVS AD DOMINVM
GRATIAS AGAMVS DOMINO DEO NOSTRO
R.: DIGNVM ET IVSTVM EST.

418 VD aeterne deus. Qui inuisibili potentia sacramentorum
tuorum mirabiliter operaris effectum, et licet nos tantis
mysteriis exsequendis simus indigni, tu tamen gratiae tuae
dona non deserens, etiam ad nostras praeces aures tuae pietatis
inclinas. Deus cuius spiritus super aquas inter ipsa mundi
primordia ferebatur, ut iam tunc uirtutem sanctificationis
aquarum natura conciperet. Deus qui nocentis mundi crimina
per aquas abluens, regenerationis speciem in ipsa diluuii
effusione signasti, ut unius eiusdemque elementi mysterio et
/f. 65r finis esset uitiis, et origo uirtutibus. / Respice domine in
faciem ecclesiae tuae, et multiplica in ea regenerationes tuas
qui gratiae tuae adfluentis impetu laetificas ciuitatem tuam
fontemque baptismatis aperis, toto orbe terrarum gentibus

innouandis. Vt tuae maiestatis imperio, sumat unigeniti tui gratiam de spiritu sancto.

HIC DIVIDATVR AQVA MANV IN MODVM CRVCIS.

419 Qui hanc aquam regenerandis hominibus praeparatam archana sui luminis amixtione fecundet, ut sanctificatione concepta, ab inmaculato diuini fontis utero in nouam renata creaturam progenies caelestis emergat. Et quos aut sexus in corpore aut aetas discernit in tempore, omnes in unam pariat gratia mater infantiam. Procul ergo hinc iubente te domine, omnis spiritus inmundus abscedat, procul tota nequitia diabolicae fraudis absistat. Nihil hic loci habeat contrariae uirtutis ammixtio, non insidiando circumuolet, non latendo subripiat, non inficiendo corrumpat. Sit haec sancta et innocens creatura, libera ab omni inpugnatoris incursu, et totius nequitiae purgata discessu. Sit fons uiuus, aqua regenerans, unda purificans, ut omnes hoc lauacro salutifero diluendi, operante in eis spiritu sancto /f. 65v perfectae purga/tionis indulgentiam consequantur.

420 Vnde benedico+ te creatura aquae, per deum uiuum+, per deum sanctum+, qui te in principio uerbo separauit ab arida+, cuius spiritus super te ferebatur. Qui te de paradyso manare, et in quattuor fluminibus + totam terram rigare praecepit. Qui te in deserto amaram suauitate indita fecit esse potabilem, et sicienti populo de petra produxit. Benedico+ te et per Iesum Christum filium eius unicum dominum nostrum, qui te in Chana Galileae, signo ammirabili sua potentia conuertit in uinum. Qui pedibus super te ambulauit, et a Iohanne in Iordane in te baptizatus est, qui te una cum sanguine de latere suo produxit, et discipulis suis iussit, ut credentes baptizarentur in te dicens: Ite docete omnes gentes, baptizantes eos in nomine+ patris, et filii+, et spiritus sancti+.

421 HIC MVTA SENSVM QVASI AD LEGENDVM: Haec nobis praecepta seruantibus, tu deus omnipotens clemens adesto, tu benignus aspira,[35] tu has simplices aquas tuo ore benedicito, ut praeter naturalem emundationem quam lauandis possint adhibere corporibus, sint etiam purificandis mentibus efficaces.

---

[35] *tu benignus aspira* interlinear addition by **B**.

157

/f. 66r **422** / HIC DEPONANTVR CAEREI ARDENTES[36] IN AQVAM: Descendat in hanc, plenitudinem fontis uirtus spiritus tui.

423 HIC ETIAM SVFFLATVR IN AQVAM: Totamque huius substantiam regenerandi fecundet effectu, hic omnium peccatorum maculae deleantur, hic natura ad imaginem tuam condita, et ad honorem sui reformata principii, cunctis uetustatis squaloribus emundetur, ut omnis homo hoc sacramentum regenerationis ingressus, in uerae innocentiae nouam infantiam renascatur. Per dominum nostrum Iesum Christum filium tuum, qui uenturus est iudicare uiuos et mortuos, et saeculum per ignem.

424 DEINDE ACCIPIENS CHRISMAM CVM VASCVLO FVNDENS EAM IN MODVM CRVCIS SVPER IPSAM AQVAM, ET MISCE IPSVM CHRISMA CVM IPSA AQVA, ET DIC ORATIONEM ISTAM: Exorcizo te creatura aquae, ut sis emundatio et purificatio ad regenerandos filios dei patris omnipotentis, qui uiuit et regnat in unitate spiritus sancti deus, per omnia saecula saeculorum.
R.: Amen.

425 ET ASPERGET TAM SVPER FONTES, QVAM SVPER /f. 66v CIRCVM ADSTANTES. / ET QVI VOLVERINT ACCIPIANT DE IPSA AQVA IN VASIS SVIS, AD LOCA OPORTVNA SPARGENDA. POSTEA VERO BAPTIZAT ET LINIET EVM PRESBITER DE CHRISMATE IN CEREBRO ET DICET: Deus omnipotens pater domini nostri Iesu Christi, qui te regenerauit ex aqua et spiritu sancto, quique dedit tibi remissionem omnium peccatorum, ipse te linit chrismate salutis, in uitam aeternam. Amen.

426 ORATIO AD INFANTES CONSIGNANDOS: Omnipotens sempiterne deus, qui regenerare dignatus es hos famulos et famulas tuas ex aqua et spiritu sancto, quique dedisti eis remissionem omnium peccatorum, emitte in eos septiformem spiritum tuum, spiritum paraclytum de caelis, spiritum sapientiae et intellectus, spiritum consilii et fortitudinis, spiritum scientiae et pietatis, adimple eos spiritu timoris tui, et consigna eos signo crucis in uitam propitiatus aeternam. Per.

---

[36] *ARDENTES* interlinear addition by **B**.

427 POST EA DICAT HAEC ORATIO: Omnipotens sempiterne deus qui regenerare dignatus es hunc famulum tuum ex aqua et spiritu sancto, quique dedisti ei remissionem omnium peccatorum, tribue ei continuam sanitatem, ad agnoscendam unitatis tuae ueritatem. Per.

/ LXXXII
ORATIO IN SABBATO SANCTO NOCTE AD MISSAM

428 Deus qui hanc sacratissimam noctem gloria dominicae resurrectionis[37] inlustras, conserua in noua familiae tuae progenie adoptionis spiritum quem dedisti, ut corpore et mente renouati, puram tibi exhibeant seruitutem. Per.

429 SVPER OBLATA: Suscipe domine quaesumus praeces populi tui cum oblationibus hostiarum, ut paschalibus initiata mysteriis, ad aeternitatis nobis medelam te operante proficiant. Per.

430 PRAEFATIO: VD et iustum est aequum et salutare. Te quidem omni tempore sed in hac potissimum nocte gloriosius praedicare, cum pascha nostrum immolatus est Christus. Ipse enim uerus est agnus, qui abstulit peccata mundi. Qui mortem nostram moriendo destruxit, et uitam resurgendo reparauit. Et ideo cum angelis et archangelis.

431 ITEM PRAEFATIO: VD et iustum est aequum. Te quidem omni tempore, sed in hac potissimum nocte gloriosius conlaudare et praedicare, per Christum dominum nostrum. Qui inferorum claustra disrumpens, uictoriae suae clara uexilla suscepit, et triumphato diabolo, uictor a mortuis resurrexit. O noctem quae finem tenebris ponit, et aeternae lucis uiam pandit. O noctem quae uidere meruit et uinci diabolum et resurgere Christum. O noctem in qua tartara / spoliantur, sancti ab inferis liberantur, caelestis patriae aditus aperitur. In qua baptismate delictorum turba perimitur, filii lucis oriuntur, quos exemplo dominicae matris sine corruptione sancta mater ecclesia concipit, sine dolore parit, et cum gaudio ad meliora prouehit. Et ideo cum angelis.

---

[37] Originally *resurectio*, changed interlinearly by **B** into *resurrectionis*.

432 Communicantes et noctem sacratissimam caelebrantes, resurrectionis domini dei nostri Iesu Christi secundum carnem. Sed
et memoriam uenerantes. Inprimis gloriosae semper uirginis
Mariae genetricis eiusdem dei, et domini nostri Iesu Christi.
Sed et beatorum.

433 INFRA ACTIONEM: Hanc igitur oblationem seruitutis
nostrae, sed et cunctae familiae tuae quam tibi offerimus,
pro his quoque quos regenerare dignatus es ex aqua et
spiritu sancto, tribuens eis remissionem omnium peccatorum,
quaesumus domine ut placatus accipias.

434 AD COMPLENDVM: Spiritum nobis domine tuae caritatis
infunde, ut quos paschalibus sacramentis satiasti, tua facias
pietate concordes. Per dominum nostrum Iesum Christum.

435 ALIA: Concede quaesumus omnipotens deus, ut paschalis perceptio sacramenti continuata in nostris mentibus perseueret.
Per dominum.

/f. 68r / LXXXIII
ORTATIO IN DIE SANCTO PASCHAE AD MISSAM
436 DEVS QVI HODIERNA DIE PER VNIGENITVM TVVM
aeternitatis nobis aditum deuicta morte reserasti, uota nostra
quae praeueniendo adspiras, etiam adiuuando prosequere.
Per.

437 SVPER OBLATA: Suscipe domine quaesumus praeces populi
tui cum oblationibus hostiarum, ut paschalibus initiata mysteriis, ad aeternitatis nobis medelam te operante proficiant. Per
dominum nostrum.

438 PRAEFATIO: VD et iustum est aequum et salutare. Te
quidem omni tempore, sed in hac potissimum die gloriosius
praedicare, cum pascha nostrum immolatus est Christus. Ipse
/f. 68V enim uerus est agnus, qui abstulit / peccata mundi. Qui
mortem nostram moriendo destruxit, et uitam resurgendo
reparauit. Et ideo.

439 ALIA PRAEFATIO: VD aeterne deus. Te quidem omni
tempore, sed in hoc praecipue die laudare, benedicere et

160

praedicare, quod pascha nostrum immolatus est Christus. Per quem ad aeternam uitam filii lucis oriuntur, fidelibus regni caelestis atria reserantur, et beati lege commercii diuinis humana mutantur. Quia nostrorum omnium mors cruce Christi perempta est, et in resurrectione eius omnium uita resurrexit. Quem in susceptione mortalitatis deum maiestatis agnoscimus, et in diuinitatis gloria deum et hominem confitemur. Qui mortem nostram moriendo destruxit, et uitam resurgendo reparauit. Et ideo cum angelis.

440 Communicantes et diem sacratissimum caelebrantes resurrectionis domini dei nostri Iesu Christi secundum carnem, sed et memoriam uenerantes. Inprimis gloriosae semper uirginis Mariae genetricis eiusdem dei et domini nostri Iesu Christi. Sed et beatorum.

441 <INFRA ACTIONEM:> Hanc igitur oblationem seruitutis nostrae, sed et cunctae familiae tuae quam tibi offerimus, pro his quoque quos regenerare dignatus es ex aqua et spiritu sancto, tribuens eis remissionem omnium peccatorum. Quaesumus domine ut placatus.

442 AD COMPLENDVM: Spiritum nobis domine tuae caritatis infunde, ut quos sacramentis / paschalibus satiasti, tua facias pietate concordes. Per dominum.

/f. 69r

LXXXIIII
AD SANCTVM IOHANNEM AD VESPERVM

443 Concede quaesumus omnipotens deus, ut qui resurrectionis dominicae sollemnia colimus, innouatione tui spiritus a morte animae resurgamus. Per dominum nostrum.

444 AD FONTES: Praesta quaesumus omnipotens deus ut qui resurrectionis dominicae sollemnia colimus, ereptionis nostrae suscipere laetitiam mereamur. Per dominum.

445 AD SANCTVM ANDREAM: Praesta quaesumus omnipotens deus, ut qui gratiam dominicae resurrectionis agnouimus, ipsi per amorem spiritus a morte animae resurgamus. Per.

LXXXV
FERIA II IN ALBAS AD SANCTVM PETRVM

446 Deus qui sollemnitate paschali mundo remedia contulisti, populum tuum quaesumus caelesti dono prosequere, ut et perfectam libertatem consequi mereatur et ad uitam proficiat sempiternam. Per dominum.

447 SVPER OBLATA: Suscipe quaesumus domine preces populi tui cum oblationibus hostiarum, ut paschalibus initiata mysteriis, ad aeternitatis nobis medelam te operante proficiant. Per.

448 PRAEFATIO: VD aequum et salutare. Te quidem omni tempore, ut supra [no. 439].

449 ALIA PRAEFATIO: VD aeterne deus. Et te suppliciter exorare, ut fidelibus tuis dignanter inpendas, quo et paschalia capiant sacramenta, et desideranter expectent uentura. Vt in / mysteriis quibus renati sunt permanentes, ad nouam uitam his operantibus perducantur. Per Christum.

/f. 69v

450 Communicantes et diem sacratissimum, etiam ut supra [no. 440].

451 <INFRA ACTIONEM:> Hanc igitur oblationem, similiter ut supra [no. 441].

452 AD COMPLENDVM: Spiritum in nobis domine tuae caritatis infunde, ut quos sacramentis paschalibus satiasti, tua facias pietate concordes. Per.

453 AD VESPERVM VT SVPRA: Concede quaesumus omnipotens deus, ut qui peccatorum nostrorum pondere praemimur, a cunctis malis imminentibus per haec paschalia festa liberemur. Per.

454 AD FONTES: Concede quaesumus omnipotens deus, ut festa paschalia quae uenerando colimus, etiam uiuendo teneamus. Per.

455 AD SANCTVM ANDREAM: Deus qui populum tuum de hostis callidi seruitute liberasti, praeces eius misericorditer respice, et aduersantes ei tua uirtute prosterne. Per dominum nostrum.

LXXXVI
FERIA III AD SANCTVM PAVLVM

456 Deus qui ecclesiam tuam nouo semper foetu multiplicas, concede famulis tuis, ut sacramentum uiuendo teneant, quod fide perceperunt. Per.

457 SVPER OBLATA: Suscipe domine fidelium preces cum oblationibus hostiarum, ut per haec pie deuotionis officia ad caelestem gloriam transeamus. Per.

/f. 70r **458** PRAEFATIO: / VD per Christum dominum nostrum. Qui oblatione sui corporis remotis sacrificiorum carnalium obseruationibus, seipsum tibi sacram hostiam, agnumque inmaculatum, summus sacerdos pro salute nostra immolauit. Per quem.

459 <INFRA ACTIONEM:> Hanc igitur oblationem, ut supra in die paschae (no. 441).

460 AD VESPERVM: Concede quaesumus omnipotens deus ut qui paschalis festiuitatis sollemnia colimus, in tua semper sanctificatione uiuamus. Per.

461 AD FONTES: Praesta quaesumus omnipotens deus ut per haec paschalia festa quae colimus, deuoti in tua semper laude uiuamus. Per.

462 AD SANCTVM ANDREAM: Deus qui conspicis familiam tuam omni humana uirtute destitui, paschali interueniente festiuitate, tui eam brachii protectione custodi. Per.

LXXXVII
FERIA IIII AD SANCTVM LAVRENTIVM FORIS MVRVM

463 Deus qui nos resurrectionis dominicae annua sollemnitate laetificas, concede propitius, ut per temporalia festa quae agimus, peruenire ad gaudia aeterna mereamur. Per dominum.

464 SVPER OBLATA: Sacrificia domine paschalibus gaudiis immolamus quibus ecclesia mirabiliter et pascitur et nutritur. Per.

465 PRAEFATIO: VD aeterne deus. Et pietatem tuam inde-
/f. 70v fessis praecibus implorare, / ut qui paschalis festiuitatis solem-nia colimus, in tua semper sanctificatione uiuamus. Quo per temporalis festi obseruationem, peruenire mereamur ad aeter-norum gaudiorum continuationem. Per Christum.

466 <INFRA ACTIONEM:> Hanc igitur oblationem, ut supra in die paschae (no. 441).

467 AD COMPLENDVM: Ab omni nos quaesumus domine uetus-tate purgatos, sacramenti tui ueneranda perceptio in nouam transferat creaturam. Per.

468 AD VESPEROS: Praesta quaesumus omnipotens deus, ut huius festiuitatis paschalis mirabile sacramentum et tem-poralem nobis tranquillitatem tribuat, et uitam conferat sem-piternam. Per.

469 AD FONTES: Deus qui nos per paschalia festa laetificas, concede propitius ut ea quae deuote agimus, te adiuuante fideliter teneamus. Per.

470 AD SANCTVM ANDREAM: Tribue quaesumus omnipotens deus, ut illuc tendat Christianae deuotionis affectus, quo tecum est nostra substantia. Per dominum.

LXXXVIII
FERIA V AD APOSTOLOS

471 Deus qui diuersitatem gentium in confessionem tui nominis adunasti, da ut renatis fonte baptismatis, una sit fides mentium et pietas actionum. Per.

472 SVPER OBLATA: Suscipe quaesumus domine munera populorum tuorum propitius, ut confessione tui nominis et
/f. 71r baptismate renouati, / sempiternam beatitudinem consequan-tur. Per dominum.

473 PRAEFATIO: VD per Christum dominum nostrum. Qui nos per paschale mysterium edocuit uetustatem uitae relinquere, et in nouitate spiritus ambulare. A quo perpetuae mortis superatur aceruitas, et aeterne uitae fidelibus tribuitur integritas. Per quem.

474 AD COMPLENDVM: Exaudi domine preces nostras, ut redemptionis nostrae sacrosancta commertia et uitae nobis conferant praesentis auxilium, et gaudia sempiterna concilient. Per.

475 AD VESPERVM: Deus qui nobis ad caelebrandum paschale sacramentum liberiores animos praestitisti, doce nos et metuere quod irasceris, et amare quod praecipis. Per.

476 Da quaesumus omnipotens deus, ut ecclesia tua et suorum firmitate membrorum, et noua semper fecunditate laetetur. Per.

477 Ad sanctum Andream: Multiplica quaesumus domine fidem populi tui, et cuius per te sumpsit initium, per te consequatur augmentum. Per dominum.

LXXXVIIII
FERIA VI AD SANCTAM MARIAM AD MARTYRES
478 Omnipotens sempiternae deus qui paschale sacramentum in reconciliationis humanae foedere contulisti, da mentibus nostris ut quod professione caelebramus, imitemur affectu. Per.

479 SVPER OBLATA: Hostias quaesumus domine placatus assume, quas et pro renatorum expiatione peccati deferimus, et pro acceleratione caelestis auxilii. Per dominum nostrum.

/f. 71v 480 PRAEFATIO: / VD per Christum dominum nostrum. Qui secundum promissionis suae incommutabilem ueritatem caelestis pontifex factus solus, omnium sacerdotum peccati remissione non eguit, sed potius peccatum mundi idem uerus agnus abstersit. Per quem maiestatem tuam.

481 AD COMPLENDVM: Respice quaesumus domine populum tuum, et quem aeternis dignatus es renouare mysteriis, a temporalibus culpis dignanter absolue. Per.

482 AD VESPEROS: Deus per quem nobis et redemptio uenit et praestatur adoptio, respice in opera misericordiae tuae ut in Christo renatis, et aeterna tribuatur hereditas, et uera libertas. Per dominum nostrum.

483 AD FONTES: Adesto quaesumus domine familiae tuae et dignanter impende, ut quibus fidei gratiam contulisti, et coronam largiaris aeternam. Per.

XC
SABBATO AD SANCTVM IOHANNEM

484 Concede quaesumus omnipotens deus, ut qui festa paschalia uenerando egimus, per haec contingere ad gaudia aeterna mereamur. Per.

485 SVPER OBLATA: Concede quaesumus domine semper nos per haec mysteria paschalia gratulari, ut continua nostrae reparationis operatio perpetua nobis fiat causa laetitiae. Per dominum.

486 PRAEFATIO: VD per Christum dominum nostrum. Per quem supplices exposcimus, ut cuius muneris pignus accepimus, /f. 72r manifesta dona / conprehendere ualeamus. Et quae nobis fideliter speranda paschale contulit sacramentum, per resurrectionis eius adtingere mereamur ineffabile mysterium. Per quem.

487 AD COMPLENDVM: Redemptionis nostrae munere uegetati, quaesumus domine ut hoc perpetuae salutis auxilium fides semper uera perficiat. Per.

488 AD VESPEROS: Deus totius conditor creaturae, famulos tuos quos fonte renouasti baptismatis, quoque gratiae tuae plenitudine solidasti in adoptionis sorte facias dignanter adscribi. Per.

489 AD FONTES: Deus qui multiplicas ecclesiam tuam in sobole renascentium, fac eam gaudere propitius de suorum profectibus filiorum. Per dominum nostrum.

XCI
DIE DOMINICO POST ALBAS

490 Praesta quaesumus omnipotens deus, ut qui paschalia festa peregimus, haec te largiente moribus et uita teneamus. Per.

491 SVPER OBLATA: Suscipe domine quaesumus munera exultantis ecclesiae, et cui causam tanti gaudii praestitisti, perpetuum fructum concede laetitiae. Per dominum.

492 PRAEFATIO: VD aeterne deus. Et te suppliciter obsecrare, ne nos ad illum sinas redire actum, cui iure dominatur inimicus. Sed in hac potius facias absolutione persistere, per quam diabolus exstitit[38] filio tuo uincente captiuus. Et ideo.

/f. 72v **493** / AD COMPLENDVM: Quaesumus domine deus noster ut sacrosancta mysteria, quae pro reparationis nostrae munimine contulisti, et praesens nobis remedium esse facias et futurum. Per.

XCII
AD VESPEROS AD SANCTOS COSMAM ET DAMIANVM

494 Largire quaesumus domine fidelibus tuis indulgentiam placatus et pacem, ut pariter ab omnibus mundentur offensis, et secura tibi mente deseruiant. Per dominum nostrum Iesum Christum.

495 ALIA: Deus qui nos exultantibus animis pascha tuum caelebrare tribuisti, fac nos quaesumus et temporalibus gaudere subsidiis, et aeternitatis effectibus gratulari. Per.

496 ALIAE[39] ORATIONES IN PASCHA: Deus qui omnes in Christo renatos genus regium et sacerdotale fecisti, da nobis et uelle et posse quae praecipis, ut populo ad aeternitatem uocato, una sit fides cordium, et pietas actionum.

---

[38] MS *extititit* for *extitit.*
[39] MS *ALIAS* for *ALIAE.*

167

497 ALIA: Deus qui credentes in te fonte baptismatis innouasti, hanc renatis in Christo concede custodiam, ut nullo erroris incursu, gratiam tuae benedictionis ammittant. Per.

498 ALIA: Deus qui pro salute mundi sacrificium paschale fecisti, propitiare supplicationibus nostris, ut interpellans pro nobis pontifex summus, nos per id quod nostri est similis reconciliet per id quod tibi est aequalis absoluat. Iesus Christus filius tuus qui tecum uiuit.

499 ALIA: Deus qui ad aeternam uitam in Christi resurrectione nos reparas, erige nos ad consedentem in dextera tua nostrae salutis auctorem, ut qui propter nos iudicandus aduenit, pro nobis iudicaturus adueniat. Dominus noster Iesus Christus filius tuus, qui tecum uiuit.

/f. 73r **500** / ALIA: Deus et reparator innocentiae et amator, dirige ad te tuorum corda seruorum, ut de infidelitatis tenebris liberati, numquam a tuae uirtutis luce discedant. Per dominum.

501 ALIA: Deus qui credentes in te populos gratiae tuae largitate multiplicas, respice propitius ad electionem tuam, ut qui sacramento baptismatis sunt renati, regni caelestis mereantur introitum. Per dominum nostrum.

502 ALIA: Omnipotens sempiterne deus, qui humanam naturam supra primae originis praeparas dignitatem, respice pietatis tuae ineffabile sacramentum, ut quos regenerationis mysterio innouare dignatus es, in his dona tua perpetua gratiae protectione conserua. Per.

503 ALIA: Omnipotens sempiterne deus deduc nos ad societatem caelestium gaudiorum, ut spiritu sancto renatos, regnum tuum facias introire, atque eo perueniat humilitas gregis, quo praecessit celsitudo pastoris. Qui tecum uiuit.

504 ALIA: Praesta nobis omnipotens et misericors deus, ut in resurrectione domini nostri Iesu Christi, percipiamus ueraciter portionem. Per eundem dominum.

505 ALIA: Concede quaesumus omnipotens deus, ut ueterem cum suis actionibus hominem deponentes, illius conuersatione uiuamus ad cuius nos substantiam paschalibus remediis transtulisti. Per eundem dominum nostrum Iesum Christum.

/f. 73v **506** ALIA: / Depelle domine conscriptum peccati lege cyrographum, quod in nobis paschali mysterio per resurrectionem filii tui uacuasti. Qui tecum uiuit.

507 ALIA: Deus qui ad aeternam uitam in Christi resurrectione nos reparas, imple pietatis tuae ineffabile sacramentum, ut cum in maiestate sua saluator noster aduenerit, quos fecisti baptismo regenerari, facias beata inmortalitate uestiri. Per eudem dominum nostrum.

508 ALIA: Deus humani generis conditor et redemptor, da quaesumus ut reparationis nostrae collata subsidia, te iugiter inspirante sectemur. Per dominum nostrum.

509 ALIA: Gaudeat domine plebs fidelis, et cum propriae recolit saluationis exordia, eius promoueatur augmentis. Per.

510 ALIA: Deus qui renatis ex aqua et spiritu sancto caelestis regni pandis introitum, auge super famulos tuos gratiam quam dedisti, ut qui ab omnibus sunt purgati peccatis, a nullis priuentur promissis. Per.

511 ALIA: Fac omnipotens deus ut qui paschalibus remediis innouati similitudinem terreni parentis euasimus, ad formam caelestis transferamur auctoris. Qui tecum uiuit.

512 ALIA: Deus qui nos fecisti hodierna die paschalia festa caelebrare, fac nos quaesumus in caelesti regno gaudere. Per.

/f. 74r **513** ALIA: / Paschalibus nobis quaesumus domine remediis dignanter inpende, ut terrena desideria respuentes, discamus inhiare caelestia. Per.

169

514 ALIA: Concede misericors deus, ut quod paschalibus exsequimur[40] institutis, fructiferum nobis omni tempore sentiamus. Per.

515 ALIA: Praesta nobis omnipotens deus, ut percipientes paschali munere ueniam peccatorum, deinceps peccata uitemus. Per.

516 ALIA: Exaudi nos omnipotens deus, et familiae tuae corda cui perfectam baptismi gratiam contulisti, ad promerendam beatitudinem aptis aeternam. Per.

517 ALIA: Conserua in nobis quaesumus domine misericordiam tuam, et quos ab erroris liberasti caligine, ueritatis tuae firmius inherere facias documento. Per.

518 ALIA: Solita quaesumus domine quos saluasti pietate custodi, ut qui a tua sunt passione redempti, tua resurrectione redempti, tua resurrectione laetentur. Per.

519 ALIA: Christianam quaesumus domine respice plebem, et quem aeternis dignatus es renouare mysteriis, a temporalibus culpis dignanter absolue. Per.

520 ALIA: Da quaesumus omnipotens deus ut quae diuina sunt iugiter ambientes, donis semper mereamur caelestibus propinquare. Per.

521 ALIA: Omnipotens sempiterne deus propensius his diebus tuam misericordiam consequamur, quibus eam plenius te largiente cognouimus. Per.

522 ALIA: Deus qui sensus nostros terrenis actionibus perspicis
/f. 74v   retardari, / concede quaesumus ut tuo potius munere tuis aptemur remediis. Per.

523 ALIA: Concede quaesumus omnipotens deus ut ecclesia tua et in suorum infirmitate membrorum, et in noua semper fecunditate laetetur. Per.

---

[40] *exsequimur* interlinear addition by **B**.

524 ALIA: Familiam tuam quaesumus domine dextera tua perpetuo circumdet auxilio, ut paschali interueniente sollemnitate, ab omni prauitate defensa, donis caelestibus prosequatur. Per.

525 ALIA: Adesto quesumus domine tuae familiae et dignanter inpende, ut quibus fidei gratiam contulisti, et coronam largiaris aeternam. Per.

526 ALIA: Largire quaesumus ecclesiae tuae deus, et a suis semper et ab alienis abstinere delictis, ut pura tibi mente deseruiens, pietatis tuae remedia sine cessatione percipiat. Per.

527 AD COMPLENDVM DIEBVS FESTIS: Praesta quaesumus domine deus noster, ut quae sollempni caelebramus officio, purificatae mentis intellegentiam consequamur. Per.

528 ALIA: Caelesti lumine quaesumus domine semper et ubique nos praeueni, ut mysterium cuius nos participes esse uoluisti, et puro cernamus intuitu, et digno percipiamus effectu. Per dominum.

XCIII
IN PASCHA ANNOTINVM

529 Deus per cuius prouidentiam nec praeteritorum momenta deficiunt, nec ulla superest expectatio, tribue permanentem peractae quae recolimus sollemnitatis effectum, ut quod recordatione percurrimus, semper in opere teneamus. Per.

530 SVPER OBLATA: Clementiam tuam domine suppliciter
/f. 75r exoramus, ut paschalis / muneris sacramentum quod fide recolimus et spe desideramus intenti, perpetua dilectione capiamus. Per dominum.

531 PRAEFATIO: VD aeterne deus. Et redemptionis nostrae festa recolere, quibus humana substantia uinculis praeuaricationis exuta, spem resurrectionis per renouatam originis dignitatem adsumpsit. Et ideo.

532 <INFRA ACTIONEM:> Hanc igitur oblationem famulorum famularumque tuarum, quam tibi offerunt annua recolentes mysteria, quibus eos tuis adoptasti regalibus institutis quaesumus domine placatus intende, pro quibus supplices

171

praeces effundimus, ut in eis et conlata custodias, et promissae beatitudinis praemia largiaris. Diesque nostros.

533 AD COMPLENDVM: Tua nos domine quae sumpsimus sancta purificent, et operationis suae remedio nos perficiant esse placatos. Per dominum.

XCIIII
DOMINICA I POST OCTABAS PASCHAE

534 Deus qui in filii tui humilitate iacentem mundum erexisti, fidelibus tuis perpetuam laetitiam concede, ut quos perpetuae mortis eripuisti casibus, gaudiis facias sempiternis perfrui. Per eundem[41] dominum nostrum.

535 ALIA: Deus in cuius praecipuis mirabilibus est humana reparatio, solue opera diaboli, et mortifera peccati uincula disrumpe, ut destructa malignitate quae nocuit, uincat misericordia quae redemit. Per.

/f. 75v

536 SVPER OBLATA: Benedictionem nobis domine conferat salutarem sacra semper / oblatio, ut quod agit mysterio, uirtute perficiat. Per.

537 PRAEFATIO: VD aeterne deus. Et inmensam bonitatis tuae pietatem humiliter exorare, ut ignorantiam nostrae mortalitatis attendens, ex tua inspiratione nos facias postulare quod rectum est, et tua clementia tribuas impetrare quod poscimus. Per Christum.

538 AD COMPLENDVM: Praesta nobis omnipotens deus, ut uiuificationis tuae gratiam consequentes, in tuo semper munere gloriemur. Per.

XCV
DOMINICA II POST OCTABAS PASCHAE

539 Deus qui errantibus ut in uiam possint redire iustitiae ueritatis tuae lumen ostendis, da cunctis qui christiana professione censentur, et illa respuere quae huic inimica sunt nomini, et ea quae sunt apta sectari.[42] Per dominum.

---

[41] *eundem* interlinear addition probably by **B**.

[42] Originally *aptari*, changed interlinearly by **B** into *apta sectari*.

540 ALIA: Tibi placitam deus noster populo tuo tribue uoluntatem, quia tunc illi prospera cuncta praestabis, cum tuis aptum feceris institutis. Per.

541 SVPER OBLATA: His nobis domine mysteriis conferatur, quo terrena desideria mitigantes, discamus amare caelestia. Per.

542 PRAEFATIO: VD per Christum dominum nostrum. Qui de uirgine nasci dignatus est, per passionem et mortem a perpetua nos morte liberauit, et resurrectione sua aeternam nobis uitam contulit. Per quem.

543 AD COMPLENDVM: Sacramenta quae sumpsimus quaesumus domine, et spiritalibus nos instruant alimentis, et corporalibus tueantur auxiliis. Per.

/f. 76r / XCVI
VII KL. MAIAS, LAETANIA MAIORE AD SANCTVM LAVRENTIVM IN LVCINE

544 Mentem familiae tuae quaesumus domine intercedente beato Laurentio martyre tuo, et munere conpunctionis aperi, et largitate pietatis exaudi. Per.

545 AD SANCTVM VALENTINVM: Deus qui culpas delinquentium districte feriendo percutis, fletus quoque lugentium non recuses, ut qui pondus tuae animaduersionis cognouimus, etiam pietatis gratiam sentiamus. Per dominum.

546 AD PONTEM OBLI: Parce domine quaesumus parce populo tuo, et nullis iam patiaris aduersitatibus fatigari, quos praetioso filii tui sanguine redemisti. Qui tecum uiuit.

547 AD CRVCEM: Deus qui culpas nostras piis uerberibus percutis, ut nos a nostris iniquitatibus emundes, da nobis et de uerbere tuo proficere, et de tua citius consolatione gaudere. Per.

548 IN ATRIO: Adesto domine supplicationibus nostris, et sperantes in tua misericordia caelesti protege benignus auxilio. Per dominum.

173

549 IN ATRIO: Praesta quaesumus omnipotens deus, ut ad te toto corde clamantes, intercedente beato Petro apostolo tuo, tuae pietatis indulgentiam consequamur. Per.

550 AD MISSAM: Praesta quaesumus omnipotens deus, ut qui in afflictione nostra de tua / pietate confidimus, contra aduersa omnia tua semper protectione muniamur. Per.

/f. 76v

551 SVPER OBLATA: Haec munera quaesumus domine et uincula nostrae prauitatis absoluant, et tuae nobis misericordiae dona concilient. Per.

552 PRAEFATIO: VD aeterne deus. Et te auctorem et sanctificatorem ieiunii conlaudare, per quod nos liberas a nostrorum debitis peccatorum. Ergo suscipe ieiunantium preces, atque ut nos a malis omnibus propitiatus eripias, iniquitates nostras quibus merito affligimur placatus absolue. Per Christum.

553 AD COMPLENDVM: Vota nostra quaesumus domine pio fauore prosequere, ut dum dona tua in tribulatione percipimus, de consolatione nostra in tuo amore crescamus. Per dominum nostrum.

554 ITEM ALIA: Praetende nobis domine misericordiam tuam, ut quae uotis expetimus, conuersatione tibi placita consequamur. Per.

XCVII
IN ALIA DIE IN LETANIA MAIORE

555 Ieiunio hoc adflicti corpore, et corde contriti, frequentamus ad te praeces clementissime deus, ut cum abstinentia corporali, abstinentia nobis uitiorum donetur. Vt restricto corpore ab aepulis, tu quies refectio uera in nostris cordibus oriaris. Per dominum nostrum Iesum Christum.

556 SVPER OBLATA: Oblatis quaesumus domine placare muneribus, et a cunctis nos defende periculis. Per dominum nostrum Iesum Christum.

174

/f. 77r **557** PRAEFATIO: / VD aeterne deus. Et maiestatem tuam suppliciter exorare, ut non nostrae malitiae sed indulgentiae tuae praeueniat semper affectus. Qui nos a noxiis uoluptatibus indesinenter expediat, et a mundanis dapibus dignanter eripiat. Per Christum.

558 AD COMPLENDVM: Praetende nobis domine misericordiam tuam, ut quae uotis expetimus, conuersatione tibi placita consequamur. Per.

559 SVPER POPVLVM: Praesta populo tuo domine quaesumus, consolationis auxilium, et diuturnis calamitatibus laborantem propitius respirare concede. Per.

XCVIII
ORATIO AD MISSAM IN DIE III

560 Omnipotens sempiterne deus mundentur quaesumus uiscera nostra a cunctis carnalibus delictis ieiunii attenuatione confecta, et in ipsius ieiunii humilitate prostratis. Non ualeat carnis infirmitas dominari, quia tu institutor sobrietatis, si uis potes nobis citius misereri, ut spiritalia cogitemus. Per dominum nostrum Iesum Christum.

561 SVPER OBLATA: Ieiuniantium domine quaesumus supplicum uota propitius intuere, et munera praesentia sanctificans, perceptionem eorum occulta cordis nostri remedio tuae clarifica pietatis, ut opera carnalia nec fluxa teneant, quos institutor ieiunii Christus reparauit redemptor. Per eundem dominum.

562 PRAEFATIO: VD aeterne deus. Vt quia tui est operis, si quod
/f. 77v tibi placitum est / aut cogitemus aut agamus. Tu nobis semper et intellegendi quae recta sunt, et exsequendi tribuas facultatem. Per Christum.

563 AD COMPLENDVM: Praesta quesumus omnipotens deus, ut diuino munere saciati, et sacris mysteriis innouemur et moribus. Per.

564 SVPER POPVLVM: Deus qui intemperantiam saturitatis, tuae abstinentiae dedicatione superasti, et puritatem castimoniae ut cognoscaris dedisti, sereno nos tuo uultu circumspice, et ieiunantibus pacem proximi et tuam largiaris, quam ad patrem ascendens nobis reliquisti sectandam. Qui cum patre et spiritu sancto uiuis et regnas deus, per omnia.

XCVIIII
DOMINICA III POST OCTABAS PASCHAE

565 Deus qui fidelium mentes unius efficis uoluntatis, da populis tuis id amare quod praecipis, id desiderare[43] quod promittis, ut inter mundanas uarietates, ibi nostra fixa sint corda, ubi uera sunt gaudia. Per.

566 ALIA: Exaudi domine praeces nostras, ut quod tui uerbi sanctificatione promissum est euangelico ubi compleatur effectu, et plenitudo adoptionis obtineat, quod praedixit testificatio ueritatis. Per dominum.

567 SVPER OBLATA: Deus qui nos per huius sacrificii ueneranda commertia unius summae diuinitatis participes effecisti, praesta quaesumus ut sicut tuam cognoscimus ueritatem, sic eam dignis moribus adsequamur. Per.

/f. 78r **568** / VD aeterne deus. Et tui[44] misericordiam muneris postulare, ut tempora quibus post resurrectionem suam dominus noster Iesus Christus cum discipulis corporaliter habitauit, sic ipso opitulante pia deuotione tractemus, quatenus in his omnium uitiorum sordibus careamus. Per quem.

569 AD COMPLENDVM: Adesto nobis domine deus noster, ut per haec quae fideliter sumpsimus, et purgemur a uitiis, et a periculis omnibus exuamur. Per.

C
DOMINICA IIII POST OCTABAS PASCHAE

570 Deus a quo bona cuncta procedunt, largire supplicibus ut cogitemus te inspirante quae recta sunt, et te gubernante eadem faciamus. Per dominum.

---

[43] MS *desidesiderare* for *desiderare*.
[44] *tui* interlinear addition by **B**.

571 ALIA: Deus qui misericordiae ianuam fidelibus patere uoluisti, respice in nos et miserere nostri, ut qui uoluntatis tuae uiam donante te sequimur, a uitae numquam semitis deuiemur. Per dominum.

572 SVPER OBLATA: Suscipe domine fidelium praeces cum oblationibus hostiarum, ut per haec pie deuotionis officia, ad caelestem gloriam transeamus. Per dominum.

573 PRAEFATIO: VD aeterne deus. Et maiestatem tuam indefessis praecibus exorare, ut mentes nostras bonis operibus semper informes. Quia sic erimus praeclari muneris prompta sinceritate cultores, si ad meliora iugiter transeuntes, / paschale mysterium studeamus habere perpetuum. Per Christum.

/f. 78v

574 ALIA PRAEFATIO: VD aeterne deus. Vt quia primum tuae pietatis indicium est si tibi nos facias toto corde subiectos, tu spiritum in nobis tantae deuotionis infundas, ut propitius largiaris consequenter auxilium. Per Christum.

575 AD COMPLENDVM: Tribue nobis domine caelestis mensae uirtutis saciatis, et desiderare quae recta sunt, et desiderata percipere. Per.

CI
IN VIGILIA ASCENSAE DOMINI

576 Praesta quesumus omnipotens pater ut nostrae mentis intentio quo sollempnitatis hodiernae[45] gloriosus auctor ingressus est semper intendat, et quo fide pergit, conuersatione perueniat. Per.

577 ALIA: Tribue quaesumus omnipotens deus, ut munere festiuitatis hodiernae illuc filiorum tuorum dirigatur intentio, quo in tuo unigenitus tecum est nostra substantia. Iesu Christo domino nostro qui tecum uiuit.

578 SVPER OBLATA: Sacrificium domine pro filii tui supplices uenerabili nunc ascensione deferimus, praesta quaesumus ut et nos per ipsum his commertiis sacrosanctis ad caelestia consurgamus. Per eundem.

---

[45] *hodiernae* is deleted and *uenturae* is added interlinearly by **B**.

579 PRAEFATIO: VD aeterne deus. In hac praecipuae die quo Iesus Christus filius tuus dominus noster diuini consummato fine mysterii, dispositionis antiquae munus expleuit. Vt scilicet et diabolum caelestis operis inimicum per hominem quem subiugarat elideret, et humanam reduceret ad superna dona substantiam. Et ideo.

580 AD COMPLENDVM: Tribue quaesumus domine ut per haec sacra quae sumpsimus illuc tendat / nostrae deuotionis affectus, quo tecum est nostra substantia. Per.

/f. 79r

581 ALIA: Da quaesumus omnipotens deus illuc subsequi tuorum membra fidelium, quo caput nostrum principium praecessit. Iesus Christus dominus noster qui tecum.

CII
IN ASCENSA DOMINI AD MISSAM

582 Concede quaesumus omnipotens deus, ut qui hodierna die unigenitum tuum redemptorem nostrum ad caelos ascendisse credimus ipsi quoque mente in caelestibus habitemus. Per eundem.

583 ALIA: Deus qui ad caelebranda miracula maiestatis post resurrectione a mortuis hodie in caelos apostolis adstantibus ascendisti, concede nobis tuae pietatis auxilium, ut secundum tuam promissionem, et tu nobiscum semper in terris, et nos tecum in caelo uiuere mereamur. Per.

584 SVPER OBLATA: Suscipe domine munera quae pro filii tui gloriosa ascensione deferimus, et concede propitius, ut a praesentibus periculis liberemur, et ad uitam perueniamus aeternam. Per eundem.

585 PRAEFATIO: VD per Christum dominum nostrum. Qui post resurrectionem suam omnibus discipulis suis manifestus apparuit, et ipsis cernentibus est eleuatus in caelum, ut nos diuinitatis suae tribueret esse participes. Et ideo cum angelis.

586 Communicantes et diem sacratissimum caelebrantes, quo dominus noster unigenitus filius tuus unitam sibi fragilitatis

178

nostrae substantiam, in gloriae tuae dexteram conlocauit. Sed et memoriam.

587 / AD COMPLENDVM: Praesta nobis quaesumus omnipotens et misericors deus, ut quae uisibilibus mysteriis sumenda percepimus, inuisibili consequamur effectu. Per dominum nostrum Iesum Christum.

588 ALIA ORATIO: Adesto domine supplicationibus nostris, ut sicut humani generis saluatorem consedere tecum in tua maiestate confidimus, ita usque ad consummationem saeculi manere nobiscum quemadmodum est pollicitus sentiamus. Qui tecum uiuit.

589 ALIA: Deus cuius filius in alta caelorum potenter ascendens, captiuitatem nostram sua duxit uirtute captiuam, tribue quaesumus ut dona quae suis participibus contulit largiatur et nobis. Iesus Christus dominus noster, qui tecum uiuit.

590 ALIA: Erectis sensibus et oculis cordis ad sublimia eleuantes, quaesumus ut quae in praecum uota detulimus, ad impetrandi fiduciam referamus. Per.

CIII
DOMINICA POST ASCENSA DOMINI

591 Omnipotens sempiterne deus fac nos tibi semper et deuotam gerere uoluntatem, et maiestati tuae sincero corde seruire. Per.

592 ALIA: Deus uita fidelium, gloria humilium, et beatitudo iustorum, propitius suscipe supplicum praeces, ut animae quae promissiones tuas sitiunt, de tua semper habundantia repleantur. Per dominum.

593 SVPER OBLATA: Sacrificia nos domine inmaculata purificent, et mentibus nostris supernae gratiae dent uigorem. Per.

594 PRAEFATIO: / VD per Christum dominum nostrum. Qui generi humano nascendo subuenit, cum per mortem passionis mundum deuicit, et per gloriam resurrectionis uitae aeternae aditum patefecit, et per suam ascensionem ad caelos, nobis spem ascendendi donauit. Per quem maiestatem.

595 AD COMPLENDVM: Repleti domine muneribus sacris, da quaesumus ut in gratiarum semper actione maneamus. Per.

596 SVPER POPVLVM: Benedic domine hanc familiam tuam in caelestibus, et reple eam donis tuis spiritalibus, concede eis caritatem, gaudium, pacem, patientiam, bonitatem, mansuetudinem, spem, fidem, continentiam, ut repleti omnibus castitatum donis tuis, desideranter ad te peruenire mereamur. Per.

CIIII
INCIPIVNT ORATIONES SABBATVM PENTECOSTEN ANTE DESCENSVM FONTIS

597 LECTIO LIBRI GENESI: Temptauit deus Abraham et dixit ad eum, et ceterum [Gen. 22:1].
ORATIO: Deus qui Abrahae famuli tui opere humano generi oboedientiae exempla praebuisti, concede nobis, et nostrae uoluntatis prauitatem frangere, et tuorum praeceptorum rectitudinem in omnibus adimplere. Per.

598 LECTIO LIBRI DEVTERONOMII: Scripsit Moyses canticum et docuit filios Israel [Deut. 31:22].
ORATIO: Deus qui nobis per prophetarum ora praecepisti temporalia relinquere, atque ad aeterna festinare, da famulis tuis /f. 80v / ut quae a te iussa cognouimus implere caelesti inspiratione ualeamus. Per dominum nostrum Iesum Christum.

599 LECTIO ISAIAE PROPHETAE: Adpraehendent septem mulieres uirum unum [Isai. 4:1].
ORATIO: Deus qui nos ad caelebrandam festiuitatem utriusque testamenti paginis instruis, da nobis intellegere misericordiam tuam,[46] ut ex perceptione praesentium munerum firma sit expectatio futurorum. Per.

---

[46] *da nobis intellegere misericordiam tuam* is added by **B** at the left margin, a correspondent h sign marks its place in the text.

600 LECTIO HIEREMIAE PROPHETAE: Audi Israhel mandata uitae, et reliqua [Baruch 3:9].
ORATIO: Deus incommutabilis uirtus et lumen aeternum, respice propitius ad totius ecclesiae mirabile sacramentum, et da famulis tuis, ut hoc quod deuote agimus etiam rectitudine uitae teneamus. Per.

601 ORATIO DE PSALMO XLI: Sicut ceruus [Ps. 41].
ORATIO: Concede quaesumus omnipotens deus, ut qui sollempnitatem dono spiritus sancti colimus caelestibus desideriis accensi fontem uitae sitiamus. Per dominum nostrum Iesum Christum filium tuum, qui tecum uiuit in unitate eiusdem spiritus sancti.

602 ALIA: Omnipotens sempiternae deus qui paschale sacramentum quinquaginta dierum uoluisti mysterio contineri, praesta ut gentium facta dispersio, diuisione linguarum ad unam confessionem tui nominis caelesti munere congregentur. Per.

603 ALIA: Deus qui sacramento festiuitatis hodiernae uniuersam ecclesiam tuam in omni gente et natione sanctificas, in totam mundi latitudinem spiritus tui dona diffunde. Per dominum nostrum, in unitetae eiusdem.

604 ALIA: Annue misericors deus, ut qui diuina praecepta uiolando a paradisi / felicitate decidimus, ad aeternae beatitudinis redeamus accessum, per tuorum custodiam mandatorum. Per dominum nostrum.

/f. 81r

605 ALIA: Da nobis quaesumus domine per gratiam spiritus sancti, nouam tui paraclyti spiritalis obseruantiae disciplinam, ut mentes nostras sacro purificante ieiunio, cunctis reddantur eius muneribus aptiores. Per dominum nostrum Iesum filium tuum qui tecum uiuit et regnat deus in unitate eiusdem spiritus sancti.

ITEM ORATIONES DICENDA IN VIGILIA
PENTECOSTEN, ANTE QVAM LEGATVR PRIMA
LECTIO

606 *DA NOBIS QVAESVMVS DOMINE PER GRATIAM SPIRITVS SANCTI NOVAM* tui paraclyti spiritalis obseruantiae disciplinam, ut mentes nostrae sacro purgatae ieiunio,

181

cunctis reddantur eius muneribus aptiores. Per dominum, eiusdem spiritus sancti.

607 PRIMA LECTIO LIBRI GENESIS: IN PRINCIPIO CREAVIT DEVS [Gen. 1:1].
Omnipotens sempiterne deus indeficiens lumen, qui spiritum tuum sanctum cum super aquas in mundi creationis exordio fereretur, humanae declarasti salutis auctorem, praesta quaesumus ut idem spiritus ueritatis ecclesiae tuae dona multiplicet. Per dominum nostrum, in unitate eiusdem.

608 IN GENESI II: TEMPTAVIT DEVS [Gen. 22:1].
Deus qui in Abrahae famuli[47] tui opere humano generi oboedientiae exempla praebuisti, concede nobis et nostrae uoluntatis prauitatem frangere, et tuorum praeceptorum rectitudinem in omnibus adimplere. Per dominum.

/f. 81v **609** IN EXODO III: / FACTVM EST IN VIGILIA [Ex. 12:29], CVM CANTICO: Cantemus domino [Ex. 15:1].
Deus qui primis temporibus impleta miracula noui testamenti luce reserasti, quod mare robrum[48] forma sacri fontis existeret, et liberata plebs ab Aegyptia seruitute Christiani populi sacramenta praeferret, da ut omnes gentes Israhelis priuilegium merito fidei consecutae, spiritus tui participatione regenerentur. Per dominum.

610 IN DEVTERONOMIO: SCRIPSIT MOYSES [Deut. 31:22], CVM CANTICO: Adtende caelum [Deut. 32:1].
Deus glorificatio fidelium, et uita iustorum, qui per Moysen famulum tuum nos quoque modulatione sacri carminis erudisti, in uniuersis gentibus misericordiae tuae munus operare, tribuendo beatitudinem, auferendo terrorem, ut quod praenuntiatum est ad supplicium, in remedium transferatur aeternum. Per.

---

[47] The *li* is added interlinearly by **B**.
[48] MS *marobrum*, corrected interlinearly by **B** into *mare robrum*.

611 IN ISAIA V: ADPRAEHENDETVR [Isai. 4:1], CVM CAN-
TICO: Vinea facta est [Isai. 5:1].
Omnipotens sempiterne deus, qui per unicum filium tuum
ecclesiae tuae demonstrasti te esse cultorem, ut omnem
palmitis fructum in eodem Christo tuo qui uera uitis est
afferentem clementer excolens, fructus afferat ampliores.
Fidelibus tuis, quos uelut uineam ex Aegypto per fontem
baptismi transtulisti, nullae peccatorum spinae praeualeant, ut
spiritus tui sanctificatione muniti, perpetua fruge ditentur. Per
eundem dominum.

/f. 82r **612** / IN HIEREMIA VI: AVDI ISRAHEL [Baruch 3:9].
Deus qui nobis per prophetarum ora praecepisti temporalia
relinquere, atque ad aeterna festinare, da famulis tuis ut quae a
te iussa cognouimus, implere caelesti inspiratione ualeamus.
Per.

613 DE PSALMO XLI: Sicut ceruus desiderat [Ps. 41].
Concede quaesumus omnipotens deus, ut qui solemnitatem
doni spiritus sancti colimus, caelestibus desideriis accensi,
fontem uitae sitiamus. Per dominum nostrum, in unitate
eiusdem.

614 ITEM ALIA: Domine deus uirtutum qui conlapsa reparas et
reparata conseruas, auge populos in tui nominis sanctificatione
renouandos, ut omnes qui diluuntur sacro baptismate, tua
semper inspiratione dirigantur. Per dominum.

CV

*INCIPIT ORDO SECVNDVM GELASIVM SVPER ELECTOS
AD CATECVMENVM FACIENDVM*

615 *PRIMVS PRESBITER IN PORTICO ECCLESIAE STET, ET
ASPICIENS INFANTES SVPPLETVRVM DICENS*: Exi ab eo
spiritus inmunde, et da locum spiritui sancto paraclyto.

616 SIGNETQVE EVM TER IN FONTE DICENS: + In nomine
patris, + et filii, + et spiritus sancti. Accipe signum crucis
Christi tam in fonte quam in corde. Sume fidem caelestium
praeceptorum. Talis esto moribus ut templum dei esse iam
possis. Ingressusque ecclesiam dei, euasisse te omnes laqueos
mortis laetus agnosce. Horresce idola, respue simulacra, cole

183

/f. 82v deum patrem omnipotentem, / et Iesum Christum filium eius, qui cum eo uiuit et regnat in unitate spiritus sancti deus.

617 *ITERVM SIGNVM EVM IN FRONTE ET IN PECTORE.* Signum crucis saluatoris domini nostri Iesu Christi, in fronte tuo pono. Signum crucis saluatoris domini nostri Iesu Christi, in pectore tuo pono.
TVNC PONANTVR MASCVLI AD DEXTERAM, FEMINAE AD SINISTRAM, DEIN FACIAT SACERDOS CRVCEM IN FRONTIBVS SINGVLORVM DICENS: IN NOMINE PATRIS, ET FILII, ET SPIRITVS SANCTI.

618 Omnipotens sempiterne deus pater domini nostri Iesu Christi, respicere dignare super hunc famulum tuum, quem ad rudimenta fidei uocare dignatus es, omnem caecitatem cordis ab eo expelle. Disrumpe omnes laqueos satanae quibus fuerat conligatus. Aperi ei domine ianuam pietatis tuae, ut signo sapientiae tuae inbutus, omnium cupiditatum foetoribus careat, et ad suauem odorem praeceptorum tuorum laetus tibi in ecclesia tua deseruiat, et proficiat de die in diem, ut idoneus efficiatur accedere ad gratiam baptismi tui perceptae medicinae. Per.

619 ALIA: Praeces nostras quaesumus domine clementer exaudi, et electum tuum crucis dominicae cuius inpraessione signamus uirtute custodi, ut magnitudinis gloriae rudimenta seruans, per custodiam mandatorum tuorum ad regenerationis peruenire gloriam mereamur. Per dominum nostrum Iesum Christum.

/f. 83r **620** ALIA: / Deus qui humani generis ita es conditor ut sis etiam reformator, propitiare populis adoptiuis, et nouo testamento sobolem noui prolis adscribe, ut filii promissionis quod non potuerunt adsequi per naturam gaudeant se recepisse per gratiam. Per.

621 BENEDICTIO SALIS DANDVM CATICVMINO: Exorcizo te creatura salis in nomine dei patris omnipotentis, et in caritate domini nostri Iesu Christi, et in uirtute spiritus sancti. Exorcizo te per deum uiuum, et per deum uerum, qui te ad tutelam humani generis procreauit, et populo uenienti ad credulitatem per seruos suos consecrari praecepit. Proinde

184

rogamus te domine deus noster, ut haec creatura salis in nomine sanctae trinitatis efficiatur salutare sacramentum, ad effugandum inimicum, quam tu domine sanctificando sanctifices, + benedicendo benedices, + ut fiat omnibus accipientibus perfecta medicina, permanens in uisceribus eorum. In nomine domini nostri Iesu Christi, qui uenturus. HAC ORATIONE EXPLETA ACCIPIT SACERDOS DE EODEM SALE, ET PONIT IN ORE INFANTIS DICENDO: Accipe sal sapientiae propitiatus in uitam aeternam.

622 ORATIO POST DATVM SALIS: Deus patrum nostrorum, deus uniuersae conditor ueritatis, te supplices exoramus, ut hunc famulum tuum respicere digneris propitius, et hoc primum pabulum salis gustantem non diutius esurire permittas, quominus cibo expleatur caelesti, quatenus sit semper / domine spiritu feruens, spe gaudens, tuo semper nomini seruiens, perduc eum ad nouae regenerationis lauacrum, ut cum fidelibus tuis promissionum tuarum aeterna praemia consequi mereatur. Per.

/f. 83v

623 ITERVM FACIET CRVCEM IN FRONTE EIVS, ET DICET HANC ORATIONEM: Deus Abraham, deus Isaac, deus Iacob, deus qui Moysi famulo tuo in monte Synai apparuisti, et filios Israhel de terra Aegypti eduxisti, deputans eis angelum pietatis tuae, qui custodiret eos die ac nocte, te quaesumus domine ut mittere digneris sanctum angelum tuum, ut similiter custodiat et hunc famulum tuum, et perducat eum ad gratiam baptismi tui. Ergo maledicte diabole recognosce sententiam tuam, et da honorem deo uiuo et uero, da honorem Iesu Christo filio eius et spiritui sancto, et recede ab hoc famulo dei, quia istum sibi deus et dominus noster Iesus Christus ad suam sanctam gratiam et benedictionem fontemque baptismatis uocare dignatus est. Et hoc signum sanctae crucis quod nos fronti eius damus, tu maledicte diabole, numquam audeas uiolare.

624 ITEM SVPER FEMINAS: Deus caeli, deus terrae, deus angelorum, deus archangelorum, deus prophetarum, deus martyrum, deus uirginum, deus omnium bene uiuentium, deus cui omnis lingua confitetur, et omne genu flectitur, caelestium,

185

/f. 84r terrestrium, et infernorum. / Te inuoco domine super hanc famulam tuam, ut perducere eam digneris ad gratiam baptismi tui. Ergo maledicte. Vt supra (no. 623).

625 ITEM SVPER MASCVLVM: Deus inmortale praesidium omnium postulantium, liberatio supplicum, pax rogantium, uita credentium, resurrectio mortuorum, te inuoco super hunc famulum tuum, qui baptismi tui donum petens aeternam consequi gratiam spiritali regeneratione desiderat. Accipe eum domine, et quia dignatus es dicere, petite et accipietis, quaerite et inuenietis, pulsate et aperietur uobis. Petenti itaque praemium porrige, et ianuam pande pulsanti, ut aeternam caelestis lauacri benedictionem consecutus, promissa tui muneris regna percipiat. Audi maledicte satana adiuratus per nomen aeterni dei et saluatoris nostri filii eius, cum tua uictus inuidia tremens gemensque discede. Nihil tibi sit commune cum seruo dei iam caelestia cogitanti renuntiatori tibi ac saeculo tuo, et beatae inmortalitatis uictori. Da igitur honorem aduenienti spiritui sancto, qui ex summa caeli arce descendens, proturbatis fraudibus tuis diuino fonte purgatum pectus, id est sanctificatum deo templum et habitum perficiat. Et ab omnibus paenitus noxiis praeteritorum criminum liberatus

/f. 84v seruus dei, gratias perenni deo referat / semper, et benedicat nomen eius sanctum, in saecula saeculorum. Per dominum.

626 ITEM SVPER FEMINAS: Deus Abraham, deus Isaac, deus Iacob, deus qui tribus Israhel de Aegyptia seruitute liberatas per Moysen famulum tuum de custodia mandatorum tuorum in deserto monuisti, et Susannam de falso crimine liberasti, te supplex deprecor domine, ut liberes et hanc famulam tuam, et perducere eam digneris ad gratiam baptismi tui. Ergo maledicte.

627 ITEM SVPER MASCVLVM: Exorcizo te inmunde spiritus, in nomine patris et filii et spiritus sancti, ut exeas et recedas ab hoc famulo dei. Ipse enim tibi imperat maledicte dampnate, qui pedibus super mare ambulauit, et Petro mergenti dexteram porrexit. Ergo maledicte.

628 ITEM SVPER FEMINAS: Exorcizo te inmunde spiritus, per patrem et filium et spiritum sanctum, ut exeas et recedas ab

hac famula dei. Ipse enim tibi imperat maledicte dampnate, qui caeco nato oculos aperuit, et quatriduanum Lazarum de monumento suscitauit. Ergo maledicte diabole.

629 ITEM ORATIO SVPER MASCVLVM VEL FEMINAM: Aeternam ac iustissimam pietatem tuam depraecor domine sancte pater omnipotens aeterne deus luminis et ueritatis super hunc famulum tuum, ut digneris eum inluminare lumine intelligentiae tuae, munda eum et sanctifica. Da ei scientiam ueram, ut dignus efficiatur accedere ad gratiam baptismi tui, teneat firmam / spem, consilium rectum, doctrinam sanctam, ut aptus sit ad percipiendam gratiam baptismi tui. Per dominum nostrum.

/f. 85r

630 IN SABBATO SANCTO AD CATHECIZANDVM INFANTEM[49]: Nec te latet satanas imminere tibi poenas, imminere tibi tormenta, inminere tibi diem iudicii, diem supplicii sempiterni, diem qui uenturus est uelut clibanus ardens, in quo tibi atque uniuersis angelis tuis aeternus superueniet interitus. Proinde dampnate, da honorem deo uiuo et uero, da honorem Iesu Christo filio eius et spiritui sancto, in cuius nomine atque uirtute praecipio tibi quicumque es spiritus inmunde, ut exeas et recedas ab hoc famulo dei, quem hodie deus et dominus noster Iesus Christus ad suam sanctam gratiam et benedictionem, fontemque baptismatis dono uocare dignatus est, ut fiat eius templum per aquam regenerationis, in remissionem omnium peccatorum. In nomine domini nostri Iesu Christi, qui uenturus est.

631 INDE VERO TANGES EI NARES ET AVRES DE SPVTO ET DICAS AD AVREM: Effeta quod est adaperire in odorem suauitatis, tu autem effugare diabolae appropinquabit enim iudicium dei.

632 POSTEA VERO TANGIS EI PECTOREM ET INTER SCAPVLAS DE OLEO EXORCIZATO CRVCEM FACIENDO CVM POLICE, / ET VOCATO NOMINE EIVS ET DICAS: Abrenuntias satanae.

/f. 85v

---

[49] Originally *INFIRMVN*, Changed interlinearly by **B** into *INFANTEM*.

187

R.: Abrenuntio.
Et omnibus operibus eius.
R.: Abrenuntio.
Et omnibus pompis eius.
R.: Abrenuntio.
Et ego te lineo oleo salutis in Christo Iesu domino nostro in uitam aeternam. Amen.

633 *HIS EXPLETIS PROCEDAT SACERDOS CVM LAETANIA AD FONTES BENEDICENDOS, ET DICAT BENEDICTIONEM FONTIS SICVT SVPERIVS IN GREGORIANO CONTINETVR. BENEDICTO FONTE, ET EO TENENTE INFANTEM A QVO SVSCIPIENDVS EST, INTERROGET SACERDOS ITA: QVIS VOCARIS ?*
R.: ILLE.
INCIPIT: Credis in deum patrem omnipotentem creatorem caeli et terrae?
R.: Credo.
Credis et in Iesum Christum filium eius unicum dominum nostrum natum et passum?
R.: Credo.
Credis et in spiritum sanctum sanctam ecclesiam catholicam, remissionem peccatorum, carnis resurrectionem, et uitam aeternam.
R.: Credo.
VIS BAPTIZARI.
R.: VOLO.

634 *DEINDE BAPTIZAT SACERDOS SVB TRINA MERSIONE TANTVM, SANCTAM TRINITATEM SEMEL INVOCANS ITA DICENDO*: Et ego te baptizo, in nomine patris. *ET MERGAT SEMEL.* Et filii. *ET MERGAT ITERVM.* Et spiritus sancti. *ET MERGAT TERTIO.*

635 *VT AVTEM SVRREXERIT A FONTE, TVNC FACIAT PRESBITER SIGNVM CRVCIS DE CHRISMATE CVM POLLICE* /f. 86r / *IN VERTICE EIVS DICENS HANC ORATIONEM*: Deus omnipotens pater domini nostri Iesu Christi qui te regenerauit ex aqua et spiritu sancto, quique dedit tibi remissionem omnium peccatorum, ipse te linit chrismate salutis in uitam aeternam.
R.: Amen.

188

636 ET VESTIATVR INFANS VESTIMENTIS SVIS ET DICATVR: Accipe uestem candidam quam inmaculata perferas ante tribunal domini nostri Iesu Christi.
SI VERO EPISCOPVS ADEST, STATIM CONFIRMARI EVM OPORTET CHRISMATE, ET POSTEA COMMVNICARE. ET SI EPISCOPVS DEEST, COMMVNICETVR A PRESBITERO DICENTE ITA.

CVI

ORATIONES AD BAPTIZANDVM INFIRMVM

637 Medellam tuam depraecor domine sancte pater omnipotens aeterne deus, qui subuenis in periculis, qui temperas flagella dum uerberas. Te ergo domine supplices deprecamur, ut hunc famulum tuum eruas ab hac ualitudine, ut non praeualeat inimicus usque ad animae temptationem, sicut in Iob terminum ei pone. Ne inimicus de anima ista sine redemptione baptismatis incipiat triumphare. Differ domine exitum mortis et spacium uitae extende, releua quem perducas ad gratiam baptismi tui. Per dominum.

/f. 86v **638** / ORATIO AQVAE AD BAPTIZANDVM INFIRMVM, POSTQVAM EVM CATHECIZAVERIS BENEDICIS AQVAM HIS VERBIS: Exorcizo te creatura aquae in nomine domini Iesu Christi filii dei et sancti spiritus, si qua fantasma, si qua uirtus inimici, si qua incursio diaboli, eradicare et effugare ab hac creatura aquae, ut fiat fons saliens in uitam aeternam. Et cum baptizatus fuerit hic famulus domini, fiat templum dei uiui in remissionem omnium peccatorum, in nomine domini nostri Iesu Christi, qui uenturus.

639 BAPTIZAS ET LINIS EVM DE CHRISMA IN CEREBRO ET DICES ILLI TALIS: Baptizo te in nomine patris et filii et spiritus sancti.

640 POSTEA TANGIS EVM DE CHRISMA IN CAPVT, ET DICIS ORATIONEM ISTAM: Deus omnipotens pater domini nostri Iesu Christi, qui te regenerauit ex aqua et spiritu sancto, quique dedit tibi remissionem omnium peccatorum, ipse te linet chrisma salutis in uitam aeternam. Amen.
COMMVNICAS ET CONFIRMAS EVM.

CVII
ORATIO AD MISSAM SABBATO PENTECOSTEN POST ASCENSVM FONTIS

/f. 87r **641** / Praesta quaesumus omnipotens deus ut claritatis tuae super nos splendor effulgeat, et lux tuae lucis corda eorum qui per gratiam tuam renati sunt, sancti spiritus inlustratione confirmet. Per.

642 ALIA: Deus cuius spiritum totum corpus ecclesiae multiplicatur et regitur, conserua in nouam familiae tuae progeniem sanctificationis gratiam quam dedisti, ut corpore et mente renouati, in unitate fidei feruentes, tibi domine seruire mereantur. per.

643 ALIA: Da nobis quaesumus domine per gratiam sancti spiritus nouam tui paraclyti spiritalis obseruantiae disciplinam, ut mentes nostrae sacro purificatae ieiunio, cunctis reddantur eius muneribus aptiores. Per dominum nostrum, in unitate eiusdem.

644 SVPER OBLATA: Munera domine quaesumus oblata sanctifica, et corda nostra sancti spiritus inlustratione emunda. Per dominum nostrum.

645 ITEM SVPER OBLATA: Hostias populi tui quesumus domine miseratus intende, et ut tibi reddantur acceptae, conscientias nostras sancti spiritus salutaris emundet aduentus. Per dominum.

646 PRAEFATIO: VD per Christum dominum nostrum. Qui ascendens super omnes caelos sedensque ad dexteram tuam, promissum spiritum sanctum hodierna die in filios adoptionis effudit. Quapropter profusis gaudiis, totus in orbe terrarum mundus exultat, sed et supernae uirtutes atque angelicae potestates, ymnum gloriae tuae concinunt, sine fine dicentes. Sanctus sanctus sanctus.

647 ALIA PRAEFATIO: VD aeterne deus. Qui sacramentum
/f. 87v paschale consummans, / quibus per unigeniti tui consortium filios adoptionis esse tribuisti, et per spiritum sanctum largiris dona gratiarum. Et sui coheredibus redemptoris iam nunc supernae pignus hereditatis impendis, ut tanto se certius ad

eum confidant esse uenturos, quanto sciunt ab eo redemptos, et sancti spiritus infusione ditatur. Et ideo cum angelis.

648 Communicantes et noctem sacratissimam pentecosten caelebrantes, quo spiritus sanctus apostolis in uariis linguis apparuit. Sed et memoriam uenerantes.

649 <INFRA ACTIONEM:> Hanc igitur oblationem seruitutis nostrae sed et cunctae familiae tuae quam tibi offerimus, pro his quoque quos regenerare dignatus es ex aqua et spiritu sancto, tribuens eis remissionem omnium peccatorum. Quaesumus domine ut placatus.

650 AD COMPLENDVM: Sancti spiritus domine corda nostra mundet infusio, et sui roris intima aspersione fecundet. Per dominum nostrum.

651 ALIA: Sacris caelestibus domine uitia nostra purgentur, ut muneribus tuis possimus semper aptari. Per.

CVIII
DIE DOMINICO AD SANCTVM PETRVM

652 Deus qui hodierna die corda fidelium[50] sancti spiritus inlustratione docuisti, da nobis in eodem spiritu recta sapere, et de eius consolatione gaudere. Per, in unitate spiritus sancti.

653 SVPER OBLATA: Munera domine quaesumus oblata sanctifica, et corda nostra sancti spiritus / inlustratione emunda. Per, in unitate eiusdem.

/f. 88r

654 ALIA SVPER OBLATA: Virtute sancti spiritus domine munera nostra continge, ut quod sollempnitate praesente tuo nomine dedicauit, et intellegibile nobis faciat aeternum. Per dominum nostrum, qui tecum et cum eodem spiritu sancto.

655 PRAEFATIO: VD et iustum est aequum et salutare, ut supra (no. 430, 438).

---

[50] Originally *filium*, changed interlinearly by **B** into *fidelium*.

656 PRAEFATIO: VD aeterne deus. Quia hodie sancti spiritus caelebramus aduentum, qui principiis nascentis ecclesiae cunctis gentibus inbuendis et deitatis scientiam indidit et loquelam. In diuersitate donorum mirabilis operator, unitatis uariarumque gratiarum distributor, id est unus effector, et praedicantium dispensator ipse linguarum. Per Christum.

657 Communicantes et diem pentecosten sacratissimum caelebrantes, quo spiritus sanctus apostolos plebemque credentium praesentia suae maiestatis impleuit. Sed et memoriam.

658 <INFRA ACTIONEM:> Hanc igitur oblationem, ut supra in sabbato [no. 649].

659 AD COMPLENDVM: Sancti spiritus domine corda nostra mundet infusio, et sui roris intima aspersione fecundet. Per dominum.

660 SVPER POPVLVM: Praesta quesumus domine ut a nostris mentibus carnales ammoueat spiritus sanctus effectos, et spiritalia nobis dona potenter infundat. Per dominum.

661 ORATIO AD VESPERVM: Concede nobis misericors deus, ut sicut in nomine patris et filii diuini generis intelligimus ueritatem, sic in spiritu sancto totius cognoscamus substantiam trinitatis. Per dominum.

/ CVIIII
FERIA II AD VINCVLA

662 Deus qui apostolis tuis sanctum dedisti spiritum, concede plebi tuae pie petitionis effectum, ut quibus dedisti fidem largiaris et pacem. Per dominum, in unitate eundem.

663 SVPER OBLATA: Propitius domine quaesumus haec dona sanctifica, et hostiae spiritalis oblatione suscepta, nosmetipsos tibi perfice munus aeternum. Per dominum.

664 PRAEFATIO: VD per Christum dominum nostrum. Qui promissum spiritum paraclytum super discipulos misit, qui principio nascentis ecclaesiae cunctis gentibus inbuendis, et deitatis scientiam indiceret, et linguarum diuersitatem in unius fidei confessione sociaret. Per quem tuam maiestatem supplices exoramus, ut cuius caelebramus aduentum, eius multimodae gratiae capiamus effectum. Per quem.

665 AD COMPLENDVM: Adesto domine quaesumus populo tuo, et quem mysteriis caelestibus imbuisti, ab hostium furore defende. Per dominum nostrum.

CX
FERIA III AD SANCTAM ANASTASIAM

666 Adsit nobis domine quaesumus uirtus spiritus tui, quae et corda nostra clementer expurget, et ab omnibus tueatur aduersis. Per eundem.

667 SVPER OBLATA: Purificet nos domine quaesumus muneris praesentis oblatio, ut dignos sacra participatione perficiat. Per dominum nostrum.

668 PRAEFATIO: VD per Christum dominum nostrum. Qui spiritus sancti infusione repleuit corda fidelium, qui sua admirabili operatione et sui amoris in eis ignem accenderet, et per diuersitatem linguarum gentes / in unitate fidei solidaret. Cuius dono petimus, et inlecebrosas a nobis excludi uoluptates, et spiritales in nobis extrui plantarique uirtutes. Per quem maiestatem.

/f. 89r

669 AD COMPLENDVM: Mentes nostras quaesumus domine spiritus sanctus diuinis reparet sacramentis, quia ipse est remissio omnium peccatorum. Per eiusdem spiritus sanctus.

CXI
FERIA IIII AD SANCTAM MARIAM MAIOREM

670 Mentes nostras quaesumus domine paraclytus qui a te procedit inluminet et inducat in omnem sicut tuus promisit filius ueritatem. Qui tecum uiuit et regnat deus in unitate eiusdem.

671 ALIA: Praesta quaesumus omnipotens et misericors deus, ut spiritus sanctus adueniens, templum nos gloriae suae dignanter habitando perficiat. Per eiusdem.

672 SECRETA: Accipe quaesumus domine munus oblatum, et dignanter operare, ut quod mysteriis agimus, piis effectibus caelebremus. Per.

673 PRAEFATIO: VD per Christum dominum nostrum. Per quem discipulis spiritus sanctus in terra datur ob dilectionem proximi, et de caelo mittitur, propter dilectionem tui. Cuius infusio petimus ut in nobis peccatorum sordes exurat, tui amoris ignem nutriat, et nos ad amorem fraternitatis accendat. Per quem.

674 AD COMPLENDVM: Sumentes domine caelestia sacramenta quaesumus clementiam tuam, ut quod temporaliter gerimus, aeternis gaudiis consequamur. Per dominum.

CXII
FERIA V

675 PRAEFATIO: VD per Christum dominum nostrum. Per quem
/f. 89v   pietatem tuam suppliciter / petimus, ut spiritus sanctus corda nostra clementer expurget, et sui luminis inradiatione perlustret. Vt in eo qui gratiarum largitor est recta sapiamus, et de eius consolatione in perpetuum gaudeamus. Per quem maiestatem.

CXIII
FERIA VI AD APOSTOLOS

676 Da quaesumus ecclesiae tuae misericors deus, ut sancto spiritu congregata hostili nullatenus incursione turbetur. Per eiusdem.

677 SVPER OBLATA: Sacrificia domine tuis oblata conspectibus ignis ille diuinus adsumat, qui discipulorum Christi tui per spiritum sanctum corda succendit. Per eiusdem spiritus sancti.

678 PRAEFATIO: VD aeterne deus. Et maiestatem tuam suppliciter exorare, ut spiritus paraclytus ad nos ueniat, et nos inhabitando templum maiestatis suae efficiat. Quod cum unigenito filio tuo clementi respectu semper digneris inuisere, et tuae inhabitationis fulgore in[51] perpetuum perlustrare. Per.

---

[51] MS *im* for *in.*

679 AD COMPLENDVM: Sumpsimus domine sacri dona mysterii humiliter depraecantes, ut quae in tui commemoratione nos facere praecepisti, in nostrae proficiant infirmitatis auxilium. Per.

CXIIII
SABBATO XII LECTIONES MENSIS QVARTI

680 Mentibus nostris domine spiritum sanctum benignus infunde, cuius et sapientia conditi sumus, et prouidentia gubernamur. Qui tecum et cum domino nostro Iesu Christo.

/f. 90r **681** / <ALIA:> Illo nos igne quaesumus domine spiritus sanctus inflammet, quem dominus noster Iesus Christus misit in terram, et uoluit uehementer accendi. Qui tecum.

682 ALIA: Deus qui ad animarum medellam ieiunii deuotione castigari corpora praecepisti, concede nobis propitius et mente et corpore semper tibi[52] esse deuotos. Per dominum.

683 ALIA: Praesta quaesumus omnipotens deus, ut salutaribus ieiuniis eruditi, ab omnibus etiam uitiis abstinentes, propitiationem tuam facilius impetremur. Per dominum.

684 ALIA: Deus qui tribus pueris mitigasti flammas ignium, concede propitius ut nos famulos tuos non exurat flamma uitiorum. Per dominum.

685 SVPER OBLATA: Vt accepta tibi sint domine nostra ieiunia, praesta nobis quaesumus huius munere sacramenti, purificatum tibi pectus offerre. Per dominum nostrum Iesum Christum.

686 PRAEFATIO: VD aeterne deus. Et tuam omnipotentiam deuotis praecibus implorare, ut nos spiritus tui lumen infundatur. Cuius nos sapientia[53] creat, pietas recreat, et prouidentia gubernat. Qui cum a tua substantia nullo modo sit diuersus, sed tibi et unigenito tuo consubstantialis et coaeternus, diuersitate tamen donorum replet tuorum corda fidelium. Et ideo.

---

[52] *tibi* interlinear addition by **B**.
[53] Originally *sapientiae*, corrected by **B** into *sapientia*.

195

687 AD COMPLENDVM: Praebeant nobis domine diuinum tua
/f. 90v sancta feruorem, / quo eorum pariter et actu delectemur et
fructu. Per dominum.

CXV
DOMINICA OCTABAS PENTECOSTEN

688 Timentium te domine saluator et custos, auerte ab ecclesia
tua mundanae sapientiae oblectamenta fallatiae, ut spiritus tui
eruditione firmandos, prophetica et apostolica potius instituta
quam philosophiae uerba delectent, ne uanitas mendatiorum
decipiat, quos eruditio ueritas inluminat. Per.

689 Omnipotens et misericors deus, ad cuius beatitudinem sempiternam non fragilitate carnali, sed alacritate mentis ascen-
ditur, fac nos atria supernae ciuitatis, et te inspirante semper
ambire, et tuam indulgentiam fideliter introire. Per.

690 SVPER OBLATA: Remotis obumbrationibus carnalium uic-
timarum, spiritalem tibi summe pater hostiam supplici
seruitute deferimus, qui miro ineffabilique mysterio immolatur
semper, et eadem semper offertur, pariterque et deuotorum
munus, et remunerantis est premium. Per dominum.

691 PRAEFATIO: VD aeterne deus. Qui cum unigenito filio tuo, et
sancto spiritu unus es deus, unus es dominus, non in unius
singularitate personae, sed in unius trinitate substantiae. Quod
enim de tua gloria reuelante te credimus, hoc de filio tuo,
hoc de spiritu sancto, sine differentia discretione sentimus. Vt
in confessione uerae sempiternaeque deitatis, et in personis
/f. 91r / proprietas, et in essentia unitas, et in maiestate adoretur
aequalitas. Quam laudant angeli.

692 AD COMPLENDVM: Laetificet nos quesumus domine
sacramenti ueneranda sollemnitas, pariterque mentes nostras et
corpora spiritali sanctificatione fecundet, et castis gaudiis
semper exerceat. Per dominum.

693 SVPER POPVLVM: Ecclesia tua domine caelesti gratia
repleatur, et crescat, atque ab omnibus uitiis expiata, percipiat
sempiterne redemptionis augmentum, ut quod in membris suis

copiose temporum praerogatione ueneratur, spiritalium capiat largitate donorum. Per dominum.

CXVI
DOMINICA II POST PENTECOSTEN

694 Deus in te sperantium fortitudo, adesto propitius inuocationibus nostris, et quia sine te nihil potest mortalis infirmitas, praesta auxilium gratiae tuae, ut in exsequendis mandatis tuis, et uoluntate tibi et actione placeamus. Per dominum.

695 ALIA: Deus spes luminis sincerum mentium, luxque perfecta beatorum, qui uere es lumen ecclesiae tuae, da cordibus nostris et dignam tibi orationem persoluere, et te semper praeconiorum munere conlaudare. Per.

696 SVPER OBLATA: Hostias nostras domine tibi dicatas placatus assume, et ad perpetuum nobis tribue prouenire subsidium. Per dominum.

697 PRAEFATIO: VD aeterne deus. Qui ecclesiae tuae filios sicut non cessas erudire, ita non desinis adiuuare. Vt et scientiam te miserante recta faciendi, et possibilitatem capiant exsequendi. Per Christum.

/f. 91v **698** AD COMPLENDVM: / Tantis domine repleti muneribus, praesta quaesumus ut et salutaria dona capiamus, et a tua numquam laude cessemus. Per dominum.

CXVII
DOMINICA III POST PENTECOSTEN

699 Sancti nominis tui domine timorem pariter et amorem, fac nos habere perpetuum, quia numquam tua gubernatione destituis, quos in soliditate tuae dilectionis instituis. Per.

700 ALIA: Deus qui te rectis ac sinceris manere pectoribus asseris, da nobis tua gratia tales existere, in quibus habitare digneris. Per.

701 SVPER OBLATA: Oblatio nos domine tuo nomini dicanda purificet, et de die in diem ad caelestis uitae transferat actionem. Per.

702 PRAEFATIO: VD aeterne deus. Cuius hoc mirificum opus ac salutare mysterium fuit, ut perditi dudum atque prostrati de diabolo et mortis aculeo ad hanc gloriam uocaremur. Quia nunc genus electum sacerdotiumque regale, populus adquisitionis et gens sancta uocaremur. Agentes igitur indefessas gratias, sanctamque munificentiam tuam praedicantes, maiestati tuae haec sacra deferimus, quae nobis ipse salutis nostrae auctor Christus instituit. Per quem.

703 AD COMPLENDVM: Sumptis muneribus domine quaesumus,
/f. 92r ut cum frequentatione / mysterii crescat nostrae salutis effectus. Per dominum.

CXVIII
ORATIONES ET PRAECES MENSIS IIII, FERIA IIII AD SANCTAM MARIAM

704 Omnipotens et misericors deus, apta nos tuae propitius uoluntati, quoniam sicut eius praetereuntes tramitem deuiamus, sic integro tenore dirigamur, ad illius semper ordinem recurrentes. Per dominum.

705 ALIA: Da nobis mentem domine quae tibi sit placita, quia talibus iugiter quicquid est prosperum ministrabis. Per dominum nostrum.

706 SECRETA: Sollemnibus ieiuniis expiatos suo nos domine misterio congruentes hoc sacrum munus efficiat, quia tanto nobis salubrius aderit, quanto id deuotius sumpserimus. Per.

707 PRAEFATIO: VD aeterne deus. Quia post illos laetitiae dies quos in honore domini a mortuis resurgentis, et in caelos ascendentis exegimus. Postque perceptum sancti spiritus donum, necessaria nobis ieiunia sancta prouisa sunt. Vt pura conuersatione uiuentibus, quae diuinitus sunt ecclesiae conlata permaneant. Per Christum.

708 AD COMPLENDVM: Quos ieiunia uotiua castigant tua domine sacramenta uiuificent, ut terrenis affectibus mitigatis, facilius caelestia capiamus. Per dominum nostrum Iesum Christum.

709 SVPER POPVLVM: Gratias tibi referat domine corde subiecto tua semper ecclesia, et consequenter obtineat, ut obseruationes antiquas iugiter recensendum proficiat in futurum. Per dominum.

/f. 92v

/ CXVIIII
FERIA VI AD APOSTOLOS

710 Vt nobis domine terrenarum frugum tribuas ubertatem, fac mentes nostras caelesti fertilitate fecundas. Per.

711 ALIA: Fiat tua gratia domine fructuosior nostrae deuotionis affectus, quia tunc nobis proderint suscepta ieiunia, si tuae sint placita pietati. Per.

712 SECRETA: Omnipotens sempiterne deus qui non sacrificiorum ambitione placaris, sed studio pie deuotionis intendis, da familiae tuae spiritum rectum et habere cor mundum, ut fides eorum haec dona tibi conciliet, et humilitas oblata commendet. Per.

713 PRAEFATIO: VD aeterne deus. Tibi sanctificare ieiunium, quod nos ad aedificationem animarum et castigationem corporum seruare docuisti. Quia restrictis corporibus animae saginantur, in quo exterior homo noster affligitur, dilatatur interior. Memento domine ieiuniorum nostri, et misericordiarum tuarum pie semper ieiunantibus contulisti. Vt non solum a cibis, sed a peccatis omnibus abstinentes, deuotionis tibi ieiunio placeamus. Et idem.

714 AD COMPLENDVM: Annue quaesumus omnipotens deus, ut sacramentorum tuorum gesta recolentes et temporali securitate releuemur, et erudiamus legalibus. Per.[54]

---

[54] Paragraph 714 is written on two erased lines, most probably by **A**. Traces of red ink can still be seen, but the original text is completely invisible.

715 SVPER POPVLVM: Fideli populo domine misericordiam tuam placatus impende, et praesidia corporis copiosa tribue supplicanti. Per.

CXX
SABBATO IN XII LECTIONES AD SANCTVM PETRVM

716 Praesta quaesumus domine famulis tuis, talesque nos concede

/f. 93r fieri / tuae gratiae largitate, ut bona tua et fiducialiter impetremus, et sine dificultate sumamus. Per dominum nostrum.

717 ALIA: Da nobis domine quaesumus regnum tuum iustitiamque semper inquirere, ut quibus indigere nos perspicis clementer facias habundare. Per.

718 ALIA: Deus qui nos de praesentibus adiumentis esse uetuisti sollicitos, tribue quaesumus ut pie sectando quae tua sunt, uniuersa nobis salutaria condonentur. Per dominum.

719 ALIA: Deus qui misericordia tua praeuenis non petentes, da nobis affectum maiestatem tuam iugiter depraecandi, ut pietate perpetua supplicibus potiora desendas. Per.

720 ALIA: Deus qui non despicis corde contritos et afflictos miseriis, populum tuum ieiunii ad te deuotione clamantem propitiatus exaudi, ut quos humiliauit aduersitas, attollat reparationis tuae prosperitas. Per.

721 AD MISSAM: Deus cuius adorandae potentia maiestatis flammae seuientis incendium sanctis tribus pueris in splendore domatum est animarum, ecclesiae tuae similibus adesto remediis, ut de grauioribus mundi huius aduersitatibus propitiatione caelesti populus tuus ereptus exultet. Per.

722 SECRETA: Domine deus noster qui in his potius creaturis quas ad fragilitatis nostrae praesidium contulisti, tuo quoque nomine munera iussisti dicanda constitui, tribue quaesumus, ut

/f. 93v et uitae presentis / auxilium, et aeternitatis efficiat sacramentum. Per.

200

723 PRAEFATIO: VD aeterne deus. Quoniam maiestatem tuam praecare sine cessatione debemus, ut ignorantiam nostrae mortalitatis adtendens, ex tua inspiratione nos facias postulare quod rectum est, et tua clementia tribuas impetrare quod poscimus. Per Christum.

724 AD COMPLENDVM: Sumptum quasumus domine uenerabile sacramentum, et praesentis uitae subsidiis nos foueat, et aeternae. Per.

725 SVPER POPVLVM: Proficiat domine quaesumus plebs tibi dicata pie deuotionis affectu, ut sacris actibus eruditi, quanto maiestati tuae fit gratior, tanto donis potioribus augeatur. Per dominum.

CXXI
DOMINICA IIII POST PENTECOSTEN

726 Depraecationem nostram quaesumus domine benignus exaudi, et quibus supplicandi praestas effectum, tribue defensionis auxilium. Per.

727 SVPER OBLATA: Munera domine oblata sanctifica, ut tui nobis unigeniti corpus et sanguis fiant. Per eundem[55] dominum nostrum Iesum Christum.

728 PRAEFATIO: VD aeterne deus. Quoniam illa festa remaneant, quibus nostrae mortalitati procuratur inmortale commertium, ac temporali uitae subrogatur aeternitas, et de peccati poena, peccata mundantur. Mirisque modis conficitur de perditione saluatio, ut status conditionis humanae qui per felicitatis insolentiam uenit ad tristitiam, humilis et modestus ad aeterna gaudia redeat per merorem. Per Christum.

/f. 94r **729** / AD COMPLENDVM: Haec nos communio domine purget a crimine, et caelestis remedii faciat esse consortes. Per.

---

[55] *eundem* interlinear addition by **B**.

CXXII
DOMINICA V POST PENTECOSTEN

730 Protector in te sperantium deus sine quo nihil est ualidum nihil sanctum, multiplica super nos misericordiam tuam, ut te rectore te duce sic transeamus per bona temporalia, ut non ammittamus aeterna. Per.

731 SVPER OBLATA: Respice domine munera supplicantis ecclesiae, et saluti credentium perpetua sanctificatione sumenda concede. Per.

732 PRAEFATIO: VD aeterne deus. Et omnipotentiam tuam iugiter implorare, ut nobis et praesentis uitae subsidium, et aeternae tribuas praemium sempiternum. Quo sic mutabilia bona capiamus, ut per haec ad incommutabilia dona peruenire ualeamus. Sic temporalis laetitiae tempora transeant, ut eis gaudia sempiterna succedant. Per Christum.

733 AD COMPLENDVM: Sancta tua nos domine sumpta uiuificent, et misericordiae sempiternae praeparent expiatos. Per dominum nostrum.

CXXIII
DOMINICA VI POST PENTECOSTEN

734 Da nobis domine quaesumus ut et mundi cursus pacifico nobis tuo ordine dirigatur, et ecclesia tua tranquilla deuotione laetetur. Per dominum nostrum.

735 SVPER OBLATA: Oblationibus quaesumus domine placare susceptis, et ad te nostras etiam rebelles compelle propitius uoluntates. Per.

/f. 94v **736** PRAEFATIO: / VD aeterne deus. Maiestatem tuam suppliciter depraecantes, ut opem tuam petentibus dignanter inpendas, et desiderantibus benignus tribuas profuturam. Per Christum.

737 AD COMPLENDVM: Mysteria nos domine sancti purificent, et suo munere tueantur. Per.

CXXIIII
DOMINICA VII POST PENTECOSTEN

738 Deus qui diligentibus te bona inuisibilia praeparasti, infunde cordibus nostris tui amoris affectum, ut te in omnibus et super omnia diligentes, promissiones tuas quae omne desiderium superant consequamur. Per dominum.

739 ALIA: Deus qui in sanctis habitas, et pia corda non deseris, libera nos a terrenis desideriis et cupiditate carnali, ut nullo in nobis regnante peccato, tibi soli domino liberis mentibus seruiamus. Per.

740 SVPER OBLATA: Propitiare domine supplicationibus nostris, et has oblationes famulorum famularumque tuarum benignus adsume, ut quod singuli obtulerunt ad honorem nominis tui, cunctis proficiat ad salutem. Per dominum.

741 PRAEFATIO: VD per Christum dominum nostrum. Verum aeternumque pontificem, et solum sine peccati macula sacerdotem. Cuius sanguine fidelium corda mundantur, cuius institutione placationis tibi hostias non solum pro delictis populi, sed etiam pro nostris offensionibus immolamus. Tuam poscentes clementiam, ut omne peccatum quod carnis fragilitate contraximus, / ipso summo pro nobis antestite interueniente soluatur. Per quem.

/f. 95r

742 AD COMPLENDVM: Quos caelesti domine dona satiasti, praesta quaesumus ut a nostris mundemur occultis, et ab hostium liberemur insidiis. Per dominum.

CXXV
DOMINICA VIII POST PENTECOSTEN

743 Deus uirtutum cuius est totum quod est optimum, insera pectoribus nostris amorem tui nominis, et praesta in nobis religionis augmentum, ut quae sunt bona nutrias, ac pietatis studio quae sunt nutrita custodias. Per.

744 ALIA: Da nobis domine quaesumus ut in tua gratia ueraciter confidentes, et quae digna sunt postulemus, et iugiter postulata sumamus. Per.

203

745 SVPER OBLATA: Propitiare domine supplicationibus nostris, et has populi tui oblationes benignus assume, et ut nullius sit irritum uotum, et nullius uacua postulatio, praesta ut quod fideliter petimus, efficaciter consequamur. Per.

746 PRAEFATIO: VD aeterne deus. Et tibi uouere contriti sacrificium cordis, tibi libare humiliati uictimam pectoris, a quo omne bonum sumimus, omnem iocunditatem haurimus. Precamur itaque ut tibi conscientia nostra famuletur, et ut in te de die in diem meliorata proficiat, tuae gratiae intemerata subdatur. Nostris nos domine quaesumus euacua malis, tuisque reple per omnia bonis. Vt percepta gratia quam nostra non exigunt merita, a cunctis aduersitatibus liberati, in bonis omnibus / confirmati, supernis ciuibus mereamur coniungi. Per Christum.

/f. 95v

747 AD COMPLENDVM: Repleti sumus domine muneribus tuis, tribue quaesumus ut eorum et mundemur effectu, et muniamur auxilio. Per.

CXXVI
DOMINICA VIIII POST PENTECOSTEN

748 Deus cuius prouidentia in sui dispositione non fallitur, te supplices exoramus ut noxia cuncta submoueas, et omnia nobis profutura concedas. Per.

749 ALIA: Custodi nos domine quaesumus in tuo seruitio constitutos ut quibus famulatum esse uis sincere, propitius largire quod praecipis. Per.

750 SVPER OBLATA: Deus qui legalium differentias hostiarum unius sacrificii perfectione sanxisti, accipe sacrificium a deuotis tibi famulis, et pari benedictione sicut munera Abel sanctifica, ut quod singuli obtulerunt ad maiestatis tuae honorem, cunctis proficiat ad salutem. Per.

751 PRAEFATIO: VD aeterne deus. Et tuam misericordiam totis nisibus exorare, ne pro nostra nos iniquitate condempnes, sed pro tua pietate in uiam rectam semper disponas. Nec sicut meremur delinquentibus irascaris, sed fragilitati nostrae inuicta bonitate subuenias. Per Christum.

752 AD COMPLENDVM: Tua nos domine medicinalis operatio et a nostris peruersitatibus clementer expediat, et ad ea quae sunt recta perducat. Per dominum.

CXXVII
DOMINICA X POST PENTECOSTEN

/f. 96r **753** / Largire nobis domine quaesumus semper spiritum cogitandi quae recta sunt propitius et agendi, ut qui sine te esse non possumus, secundum te uiuere ualeamus. Per.

754 SVPER OBLATA: Suscipe munera quaesumus domine quae tibi de tua largitate deferimus, ut haec sacrosancta mysteria gratiae tuae operante uirtute praesentis uitae nos conuersatione sanctificent, et ad gaudia sempiterna perducant. Per.

755 PRAEFATIO: VD aeterne deus. Et tuam misericordiam exorare, ut te annuente ualeamus quae mala sunt declinare, et quae bona sunt consequenter explere. Et quia nos fecisti ad tua sacramenta pertinere, tu clementer in nobis eorum munus operare. Per Christum.

756 AD COMPLENDVM: Sit nobis domine reparatio mentis et corporis caeleste mysterium, ut cuius exsequimur actionem, sentiamus effectum. Per.

CXXVIII
DOMINICA XI POST PENTECOSTEN

757 Pateant aures misericordiae tuae domine precibus supplican-tium, et ut petentibus desiderata concedas, fac tibi eos quaesumus placita postulare. Per dominum.

758 ALIA: Praesta quaesumus omnipotens et misericors deus, ut inter huius uitae caligines, nec ignorantia fallente mer-gamur, nec precipites studeamus uoluntate peccare, sed quibus fiduciam sperandae pietatis indulgis, optatae misericordiae praesta benignus effectum. Per.

/f. 96v **759** SVPER OBLATA: / Concede nobis haec quaesumus domine frequentare mysteria, quia quoties huius hostiae com-memoratio celebratur, opus nostrae redemptionis exercetur. Per dominum nostrum.

760 PRAEFATIO: VD aeterne deus. Et tibi debitam seruitutem per ministerii huius impletionem persoluere, quia non solum peccantibus ueniam tribuis, sed etiam praemia petentibus inpertiris. Et quod perpeti malis operibus promeremur, magnifica pietate depellis. Vt nos ad tuae reuerentiae cultum, et terrore cogas, et amore perducas. Per Christum.

761 AD COMPLENDVM: Tui nobis domine communio sacramenti, et purificationem conferat, et tribuat unitatem. Per.

CXXVIIII
DOMINICA XII POST PENTECOSTEN

762 Deus qui omnipotentiam tuam parcendo maxime et miserando manifestas, multiplica super nos gratiam tuam, ut ad tua promissa currentes caelestium bonorum facias esse consortes. Per.

763 ALIA: Deus qui iusta postulantes exaudis, qui si qua in nobis bona sunt opera, et ipse insinuas, et insinuata consummas, quaesumus ut et cor nostrum ad expurgandas dilatas passiones, sensusque nostros ad inpugnationum certamina superanda consortes, ut dum digne uitiis nostris irascimur, pietatis tuae ueniam consequamur. Per.

764 SVPER OBLATA: Tibi domine sacrificia dicata reddantur, quae sic ad honorem nominis tui deferenda tribuisti, ut eadem remedia fieri nostra prestares. Per.

/f. 97r **765** / PRAEFATIO: VD aeterne deus. Cuius primum tuae pietatis inditium est, si tibi nos facias toto corde subiectos. Et spiritum in nobis tantae deuotionis infundas, ut propitius largiaris consequenter auxilium. Per Christum.

766 ITEM PRAEFATIO: VD aeterne deus. Vt postposita uetustate ritus sacrificii, te homo nouis quibus instituisti sacrificiis semper honoret. Domine Iesu Christe saluator noster omnipotens, qui ad hoc mortuus es ut iura dissolueres mortis, tertia die ad superos resurrecsisti, quia fuisti solus inter mortuos liber. Necque enim poteras mortis dominus deteneri a morte, quia mortis et uitae totam obtines potestatem. Quis enim te talem non timeat, nos enim adoramus supplici cordi

206

genu deflexii obsecrantes, ut erigas miseros ad te de luto fecis clamantes, et de tantis nos absoluas quibus inuoluimur propitiatus, peccatis[56] praesentis sacrificii oblata munera sanctificans. Per Christum.

767 AD COMPLENDVM: Quaesumus domine deus noster ut quos diuinis reparare non desinis sacramentis, tuis non destituas benignus auxiliis. Per.

CXXX
DOMINICA XIII POST PENTECOSTEN
768 Omnipotens sempiterne deus, qui abundantiam pietatis tuae et merita supplicum excedis et uota, effunde super nos misericordiam tuam, ut dimittas quae conscientia metuit, et adicias quod oratio non praesumit. Per.

/f. 97v
769 SVPER OBLATA: Respice domine quaesumus nostram propitius seruitutem, ut quod offerimus sit / tibi munus acceptum, sit nostrae fragilitati subsidium. Per.

770 PRAEFATIO: VD aeterne deus. Qui nos castigando sanas, et refouendo benignus erudis. Dum magis uis saluos esse correctos, quam perire deiectos. Per Christum.

771 AD COMPLENDVM: Sentiamus domine quaesumus tui perceptione sacramenti subsidium mentis et corporis, ut in utroque saluati, caelestis remedii plenitudine gloriemur. Per.

CXXXI
DOMINICA XIIII POST PENTECOSTEN
772 Omnipotens et misericors deus de cuius munere uenit ut tibi a fidelibus tuis digne et laudabiliter seruiatur, tribue quaesumus nobis ut ad promissiones tuas sine offensione curramus. Per.

773 ALIA: Omnipotens sempiterne deus per quem coepit esse quod non erat, et factum uisibile quod latebat stultitiam nostri cordis emunda, et quae in nobis sunt uitiorum seruire. Per.

---

[56] *peccatis* interlinear addition by **B**.

774 SVPER OBLATA: Hostias quaesumus domine propitius intende, quas sacris altaribus exhibemus, ut nobis indulgentiam largiendo, tuo nomini dent honorem. Per.

775 PRAEFATIO: VD aeterne deus. Quia tu in nostra semper faciens infirmitate uirtutem, ecclesiam tuam inter aduersa crescere tribuisti. Vt cum putaretur oppressa, tunc potius praeualeret exaltata. Dum simul et experientiam fidei declarat adflictio, et uictoriosissima semper perseuerat te adiuuante deuotio. Per Christum.

776 AD COMPLENDVM: Viuificet nos quaesumus domine huius participatio sancta mysterii, / et pariter nobis expiationem tribuat et munimen. Per.

/f. 98r

CXXXII
DOMINICA XV POST PENTECOSTEN

777 Omnipotens sempiterne deus da nobis fidei spei[57] et caritatis augmentum, et ut mereamur adsequi quod promittis, fac nos amare quod praecipis. Per dominum nostrum.

778 SVPER OBLATA: Propitiare domine populo tuo propitiare muneribus, ut hac oblatione placatus, et indulgentiam nobis tribuas, et postulata concedas. Per.

779 PRAEFATIO: VD aeterne deus. Qui nos de donis bonorum temporalium ad perceptionem prouehis aeternorum, et haec tribuis, et illa largiris, ut et mansuris iam incipiamus inseri, et praetereuntibus non teneri. Tuum est enim quod uiuimus, quia licet peccati uulnere natura nostra sit uiciata, tui tamen est operis, ut terreni generati ad caelestia renascamur. Per Christum.

780 AD COMPLENDVM: Sumptis domine caelestibus sacramentis, ad redemptionis aeternae quaesumus proficiamus augmentum. Per dominum nostrum.

---

[57] *spei* interlinear addition by **B**.

CXXXIII
DOMINICA XVI POST PENTECOSTEN

781 Custodi domine quaesumus ecclesiam tuam propitiatione perpetua et quia sine te labitur humana mortalitas, tuis semper
auxiliis et abstrahatur a noxiis, et ad salutaria dirigatur. Per.

/f. 98v **782** ALIA: Praesta nobis misericors deus, ut placationem tuam /
promptis mentibus exoremus, et peccatorum ueniam consequentes, a noxiis liberemur incursibus. Per.

783 SVPER OBLATA: Concede nobis domine quaesumus, ut haec
hostia salutaris et nostrorum fiat purgatio delictorum, et tuae
propitiatio potestatis. Per.

784 PRAEFATIO: VD per Christum dominum nostrum. Qui
aeternitate sacerdotii sui omnes tibi seruientes sanctificat
sacerdotes. Quoniam mortali carne circumdati, ita cotidianis
peccatorum remissionibus indigemus, ut non solum pro
populo, sed etiam pro nobis eiusdem te pontificis sanguis
exoret. Per quem.

785 AD COMPLENDVM: Purificent semper et muniant tua
sacramenta nos deus, et ad perpetuae ducant saluationis
effectum. Per dominum.

CXXXIIII
DOMINICA XVII POST PENTECOSTEN

786 Ecclesiam tuam domine miseratio continuata mundet et
muniat, et quia sine te non potest salua consistere, tuo semper
munere gubernetur. Per dominum.

787 ALIA: Da quaesumus domine hanc mentem populo tuo, ut
quia ad placandum necessitate concurrit maiestati tuae, fiat
etiam uoluntate deuotus. Per dominum.

788 SVPER OBLATA: Tua nos domine sacramenta custodiant,
et contra diabolicos tueantur semper incursus. Per dominum
nostrum.

789 PRAEFATIO: VD aeterne deus. Et te incessanter precari, ut
qui te auctore subsistimus, te dispensante dirigamur. Non

209

/f. 99r   nostris sensibus / relinquamur, sed ad tuae reducti semper tramitatem ueritatis, haec studeamus exercere quae praecipis, ut possimus dona percipere quae promittis. Per Christum.

790 AD COMPLENDVM: Mentes nostras et corpora possideat quaesumus domine doni caelestis operatio, ut non noster sensus in nobis sed iugiter eius praeueniat effectus. Per.

CXXXIIII\<a\>
MENSIS VIII ORATIO DIE DOMINICO AD SANCTVM PETRVM

791 Absolue quaesumus domine tuorum delicta populorum, et a peccatorum nostrorum nexibus quae pro nostra fragilitate contraximus, tua benignitate liberemur. Per.

792 ALIA: Quesumus omnipotens deus praeces nostras respice, et tuae super nos uiscera pietatis inpende, ut qui ex nostra culpa affligimur, ex tua pietate misericorditer liberemur. Per.

793 SVPER OBLATA: Pro nostrae seruitutis augmento sacrificium tibi domine laudis offerimus, ut quod inmeritis contulisti, propitius exequaris. Per.

794 PRAEFATIO: VD aeterne deus. Quia cum laude nostra non egeas, grata tibi tamen est tuorum deuotio famulorum. Nec te augent nostra praeconia, sed nobis proficiunt ad salutem. Quoniam sicut fontem uitae praeterire causa moriendi est, sic eodem iugiter redundare affectus est sine fine uiuendi. Et ideo.

795 AD COMPLENDVM: Quaesumus omnipotens deus ut quos diuina tribuis participatione gaudere, humanis non sinas subiacere periculis. Per.

CXXXV
FERIA IIII AD SANCTAM MARIAM MAIOREM

/f. 99v **796** / Misericordiae tuae remediis quaesumus domine fragilitas nostra subsistat, ut quae sua conditione atteritur, tua clementia reparetur. Per.

210

797 ALIA: Praesta quaesumus domine familiae supplicanti, ut dum a cibis corporalibus se abstinent, a uitiis mente ieiunent. Per.

798 SVPER OBLATA: Haec hostia domine quaesumus emundet nostra delicta, et sacrificium caelebrandum subditorum tibi corpora mentesque sanctificet. Per.

799 PRAEFATIO: VD aeterne deus. Qui nos ideo collectis terrae fructibus per abstinentiam tibi gratias agere uoluisti, ut ex ipso deuotionis genere nosceremus, non haec ad exuberantiam corporalem, sed ad fragilitatis sustentationem nos percepisse. Vt quod ex his partius sumeremus, egentium proficeret alimentis. Et ut salutaris castigatio mortalitatis insolentiam mitigaret, et pietas largitoris nos tuae benignitati commendatos efficeret. Sicque donis uteremur transitoriis, ut disceremus inhiare perpetuis. Per Christum.

800 AD COMPLENDVM: Sumentes domine dona caelestia suppliciter deprecamur, ut quae sedula seruitute donante te gerimus, dignis sensibus tuo munere capiamus. Per dominum nostrum.

CXXXVI
FERIA VI AD APOSTOLOS

801 Praesta quaesumus omnipotens deus, ut obseruationes sacras annua deuotione recolentes, et corpore tibi placeamus et mente. Per.

802 <ALIA:> Deus qui te sinceris asseris manere pectoribus, da
/f. 100r nobis / tua gratia tales existere in quibus habitare digneris. Per.

803 SVPER OBLATA: Accepta tibi sint domine quaesumus nostri dona ieiunii, quae et expiando nos tua gratia dignos efficiant, et ad sempiterna promissa perducant. Per dominum nostrum.

804 PRAEFATIO: VD aeterne deus. Qui iusto pioque moderamine et pro peccatis flagella inrogas, et post flagella ueniam propitiatus condonas, et peccatorum uitam potius uolens quam mortem. Non eos ad interitum condemnas, sed ut corrigantur miseratus exspectas. Per Christum.

211

805 AD COMPLENDVM: Quaesumus omnipotens deus, ut de perceptis muneribus gratias exibentes, benefitia potiora sumamus. Per.

CXXXVII
SABBATO AD SANCTVM PETRVM XII LECTIONES

806 Omnipotens sempiterne deus, qui per continentiam salutarem et corporibus mederis et mentibus, maiestatem tuam supplices exoramus, ut pia ieiunantium depraecatione placatus, et praesentia nobis subsidia praebeas et futura. Per.

807 ALIA: Da nobis quaesumus omnipotens deus, ut ieiunando tua gratia satiemur, et abstinendo cunctis efficiamur hostibus fortiores. Per.

808 ALIA: Tuere quaesumus domine familiam tuam, ut salutis aeternae remedia quae te aspirante requirimus, te largiente consequamur. Per.

809 ALIA: Praesta quaesumus domine sic nos ab aepulis abstinere carnalibus ut a uitiis inruentibus pariter ieiunemus. Per dominum nostrum.

/f. 100v **810** / ALIA: Vt nos domine tribuis sollemne tibi deferre ieiunium, sic nobis quaesumus indulgentiae praesta subsidium. Per.

811 ALIA: Deus qui tribus pueris mitigasti flammas ignium, concede propitius ut nos famulos tuos non exurat flamma uitiorum. Per.

812 SVPER OBLATA: Concede quaesumus omnipotens deus, ut oculis tuae maiestatis munus oblatum, et gratiam nobis deuotionis obtineat, et effectum beatae perennitatis adquirat. Per dominum.

813 PRAEFATIO: VD aeterne deus. Et tibi sanctificare ieiunium, quod nos ob aedificationem animarum et castigationem corporum seruare docuisti. Quia restrictis corporibus animae saginantur, in quo homo noster adfligitur exterior, dilatatur interior. Memento quaesumus domine ieiuniorum nostrorum, et misericordiarum tuarum quas peccatoribus pie semper ieiunantibus contulisti. Et praesta ut non solum a cibis, sed a peccatis omnibus abstinentes, deuotionis tibi ieiunio placeamus. Per Christum.

814 AD COMPLENDVM: Perficiant in nobis domine quaesumus tua sacramenta quod continent, ut quae nunc specie gerimus, rerum ueritate capiamus. Per.

CXXXVIII
DIE DOMINICO VACAT

815 Omnipotens sempiterne deus, misericordiam tuam ostende supplicibus, ut qui de meritorum qualitate diffidimus, non iudicium tuum sed indulgentiam sentiamus. Per.

816 SVPER OBLATA: Sacrificiis praesentibus domine quaesumus intende placatus, ut et / deuotioni nostrae proficiant, et saluti. Per dominum.

/f. 101r

817 PRAEFATIO: VD per Christum dominum nostrum. Qui uicit diabolum et mundum, hominemque paradiso restituit, et uitae ianuas credentibus patefecit. Per quem maiestatem tuam.

818 AD COMPLENDVM: Quaesumus omnipotens deus, ut illius salutaris capiamus effectum, cuius per haec mysteria pignus accepimus. Per dominum.

CXXXVIIII
DOMINICA XVIII POST PENTECOSTEN

819 Tua nos domine quaesumus gratia semper et praeueniat et sequatur, ac bonis operibus iugiter praestet esse intentos. Per.

820 ALIA: Fac nos domine quaesumus prumpta uoluntate subiectos, et ad supplicandum tibi nostras semper excita uoluntates. Per.

821 SVPER OBLATA: Munda nos domine sacrificii praesentis effectu, et perfice miseratus in nobis, ut eius mereamur esse participes. Per.

822 <PRAEFATIO:> VD aeterne deus. Et tuam maiestatem humiliter implorare, ut Iesus Christus filius tuus dominus noster sua nos gratia protegat et conseruet. Et quia sine ipso nihil recte ualemus efficere, ipsius munere capiamus ut tibi semper placere possimus. Per quem maiestatem.

823 AD COMPLENDVM: Purifica domine quaesumus mentes nostras benignus, et renoua caelestibus sacramentis, ut consequenter et corporum praesens pariter, et futurum capiamus auxilium. Per.

CXL
DOMINICA XVIIII POST PENTECOSTEN

/f. 101v **824** / Da quaesumus domine populo tuo diabolica uitare contagia, et te solum dominum pura mente sectari. Per.

825 ALIA: Custodi nos omnipotens deus, ut tua dextera gubernante, nec nostra nobis preualeant, nec aliena peccata. Per.

826 SVPER OBLATA: Maiestatem tuam domine suppliciter deprecamur, ut haec sancta quae gerimus, et a praeteritis nos delictis exuant et futuris. Per.

827 <PRAEFATIO:> VD aeterne deus. Et te suppliciter exorare, ut sic nos bonis tuis instruas sempiternis, ut temporalibus quoque consolari digneris. Sic praesentibus refouere, ut ad gaudia nos mansura perducas. Per Christum.

828 AD COMPLENDVM: Sanctificationibus tuis omnipotens deus et uitia nostra curentur, et remedia nobis aeterna proueniant. Per.

CXLI
DOMINICA XX POST PENTECOSTEN

829 Dirigat corda nostra domine quaesumus tuae miserationis operatio, quia tibi sine te placere non possumus. Per.

830 ALIA: Tuis domine quaesumus adesto supplicibus, et inter mundanae prauitatis insidias fragilitatem nostram sempiterna pietate prosequere. Per dominum.

831 SVPER OBLATA: Deus qui nos per huius sacrificii ueneranda commertia unius summaeque diuinitatis participes efficis praesta quaesumus ut sicut tuam cognoscimus ueritatem, sic eam dignis mentibus et moribus adsequamur. Per.

/f. 102r **832** PRAEFATIO: / VD aeterne deus. Qui propterea iure punis errantes, et clementer refoues castigatos, ut nos a malis operibus abstrahas, et ad bona facienda conuertas. Quia non uis inuenire quod dampnes, sed esse potius quod corones. Qui cum pro nostris meritis iugiter mereamur affligi, tu tamen iudicium ad correctionem temperas non perpetuam exerces ad poenam. Iuste enim corrigis, et clementer ignoscis. In utroque uerax, in utroque misericors. Qui nos ea lege disponis, ut cohercendo in aeternum perire non sinas, et parcendo spatium tribuas corrigendi. Qui ideo malis praesentibus nos flagellas, ut ad bona futura perducas. Ideo bonis temporalibus consolaris, ut de sempiternis facias certiores. Quo te et in prosperis et in aduersis, pia semper confessione laudemus. Per Christum.

833 AD COMPLENDVM: Gratias tibi referimus domine sacro munere uegetati, tuam misericordiam deprecantes, ut dignos nos eius[58] participatione perficias. Per.

CXLII
DOMINICA XXI POST PENTECOSTEN

834 Omnipotens et misericors deus uniuersa nobis aduersantia propitiatus exclude, ut mente et corpore pariter expediti, quae tua sunt liberis mentibus exsequamur. Per.

/f. 102v **835** ALIA: Da quaesumus omnipotens deus sic nos tuam ueniam promereri, ut nostros / corrigamur excessos, sic fatentibus relaxare delictum, ut coherceamus in suis prauitatibus obstinatos. Per.

836 SVPER OBLATA: Haec munera quaesumus domine quae oculis tuae maiestatis offerimus, salutaria nobis esse concede. Per.

837 PRAEFATIO: VD aeterne deus. Et nos clementiam tuam suppliciter exorare, ut filius tuus Iesus Christus dominus noster, qui

---

[58] *eius* interlinear addition by **B**.

215

se usque in finem saeculi suis promisit fidelibus adfuturum, et praesentiae corporalis mysteriis non deserat quos redemit, et maiestatis suae beneficiis non relinquat. Per quem.

838 AD COMPLENDVM: Tua nos domine medicinalis operatio et a nostris peruersitatibus clementer expediat, et tuis faciat semper[59] inhaerere mandatis. Per.

CXLIII

DOMINICA XXII POST PENTECOSTEN

839 Largire quaesumus domine fidelibus tuis indulgentiam placatus et pacem, ut pariter ab omnibus mundentur offensis, et secura tibi mente deseruiant. Per.

840 ALIA: Delicta nostra domine quibus aduersa dominantur absterge, et tua nos ubique miseratione custodi. Per.

841 SVPER OBLATA: Caelestem nobis praebeant haec mysteria quaesumus domine medicinam, et uitia nostri cordis expurgent. Per.

842 PRAEFATIO: VD aeterne deus. Maiestatem tuam suppliciter deprecantes, ut expulsis azymis uetustatis, illius agni cibo satiemur et poculo, qui et nostram imaginem reparauit, et suam /f. 103r nobis / gratiam repromisit Iesus Christus dominus noster. Per quem.

843 AD COMPLENDVM: Vt sacris domine reddamur digni muneribus, fac nos quaesumus tuis oboedire mandatis. Per.

CXLIIII

DOMINICA XXIII POST PENTECOSTEN

844 Familiam tuam quaesumus domine continua pietate custodi, ut a cunctis aduersitatibus te protegente sit libera, et in bonis actibus tuo nomini[60] sit deuota. Per.

---

[59] *faciat semper* is written on an erased space, most probably by **A**. The original text is completely invisible.

[60] *tuo nomini* is written on an erased space, most probably by **A**. The original text is completely invisible.

845 ALIA: Deus qui nos regendo conseruas, parcendo iustificas, et a temporali tribulatione nos eripe, et gaudia nobis aeterna largire. Per dominum.

846 SVPER OBLATA: Suscipe domine propitius hostias[61] quibus et te placari uoluisti, et nobis salutem potenti pietati restitui. Per.

847 PRAEFATIO: VD per Christum dominum nostrum. Per quem sanctum et benedictum nomen maiestatis tuae ubique ueneratur, adoratur, praedicatur et colitur. Qui est origo salutis, uia uirtutis, et tuae propitiatio maiestatis. Per quem.

848 AD COMPLENDVM: Inmortalitatis alimoniam consecuti, quaesumus domine, ut quod ore percepimus, mente sectemur. Per.

CXLV
DOMINICA XXIIII POST PENTECOSTEN

849 Deus refugium nostrum et uirtus, adesto piis ecclesiae tuae precibus auctor ipse pietatis, et praesta ut quod fideliter petimus, efficaciter consequamur. Per.

850 ALIA: Deus quem docente spiritu sancto paterno nomine inuocare praesumimus, crea in nobis fidelium corda filiorum, / ut ad promissam hereditatem aggredi ualeamus per debitam seruitutem.

103v

851 SVPER OBLATA: Da misericors deus ut haec salutaris oblatio et a propriis nos reatibus indesinenter expediat, et ab omnibus tueatur aduersis. Per dominum.

852 PRAEFATIO: VD aeterne deus. Et tibi debitas laudes pio honore deferre, et mirabilium tuorum inenarrabilia praeconia deuotae mentis ueneratione celebrare. Teque ineffabilem atque inuisibilem deum laudare benedicere adorare. Per Christum.

853 AD COMPLENDVM: Sumpsimus domine sacri dona mysterii humiliter depraecantes, ut quae in tui commemoratione nos

---

[61] *hostias* interlinear addition by **B**.

facere praecepisti, in nostrae proficiant infirmitatis auxilium. Per.

CXLVI
DOMINICA XXV POST PENTECOSTEN

854 Excita domine quaesumus tuorum fidelium uoluntates, ut diuini operis fructum propensius exsequentes, pietatis tuae remedia maiora percipiant. Per.

855 <SVPER OBLATA:> Propitius esto domine supplicationibus nostris, et populi tui oblationibus precibusque susceptis, omnium nostrorum ad te corda conuerte, ut a terrenis cupiditatibus liberi, ad caelestia desideria transeamus. Per.

856 PRAEFATIO: VD aeterne deus. Cuius est operis quod conditi sumus, muneris quod uiuimus, pietatis quod tua erga nos / dona cognoscimus. Quamuis enim natura nostra peccati uiciata sit uulnere, a terrenis tamen ad caelestia prouehitur, tuo inenarrabili munere. Per Christum.

/f. 104r

857 AD COMPLENDVM: Concede nobis domine quaesumus, ut per[62] sacramenta quae sumpsimus, quicquid in nostra mente uitiosum est, ipsius medicationis dono curetur. Per dominum nostrum Iesum Christum.

CXLVII
MENSE DECEMBRI ORATIO DE ADVENTV, DOMINICA PRIMA

858 *EXCITA DOMINE QVAESVMVS* potentiam tuam et ueni, ut ab imminentibus peccatorum nostrorum periculis te mereamur protegente eripi, te liberante saluari. Qui uiuis et regnas cum domino patre in unitatem spiritus sancti.

859 SVPER OBLATA: Haec sacra nos domine potenti uirtute mundatos ad suum faciant puriores uenire principium. Per.

860 PRAEFATIO: VD per Christum dominum. Cuius primi aduentus mysterium ita nos facias dignis laudibus et officiis caelebrare, praesentemque uitam inculpabilem ducere, u

---

[62] *per* interlinear addition by a later hand.

secundum ualeamus interriti exspectare. Per quem maiestatem tuam.

861 ITEM PRAEFATIO: VD aeterne deus. Cui proprium est ac singulare quod bonus es et nulla umquam a te es commutatione diuersus. Propitiare quaesumus sup-plicationibus nostris, / et ecclesiae tuae misericordiam tuam quam depraecatur ostende, manifestans plebi tuae unigeniti tui et incarnationis mysterium, et aduentus admirabile sacramentum. Vt in uniuersitate nationum constet esse perfectum, quod uatum oraculis fuit ante promissum. Percipiantque dignitatem adoptionis, quos exornat confessio ueritatis. Per quem maiestatem.

/f. 104v

862 AD COMPLENDVM: Suscipiamus domine misericordiam tuam in medio templi tui, et reparationis nostrae uentura sollemnia congruis honoribus praecedamus. Per.

CXLVIII
ITEM ORATIONES VBI SVPRA COTTIDIANIS DIEBVS
AD MISSAS

863 Deus qui conspicis quia in tua pietate confidimus, concede propitius ut de caelesti semper protectione gaudeamus.

864 ALIA: Subueniat nobis domine munera, quibus mysteria caelebrantur nostrae libertatis et uitae. Per.

865 PRAEFATIO: VD aeterne deus. Et maiestatem tuam humiliter exposcere, ut ita nos unigeniti tui in praesenti saeculo inlustret respectus. Qualiter nos culpis omnibus emundatos inueniat secundus eius aduentus. Per quem.

105r

866 AD COMPLENDVM: Animae nostrae quesumus omnipotens deus hoc potiantur desiderio ut a tuo spiritu / inflammentur, ut sicut lampades diuino munere saciati, ante conspectum uenientis Christi filii tui uelut clara luminaria fulgeamus. Per dominum.

867 ALIA: Da quaesumus omnipotens deus cunctae familiae tuae hanc uoluntatem in Christo filio tuo domino nostro uenienti in operibus iustis aptos occurrere, ut eius dexterae sociati, regnum mereantur possidere caeleste. Per.

CXLVIIII
ITEM ALIA MISSA

868 Excita domine potentiam tuam et ueni, ut tua protectione saluemur. Per.

869 <ALIA:> Festina ne tardaueris domine deus noster,[63] et a diabolicis furoribus nos potenter libera. Per dominum.

870 SVPER OBLATA: Intende quaesumus domine sacrificium singulare, ut huius participatione mysterii, quae speranda credimus, expectata sumamus. Per.

871 PRAEFATIO: VD aeterne deus. Et inmensam pietatem tuam indefessis praecibus exorare, ut unigenitus tuus semper maneat in cordibus nostris, qui nasci dignatus est de utero uirginis matris. Faciatque idoneos, et ad caelebranda natalis sui festa, et ad percipienda gaudia sempiterna. Per quem.

872 AD COMPLENDVM: Hos quos reficis domine sacramentis attolle benignus auxiliis, ut tuae redemptionis effectum, et mysteriis capiamus et moribus. Per.

CL
ITEM ALIA MISSA

873 Exultemus quaesumus domine deus noster omnipotens recti corde in unitate congregati, ut ueniente saluatore nostro filio tuo, / inmaculati occurramus illi in eius sanctorum comitatu. Per.

/f. 105v

874 SVPER OBLATA: Concede quaesumus omnipotens deus ut huius sacrificii munus oblatum fragilitatem nostram ab omni malo purget semper et muniat. Per.

875 PRAEFATIO: VD per Christum dominum nostrum. Qui ab antiquis patribus exspectatus, ab angelo nuntiatus, a uirgine conceptus, in fine saeculorum hominibus est praesentatus. Qu

---

[63] *deus noster* interlinear addition by **B**.

appropinquante natiuitatis suae festo ita quaesumus sit nobis placatus, qualiter tecum et cum spiritu sancto ad nos ueniat, nobiscum perpetim permansurus. Per quem.

876 AD COMPLENDVM: Spiritum in nobis domine tuae caritatis infunde, ut quos uno caelesti pane satiasti, tua facias pietate concordes. Per.

CLI
DOMINICA II

877 Excita domine corda nostra ad praeparandas unigeniti tui uias, ut per eius aduentum purificatis tibi mentibus seruire mereamur. Qui tecum uiuit.

878 ALIA: Praecinge quaesumus domine deus noster lumbos mentis nostrae diuina tua uirtuti potenter, ut ueniente domino nostro Iesu Christo filio tuo, inueniamur aeternae uitae conuiuio, et uota caelestium dignitatum ab ipso percipere mereamur. Per.

879 SVPER OBLATA: Placare quaesumus domine humilitatis nostrae precibus et hostiis, et ubi nulla suppetunt suffragia meritorum, tuis nobis succurre praesidiis. Per.

/f. 106r **880** / <PRAEFATIO:> VD aeterne deus. Qui tuo inenarrabili munere praestitisti, ut natura humana ad similitudinem tui condita, dissimilis per[64] peccatum et mortem effecta, nequaquam in aeterna dampnatione periret. Sed unde peccatum mortem contraxerat, inde uitam tua pietas inmensa repararet. Et antiquae uirginis facinus, noua et intemerata uirgo Maria piaret. Quae ab angelo salutata, ab spiritu sancto obumbrata, illum gignere meruit, qui cuncta nasci suo nutu concessit. Quae mirabatur et corporis integritatem, et conceptus fecunditatem. Gaudebatque suum paritura parentem, Iesum Christum dominum nostrum. Per quem.

881 AD COMPLENDVM: Repleti cibo spiritalis alimoniae supplices te domine deprecamur, ut huius participatione mysterii, doceas nos terrena despicere, et amare caelestia. Per.

---

[64] *per* interlinear addition by **B**.

221

CLII
ALIAS MISSAS COTTIDIANIS DIEBVS

882 Excita domine quaesumus potentiam tuam et ueni, ut hi qui in tua pietate confidunt, ab omni citius aduersitate liberentur. Per dominum nostrum Iesum Christum.

883 ALIA: Festinantes omnipotens deus in occursum filii tui domini nostri nulla impediant opera actus terreni, sed caelestis sapientiae eruditio faciat nos esse consortes. Per.

/f. 106v **884** SVPER OBLATA: / Muneribus nostris quaesumus domine precibusque susceptis, et caelestibus nos munda mysteriis, et clementer exaudi. Per.

885 PRAEFATIO: VD aeterne deus. Cui proprium est ueniam delictis impendere, quam penaliter imminere, qui fabricam tui operis pereuntem rursus lapidem es dignatus erigere, ne imago qui ad similitudinem tui facta fuerat uiuens dissimilis haberetur ex morte, munus uenialis indulgentiae prestitisti. Vt unde mortem peccatum contraxerat, inde uitam pietas repararet. Mensa haec postquam prophetica sepius uox praedixit, et Gabrihel angelus Mariae iam praesentia nuntiauit, mox puellae credentis in utero fidelis uerbi mansit adspirata conceptio. Et illa prolis nascendi sub lege latuit, quae cuncta suo nasci nutu concessit. Tumebat uirginis sinus, et fecunditatem suorum uiscerum corpus mirabatur intactum, grande mundo spondebatur auxilium feminae partus[65] sine uiri mysterium, quando nullius maculae nebula fuscata tenso nutriebat uentre praecordia mox futura sui genetrix genitoris, quem laudant angeli.

886 AD COMPLENDVM: Gratiae tuae quaesumus domine supplicibus tuis tribue largitatem, ut mandata tua te operante sectantes, consolationem praesentis uitae percipiant. Per.

CLIII
ITEM ALIA MISSA

/f. 107r **887** / Concede quaesumus omnipotens deus hanc gratiam plebi tuae aduentum unigeniti tui cum summa uigilantia expectare,

---

[65] *partus* interlinear addition by **B**.

ut sicut ipse auctor nostrae salutis docuit, uelut fulgentes lampadas in eius occursum nostras animas praeparemus. Per.

888 ALIA: Voci nostrae quaesumus domine aures tuae pietatis accomoda, et cordis nostris tenebras lumine tuae uisitationis inlustra. Per.

889 SVPER OBLATA: Sacrificiis praesentibus domine quaesumus intende placatus, ut et deuotioni nostrae proficiant et saluti. Per.

890 AD COMPLENDVM: Praeces populi tui quaesumus domine clementer exaudi, ut qui de aduentu unigeniti tui secundum carnem laetantur, in secundo cum uenerit in maiestate sua, praemium aeternae uitae percipiat.

CLIIII
DOMINICA III AD SANCTVM PETRVM

891 Aurem tuam quaesumus domine precibus nostris accommoda, et mentis nostrae tenebras gratiae tuae uisitationis inlustra. Per.

892 ALIA: Fac nos quaesumus domine deus noster peruigiles atque sollicitos aduentum expectare Christi filii tui domini nostri, ut dum uenerit pulsans non dormientes peccatis, sed uigilantes, et in suis inueniat laudibus exultantes. Per dominum.

893 SVPER OBLATA: Deuotionis nostrae tibi quaesumus domine hostia iugiter immoletur, quae et sacri peragat instituta mysterii, et salutare tuum nobis mirabiliter operetur. Per.

894 PRAEFATIO: VD per Christum dominum nostrum. Cuius

/f. 107v

incarnatione salus facta est mundi, / et passione redemptio procurata est hominis procreati. Ipse nos quaesumus ad aeternum perducat praemium, qui redemit de tenebris infernorum. Iustificetque in aduentu secundo, qui nos redemit in primo. Quatenus illius nos a malis defendat sublimitas, cuius nos ad uitam erexit humilitas. Per quem.

895 <ALIA PRAEFATIO:> Referentes gratiarum de praeteritis muneribus actionem, promptius quae uentura sunt praestanda

223

confidimus. Nec est nobis seminum desperanda fecunditas, cum pro supplicationibus nostris annua deuotione uenerandus, etiam matris uirginis fructus salutaris interuenit. Iesus Christus dominus noster, per quem.

896 AD COMPLENDVM: Imploramus domine clementiam tuam, ut haec diuina subsidia a uitiis expiatos, ad festa uentura nos praeparent. Per.

CLV
FERIA IIII MENSE X AD SANCTAM MARIAM MAIOREM

897 Praesta quaesumus omnipotens deus ut redemptionis nostrae uentura sollemnitas, et praesentis nobis uitae subsidia conferat et aeternae beatitudinis praemia largiatur. Per.

898 ALIA: Festina domine quaesumus ne tardaueris, et auxilium nobis supernae uirtutis inpende, ut aduentus tui consolationibus subleuentur, qui in tua pietate confidunt. Qui uiuis.

899 SVPER OBLATA: Accepta tibi sint domine quaesumus nostra ieiunia, quae et expiando nos tua gratia dignos efficiant, et ad sempiterna promissa perducant. Per.

/f. 108r **900** / <PRAEFATIO:> VD per Christum dominum nostrum. Quem pro salute hominum nasciturum Gabrihel archangelus nuntiauit, uirgo Maria spiritus sancti cooperatione concepit. Vt quod angelica nuntiauit sublimitas, uirginea crederet puritas, ineffabilis perficeret deitas. Illius itaque optamus te opitulante cernere faciem sine confusione, cuius incarnationis gaudemus solempnitate. Quatenus purificati ieiuniis, cunctis purgati a uitiis, natalis eius interesse mereamur sollempnitatibus festis. Per quem.

901 AD COMPLENDVM: Salutaris tui domine munere satiati supplices deprecamur, ut cuius laetamur gustu, renouemur effectu. Per.

902 SVPER POPVLVM: Esto domine plebi tuae sanctificator et custos, et beatae Mariae munita praesidiis, et conuersationem tibi placeat, et secura deseruiat. Per.

CLVI
FERIA VI STATIO AD APOSTOLOS

903 Excita quaesumus domine potentiam tuam et ueni, ut hi qui in tua pietate confidunt, ab omni citius aduersitate liberentur. Qui uiuis et regnas deus in unitate spiritus sancti.

904 ALIA: Huius nobis parsimoniae quaesumus domine praebe mensuram, ut quod licentiae carnis offerimus, salutarem nobis fructum adquirat. Per.

905 SVPER OBLATA: Muneribus nostris quaesumus domine precibusque susceptis, et caelestibus nos munda mysteriis, et clementer exaudi. Per dominum.

906 PRAEFATIO: VD aeterne deus. Qui sanctificator et instaurator es abstinentiae, cuius nullus finis, nullusque est numerus. Effunde quaesumus / super nos in diebus ieiuniorum nostrorum spiritum gratiae salutaris, et ab omnibus nos perturbationibus saeculi huius tua defensione conserua. Vt qui unigeniti tui celebramus aduentum, continuum eius sentiamus auxilium. Per quem.

/f. 108v

907 AD COMPLENDVM: Tui nos domine sacramenti libatio sancta restauret, et a uetustate purgatos, in misterii salutaris faciat transire consortium. Per.

908 AD POPVLVM: Respice quaesumus domine propitius ad plebem tuam, et quam diuinis tribuis proficere sacramentis, ab omnibus absolue peccatis. Per.

CLVII
SABBATO AD SANCTVM PETRVM IN XII LECTIONES

909 Deus qui conspicis quia ex nostra prauitate adfligimur, concede propitius ut ex tua uisitatione consolemur. Per.

910 ALIA: Concede quaesumus omnipotens deus, ut quia sub peccati iugo ex uetusta seruitute deprimimur, expectata

225

unigeniti filii tui noua natiuitate liberemur. Per eundem dominum nostrum.

911 ALIA: Indignos nos quaesumus domine famulos tuos quos actionis propriae culpa contristat, unigeniti filii tui nos aduentu laetifica. Per eundem.

912 ALIA: Praesta quaesumus omnipotens deus, ut filii tui uentura sollempnitas et praesentis nobis uitae remedia conferat, et praemia aeterna concedat. Per.

913 <ALIA:> Preces populi tui quaesumus domine clementer exaudi, ut qui iuste pro peccatis nostris affligimur, pietatis tuae uisitatione consolemur. Per dominum nostrum.

914 AD MISSAM: Deus qui tribus pueris mitigasti flammas /f. 109r ignium, concede / propitius ut nos famulos tuos non exurat flamma uitiorum, sed tui nos brachii protectio defendat. Per dominum.

915 SVPER OBLATA: Sacrificiis praesentibus domine placatus intende, ut et deuotioni nostrae proficiant et saluti. Per dominum nostrum.

916 PRAEFATIO: VD aeterne deus. Qui non solum peccata dimittis, sed ipsos etiam iustificas peccatores. Et reis non tantum poenas relaxas, sed dona largiris et praemia. Cuius nos pietatem supplices exoramus, ut qui ieiuniis et uotis solempnibus natiuitatem unigeniti tui praeuenimus, illius dono et praesentis uitae perturbationibus careamus, et aeterna munera capiamus. Per quem.

917 AD COMPLENDVM: Quaesumus domine deus noster ut sacrosancta mysteria quae pro reparationis nostrae munimine contulisti, et praesens nobis remedium esse facias et futurum. Per.

918 AD POPVLVM: Veniat domine quaesumus populo tuo supplicanti tuae benedictionis infusio, quae diabolicas ab eodem repellat insidias, quae fragilitatem mundet et purgat, quae inopem sustentet et foueat. Per.

CLVIII
DIE DOMINICO VACAT

919 Excita domine potentiam tuam et ueni, et magna nobis uirtute succurre, ut per auxilium gratiae tuae quod nostra peccata praepediunt, indulgentia tuae propitiationis acceleret. Qui uiuis et regnas cum deo.

920 SVPER OBLATA: Sacrificiis praesentibus domine placatus intende ut et deuotioni nostrae proficiant et saluti. Per dominum.

921 PRAEFATIO: VD aeterne deus. Quem Iohannes praecessit nascendo, et in desertis / heremi praedicando, et in fluentis Iordanicis baptizando, et ad inferna descendendo. Cuius uenerandae natiuitatis proximae uentura solemnitas, ita nos quaesumus tibi placitos reddat, ut cum fructu bonorum operum ad regna caelestia introducat. Vt parando in cordibus nostris uiam domino, fructusque dignos paenitentiae faciendo, per praedicationem Iohannis, obtemperemus monitis nostri saluatoris. Sicque perueniamus per filium sterilis, ad filium uirginis, per Iohannem hominem magnum, ad eundem dominum nostrum hominem deum. Qui sicut uenit ad nos redimendum occultus, ita iustificet cum ad iudicandum uenerit manifestus. Per quem.

/f. 109v

922 AD COMPLENDVM: Sumptis muneribus domine quaesumus, ut cum frequentatione mysterii crescat nostrae salutis effectus. Per dominum.

923 SVPER POPVLVM: Adiuua domine fragilitatem plebis tuae, ut ad uotiuum magnae festiuitatis effectum et corporaliter gubernata recurrat, et ad perpetuam gratiam deuota mente perueniat. Per dominum.

CLVIIII
ALIAE ORATIONES DE ADVENTV DOMINI

924 Excita domine potentiam tuam et ueni, et quod ecclesiae tuae promisisti, usque in finem saeculi clementer operare. Qui uiuis et regnas cum deo patre.

227

925 ALIA: Conscientias nostras quaesumus domine uisitando purifica, ut ueniens Iesus Christi filius tuus dominus noster, paratam sibi in nobis inueniat mansionem. Per.

926 ALIA: [. . .][66]

---

[66] The rest of book I is missing.

\<INCIPIT SACRAMENTORVM LIBER SECVNDVS\>[1]

I
\<VII KAL. IAN. NATALE SANCTI STEPHANI\>

/f. 110r **927** / DA NOBIS QVAESVMVS DOMINE IMITARI QVOD COLIMVS VT DISCAMVS ET INImicos diligere, quia eius natalicia caelebramus, qui nouit etiam pro persecutoribus exorare. \<Per\> dominum.

928 SVPER OBLATA: Suscipe munera pro tuorum commemoratione sanctorum, ut quod illos passio gloriosos, nos deuotio reddat innocuos. Per.

/f. 110v **929** / \<PRAEFATIO:\> VD aeterne deus. Beati Stephani leuitae simul et martyris natalicia recolentes, qui fidei, qui sacrae militiae, qui dispensationis et castitatis egregiae, qui praedicationis mirabilisque constantiae, qui confessionis atque patientiae nobis exempla ueneranda[2] proposuit. Et ideo natiuitatem filii tui merito prae ceteris passionis sue festiuitate prosequitur, cuius gloriae sempiternae primus martyr occurrit. Per Christum.

930 AD COMPLENDVM: Auxilientur nobis domine sumpta mysteria, et intercedente beato Stephano martyre tuo sempiterna protectione confirment. Per.

931 SVPER POPVLVM: Beatus martyr Stephanus domine quaesumus pro fidelibus tuis suffragator accedat, qui dum bene sit placitus, pro his etiam possit audiri. Per.

932 ALIA SORS: Omnipotens sempiterne deus qui primitias martyrum in beati leuitae Stephani sanguine dedicasti, tribue quaesumus ut pro nobis intercessor existat, qui pro suis etiam persecutoribus exorauit. Per.

933 ALIA: Deus qui nos unigeniti clementer incarnatione redemisti, da nobis patrocinia tuorum continuata sanctorum, quibus capere ualeamus salutaris mysterii portionem. Per eundem dominum nostrum.

[1] The opening page of book II is missing.
[2] *ueneranda* interlinear addition by **B**.

934 ALIA: Presta quaesumus omnipotens deus ut beatus Stephanus leuita magnificus, sicut ante alios imitator dominicae passionis et pietatis enituit, ita sit fragilitati nostrae prumptus adiutor. Per.

935 ALIA: Gratias agimus, domine multiplicatis circa nos miserationibus tuis, qui et filii tui natiuitate nos saluas, et beati martyris Stephani depraecatione sustentas. Per eundem dominum nostrum Iesu Christum.

/f. 111r **936** ALIA: / Presta, quaesumus omnipotens deus, ut sicut diuina laudamus in sancti Stephani passione magnalia, sic indulgentiam tuam eius praecibus adsequamur. Per.

II
VI KL. IAN. NATALE SANCTI IOHANNIS EVANGELISTAE

937 Ecclesiam tuam domine benignus inlustra, ut beati Iohannis euangelistae inluminata doctrinis, ad dona perueniat sempiterna. Per.

938 SVPER OBLATA: Suscipe munera domine quae in eius tibi sollempnitate deferimus, cuius nos confidimus patrocinio liberari. Per.

939 PRAEFATIO: VD aeterne deus. Beati apostoli tui et euangelistae Iohannis ueneranda natalitia recensentes, qui domini nostri Iesu Christi filii tui uocatione suscepta, terrenum respuit patrem, ut posset inuenire caelestem. Adeptus in regno caelorum sedem apostolici culminis, qui tantum retia carnalia contempserat genitoris, quique ab unigenito tuo sic familiariter est dilectus, et inmensae gratiae muneribus adprobatus, ut eum idem dominus in cruce iam positus, uicarium suae matri uirgini filium subrogaret. Quatenus beatae genitricis integritati, probati dilectique discipuli uirginitas deseruiret. Nam et in cenae mysticae sacrosancto conuiuio, super ipsum uitae fontem, aeternum scilicet pectus recubuerat saluatoris. De quo perenniter manantia caelestis hauriens fluenta doctrinae, tam profundis ac mysticis reuelationibus est imbutus, ut omnem transgrediens creaturam, excelsa mente conspiceret, et euangelica uoce proferret. Quod in principio erat uerbum, et

230

uerbum / erat apud deum, et deus erat uerbum. Et ideo cum angelis et.

940 AD COMPLENDVM: Refecti cibo potuque caelesti deus noster te supplices depraecamur, ut in cuius haec commemoratione percepimus, eius muniamur et praecibus. Per.

941 ALIA: Adsit ecclesiae tuae domine quaesumus beatus euangelista Iohannes, ut cuius perpetuus doctor extitit, semper esse non desinat suffragator. Per.

942 AD VESPERVM VT SVPRA: Beati Iohannis euangelistae quaesumus domine supplicatione placatus, et ueniam nobis tribue, et remedia sempiterna concede. Per.

943 AD FONTES: Beati euangelistae Iohannis domine praecibus adiuuemur, ut quod possibilitas nostra non obtinet, eius nobis intercessione donetur. Per.

944 AD SANCTVM ANDREAM: Sit domine beatus Iohannes euangelista nostrae fragilitatis adiutor, ut pro nobis tibi supplicans copiosius audiatur. Per.

945 ALIA: Deus qui per os beati apostoli tui Iohannis uerbi tui nobis archana reserasti, praesta quaesumus ut quod ille nostris auribus excellenter infudit, intellegentiae conpetentis eruditione capiamus. Per

946 ALIA: Omnipotens sempiterne deus, qui huius diei uenerandam sanctamque laetitiam beati apostoli tui Iohannis euangelistae festiuitate tribuisti, da ecclesiae tuae quaesumus et amare quod credidit, et praedicare quod docuit. Per.

947 <ALIA:> Beati euangelistae Iohannis nos domine quaesumus merita prosequantur, et tuam nobis indulgentiam semper implorent. Per.

III
V KL. IAN. NATALE INNOCENTIVM, AD SANCTVM PAVLVM

/f. 112r **948** / Deus cuius hodierna die praeconium innocentes martyres non loquendo sed moriendo confessi sunt, omnia in nobis uitiorum mala mortifica, ut fidem tuam quam lingua nostra loquitur, etiam moribus uita fateatur. Per.

949 ALIA: Deus qui bonis tuis infantium quoque[3] nascentia sacramenti corda praecedes, tribue quaesumus ut et nostrae conscientiae fiduciam non habentes, indulgentia semper copiosa praeueniat. Per.

950 SVPER OBLATA: Sanctorum tuorum nobis domine pia non desit oratio, quae et munera nostra conciliet, et tuam nobis indulgentiam semper obtineat. Per.

951 <PRAEFATIO:> VD per Christum dominum nostrum. Et in pretiosis mortibus paruulorum, quos propter nostri saluatoris infantiam bestiali saeuitia Herodes funestus occidit, inmensa clementiae tuae dona praedicare. In quibus fulget sola magis gratia quam uoluntas, et clara est prius confessio quam loquela. Ante passio, quam membra idonea passioni. Existunt testes Christi, qui eius nondum fuerant agnitores. O infinita benignitas, o ineffabilis misericordia, quae pro suo nomine trucidatis, meritum gloriae perire non patitur, sed proprio cruore perfusis, et salus regenerationis adhibetur, et inputatur corona martyrii. Et ideo.

952 AD COMPLENDVM: Votiua domine dona percepimus, quae sanctorum nobis praecibus et praesentis quaesumus uitae pariter et aeternae tribue conferre subsidium. Per.

/f. 112v **953** / <SVPER POPVLVM:> Discat ecclesia tua deus infantium quas hodie ueneramur exemplo sinceram tenere pietatem, quae illis prius uitam prestitit sempiternam, quam possit nosse[4] praesentem. Per.

---

[3] *quoque* is written on an erased word which is now completely invisible.
[4] The *se* is added interlinearly by **B**.

232

954 ALIA SORS: Deus qui licet sis magnus in magnis, mirabilia tamen gloriosius operaris in minimis, da nobis quaesumus in eorum caelebritate gaudere, qui filio tuo domino nostro testimonium praebuerunt, etiam non loquentes. Per eundem dominum nostrum.

955 ALIA: Deus qui nos unigeniti clementer incarnatione redemisti, da nobis patrocinia tuorum continuata sanctorum, quibus capere ualeamus salutaris misterii portionem. Per eundem.

956 ALIA: Ipsi nobis domine quaesumus postulent mentium puritatem, quorum innocentiam hodie sollemniter caelebramus. Per dominum.

IIII
II KL. IAN. NATALE SANCTI SILVESTRI PAPAE
957 Da quaesumus omnipotens deus, ut beati Siluestri confessoris tui atque pontificis ueneranda sollemnitas et deuotionem nobis augeat et salutem. Per.

958 SVPER OBLATA: Sancti tui nos quaesumus domine ubique laetificent, ut dum eorum merita recolimus, patrocinia sentiamus. Per dominum.

959 AD COMPLENDVM: Praesta quaesumus omnipotens deus, ut de perceptis muneribus gratias exibentes, beneficia potiora sumamus. Per dominum nostrum.

f. 113r

/ V
XVIIII KL. FEBR. NATALE SANCTI FELICIS IN PINCIS
960 Concede quaesumus omnipotens deus, ut ad meliorem uitam sanctorum tuorum exempla nos prouocent, quatenus quorum sollemnia agimus, etiam actus imitemur. Per.

961 ALIA: Da quaesumus omnipotens deus ut beatus Felix qui donis tuis extitit gloriosus, aput te nostris existat nominibus idoneus interuentor. Per.

962 SVPER OBLATA: Hostias tibi domine beati Felicis confessoris tui dicatas meritis benignus adsume, et ad perpetuum nobis tribue prouenire subsidium. Per.

963 <PRAEFATIO:> VD aeterne deus. Et confessionem sancti Felicis memorabilem non tacere, qui nec hereticis prauitatibus nec saeculi blandimentis a sui status rectitudine potuit inmutari, sed inter[5] utraque discrimina ueritatis adsertor firmitatem tuae fidei non reliquit. Per Christum.

964 AD COMPLENDVM: Quaesumus domine salutaribus repleti mysteriis, ut cuius sollemnia caelebramus, eius orationibus adiuuemur. Per.

965 SVPER POPVLVM: Sanctorum precibus confitentes quaesumus domine, ut ea quae sumpsimus, aeterna remedia capiamus. Per dominum nostrum.

966 <ALIA:> Sancti Felicis domine confessio recensita conferat nobis pie deuotionis augmentum, qui in confessione tui nominis perseuerans meruit honorari.

VI
XVII KL. FEB. NATALE SANCTI MARCELLI PAPAE

967 Praeces populi tui quaesumus domine clementer exaudi, ut beati Marcelli[6] martyris tui atque pontificis meritis adiuuemur, cuius passione laetamur. Per dominum nostrum Iesum Christum filium tuum.

/f. 113v **968** ALIA: / Da quaesumus omnipotens deus, ut qui[7] beati Marcelli confessoris tui atque pontificis sollemnia collimus, eius aput te intercessionibus adiuuemur. Per.

969 SVPER OBLATA: Suscipe quaesumus domine munera dignanter oblata, et beati Marcelli suffragantibus meritis, ad nostrae salutis auxilium prouenire concede. Per dominum nostrum Iesum Christum.

---

[5] The *ter* is added interlinearly by **B**.
[6] *Marcelli* interlinear addition by **B**.
[7] *qui* interlinear addition by **B**.

970 PRAEFATIO: VD aeterne deus. Qui glorificaris in tuorum confessione sanctorum, et non solum excellentioribus praemiis martyrum tuorum merita gloriosa prosequeris, sed etiam sacro mysterio conpetentibus seruitiis exsequentes, gaudium domini sui tribuis benignus intrare. Per Christum.

971 AD COMPLENDVM: Satiasti domine familiam tuam muneribus sacris, eius quaesumus domine semper interuentione nos refoue, cuius sollemnia caelebramus. Per.

VII
XV KL. FEB. NATALE SANCTAE PRISCAE VIRGINIS

972 Da quaesumus omnipotens deus, ut qui beatae Priscae martyris tuae natalitia colimus, et annua sollemnitate laetemur, et tantae fidei proficiamus exemplo. Per dominum.

973 SVPER OBLATA: Hostia domine quaesumus quam in sanctorum tuorum natalitiis recensentes offerimus, et uincula nostrae prauitatis absoluat, et tuae nobis misericordiae dona conciliet. Per.

974 AD COMPLENDVM: Quaesumus domine salutaribus repleti mysteriis, ut cuius sollemnia caelebramus, eius orationibus adiuuemur. Per dominum.

VIII
XIIII KL. FEB. NATALE SANCTARVM MARIAE ET MARTHA

f. 114r **975** / Exaudi domine populum tuum cum sanctorum tuorum tibi patrocinio supplicantem, ut temporalis uitae nos tribuas pace gaudere, et aeterne reperire subsidium. Per.

976 SECRETA: Praeces domine tuorum respice oblationesque fidelium, ut et tibi gratiae sint pro tuorum festiuitate sanctorum, et nobis conferant tuae propitiationis auxilium. Per.

977 AD COMPLENDVM: Sanctorum tuorum domine intercessione placatus, presta quaesumus ut quae temporali caelebramus actione, perpetua capiamus salutatione. Per.

VIIII
XIII KL. FEB. NATALE SANCTI FABIANI MARTYRIS

978 Infirmitatem nostram respice omnipotens deus, et quia pondus propriae actionis grauat, beati Fabiani martyris tui atque pontificis intercessio gloriosa nos protegat. Per.

979 ALIA: Adsit nobis domine quaesumus sancta praecatio beati pontificis et martyris tui Fabiani, quae nos et a terrenis affectibus incessanter expediat et ad caelestia desidere perficiat. Per.

980 SVPER OBLATA: Hostias tibi domine beati Fabiani martyris tui dicatas meritis benignus assume, et ad perpetuum nobis tribue prouenire subsidium. Per.

981 AD COMPLENDVM: Refecti participatione muneris sacri quaesumus domine deus noster, ut cuius exequimur cultum, sentiamus effectum. Per dominum.

X
ITEM EODEM DIE NATALE SANCTI SEBASTIANI

982 Deus qui beatum Sebastianum martyrem tuum uirtute constantiae in passione roborasti, ex eius imitatione / tribue pro amore tuo prospera mundi despicere, et nulla aduersa eius formidare. Per dominum nostrum Iesum Christum.

/f. 114v

983 ALIA: Concede omnipotens deus ut sanctorum martyrum tuorum, quorum caelebramus uictorias, participemur et premiis. Per.

984 SVPER OBLATA: Accepta sit in conspectu tuo domine nostra deuotio, et eius nobis fiat supplicatione salutaris, pro cuius sollemnitate defertur. Per.

985 PRAEFATIO: VD aeterne deus. Quoniam martyris beati Sebastiani pro confessione nominis tui uenerabilis sanguis effusus, simul et tua mirabilia manifestat, quo perficis in infirmitate uirtutem, et nostris studiis dat profectum, et infirmis apud te praestat auxilium. Per Christum.

236

986 AD COMPLENDVM: Sacro munere saciati supplices te domine depraecamur, ut quod debitae seruitutis caelebramus officio, intercedente beato Sebastiano martyre tuo, saluationis tuae sentiamus augmentum. Per.

XI

XII KL. FEB. NATALE SANCTAE AGNETIS VIRGINIS

987 Omnipotens sempiternae deus, qui infirma mundi eligis ut fortia quaeque confundas, concede propitius ut qui beatae Agne martyris tuae sollemnia colimus, eius apud te patrocinia sentiamus. Per.

988 ALIA: Presta quaesumus domine nostris cum exultatione prouectum, ut beatae Agnetis martyris tuae, cuius diem passionis annua deuotione recolimus, etiam fidei constantiam subsequamur. Per.

989 SVPER OBLATA: Hostias domine quas tibi offerimus propitius suscipe, et intercedente beata Agna martyre tua, uincula peccatorum nostrorum absolue. Per.

/f. 115r **990** / PRAEFATIO: VD aeterne deus. Et diem beatae Agnetis martyrio consecratam sollemniter recensere, quae terrenae generositatis oblectamenta despiciens, caelestem meruit dignitatem. Societatis humanae uota contempnens, aeterno regis est sociata consortio. Et pretiosam mortem sexus fragilitate calcata, pro Christi confessione suscipiens, simul est facta conformis et sempiternitatis eius et gloriae. Per quem.

991 AD COMPLENDVM: Refecti cibo potuque caelesti deus noster te supplices exoramus, ut in cuius haec commemoratione percepimus, eius muniamur et praecibus. Per dominum nostrum Iesum Christum.

992 ALIA: Sumentes domine gaudia sempiterna de participatione sacramenti festiuitatis sanctae martyre Agnetis suppliciter deprecamur, ut quae sedula seruitute donante te gerimus, dignis sensibus tuo munere capiamus. Per.

237

XII
XI KL. FEB. NATALE SANCTI VINCENTII MARTYRIS

993 Adesto quaesumus domine supplicationibus nostris, ut qui ex iniquitate nostra reos nos esse cognoscimus, beati Vincentii martyris tui intercessione liberemur. Per dominum.

994 SVPER OBLATA: Muneribus nostris quaesumus domine praecibusque susceptis, et caelestibus nos munda mysteriis, et clementer exaudi. Per.

995 PRAEFATIO: VD per Christum dominum nostrum. Pro cuius nomine gloriosus leuita Vincentius et miles inuictus, rapidi hostis insaniam interritus adiit, modestus sustinuit, securus inrisit, sciens paratus esse ut resisteret, nesciens elatus esse quod uinceret. In utroque domini / ac magistri sui uestigia sequens, qui et humilitatis custodiendae, et de hostibus triumphandi, suis sequenda exempla monstrauit. Per quem maiestatem tuam.

/f. 115v

996 AD COMPLENDVM: Quaesumus omnipotens deus ut qui caelestia alimenta percepimus, intercedente beato Vincentio martyre tuo, per haec contra omnia aduersa muniamur. Per.

XIII
X KL. FEB. NATALE SANCTORVM EMERENTIANAE ET MACHARII MARTYRVM

997 Maiestati tuae nos domine martyrum Emerentianae et Macharii supplicatio beata conciliet, ut qui incessabiliter actionibus nostris offendimus, iustorum precibus expiemur. Per dominum nostrum.

998 SVPER OBLATA: Accepta tibi sit domine sacra tuae plebis oblatio, pro tuorum honore sanctorum, quorum meritis se percaepisse in tribulatione cognoscit auxilium. Per.

999 AD COMPLENDVM: Iugiter nos domine sanctorum tuorum Emerentianae et Macharii uota laetificent, et patrocinia nobis martyrum ipsae semper festiuitates exhibeant. Per.

1000 ALIA: Martyrum tuorum Emerentianae et Macharii nos domine semper festa laetificet, et quorum caelebramus meritum, experiamur auxilium. Per dominum.

XIIII
VIII KL. FEB. NATALE SANCTI PROIECTI MARTYRIS
1001 Martyris tui Proiecti nos quaesumus domine interuentio
/f. 116r gloriosa commendet, / ut quod nostris actibus non meremur, eius precibus consequamur.

1002 SVPER OBLATA: Suscipe domine propitius orationem nostram cum oblationibus hostiarum superinpositis, et martyri tui Proiecti depraecatione pietati tuae perfice benignus acceptas, et illa quae in eo flagrauit fortis dilectio in nobis adspira benignus. Per.

1003 PRAEFATIO: VD aeterne deus. Et tuam misericordiam deprecari, ut mentibus nostris beati martyris tui Proiecti repetita solemnitate spiritalis laetitiae tribuas iugiter suauitatem, concedasque nobis ut uenerando passionis eius triumphum, obtentu illius et peccatorum remissionem, et sanctorum mereamur adipisci consortium. Per Christum.

1004 AD COMPLENDVM: Votiua domine pro beati martyris tui Proiecti passione dona percepimus quaesumus ut eius praecibus et praesentis uitae nobis pariter, et aeternae tribuas conferre subsidium. Per.

XV
EODEM DIE CONVERSIO SANCTI PAVLI APOSTOLI
1005 Deus qui uniuersum mundum beati Pauli apostoli predicatione docuisti, da nobis quaesumus ut qui eius hodie conuersionem colimus, per eius ad te exempla gradiamur. Per.

1006 SVPER OBLATA: Apostoli tui Pauli precibus domine plebis tuae dona sanctifica, ut quae tibi tuo grata sunt instituta, gratiora fiant patrocinio supplicantis. Per dominum nostrum.

1007 PRAEFATIO: VD aeterne deus. Et maiestatem tuam suppliciter exorare ut ecclesiam tuam[8] beati Pauli tui[9] apostoli praedicatione edoctam, nulla sinas fallacia uiolari. Et sicut /f. 116v nihil in uera / religione manere dinoscitur quod non eius condierit disciplina, ita ad peragenda ea quae docuit, eius obtentu fidelibus tribuatur efficatia, sciatque credentium gentium multitudo eum pro se apud te intercessorem, quem habere cognouit magistrum atque doctorem. Per Christum.

1008 AD COMPLENDVM: Sanctificati domine salutari mysterio quaesumus, ut pro nobis eius non desit oratio, cuius donasti patrocinio gubernari. Per.

1009 SVPER POPVLVM: Praesta populo tuo domine quaesumus consolationis auxilium, et diuturnis calamitatibus laborantem, beati apostoli tui Pauli intercessione, a cunctis tribulationibus eruatur. Per.

XVI
V KL. FEBR. NATALE SANCTAE AGNE SECVNDO

1010 Deus qui nos annua beatae Agne martyris tuae sollemnitate laetificas, da quaesumus ut quam ueneramur officio, etiam pie conuersationis sequamur exemplo. Per dominum nostrum.

1011 ALIA: Adesto nobis omnipotens deus beatae Agnetis festa repetentibus, quam hodiernae festiuitatis prolatam exortu ineffabili munere subleuasti. Per.

1012 SVPER OBLATA: Super has quaesumus domine hostias benedictio copiosa descendat, quae et sanctificationem nobis clementer operetur, et de martyrum nos sollemnitate laetificet. Per.

1013 <PRAEFATIO:> VD aeterne deus. Beatae Agnetis natalicia /f. 117r geminante, uere enim huius / honorandus est dies,[10] quae sic terrena generatione processit, ut ad diuinitatis consortium perueniret. Per Christum.

---

[8] *suppliciter exorare ut ecclesiam tuam* is added in the right margin by **B**.
[9] *tui* interlinear addition by **B**.
[10] *dies* interlinear addition by **B**.

1014 AD COMPLENDVM: Sumpsimus domine caelebritatis annuae uotiua sacramenta, praesta quaesumus ut et temporalis nobis uitae remedia praebeant et aeternae. Per.

XVII
IIII NONAS FEB. YPAPANTI DOMINI AD SANCTAM MARIAM

1015 ORATIO AD COLLECTA AD SANCTVM ADRIANVM: Erudi quaesumus domine plebem tuam, et quae extrinsecus annua tribuis deuotione uenerari, interius adsequi gratiae tuae luce concede. Per.

1016 *MISSA AD SANCTAM MARIAM MAIOREM*: Omnipotens sempiternae deus maiestatem tuam supplices exoramus, ut sicut unigenitus filius tuus hodierna die cum nostrae carnis substantia in templo est praesentatus, ita nos facias purificatis tibi mentibus praesentari. Per eundem.

1017 SVPER OBLATA: Exaudi domine preces nostras, ut et digna sint munera quae oculis tuae maiestatis offerimus, subsidium nobis tuae pietatis inpende. Per.

1018 <PRAEFATIO:> VD aeterne deus. Quia per incarnati uerbi mysterium noua mentis nostrae oculis lux tuae claritatis effulsit, ut dum uisibiliter deum cognoscimus, per hunc inuisibilium amore rapiamur. Per Christum dominum nostrum.

1019 AD COMPLENDVM: Quaesumus domine deus noster, ut sacrosancta mysteria quae pro reparationis nostrae munimine contulisti, intercedente beata semper uirgine / Maria, et praesens nobis remedium esse facias et futurum. Per.

f. 117v

1020 SVPER POPVLVM: Perfice in nobis quaesumus domine gratiam tuam, qui iusti Symeonis expectationem implesti, ut sicut ille mortem non uidit, priusquam Christum dominum uidere mereretur, ita et nos uitam obtineamus aeternam. Per.

XVIII
NON. FEB. NATALE SANCTAE AGATHAE

1021 Deus qui inter cetera potentiae tuae miracula etiam in sexu fragili uictoriam martyrii contulisti, concede propitius ut cuius natalicia colimus, per eius ad te exempla gradiamur. Per.

1022 ALIA: Indulgentiam nobis domine beata Agatha martyr imploret, quae tibi grata extitit uirtute martyrii, et merito castitatis. Per.

1023 SECRETA: Suscipe munera domine quae in beatae Agathe martyris tuae sollemnitate deferimus, cuius nos confidimus patrocinio liberari. Per.

1024 <PRAEFATIO:> VD per Christum dominum nostrum. Pro cuius nomine poenarum mortisque contemptum in utroque sexu fidelium cunctis aetatibus contulisti, ut inter felicium martyrum palmas Agathen quoque beatissimam uirginem uictrici pacientia coronares, quae nec minis territa, nec suppliciis superata, de diaboli saeuitia triumphauit, quia in tuae deitatis confessione permansit. Et ideo.

1025 AD COMPLENDVM: Auxilientur nobis domine sumpta mysteria, et intercedente beata Agatha martyre tua sempiterna protectione confirment. Per dominum.

ITEM ALIA MISSA VBI SVPRA
/f. 118r **1026** / Deus qui nobis annue beatae Agathe martyris tuae.

1027 SVPER OBLATA: Super has quaesumus domine hostias benedictio copiosa descendat.

1028 AD COMPLENDVM: Sumpsimus domine. Reliqua superius in natale sanctae Agnetis de natiuitate.

XVIIII
IIII ID. FEB. NATALE SANCTAE SOTHERIS VIRGINIS

1029 Praesta quesumus omnipotens deus, ut sanctae Sotheris cuius humanitatis caelebramus exordia martyris beneficia sentiamus. Per.

1030 SVPER OBLATA: Preces nostras quaesumus domine propitiatus admitte, et dicatum tibi sacrificium beati Sotheris martyris commendet. Per.

1031 AD COMPLENDVM: Sanctae Sotheris precibus confidentes quaesumus domine, ut per eam quae sumpsimus aeterna remedia capiamus. Per.

XVIIII\<a\>
EODEM DIE NATALE SANCTORVM ZOTICI, NERENI,[11] ET IACINCTI

1032 Domine deus noster multiplica super nos gratiam tuam, et quorum caelebramus gloriosa certamina, tribue subsequi in sancta professione uictoriam. Per.

1033 SVPER OBLATA: Suscipe domine munera populi tui pro martyrum festiuitate sanctorum, et sincero corde nos fac eorum nataliciis interesse. Per.

1034 AD COMPLENDVM: Sacramenti tui domine quaesumus sumpta benedictio corpora nostra mentesque sanctificat, et perpetuae misericordiae nos praeparet asscribendos. Per.

XX
XVI KL. MAR. NATALE SANCTI VALENTINI MARTYRIS

1035 Praesta quaesumus omnipotens deus, ut qui beati Valentini martyris tui natalitia colimus, a cunctis malis inminentibus eius intercessione liberemur. Per.

f. 118v 1036 / SVPER OBLATA:[12] Oblatis domine quaesumus placare muneribus, et intercedente beato Valentino martyre tuo, a cunctis nos defende periculis. Per dominum.

1037 \<AD COMPLENDVM:\> Sit nobis domine reparatio mentis et corporis caeleste mysterium, ut cuius exsequimur actionem, sentiamus effectum. Per.

---

[11] MS *NERENI*, probably for *HERENI*.
[12] MS *AD COMPLENDVM* for *SVPER OBLATA*.

XXI
ITEM EODEM DIE NATALE SANCTORVM VALENTINI, VITALIS, FELICVLAE, ET ZENONIS

1038 Tuorum nos domine quaesumus precibus tuere sanctorum, ut festa martyrum tuorum Valentini Vitalis Felicule et Zenonis sine cessatione uenerantes, et fideli muniamur auxilio, et magnifico proficiamus exemplo. Per.

1039 SVPER[13] OBLATA: Ad martyrum tuorum Valentini Vitalis Felicule et Zenonis domine festa uenientes, cum muneribus nomini tuo dicatis offerimus, illis reuerentiam deferentes nobis ueniam impetremus. Per.

1040 AD COMPLENDVM: Protege domine plebem tuam, et festiuitatem martyrum tuorum Valentini, Vitalis, Felicule, et Zenonis, quam nobis tradis assidue debitam, tibi persolui precibus concedas. Per.

XXII
XIIII KL. MAR. NATALE SANCTAE IVLIANAE VIRGINIS ET MARTYRIS

1041 Omnipotens sempiterne deus qui eligis infirma mundi ut fortia quaeque confundas, da nobis in festiuitate sanctae martyris tuae Iuliane congrua deuotione gaudere, ut et potentiam tuam in eius passione laudemus et prouisum nobis percipiamus auxilium. Per.

1042 ALIA: Crescat domine semper in nobis sanctae iocunditatis affectus, et beatae Iuliane uirginis atque martyris tuae ueneranda festiuitas augeatur. Per.

/f. 119r **1043** / SVPER OBLATA: In sanctae martyris tuae Iuliane passione pretiosa te domine mirabilem praedicantes, munera uotiua deferimus, presta quaesumus ut sicut eius tibi grata sunt merita, sic nostrae seruitutis accepta reddantur officia. Per dominum nostrum.

1044 PRAEFATIO: VD per Christum dominum nostrum. In hac celebritate gaudentes, qua sancti spiritus feruore praeclarus

[13] MS *AD* for *SVPER*.

244

beati martyris Iulianae sexus fragilitate praetiosus sanguinis effloruit, uirtute feminea rabiem diabolicae persecutionis elidens, gaudia gloriae triumphalis uirginitas impleuit et passio. Et ideo cum angelis.

1045 AD COMPLENDVM: Libantes domine mensae tuae beata mysteria quaesumus ut sanctae Iuliane martyris tuae interuentionibus, temporalem et praesentem nobis misericordiam conferant et aeternam. Per dominum.

XXIII
VIII KL. MAR. CATHEDRA SANCTI PETRI

1046 Deus qui beato apostolo tuo Petro conlatis clauibus regni caelestis animas ligandi atque soluendi pontificium tradidisti, concede quaesumus ut intercessionis eius[14] auxilio, a peccatorum nostrorum nexibus liberemur. Per.

1047 SECRETA: Ecclesiae tuae quaesumus domine praeces et hostias beati Petri apostolo tui commendet oratio, quod pro illius gloriae caelebramus, nobis prosit ad ueniam. Per dominum nostrum.

1048 PRAEFATIO: VD aeterne deus. Et te laudare mirabilem deum in sanctis tuis, in quibus glorificatus es uehementer, per quos unigeniti tui sacrum corpus / exornas, et in quibus ecclesiae tuae fundamenta constituis, quam in patriarchis fundasti, in prophetis praeparasti, in apostolis condidisti. Ex quibus beatum Petrum apostolorum principem, ob confessionem unigeniti filii tui, per os eiusdem uerbi tui confirmatum in fundamento domus tuae mutato nomine caelestium claustrorum praesulem custodemque fecisti, diuino ei iure concesso, ut quae statuisset in terris, seruarentur in caelis. In cuius ueneratione hodierna die maiestati tuae haec festa persoluimus, et gratiarum ac laudis hostiam immolamus. Per Christum dominum nostrum.

1049 AD COMPLENDVM: Laetificet nos domine munus oblatum, ut sicut in apostolo tuo Petro te mirabilem praedicamus, sic per illum tuae sumamus indulgentiae largitatem. Per.

---

[14] *eius* interlinear addition by **B**.

f. 119v

1050 SVPER POPVLVM: Benedic domine plebem tuam quaesumus, et beati Petri apostoli tui deprecationibus confidentem, tribue consequi defensionis auxilium. Per.

XXIIII
NON. MAR. NATALE SANCTARVM PERPETVAE ET FELICITATIS

1051 Da nobis domine deus noster sanctorum martyrum palmas incessabili[15] deuotione uenerari, ut quos digna mente non possumus celebrare, humilibus saltem frequentemus obsequiis. Per.

1052 <SVPER OBLATA:> Intende domine munera quaesumus altaribus tuis pro sanctarum tuarum / Felicitatis et Perpetuae commemoratione proposita, ut sicut per haec beata mysteria illis gloriam contulisti, nobis indulgentiam largiaris. Per dominum nostrum.

/f. 120r

1053 PRAEFATIO: VD aeterne deus. Quam magna sunt opera tua domine, et inmensa magnalia per quae nobis laetitia hodiernae festiuitatis accessit, Perpetuae et Felicitatis filii, et uera est suorum felicitatis filiorum, quos casto foetu sancti coniugii mater fecunda progenuit et rursus confessionis sacrosanctis uisceribus mater beata conceptos, fide denuo felicius peperit martyres. Per Christum dominum nostrum.

1054 AD COMPLENDVM: Praesta nobis domine quaesumus intercedentibus sanctis tuis,[16] ut quae ore contingimus, pura mente capiamus. Per.

1055 SVPER POPVLVM: Libera domine quaesumus a peccatis et hostibus tibi populum supplicantem, ut in sancta conuersatione inuenies, nullis efficiantur aduersis. Per.

XXV
IIII ID. MAR. NATALE SANCTI GREGORII PAPAE

1056 Deus qui animae famuli tui Gregorii aeternae beatitudinis praemia contulisti, concede propitius, ut qui peccatorum

---

[15] MS *incessabilili* for *incessabili*.
[16] *tuis* interlinear addition by **B**.

nostrorum pondere praemimur, eius aput te praecibus subleuemur. Per.

1057 SVPER OBLATA: Annuae nobis domine ut animae famuli
tui Gregorii prosit oblatio, quam immolando totius mundi
tribuisti relaxari delicta. Per.

1058 <PRAEFATIO:> VD aeterne deus. Quia sic tribuis ecclesiam
tuam sancti Gregorii pontificis tui commemoratione gaudere,
/f. 120v ut eam illius et festiui/tate laetifices, et exemplo piae conuersationis exerceas, et uerbo predicationis erudias, grataque tibi
supplicatione tuearis. Per Christum.

1059 AD COMPLENDVM: Deus qui beatum Gregorium pontificem sanctorum tuorum meritis quoaequasti, concede
propitius, ut qui commemorationis eius festa percolimus, uitae
quoque imitemur exempla. Per.

XXVI
XII KL. APRL. NATALE SANCTI BENEDICTI ABBATIS
1060 Omnipotens aeterne deus qui per gloriosa tua beati Benedicti
abbatis exempla humilitatis triumphale nobis iter ostendisti,
da quaesumus ut uiam tibi placidae oboedientiae quam
uenerabilis pater Benedictus illesus antecedebat, nos praeclaris
eius meritis adiuti, sine errore subsequamur. Per.

1061 SVPER OBLATA: Paternis intercessionibus magnifici pastoris benedicti quaesumus familiae tuae omnipotens deus
commendetur oblatio, cuius uitalibus decoratur exemplis. Per.

1062 PRAEFATIO: VD aeterne deus. Honorandi patris Benedicti
gloriosum caelebrantes diem, in quo hoc triste saeculum
deserens, ad caelestis patriae gaudia migrauit aeterna. Qui
sancti spiritus repletus dono, decori monachorum gregis effulsit pastor, qui sacris quod ammonuit dictionibus, sanctis
impleuit operibus. Vt quam diuinis intonuit oraculis semitam
exemplis monstraret lucidis, ut gloriosa plebs monachorum
paterna intuens uestigia, ad perpetua lucis aeterne praemia
peruenire mereretur. Per Christum.

247

/f. 121r **1063** AD COMPLENDVM: / Perceptis domine deus noster salutaribus sacramentis humiliter te deprecamur, ut intercedente beato Benedicto abbate, quae pro illius uenerando agimus obitu, nobis proficiant ad salutem. Per.

XXVII
VIII KL. APRL. ADNVNTIATIO SANCTAE MARIAE

1064 Deus qui beatae Mariae uirginis utero uerbum tuum angelo nuntiante carnem suscipere uoluisti, praesta supplicibus tuis, ut qui uere eam genetricem dei credimus, eius apud te intercessionibus adiuuemur. Per eundem.

1065 AD MISSAM: Deus qui hodierna die uerbum tuum beatae uirginis aluo coadunare uoluisti, fac nos mysteria tua ita peragere, ut tibi placere ualeamus. Per dominum nostrum Iesum Christum.

1066 SVPER OBLATA: In mentibus nostris domine uere fidei sacramenta confirma, ut qui conceptum de uirgine deum uerum et hominem confitemur, per eius salutiferae resurrectionis potentiam, ad aeternam mereamur peruenire laetitiam. Per eundem dominum nostrum.

1067 PRAEFATIO: VD aeterne deus. Qui per beatae Mariae uirginis partum ecclesiae tuae tribuisti caelebrare mirabile mysterium, et inenarrabile sacramentum. In qua manet intacta castitas, pudor integer, firma constantia. Quae laetatur quod uirgo concepit, quod caeli dominum castis portauit uisceribus, quod uirgo edidit partum. O admirandam diuinae dispensationis operationem, quae uirum non cognouit, et mater est, et post
/f. 121v filium uirgo est, / duobus enim gauisa est muneribus, miratur quod uirgo peperit, laetatur quod redemptorem mundi edidit Iesum Christum dominum nostrum. Per quem.

1068 AD COMPLENDVM: Gratiam tuam domine mentibus nostris infunde, ut qui angelo nuntiante Christi filii tui incarnationem cognouimus, per passionem eius et crucem ad resurrectionis gloriam perducamur. Per.

1069 SVPER POPVLVM: Protege domine famulos tuos subsidiis pacis, et beatae Mariae patrociniis confidentes, a cunctis hostibus redde securos. Per.

1070 ALIA SORS: Omnipotens sempiterne deus qui coaeternum tibi filium hodie pro mundi salute secundum carnem spiritu sancto concipiendum, angelico ministerio beatae Mariae semper uirginis declarasti, adesto propitius populo tuo, ut eius natiuitati pace concessa, liberioribus animis occurramus. Per.

1071 ALIA: Exaudi nos domine sancte pater omnipotens aeterne deus, qui per beatae Mariae sacri uteri diuinae gratiae obumbratione uniuersum mundum inluminare dignatus es, maiestatem tuam supplices exoramus, ut quod nostris meritis non ualeamus obtinere, eius adipisci praesidiis mereamur. Per.

1072 ALIA: Te quaesumus domine famulantes praece humili auxilium implorantes, ut beatae semper uirginis Mariae nos gaudia comitentur sollemniis, cuius praeconio ac meritis nostra deleantur cyrographa peccatorum, atque rubiginem scelerum mole uitiorum igne conpunctionis tuae amore mundemur incursu. Per.

1073 ALIA: Deus qui diuinis obsequiis angelorum magnificas dignitates, / extremitatem nostram respectu tuae uisitationis inlustra, ut quod illius facis nobis mirabiliter nuntiari, facias nos mirabiliter adipisci. Per dominun nostrum.

1074 ITEM ALIA: Beatae et gloriosae semperque uirginis dei genetricis Mariae nos domine quaesmus merita prosequantur, et tuam nobis indulgentiam semper implorent. Per.

1075 ITEM ALIA: Porrige nobis domine dexteram tuam, et per intercessionem beatae et gloriosae semperque uirginis dei genetricis Mariae, auxilium nobis supernae uirtutis impende. Per dominum nostrum.

XXVIII
III ID. APL. NATALE SANCTI LEONIS PAPAE

1076 Exaudi domine praeces nostras quas in sancti confessoris tui atque pontificis Leonis sollemnitate deferimus, ut qui tibi digne meruit famulari, eius intercedentibus meritis, ab omnibus nos absolue peccatis. Per.

1077 ALIA: Presta quaesumus omnipotens deus ut beatus Leo[17] tibi placita fulgeat sorte pontificatus, pietati tuae nos pia supplicatione commendet. Per.

1078 SECRETA: Sancti Leonis confessoris tui atque pontificis quaesumus domine annua sollemnitas pietati tuae nos reddat acceptos, per haec piae oblationis officia, et illum beata retributio comitetur, et nobis gratiae tuae dona conciliet. Per.

1079 AD COMPLENDVM: Deus fidelium, remunerator animarum, presta ut beati Leonis confessoris tui atque pontificis, cuius uenerandam / caelebramus festiuitatem, precibus indulgentiam consequamur. Per.

/f. 122v

XXVIIII
IDVS APRL. NATALE SANCTAE EVFEMIAE MARTYRIS

1080 Concede nobis omnipotens deus sanctae martyris tuae Eufemiae exultare meritis, et beneficiis referre suffragia. Per dominum.

1081 ALIA: Annue quaesumus domine ut sanctae martyris tuae Eufemiae tibi placitis deprecationibus adiuuemur. Per.

1082 SVPER OBLATA: Muneribus te domine magnificamus oblatis, quae in sanctae nobis sollemnitatibus Eufemiae et gaudia sempiterna concilies, et patrocinia sempiterna largiaris. Per.

1083 PRAEFATIO: VD aeterne deus. Et in hac solemnitate tibi laudis hostias immolare, qua beatae Eufemiae martyris tuae passionem uenerando recolimus, et tui nominis gloriam debitis praeconiis magnificamus. Per Christum.

1084 AD COMPLENDVM: Sanctae nos martyris Eufemiae praecatio tibi domine grata comitetur, et tuam nobis indulgentiam poscere non desistat.

---

[17] *que* is added unnecessarily by a different hand.

XXX
XVIII KL. MAIAS, NATALE SANCTORVM TYBVRTII, ET VALERIANI, ET MAXIMI

1085 Praesta quaesumus omnipotens deus, ut qui sanctorum tuorum Tiburtii, Valeriani, et Maximi sollemnia colimus, eorum etiam uirtutes imitemur. Per.

1086 SVPER OBLATA: Hostia haec quaesumus domine quam in sanctorum tuorum natalicia recensentes / offerimus et uincula nostrae prauitatis absoluat et tuae nobis misericordiae dona conciliet. Per.

f. 123r

1087 PRAEFATIO: VD aeterne deus. Et te in sanctorum martyrum tuorum festiuitate laudare, qui semper es mirabilis in tuorum commemoratione sanctorum. Qui et magnae fidei largiris affectum, et tolerantiam tribuis passionum, et antiqui hostis facis superari machinamentum. Quo egregii martyres tui ad capiendam supernorum beatitudinem praemiorum, nullis inpediantur retinaculis blandimentorum. Et ideo.

1088 AD COMPLENDVM: Sacro munere satiati supplices te domine depraecamur, ut quod debitae seruitutis caelebramus officio, saluationis tuae sentiamus augmentum. Per.

XXXI
VIIII KL. KALENDAS MAIAS NATALE SANCTI GEORGII MARTYRIS

1089 Deus qui nos beati Georgii martyris tui meritis et intercessione laetificas, concede propitius ut qui eius beneficia poscimus, dona tuae gratiae consequamur. Per.

1090 SVPER OBLATA: Munera domine oblata sanctifica, et intercedente beato Georgio martyre tuo nos per haec a peccatorum nostrorum maculis emunda. Per.

1091 <PRAEFATIO:> VD per Christum dominum nostrum. Pro cuius nominis ueneranda confessione beatus martyr Georgius diuersa supplicia sustinuit, et ea deuincens, coronam perpetuitatis promeruit. Per quem.

251

/f. 123v **1092** AD COMPLENDVM: / Supplices te rogamus omnipotens deus, ut quos tuis reficis sacramentis, intercedente beato Georgio martyre tuo, tibi etiam placitis moribus dignanter tribuas deseruire. Per.

XXXII
III KL. MAI. NATALE SANCTI VITALIS MARTYRIS

1093 Praesta quaesumus omnipotens deus, ut intercedente beato Vitale martyre tuo, et a cunctis aduersitatibus[18] liberemur in corpore, et a prauis cogitationibus mundemur in mente. Per.

1094 SECRETA: Accepta sit in conspectu tuo domine nostra deuotio, et eius nobis fiat supplicatione salutaris, pro cuius sollemnitate defertur. Per.

1095 AD COMPLENDVM: Refecti participatione muneris sacri quaesumus domine deus noster, ut cuius exequimur cultum, sentiamus effectum. Per.

1096 SVPER POPVLVM: Exultet domine quaesumus populus tuus in sancti tui comemoratione Vitalis, et cuius uotiuo laetamur officio, suffragio releuetur obtato. Per.

XXXIII
KL. MAI. NATALE SANCTORVM APOSTOLORVM
PHILIPPI ET IACOBI

1097 Deus qui nos annua apostolorum tuorum Philippi et Iacobi sollemnitate laetificas, praesta quaesumus ut quorum gaudemus meritis, instruamur exemplis. Per.

1098 ALIA: Deus qui omnium sanctorum splendor mirabilis, quique hunc diem beatorum apostolorum Philippi et Iacobi martyrio consecrasti, da ecclesiae tuae de natalicio tantae

---

[18] The *si* is added interlinearly by **B**.

/f. 125r   festiuitatis[19] / laetari, ut apud misericordiam tuam et exemplis eorum et meritis adiuuemur. Per.

1099   SECRETA: Munera domine quae pro apostolorum tuorum Philippi et Iacobi sollemnitate deferimus propitius suscipe et mala omnia quae meremur auerte. Per dominum.

1100   PRAEFATIO: VD aeterne deus. Qui ecclesiam tuam in apostolica soliditate firmasti, de quorum consortio sunt beati[20] Philippus et Iacobus, quorum passionis hodie festum ueneramur, poscentes ut sicut eorum doctrinis instituimur, ita exemplis muniamur, et praecibus adiuuemur. Per Christum.

1101   AD COMPLENDVM: Quaesumus domine salutaribus repleti mysteriis, ut quorum sollemnia caelebramus, eorum orationibus adiuuemur. Per.

1102   SVPER POPVLVM: Beatorum apostolorum Philippi et Iacobi honore continuo domine plebs tua semper exultet, et his praesulibus gubernetur, quorum et doctrinis gaudet et meritis. Per.

1103   ALIA ORATIO: Omnipotens sempiterne deus sancti nos Iacobi laetificet ac Philippi festiua sollemnitas, et quorum suffragiis nitimur, nataliciis gloriemur. Per.

---

[19] f. 124 is a small fly-leaf inserted between f. 123 and f. 125. It reads:

1* *SANCTO MARCO* : Deus qui beatum Marcum euangelistam tuum aeuangelicae predicationis gratia sublimasti, tribue quaesumus eius nos semper et eruditione proficere et oratione defendi. Per dominum nostrum Iesum.

2* *SECRETA* : Beati euangelistae tui Marci sollempnitate tibi munera deferentes, quaesumus domine ut sicut illum predicatio euangelica fecit gloriosum, ita nos eius intercessio et uerbo et opere tibi reddat acceptos. Per.

3* *AD COMPLENDVM* : Tribuant nobis domine quaesumus continuum tua sancta presidium, quod beati Marci euangelistae tui precibus nos semper ab omnibus tueatur aduersis. Per dominum nostrum Iesum Christum filium tuum.

Cambrai, BM MS 162–163, the earliest witness to the first two sections, attributes them to VII KL. MAI. NATALE SANCTI MARCI EVANGELISTA.

[20] *i* is unnecessarily changed interlinearly into *us* by a later hand.

\<XXXIIIa\>
EODEM DIE PASSIO SANCTI SIGISMVNDI REGIS ET
MARTYRIS, MISSA CONTRA QVARTANVM TYPVM

1104 Omnipotens aeterne deus qui per sanctos apostolos tuos et martyres diuersa sanitatum dona largire dignatus es, te supplices exoramus et petimus, ut famulo tuo N egroto qui tribulatione / uexatur fidelis tuus sanctus Sigismundus clementiam tuam petens occurrere dignetur, ut qui nobis illius patefecisti merita, ista famulo tuo N conferas medicinam. Per.

/f. 125v

1105 ALIA: Omnipotens et misericors deus qui subuenis in periculis laborantibus qui temperas flagella, inclina tuas benignas aures ad nostras humiles praeces, et hunc famulum tuum N tipo fatigationis uexatum sancti martyris tui Sigismundi regis supplicationibus ab omni ardores febrium liberare digneris, ut dum illius nobis patefacit merita, praesenti aegroto conferas medicinam. Per.

1106 SECRETA: Offerimus tibi domine munera in nomine electi tui martyris Sigismundi pro praesenti aegroto, qui quartano tipo laborat, ut ab eo febrium ardores repellere iubeas, et tuo semper in omnibus muniatur auxilio. Per.

1107 PRAEFATIO: VD aeterne deus. Qui hunc famulum tuum N corporaliter uerberas ut mente proficiat, potenter ostendis quod sit pietatis tuae praeclara saluatio, tu presta ut operetur in nobis ipsa infirmitas medicinam. Tu ergo domine deus noster qui electo Sigismundo regi triumphum martyrio contulisti, secutus gratia consecutus misericordiam. Tua enim dona sunt omnipotens pater, ut per communionem corporis et sanguinis tui, in honore electi tui Sigismundi tempestatem frigoris eicias, febrium ardore repelli iubeas, et ad sanitatem / pristinam hunc famulum tuum N reuocare digneris, qui socrum beati Petri apostoli febricitantem integra restituisti corporis sanitati, Christe Iesum saluator mundi. Per quem.

/f. 126r

1108 AD COMPLENDVM: Omnipotens sempiterne deus qui contulisti fidelibus tuis obtinere quod iuste precantur, suscipe propitius hanc oblationem quam tibi offerimus, in honore beati Sigismundi regis et martyris pro praesente famulo tuo N egroto, qui quartano typo febricitante laborat, concede

propitius ut quod deuotis mentibus praecamur, celeri consequamur effectu. Per.

1109 ALIA: Domine sancte pater omnipotens aeterne deus fideliter
depraecamur, ut accipienti hunc fratri nostro N sacrosanctum
corpus et sanguinem Iesu Christi dei nostri, tam corporis quam
et animae sanitatem praestare digneris. Per.

XXXIIII
V NON. MAI. NATALE SANCTI IVVENALIS
1110 Beati nos quaesumus domine Iuuenalis et confessio semper
prosit et meritum. Per.

1111 ALIA: Annue quaesumus domine ut merita tibi placita sancti
confesoris et episcopi tui Iuuenalis pro gregibus quos sincero
ministerio gubernauit, pietatem tuam semper exoret. Per.

1112 SECRETA: Hostias nostras quaesumus domine sanctus pontifex Iuuenalis nomini tuo reddat acceptas, qui eas tibi digne
conplacuit offerendas. Per.

1113 AD COMPLENDVM: Laeti domine sumpsimus sacramenta
caelestia, quae nobis intercedente beato Iuuenali confessore
tuo atque pontifice, uberius confidimus profutura. Per.

XXXV/
V NON. MAI. NATALE SANCTORVM ALEXANDRI,
EVENTII, ET THEODOLI
1114 Praesta quaesumus omnipotens deus, ut qui sanctorum tuorum
Iuuenalis, Alexandri, Euenti, et Theodoli natalicia colimus, a
cunctis malis imminentibus eorum intercessionibus liberemur.
Per dominum.

1115 SECRETA: Super has quaesumus hostias domine benedictio
copiosa descendat, quae et sanctificationem nobis clementer
operetur, et de martyrum nos sollemnitate laetificet. Per.

1116 AD COMPLENDVM: Refecti participatione muneris sacri
quaesumus domine deus noster, ut quorum exequimur cultum,
sentiamus effectum. Per.

XXXVI
ITEM EODEM DIEM INVENTIO SANCTAE CRVCIS

1117 Deus qui in praeclara salutiferae crucis inuentione passionis tuae miracula suscitasti, concede quaesumus ut uitalis ligni praetio aeternae uitae suffragia consequamur. Per.[21]

1118 ALIA: Deus cui cunctae oboediunt creaturae, et omnia in uerbo tuo fecisti in sapientia,[22] supplices quaesumus ineffabilem clementiam tuam, ut quos per lignum sanctae crucis filii tui pio cruore es dignatus redimere, tu quies lignum uitae paradysique reparator, omnibus in te credentibus dira serpentis uenena extingue, et per gratiam spiritus sancti poculum salutis semper infunde. Per.

/f. 127r **1119** / SECRETA: Sacrificium domine quod immolamus placatus intende, ut ab omni nos exuat bellorum nequitia, et per uexillum sanctae crucis filii tui ad conterendas potestatis aduersariorum insidias, nos in tuae protectionis securitate constituat. Per.[23]

1120 PRAEFATIO: VD per Christum dominum nostrum. Qui per passionem crucis mundum redemit, et antiquae arboris amarissimum gustum, crucis medicamine indulcauit. Mortemque quae per lignum uetitum uenerat, per ligni tropheum deuicit. Vt mirabili suae pietatis dispensatione, qui per ligni gustum a florigera sede discesseramus, per crucis lignum ad paradysi gaudia redeamus. Per quem maiestatem tuam.

1121 ITEM ALIA: VD aeterne deus. Praecipue in die ista in qua filii tui unigeniti a Iudaeis abditum gloriosum inuentum est triumphum, qui protoplasti[24] facinus per ligni uetiti gustum, humanoque in genere diriuatum, per idem lignum crucis, simul quo nostra secum Christus adfixit delicta dedisti. Cuius typum uirga tenuit in separatas aequoris undas, et uiam populo Moysi praeparauit securam. Per cuius quoque umbram, aspera mors populis ligno deducta cucurrit. In quo pendens

---

[21] *Per* is deleted and *Qui uiuis et regnas* is added interlinearly by a later hand.
[22] *in sapientia* is deleted, and can be read only under UV light.
[23] *Qui uiuit et regnat* interlinear addition by a later hand.
[24] Originally *protoplausti*. The *u* is deleted, though it can still be seen quite clearly.

/f. 127v redemptor factus maledictum, ut a maledicto nos eriperet legis. Cuius ligni mysteriis saluari credimus omnes, ut cum omnibus sanctis conpraehendere ualeamus, / quae sit latitudo, longitudo, sublimitas, et profundum. In quibus gloriamur iustitiae carnis, per quam nobis crucifixus est mundus, et nos crucifigimur mundo. Quo signo inimici pellimus tela, cunctaque iacula caliditatis salubriter truculantes, expediti compedibus, hoc fronte nostra ferimus signum. Huius tutela confisi callem adgredimur tenuem, per quod de torrente in uia bibit saluator, propter quod multum a terris in dextera sua nostrum subiit caput. Cui dant uictori super nostrum caelicolae summum cuncti honorem, cherubin quoque et seraphim, socia exultatione concaelebrant. Cum quibus et nostras uoces.

1122 AD COMPLENDVM: Repleti alimonia caelesti et spiritali poculo recreati quaesumus omnipotens deus, ut ab hoste maligni defendas, quos per lignum sanctae crucis filii tui arma[25] iustitiae pro salute mundi triumphare iussisti. Per eundem.

XXXVII
II NON. MAI. NATALE SANCTI IOHANNIS ANTE PORTAM LATINAM

1123 Deus qui conspicis quia nos undique mala nostra perturbant, praesta quaesumus ut beati Iohannis apostoli tui intercessio gloriosa nos protegat. Per.

1124 SECRETA: Muneribus nostris quaesumus domine precibusque susceptis, et caelestibus nos munda mysteriis, et clementer exaudi. Per.

1125 AD COMPLENDVM: Refecti domine pane caelesti, ad uitam quaesumus nutriamur aeternam. Per.

XXXVIII
VI IDVS MAI. NATALE SANCTORVM GORDIANI ET EPIMACHI MARTYRVM

/f. 128r 1126 / Da quaesumus omnipotens deus ut qui beatorum martyrum Gordiani atque Epimachi sollemnia colimus, eorum apud te intercessionibus adiuuemur. Per.

---

[25] *is* is added unnecessarily above the second *a* probably by **B**.

1127 SVPER OBLATA: Hostias tibi domine beatorum martyrum Gordiani atque Epimachi dicatas meritis benignus adsume, et ad perpetuum nobis tribue prouenire subsidium. Per dominum.

1128 AD COMPLENDVM: Quaesumus omnipotens deus ut qui caelestia alimenta percepimus, intercedentibus sanctis tuis Gordiani atque Epimachi, per haec contra omnia aduersa muniamur. Per.

XXXVIIII
IIII ID. MAI. NATALE SANCTORVM NEREI, ET ACHILEI, ET PANCRATII

1129 Semper nos domine martyrum tuorum Nerei et Achilei foueat beata sollemnitas, et tuo dignos reddat obsequio. Per.

1130 SECRETA: Sanctorum tuorum domine Nerei et Achilei tibi grata confessio et munera nostra commendet, et tuam nobis indulgentiam semper imploret. Per dominum.

1131 PRAEFATIO: VD aeterne deus. Quoniam a te constantiam fides, a te uirtutem sumit infirmitas. Et quicquid in persecutionibus saeuum est, quicquid in morte terribile, nominis tui facis confessione superari. Vnde benedicimus te domine in operibus tuis, teque in sanctorum tuorum Nerei, Achillei, et Pancratii prouectione laudamus. Per Christum.

1132 AD COMPLENDVM: Quaesumus domine ut beatorum mar-
/f. 128v tyrum tuorum Nerei et Achilei depraecationibus / sacramenta sancta quae sumpsimus, ad tuae nobis proficiant placationis augmentum. Per.

XL
ITEM EODEM DIE MISSA DE SANCTO PANCRATIO PROPRIA

1133 Praesta quaesumus omnipotens deus, ut qui beati Pancratii martyris tui natalicia colimus, a cunctis malis imminentibus eius intercessionibus liberemur. Per.

258

1134 SECRETA: Munera quaesumus domine tibi dicata sanctifica, et intercedere beato Pancratio martyre tuo, per eadem nobis placatus intende. Per.

1135 AD COMPLENDVM: Beati Pancratii martyris tui domine intercessione placatus, praesta quaesumus, ut quae temporali caelebramus actione, perpetua saluatione capiamus. Per.

XLI
III ID. MAI. NATALE SANCTAE MARIAE AD MARTYRES

1136 Concede quaesumus omnipotens deus ad eorum nos gaudia sempiterna pertingere, de quorum nos uirtute tribuis annua sollempnitate gaudere. Per.

1137 SECRETA: Super has quaesumus hostias domine benedictio copiosa descendat, quae et sanctificationem nobis clementer operetur et de martyrum nos sollempnitate laetificet. Per.

1138 AD COMPLENDVM: Supplices te rogamus omnipotens deus, ut quos tuis reficis sacramentis, tibi etiam placitis moribus dignanter deseruire concedas. Per.

XLII
VIII KL. IVN. NATALE SANCTI VRBANI PAPAE

1139 Da quaesumus omnipotens deus ut qui beati Vrbani martyris
/f. 129r tui atque pontificis / sollemnia colimus, eius apud te intercessionibus adiuuemur. Per.

1140 SVPER OBLATA: Munera nostra quaesumus domine tibi dicta intercedente beato Vrbano, per eadem nobis placatus intende. Per.

1141 AD COMPLENDVM: Beati Vrbani martyris tui atque pontificis domine intercessione placatus, presta quaesumus ut quae temporali caelebramus actione, perpetua salutatione capiamus. Per.

XLIII
KL. IVN. DEDICATIO SANCTI NICOMEDIS MARTYRIS

1142 Deus qui nos beati Nicomedis martyris tui meritis et intercessione laetificas, concede propitius ut qui eius beneficia poscimus, dona tuae gratiae consequamur. Per.

1143 SVPER OBLATA: Munera domine oblata sanctifica, et intercedente beato Nicomede martyre tuo, nos per haec a peccatorum nostrorum maculis emunda. Per.

1144 AD COMPLENDVM: Supplices te rogamus omnipotens, ut quos tuis reficis sacramentis, intercedente beato Nicomede martyre tuo, tibi etiam placitis moribus dignanter tribuas deseruire. Per dominum nostrum.

XLIIII
IIII NON. IVN. NATALE SANCTORVM MARCELLINI ET PETRI

1145 Deus qui nos annua beatorum Marcellini et Petri martyrum tuorum sollempnitate laetificas, praesta quaesumus ut quorum gaudemus meritis, prouocemur exemplis. Per.

1146 SVPER OBLATA: Hostia haec quaesumus domine quam in sanctorum tuorum natalicia recensentes offerimus, et uincula nostrae prauitatis absoluat, et tuae / nobis misericordiae dona conciliet. Per.

/f. 129v

1147 PRAEFATIO: VD aeterne deus. Apud quem semper est praeclara uita sanctorum, quorum nos etiam mors pretiosa laetificat et tuetur. Quapropter martyrum tuorum Marcellini et Petri gloria recensentes natalitia laudes tibi domine referimus, et magnificentiam tuam supplices exoramus, ut quorum sumus martyria uenerantes, beatitudinis mereamur esse consortes. Per Christum.

1148 AD COMPLENDVM: Sacro munere satiati supplices te domine depraecamur, ut quod debitae seruitutis caelebramus officio, saluationis tuae sentiamus augmentum. Per.

XLV
VI ID IVN. NATALE SANCTI MEDARDI CONFESSORIS

1149 Deus qui sanctam nobis diei huius sollempnitatem in honore sancti Medardi confessoris tui atque pontificis consecrasti, adesto familiae tuae praecibus, et dona ut cuius festa caelebramus, eius merito et auxilio subleuemur. Per.

1150 SVPER OBLATA: Respice domine quaesumus populum tuum ad tua sacramenta currentem et praesentem festiuitatem sancti confessoris tui atque pontificis Medardi, ut quod in honore nominis tui detulerunt, cunctis proficiat ad ueniam. Per.

1151 PRAELOCVTIO: VD aeterne deus. Qui beatum Medardum confessorem tuum atque pontificem laetificabis in regno tuo, in beatitudine semper, sine fine. Vbi omnia possit uidere in tua claritate cum omnibus / sanctis ubi temperantia spiritalis, et suauitas mirabilis. Vbi refrigerium ineffabilis et laetitia inerrabilis. Vbi praesentia saluatoris filii tui domini nostri Iesu Christi, in quem semper laetantes prospicere desiderant. Cum quibus et nostras uoces.

/f. 130r

1152 AD COMPLENDVM: Gratias tibi agimus domine deus noster, qui nos caelesti medela reparare dignatus es, da quaesumus peccatis nostris ueniam, sicut beato Medardo confessore tuo dedisti sedem pontificatus. Per.

XLVI
NATALE SANCTORVM PRIMI ET FELICIANI

1153 Fac nos domine quaesumus sanctorum tuorum Primi et Feliciani semper festa sectari, quorum suffragiis protectionis tuae dona sentiamus. Per.

1154 SECRETA: Fiat domine quaesumus hostia sacranda placabilis praetiosi celebrante martyrii, quae et peccata nostra purificet, et tuorum tibi uota conciliet famulorum. Per.

1155 AD COMPLENDVM: Quesumus omnipotens deus ut sanctorum tuorum caelestibus mysteriis caelebrata sollempnitas, indulgentiam nobis tuae propitiationis adquirat. Per.

XLVII
II ID. IVN. NATALE SANCTORVM BASILIDIS, CYRINI, NABORIS, ET NAZARII

1156 Sanctorum Basilidis, Cyrini, Naboris, et Nazarii quaesumus domine natalicia nobis uotiua resplendeat, et quod illis contulit excellentia sempiterna, fructibus nostrae deuotionis adcrescat. Per dominum nostrum.

1157 SVPER OBLATA: Sanctorum Basilidis, Cyrini, Naboris, et /f. 130v   Nazarii sanguine / uenerando hostias tibi domine sollempniter immolamus, tua mirabilia pertractantes, per quem talis est perfecta uictoria. Per dominum nostrum.

1158 AD COMPLENDVM: Semper domine sanctorum martyrum Basilidis, Cyrini, Naboris, et Nazarii sollempnia caelebramus, et eorum patrocinia iugiter sentiamus. Per dominum.

XLVIIII[26]
XIIII KL. IVN. NATALE SANCTORVM MARCI ET MARCELLIANI

1159 Praesta quaesumus omnipotens deus, ut qui sanctorum Marci et Marcelliani natalicia colimus, a cunctis malis imminentibus eorum intercessione liberemur. Per.

1160 SVPER OBLATA: Munera domine tibi dicata sanctifica, et intercedentibus beato Marco et Marcelli<a>no, per eadem nos placatus intende. Per.

1161 AD COMPLENDVM: Salutaris tui domine munere saciati supplices exoramus, ut quorum laetamur gustu, renouemur effectu. Per dominum.

XLVIII
XVII KL. IVN. NATALE SANCTI VITI MARTYRIS

1162 Da ecclesiae tuae domine quaesumus sancto Vito intercedente superbia non sapere, sed tibi placita humilitate proficere, ut proterua despiciens, quaecumque matura sunt libera exerceat caritate. Per dominum nostrum.

---

[26] *h* at the left margin indicates that section XLVIIII should come after section XLVIII, where a corresponding *h* with the word *ante* appears at the left margin.

262

1163 SVPER OBLATA: Sicut gloriam diuinae potentiae munera pro sanctis oblata testantur, sic nobis effectum domine tuae saluationis impendant. Per dominum nostrum.

/f. 131r 1164 PRAEFATIO: / VD aeterne deus.[27] Beati Viti martyrio glorificantes, cui admirandam gratiam in tenero adhuc corpore, et necdum uirilia more maturo, uirtutem fidei et patientiae fortitudinem tribuisti, ut seuitiae persecutoris non cederet conscientia puerilis, et inter acerba supplicia nec sensu potuit terreri, nec frangi aetate, ut gloriosior fieret corona martyrii. Per Christum.

1165 AD COMPLENDVM: Refecti domine benedictione sollempni quaesumus, ut per intercessionem sancti Viti medicina sacramenti, et corporibus nostris prosit et mentibus. Per.

L
XIIII KL. IVLIAS VIGILIA SANCTORVM GERVASII ET PROTASII MARTYRVM
1166 Martyrum tuorum domine Geruasii et Protasii natalicia praeeuntes supplices te rogamus, ut quos caelesti gloria sublimasti, tuis adesse concede fidelibus. Per.

1167 SECRETA: Sacrificium domine quod pro sanctis martyribus Geruasii et Protasii praeuenit nostra deuotio, et eorum merita nobis augeant te donante suffragium. Per.

1168 AD COMPLENDVM: Sumpti sacrificii domine perpetua tuitio non relinquat, et noxia semper a nobis cuncta depellat. Per.

LI
XIII KL. IVL. NATALE EORVNDEM
1169 Deus qui nos annua sanctorum tuorum Geruasii et Protasii sol-
/f. 131v lempnitate laetificas, concede propitius, ut quorum / gaudemus meritis accendamur exemplis. Per.

---

[27] The top corner of f. 131 is cut out and a new piece of parchment is sewn to the folio so as to compensate for the missing part. The text is completed on the newly added parchment in a very careful facsimile script. There is no way to tell when this had happened. I have underlined the facsimile script.

1170 SVPER OBLATA: <u>Oblatis quaesumus domine p</u>lacare muneribus, et intercedentibus sanctis tuis <u>a cunctis</u> nos defende[28] periculis. Per.

1171 PRAEFATIO: <u>VD per</u> Christum dominum. Pro cuius nominis confessione beati martyres Geruasius et Protasius passi, in caelesti regione aeternis perfruuntur gaudiis, et pro eorum solempni recordatione ecclesia religiosis exultat officiis. Per quem maiestatem tuam laudant.

1172 AD COMPLENDVM: Haec nos communio domine purget a crimine, et intercedentibus sanctis tuis caelestibus remediis faciat esse consortes. Per.

LII

VIIII KL. IVL. VIGILIA SANCTI IOHANIS BAPTISTAE

1173 Praesta quaesumus omnipotens deus ut familia tua per uiam salutis incedat, et beati Iohannis praecursoris hortamenta sectando, ad eum quem praedixit secura perueniat, dominum nostrum Iesum Christum.

1174 ALIA: Praesta quaesumus domine ut populus tuus ad plene deuotionis effectum beati baptistae Iohannis natalitiis praeparetur, quem promisisti filio tuo parare plebem perfectam. Iesu Christo domine nostro.

1175 SVPER OBLATA: Munera domine oblata sanctifica, et intercedente beato Iohanne baptista, nos per haec a peccatorum nostrorum maculis emunda. Per.

1176 PRAEFATIO: VD aeterne deus. Exhibentes solempne ieiunium, quo beati Iohannis baptistae natalitia praeuenimus. Cuius genitor dum eum dubitat nasciturum, sermonis amisit officium. Et eo nascente et sermonis usum, et prophetiae /f. 132r suscepit donum. / Cuiusque genetrix senio confecta, sterelitate mutata, in eius conceptu non solum sterilitatem amisit, fecunditatem adquisiuit, sed etiam spiritum sanctum quo matrem domini et saluatoris agnosceret accepit. Per quem.

---

[28] The second *de* is added interlinearly by **B**.

1177 AD COMPLENDVM: Beati Iohannis baptistae nos domine praeclara comitetur oratio, et quem uenturum esse praedixit, poscat nobis fauere placatum. Dominum nostrum.

LIII
VIII KL. IVL. NATALE SANCTI IOHANIS BAPTISTAE IN PRIMA MISSA

1178 Concede quaesumus omnipotens deus, ut qui beati Iohannis baptistae sollempnia colimus eius apud te intercessione muniamur. Per.

1179 SECRETA: Munera domine oblata sanctifica, et intercedente beato Iohanne baptista, nos per haec a peccatorum nostrorum maculis emunda. Per.

1180 AD COMPLENDVM: Praesta quaesumus omnipotens deus, ut qui caelestia alimenta percepimus, intercedente beato Iohanne baptista per haec contra omnia aduersa muniamur. Per.

LIIII
ITEM AD MISSA

1181 Deus qui praesentem diem honorabilem nobis in beati Iohannis natiuitate fecisti, da populis tuis spiritalium gratiam gaudiorum, et omnium fidelium mentes dirige in uiam salutis aeternae. Per.

1182 ALIA: Omnipotens sempiterne deus qui instituta legalia et sanctorum praeconia prophetarum in diebus beati baptistae Iohannis implesti, praesta quaesumus ut cessantibus significationum figuris ipsa sui manifestatione ueritas eloquatur. Iesus Christus dominus noster.

f. 132v 1183 / SECRETA: Tua domine muneribus altaria cumulamus, illius natiuitatem honore debito caelebrantes, qui saluatorem mundi et cecinit adfuturum, et adesse monstrauit, dominum nostrum.

1184 PRAEFATIO: VD aeterne deus. Et in die festiuitatis hodiernae, qua beatus Iohannes exortus est, tuam magnificentiam conlaudare. Qui uocem matris domini nondum editus sensit, et adhuc clausus utero aduentum salutis humane

265

prophetica exultatione significauit. Qui et genetricis sterelitatem conceptus abstulit, et patris linguam natus absoluit. Solusque omnium prophetarum redemptorem mundi quem prenuntiauit ostendit. Et ut sacrae purificationis effectum aquarum natura conciperet, sanctificandis Iordanis fluentis, ipsum baptismo baptismatis lauit auctorem. Et ideo cum angelis.

1185 AD COMPLENDVM: Sumat ecclesia tua deus beati Iohannis baptistae generatione laetitiam, per quem suae regenerationis cognouit auctorem, Iesum Christum filium tuum dominum nostrum, qui tecum.

1186 ORATIO AD VESPERVM VBI SVPRA: Deus qui nos beati Iohannis baptistae concedis natalitio perfrui, eius nos tribue meritis adiuuari. Per.

1187 ALIA AD FONTES: Omnipotens sempiterne deus da cordibus nostris illam tuarum rectitudinem semitarum, quam beati
/f. 133r Iohannis baptistae / in deserto uox clamantis edocuit. Per.

1188 ALIA: Deus qui conspicis quia nos undique mala nostra contristant, per praecursorem gaudii corda nostra laetifica. Per.

1189 ALIA: Da quaesumus omnipotens deus intra sanctae ecclesiae uterum constitutos, eo nos spiritu ab iniquitate nostra iustificari, quo beatum Iohannem intra uiscera materna docuisti. Per.

1190 ALIA: Deus qui nos annua beati Iohannis baptistae sollempnia frequentare concedis, praesta quaesumus ut et deuotis eadem mentibus caelebremus, et eius patrocinio promerente, plene capiamus securitatis augmentum. Per.

1191 ALIA: Omnipotens et misericors deus qui beatum Iohannem baptistam tua prouidentia destinasti, ut perfectam plebem Christo domino praepararet, da quaesumus ut familia tua huius intercessione praeconis, et a peccatis omnibus exuatur, et ad eum quem prophetauit peruenire mereatur. Iesum Christum filium tuum dominum nostrum.

1192 ITEM ALIA: Sancti Iohannis natalicia caelebrantes supplices te domine depraecamur, ut hoc idem nobis semper et indulgentiae causa sit et salutis. Per.

LV
VII KL. IVL. VIGILIA SANCTORVM IOHANNIS ET PAVLI MARTYRVM

1193 Beatorum martyrum Iohannis et Pauli natalicia ueneranda quaesumus domine ecclesia tua deuota suscipiat, et fiat magnae glori/ficationis amore deuotior. Per.

/f. 133v

1194 SECRETA: Sint tibi domine quaesumus nostri munera grata ieiunii, quia tunc eadem in sanctorum tuorum Iohannis et pauli digna commemoratione deferimus, et actus illorum pariter obsequamur. Per.

1195 AD COMPLENDVM: Protege domine plebem tuam, et quam martyrum tuorum Iohannis et Pauli assidua tribuis festiuitate deuotam, tibi semper placitam fieri praecibus concede iustorum. Per.

LVI
VI KL. IVL. NATALE SANCTORVM IOHANNIS ET PAVLI MARTYRVM

1196 Quaesumus omnipotens deus, ut nos geminata laetitia hodiernae festiuitatis excipiat, quae de beatorum Iohannis et Pauli glorificatione procedit, quos eadem fides et passio uere fecit esse germanos. Per dominum.

1197 SVPER OBLATA: Hostias tibi domine sanctorum martyrum tuorum Iohannis et Pauli dicatas meritis benignus adsume, et ad perpetuum nobis tribue prouenire subsidium. Per.

1198 PRAEFATIO: VD per Christum dominum nostrum. Pro cuius amore gloriosi martyres Iohannes et Paulus martyrium non sunt cunctati subire. Quos in nascendi lege iunxit germanitas, in gremio matris ecclesiae fidei unitas, in passionis acerbitate ferenda unius amoris societas. Per quem nos petimus eorum precibus adiuuari, quorum festa noscimur uenerari. Per quem.

1199 AD COMPLENDVM: Sumpsimus domine sanctorum tuorum

/f. 134r sollempnia caelebrantes, / caelestia sacramenta, praesta quaesumus ut quod temporaliter gerimus, aeternis gaudiis consequamur. Per.

LVII
IIII KL. IVL. NATALE SANCTI LEONIS PAPAE

1200 Deus qui beatum Leonem pontificem sanctorum tuorum meritis coequasti, concede propitius ut qui commemorationis eius festa percolimus, uitae quoque imitemur exempla. Per.

1201 SECRETA: Annue nobis domine ut animae famuli tui Leonis haec prosit oblatio, quam immolando totius mundi tribuisti relaxari delicta. Per dominum nostrum.

1202 AD COMPLENDVM: Deus qui animae famuli tui Leonis aeternae beatitudinis praemia contulisti, concede propitius ut qui peccatorum nostrorum pondere praemimur, eius apud te praecibus subleuemur. Per.

LVIII
III KL. IVL. VIGILIA SANCTI PETRI APOSTOLI

1203 Praesta quaesumus omnipotens deus, ut nullis nos permittas perturbationibus concuti, quos in apostolicae confessionis petra solidasti. Per.

1204 SECRETA: Munus populi tui domine quaesumus apostolica intercessione sanctifica, nosque a peccatorum nostrorum maculis emunda. Per.

1205 PRAEFATIO: VD et iustum est aequum et salutare. Te domine suppliciter exorare, ut gregem tuum pastor aeterne non deseras, sed per beatos apostolos tuos continua protectione custodias, ut hisdem rectoribus gubernetur, quos operis tui uicarios eidem contulisti praeesse pastores. Et ideo cum angelis.

/f. 134v 1206 AD COMPLENDVM: / Quos caelesti domine alimento satiasti, apostolicis intercessionibus ab omni aduersitate custodi. Per.

268

1207 ORATIO AD VIGILIAS IN NOCTE: Deus qui ecclesiam tuam apostoli tui Petri fide et nomine consecrasti, quique beatum illi Paulum ad praedicandum gentibus gloriam tuam sociare dignatus es, concede ut omnes qui ad apostolorum tuorum sollempnia conuenerunt spiritali remuneratione ditentur. Per.

1208 ORATIO IN MATVTINIS: Deus qui ligandi soluendique potentiam tuis apostolis contulisti, da quaesumus ut per ipso a terrenis uitiis expediti, liberi possimus caelestibus interesse mysteriis. Per.

LVIIII
III KL. IVL. NATALE SANCTI PETRI APOSTOLI
1209 Deus qui hodiernam diem apostolorum tuorum Petri et Pauli martyrio consecrasti, da ecclesiae tuae eorum in omnibus sequi praeceptum, per quos religionis sumpsit exordium. Per dominum.

1210 ALIA: Largiente te domine beatorum Petri et Pauli natalicium nobis effulsit, concede quaesumus ut hodierna gloria passionis, sicut illis magnificentiam tribuit sempiternam, ita nobis munimen operetur perpetuum. Per.

1211 SVPER OBLATA: Hostias domine quas nomini tuo sacrandas offerimus, / apostolica prosequatur oratio, per quam nos expiari tribuis et defendi. Per dominum.

/f. 135r

1212 PRAEFATIO: VD et iustum est, aequum et salutare. Te domine suppliciter exorare. Reliquia superius in uigilia (no. 1205).

1213 ITEM ALIA: VD aeterne deus. Apud quem cum beatorum apostolorum tuorum continuata festiuitas, triumphique caelestis perpetua et aeterna sit celebritas, nobis tamen eorum festa annuis recursibus tribuis frequentare. Vt et illorum passioni sit ueneratio ex nostra deuotione, et nobis auxilium proueniat de eorum sanctissima intercessione. Per Christum.

1214 AD COMPLENDVM: Quos caelesti domine alimento saciasti, apostolicis intercessionibus ab omni aduersitate custodi. Per.

269

1215 SVPER POPVLVM: Beatorum Petri et Pauli honore continuo plebs tua semper exultet, et his praesulibus gubernetur, quorum et doctrinis gaudet et meritis. Per.

1216 AD VESPEROS: Deus qui apostolo Petro collatis clauibus regni caelestis animas ligandi atque soluendi pontificium tradidisti, concede ut intercessionis eius auxilio, a peccatorum nostrorum nexibus liberemur. Per dominum.

1217 ALIA ORATIO: Omnipotens sempiterne deus qui ecclesiam tuam in apostolica soliditate fundatam, ab infernorum eruis terrore portarum, praesta ut in tua ueritate persistens, nulla

/f. 135v / recipiat consortia perfidorum. Per.

1218 ITEM ALIA: Familiam tuam domine propitius intuere, et apostolicis defende praesidiis, ut eorum praecibus gubernetur, quibus nititur te constituente principibus. Per dominum.

1219 ALIA: Exaudi nos deus salutaris noster, et apostolorum tuorum nos tuere praesidiis, quorum donasti fideles esse doctrinis. Per.

1220 ALIA: Protege domine populum tuum, et apostolorum tuorum patrocinio confidentem, perpetua defensione conserua. Per.

1221 ALIA: Esto domine plebi tuae sanctificator et custos, ut apostolicis munita praesidiis, et conuersatione tibi placeat, et secura [. . .]29 deseruiat. Per dominum.

1222 ITEM ALIA: Concede quaesumus domine apostolos tuos interuenire pro nobis, quia tunc nos saluari posse confidimus, si eorum praecibus tua gubernetur ecclesia, quibus utitur te constituente principibus. Per.

LX
EODEM DIE NATALE SANCTI PAVLI APOSTOLI
1223 Deus qui multitudinem gentium beati Pauli apostoli praedicatione docuisti, da nobis quaesumus ut cuius natalitia colimus, eius apud te patrocinia sentiamus. Per.

---

29 A word is deleted and is completely invisible.

1224 SECRETA: Ecclesiae tuae quaesumus domine praeces et hostias apostolica commendet oratio, ut quod pro illorum gloria caelebramus nobis prosit ad ueniam. Per dominum.

1225 PRAEFATIO: VD aeterne deus. Qui ecclesiam tuam in tuis fidelibus ubique / pollentem apostolicis facis constare doctrinis, praesta quaesumus ut per quos initium diuinae cognitionis accepit, per eos usque in finem saeculi capiat regni caelestis augmentum. Per Christum.

/f. 136r

1226 AD COMPLENDVM: Perceptis domine sacramentis beatis apostolis interuenientibus depraecamur, ut quae pro illorum caelebrata sunt gloria, nobis proficiant ad medelam. Per.

LXI
VI NON. IVL. NATALE SANCTORVM PROCESSI ET MARTINIANI

1227 Deus qui nos sanctorum tuorum Processi et Martiniani confessionibus gloriosis circumdas et protegis, da nobis et eorum imitatione proficere, et intercessione gaudere. Per.

1228 SVPER OBLATA: Suscipe domine praeces et munera, quae ut tuo sint digna conspectui, sanctorum tuorum praecibus adiuuentur. Per.

1229 AD COMPLENDVM: Corporis sacri et praetiosi sanguinis repleti libamine quaesumus domine deus noster, ut quod pia deuotione gerimus, certa redemptione capiamus. Per dominum.

LXII
II NON. IVL. OCTABA APOSTOLORVM PETRI ET PAVLI

1230 Deus cuius dextera beatum Petrum ambulantem in fluctibus ne mergeretur erexit, et coapostolum eius Paulum tertio naufragantem de profundo pelagi liberauit, exaudi nos propitius et concede, ut amborum meritis aeternae trinitatis gloriam consequamur. Qui uiuis et.[30]

---

[30] *Qui uiuis et* interlinear addition by a later hand.

271

1231 SECRETA: Offerimus tibi domine quaesumus praeces et
/f. 136v munera, quae ut tuo sint / digna conspectui, apostolorum
praecibus adiuuemur. Per.

1232 PRAEFATIO: VD <aeterne deus>. Nos tibi semper et ubique
in honore apostolorum et martyrum tuorum gratias agere, quos
ita electi octaua sibi consecrare dignata est, ut beati Petri
singularem piscandi artem in diuinum dogma conuerteret.
Quatenus humanum genus de profundo istius mundi, praeceptorum retibus liberaret. Nam coapostolum eius Paulum mentem cum nomine commutauit, et quem prius persecutorem
metuebat ecclesia, nunc caelestium mandatorum laetatur se
habere doctorem. Paulus cecatus est ut uideret, Petrus negauit
ut crederet. Huic claues caelestis imperii, illi aduocandos
testes diuinae legis scientiae contulisti. Nam ille introducit, hic
aperit, ambo igitur uirtutis aeterne praemia sunt adepti, hunc
dextera tua gradientem in elemento liquido dum mergeretur
erexit, illum autem tertio naufragantem pelagi fecit euitare
discrimina. Hic portas inferni, ille mortis uicit aculeum. Et
Paulus capite plectitur, quia gentibus caput fidei probatur.
Petrus praemissis uestigiis, caput omnium nostrorum secutus
est Christum, quem laudant angeli.

1233 AD COMPLENDVM: Protege domine populum tuum, et
/f. 137r apostolorum tuorum patrocinio / confidentem, perpetua defensione conserua. Per.

LXIII
VI ID. IVL. NATALE VII FRATRVM, ID EST, FELICIS, PHILIPPI, VITALIS, MARCIALIS, ALEXANDRI, <SILVANI>, ATQVE IANVARII MARTYRVM

1234 Praesta quaesumus omnipotens deus ut qui gloriosos martyres Felicem, Philippum, Vitalem, Marcialem, Alexandrum,
Siluanum atque Ianuarium, fortes in sua confessione cognouimus, pios aput te in nostra intercessione sentiamus. Per.

1235 SVPER OBLATA: Sacrificiis praesentibus domine quaesumus
intende placatus, et intercedentibus sanctis tuis, deuotioni
nostrae proficiant et saluti. Per.

1236 PRAEFATIO: VD aeterne deus. Donari nobis suppliciter exorantes, ut sicut sancti tui mundum in tua uirtute uicerunt, ita nos a mundanis erroribus postulent expediri. Per Christum.

1237 AD COMPLENDVM: Quaesumus omnipotens deus ut illius salutaris capiamus effectum, cuius per haec mysteria pignus accepimus. Per.

LXIIII
V ID. IVL. NATALE SANCTI BENEDICTI ABBATIS

1238 Intercessio nos quaesumus beati Benedicti abbatis commendet, ut quod nostris meritis non ualeamus, eius patrocinio adsequamur. Per dominum nostrum Iesum Christum.

/f. 137v **1239** SECRETA: / Sacris altaribus domine hostias superpositas sanctus Benedictus quaesumus in salutem nobis prouenire deposcat. Per.

1240 PRAEFATIO: VD aeterne deus. Et gloriam tuam, profusis praecibus exorare, ut qui beati Benedicti confessoris tui ueneramur festa, te opitulante eius sanctitatis imitari ualeamus exempla. Et cuius meritis nequaquam possumus coequari, eius praecibus mereamur adiuuari. Per Christum.

1241 AD COMPLENDVM: Protegat nos domine cum tui perceptione sacramenti beatus Benedictus abba pro nobis intercedendo, ut et conuersationis eius experiamur insignia. Per.

<LXIIIa>[31]
XII KL. AVG. NATALE SANCTAE PRAXEDIS VIRGINIS

1242 Da quaesumus omnipotens deus ut qui beatae Praxedis martyris tuae natalicia colimus, et annua sollemnitate laetemur, et tantae fidei proficiamus exemplo. Per.

1243 *SECRETA* : Hostia domine quaesumus quam in sanctorum tuorum natalicia recensentes offerimus, et uincula nostrae prauitatis absoluat, et tuae nobis misericordiae dona conciliet. Per.

---

[31] LXIIIa and LXIIIb were added at the left-hand margin of f. 137v by **B**.

1244 *AD COMPLENDVM* : Quaesumus domine salutaribus repleti mysteriis, ut cuius sollemnia caelebramus, eius orationibus adiuuemur. Per.

<LXIIIb>
X KL. AVG. NATALE SANCTI APOLLONARIS EPISCOPI

1245 Sancti Apollonaris domine confessio recensita conferat nobis piae deuotionis augmentum, qui in tuo nomine perseuerans meruit honorari. Per.

1246 *SECRETA* : Hoistias tibi domine pro commemoratione sancti Apollonaris offerimus, quem a tui corporis unitate nulla temptatio separauit. Per.

1247 *AD COMPLENDVM* : Repleti cibo potuque caelesti domine deus noster, te supplices exoramus ut in cuius haec commemoratione percepimus, eius muniamur et praecibus. Per.

LXV
VIII KL. AVG. NATALE SANCTI IACOBI APOSTOLI
FRATRIS SANCTI IOHANNIS

1248 Esto domine plebi tuae sanctificator et custos, ut apostoli tui Iacobi munita praesidiis, et conuersatione tibi placeat, et secura deseruiat. Per.

1249 SVPER OBLATA: Oblationes populi tui domine quaesumus beati apostoli tui Iacobi passio beata conciliet, ut quae nostris non apta sunt meritis, fiant tibi placita eius depraecatione. Per.

1250 PRAEFATIO: VD aeterne deus. Quia licet nobis semper salutem operetur diuinae celebratio sacramenti, propensius tamen nobis confidimus profuturam, si beati apostoli tui Iacobi intercessionibus adiuuemur. Per Christum.

1251 AD COMPLENDVM: Beati apostoli Iacobi cuius hodie fes-
/f. 139r   tiuitate corpore / et sanguine tuo refecisti,[32] quaesumus domine

---

[32] Originally *se fecisti*, however, the *se* is deleted and *re* is added interlinearly by **B**.

274

intercessione nos adiuua, pro cuius sollemnitate percepimus tua sancta laetantes. Per dominum nostrum.[33]

1252 ALIA ORATIO: Sollemnitatis apostolicae multiplicatione gaudentes, clementiam tuam depraecamur omnipotens deus, ut tribuas iugiter nos eorum et confessione benedici, et patrociniis confoueri. Per.

---

[33] f. 138 is a small fly-leaf, written later than the sacramentary itself, and inserted between f. 137 and f. 139. It contains three different prayers, each written by a different hand, it reads:

<XI KL. AVG.> In natale sanctae Mariae Magdalena

4* Colecta: Deus qui beatae Mariae Magdalena paenitentiam tia(!) placitam gratiamque fecisti, ut non solum peccata dimitteres uerum etiam singulari tui amoris gratia cordis intima perlustrares, da nobis tuae propitiationis abundantiam, ut cuius sollemnitate laetamur, eius apud tuam misericordiam praecibus adiuuemur. Per.

5* Secreta: Munera nostra quaesumus domine beatae Mariae Magdalenae gloriosis meritis reddantur accepta, cuius oblationis obsequium unigenitus tuus filius clementer suscepit impensu. Qui tecum.

6* Ad complendum: Sumpto domine unico ac salutari remedio corpore scilicet et praecioso sanguine tuo, ab omnibus malis beatae Mariae Magdalenae patrociniis exuamur. Qui cum patre et spiritu sancto uiuis et regnas deus, per omnia saecula saeculorum. Amen.

<XIII KL. AVG.> In natale *SANCTAE MARGARETAE VIRGINIS*

7* Deus qui beatam Margaretam uirginem hodierna die ad caelos per martyrii palmam uenire fecisti, concede quaesumus nobis, ut eius exempla sequentes ad te uenire mereamur. Qui uiuis et regnas cum deo patre.

8* Secreta: Haec uictima quaesumus domine, pro beatae uirginis Margaretae martyrio / oblata et mentium nobis sanctitatem et corporum obtineat sanitatem. Per.

9* Ad complendum: Huius domine sacramenti perceptio et beatae Margaretae uirginis martyrisque tuae intercessione, et tu in nobis iugiter manere dignare, et nos uicessim in te manere concede. Qui uiuis.

Oratio in diuisione XII apostolorum

10* <D>eus qui ecclesiam tuam distributa per orbem terrarum apostolorum praedicatione fundasti, concede propitius, ut quorum doctrinae sub una caelebritate recolimus insignia, eorum in cunctis necessitatibus experiamur suffragia. Per.

11* Muneribus nostris quaesumus domine suffragantibus beatis apostolis tuis gratiam tuam benedictionis impertire, ut eiusdem participantes et a peccatius omnibus expiemus, et caelestia gaudia consequamur. Per.

12* <VD> aeterne deus. Et te suppliciter exorare ut gregem tuum pastorem aeterne non deseras, sed per beatos apostolos tuos continua protectione custodias, ut eisdem rectoribus gubernetur quos operis tui uicarios eidem contulisti preesse pastores. Et percepto uitali sacramento quaesumus omnipotens deus ideo cum angelis, ut apostolorum tuorum patrociniis aenterna sentiamus remedia, per quos uniuersa mundo tuae maiestatis in notuerunt preconia. Per dominum nostrum.

The order of the prayers reflects also the sequence of their addition to the sacramentary.

LXVI
IIII KL. AVG. NATALE SANCTORVM SIMPLICII, FAVSTINI, BEATRICIS, ET FELICIS

1253 Praesta quaesumus domine deus noster ut sicut populus christianus martyrum tuorum Felicis, Simplicis,[34] Faustini, et Beatricis temporali sollemnitate congaudet, ita perfruatur aeterna, et quod uotis caelebrat conpraehendat effectu. Per dominum nostrum.

1254 SVPER OBLATA: Hostias tibi domine pro sanctorum martyrum Felicis, Simplicis, Faustini et Beatricis commemoratione deferimus suppliciter obsecrantes, ut et indulgentiam nobis pariter conferant et salutem. Per dominum.

1255 AD COMPLENDVM: Presta quaesumus omnipotens deus ut sanctorum tuorum, Felicis, Simplicis,[35] Faustini et Beatricis caelestibus mysteriis caelebrata sollemnitas, indulgentiam nobis tuae propitiationis adquirat. Per.

LXVII
EODEM DIE NATALE SANCTI FELICIS

1256 Infirmitatem nostram respice omnipotens deus, et quia pondus /propriae actionis grauat, beati Felicis martyris tui atque pontificis, intercessio gloriosa nos protegat. Per.

/f. 139v

1257 ALIA: Sancti Felicis domine confessio recensita conferat nobis pie deuotionis augmentum, qui in tuo nomine perseuerans meruit honorari. Per.

1258 SVPER OBLATA: Accepta sit in conspectu tuo domine nostra deuotio, et eius nobis fiat supplicatione salutaris, pro cuius sollemnitate defertur. Per dominum.

1259 AD COMPLENDVM: Spiritum in nobis domine tuae caritatis infunde, ut quos uno caelesti pane saciasti, intercedente beato Felice martyre tuo tua facias pietate concordes. Per.

---

[34] The second *s* is added interlinearly by **B**.
[35] The second *s* is added interlinearly by **B**.

LXVIII
III KL. AVG. NATALE SANCTORVM ABDON ET SENNIS

1260 Deus qui sanctis tuis Abdon et Sennen ad hanc gloriam ueniendi copiosum munus gratiae contulisti, da famulis tuis suorum ueniam peccatorum, ut sanctorum tuorum intercedentibus meritis, ab omnibus mereamur aduersitatibus liberari. Per.[36]

1261 SECRETA: Haec hostia quaesumus domine quam in sanctorum tuorum natalitiis recensentes offerimus, et uincula nostrae prauitatis absoluat, et tuae nobis misericordiae dona conciliet. Per.

1262 <PRAEFATIO:> VD aeterne deus. Et te laudare mirabilem deum in sanctis tuis, quos ante constitutionem mundi in aeternam tibi / gloriam praeparasti. Vt per eos huic mundo ueritatis tuae lumen ostenderes, quos ita spiritu ueritatis armasti, ut formidinem mortis per infirmitatem carnis euincerent. De quorum collegio sunt martyres tui Abdon et Sennes qui in ecclesiae tuae prato sicut rosae et lilia floruerunt. Quos unigeniti tui sanguis in proelio confessionis roseo colore perfudit, et ob praemium passionis niueo liliorum splendore uestiuit. Per quem maiestatem.

1263 AD COMPLENDVM: Per huius domine operationem mysterii, et uitia nostra purgentur, et intercedentibus sanctis tuis iusta desideria compleantur. Per.

LXVIIII
KL. AVG. AD SANCTVM PETRVM AD VINCVLA EIVS OSCVLANDA

1264 Deus qui beatum Petrum apostolum a uinculis absolutum inlesum abire fecisti, nostrorum quaesumus absolue uincula peccatorum, et omnia mala a nobis propitiatus exclude. Per.

1265 SVPER OBLATA: Oblatum tibi domine sacrificium,[37] uiuificet nos semper et muniat. Per.

---

[36] Paragraphs 1261–3 were written by **B** on an erased text. Traces of the palimpsested text can still be seen, but the parchment was thoroughly clipped before rewriting, and the original text is completely invisible.

[37] *intercedente sancto Petro apostolo tuo* is added interlinearly by a later hand.

/f. 140r

1266 AD COMPLENDVM: Corporis sacri et praetiosi sanguinis repleti libamine quaesumus[38] domine deus noster, ut quod pia deuotione gerimus,[39] certa redemptione capiamus. Per dominum.

LXX
EODEM DIE NATALE MACHABEORVM

/f. 140v **1267** / Fraterna nos domine martyrum tuorum corona laetificet, quae et fidei nostra praebeat incitamenta uirtutum, et multiplici nos suffragio consoletur. Per.

1268 ALIA: Presta quaesumus domine ut sicut nobis indiscreta pietas horum martyrum beatorum indiuiduae caritatis praebet exemplum, sic spem gratiae tuae quo iugiter muniamur semper imploret. Per.

1269 SVPER OBLATA: Iterata mysteria domine pro sanctorum martyrum deuota mente tractamus, quibus nobis et praesidium crescat et gaudium. Per.

1270 <PRAEFATIO:> VD aeterne deus. Quia licet in omnium sanctorum tuorum tu sis domine protectione mirabilis, in his tamen speciale tuum munus agnoscimus, quos et fratres sorte nascendi, et magnifica prestitisti passione germanos. Vt simul esset et ueneranda gloria genetricis, et florentissima proles ecclesiae. Et ideo cum angelis.

1271 AD COMPLENDVM: Presta quesumus omnipotens deus ut quorum memoriam sacramenti participatione recolimus, fidem quoque proficiendo sectemur. Per.

LXXI
IIII NON. AG. NATALE SANCTI STEPHANI EPISCOPI

1272 Deus qui nos beati Stephani martyris tui atque pontificis annua sollempnitate laetificas, concede propitius ut cuius natalitia colimus, de eiusdem etiam protectione gaudeamus. Per.

---

[38] *quesumus* interlinear addition by a later hand.
[39] *interueniente Petro* is added in the margin by a later hand.

1273 SVPER OBLATA: Munera tibi domine dicata sanctifica, et
/f. 141r   intercedente beato / Stephano martyre tuo atque pontifice, per
eadem nos placatus intende. Per dominum.

1274 AD COMPLENDVM: Haec nos communio domine purget a crimine, et intercedente beato Stephano martyre tuo
atque pontifice, caelestibus remediis faciat esse consortes. Per
dominum nostrum.

LXXII
VIII ID. AVG. NATALE SANCTI SYXTI EPISCOPI

1275 Deus qui conspicis quia ex nulla nostra uirtute subsistimus,
concede propitius ut intercessione beati Syxti martyris
tui atque pontificis contra omnia aduersa muniamur. Per
dominum.

1276 ALIA: Beati Syxti domine tui sacerdotis et martyris
annua festa recolentes quaesumus ut quae tuorum nobis
sunt instrumenta praesentium, fiant aeternorum patrocinia
gaudiorum. Per.

1277 SECRETA: Sacrificiis praesentibus domine quaesumus
intende placatus, ut et deuotioni nostrae proficiant et saluti. Per
dominum nostrum Iesum Christum.

1278 PRAEFATIO: VD aeterne deus. Et in die festiuitatis
hodiernae, qua beatus Syxtus pariter sacerdos et martyr
deuotum tibi sanguinem exsultanter effudit. Qui ad eandem
gloriam promerendam doctrinae suae filios incitauit, et quos
erudiebat hortatu, praeueniebat exemplo. Per Christum.

f. 141v **1279** PRAEFATIO VVAE: / Intra quorum nos consortio non aestimator meritis, sed ueniae quaesumus largitor admitte. Per
Christum dominum nostrum.

1280 BENEDICTIO VVAE: Benedic domine et hos fructus nouos
uuae, quos tu domine rore caeli et inundantia pluuiarum,
et temporum serenitate, atque tranquillitate ad maturitatem
perducere dignatus es, et dedisti ea ad usus nostros, cum
gratiarum actione percipere, in nomine domini nostri Iesu
Christi. Per quem haec omnia.

1281 AD COMPLENDVM: Praesta quaesumus domine deus noster, ut cuius nobis festiuitate uotiua sunt sacramenta, eius salutaria nobis intercessione reddantur. Per.

LXXIII
ITEM IPSO DIE NATALE SANCTORVM FELICISSIMI ET AGAPITI MARTYRVM

1282 Deus qui nos concedis sanctorum martyrum tuorum Felicissimi et Agapiti natalitia colere, da nobis in aeterna laetitia de eorum societate gaudere. Per.

1283 SVPER OBLATA: Munera tibi domine nostrae deuotionis offerimus, quae et pro tuorum tibi grata sint honore iustorum, et nobis salutaria te miserante reddantur. Per.

1284 AD COMPLENDVM: Presta nobis domine quaesumus intercedentibus sanctis tuis Felicissimo et Agapito, ut quae ore contingimus, pura mente capiamus. Per.

LXXIIII
VII ID. AG. NATALE SANCTI DONATI EPISCOPI

1285 Deus tuorum gloria sacerdotum, praesta quaesumus ut sancti confes/soris tui Donati, cuius festa gerimus, sentiamus auxilium. Per dominum.

/f. 142r

1286 ITEM ALIA: Adesto domine supplicationibus nostris quas in sancti confessoris et episcopi tui Donati commemoratione deferimus, ut qui nostrae iustitiae fiduciam non habemus, eius qui tibi placuit meritis adiuuemur. Per.

1287 SECRETA: Praesta quaesumus domine ut sancti confessoris et episcopi tui Donati, quem ad laudem nominis tui dicatis muneribus honoramus, pie nobis deuotionis fructus adcrescat. Per.

1288 AD COMPLENDVM: Omnipotens et misericors deus qui nos sacramentorum tuorum et participes efficis et ministros praesta quaesumus ut intercedente beato sancto tuo Donato eisdem proficiamus et fidei consortio, et digno seruitio. Per.

LXXV
VI ID. AVG. NATALE SANCTI CYRIACI MARTYRIS

1289 Deus qui nos annua beati Cyriaci martyris tui sollempnitate laetificas concede propitius ut cuius natalicia colimus, uirtutem quoque passionis imitemur. Per dominum.[40]

1290 SVPER OBLATA: Accepta sit in conspectu tuo domine nostra deuotio, et eius nobis fiat supplicatione salutaris, pro cuius[41] sollempnitate defertur Per.

1291 AD COMPLENDVM: Refecti participatione muneris sacri quaesumus domine deus noster, / ut cuius[42] exsequimur cultum, sentiamus effectum. Per.

f. 142v

LXXVI
V ID. AVG. VIGILIA SANCTI LAVRENTII MARTYRIS

1292 Adesto domine supplicationibus nostris, et intercessione beati Laurentii martyris tui perpetuam nobis misericordiam benignus inpende. Per dominum.

1293 ALIA: Beati Laurentii martyris tui domine geminata gratia nos refoue, quam glorificationis eius et optatis preimus oficiis et desideranter expectamus aduentum. Per.

1294 SVPER OBLATA: Hostias domine quas tibi offerimus suscipe propitius, et intercedente beato Laurentio martyre tuo uincula peccatorum nostrorum absolue. Per.

1295 PRAEFATIO: VD aeterne deus. Et deuotis mentibus natalem beati martyris tui Laurentii praeuenire, qui leuita simul et martyr uenerandus, et proprio claruit gloriosus officio, et memorandae passionis refulsit martyrio. Per Christum.

1296 AD COMPLENDVM: Da quaesumus domine deus noster ut sicut beati Laurentii martyris tui commemoratione temporali gratulamur officio, ita perpetuo laetemur aspectu. Per.

---

[40] This passage was changed interlinearly by a later hand into *Deus qui nos annua beatorum Cyriaci, Sifinnii, Largi, Smaragdi martyrum tuorum sollempnitate laetificas, concede propitius ut quorum natalicia colimus, uirtutem quoque passionis eorum imitemur. Per dominum.*

[41] *cuius* is changed interlinearly by a later hand into *quorum*.

[42] *cuius* is changed interlinearly by a later hand into *quorum*.

1297 ALIA: Sancta tua domine de beati Laurentii martyris pretiosa passione et sollempnia quam preimus nos refouent, quibus et iugiter satiamur, et semper desideramus expleri. Per.

LXXVII/LXXVIII[43]
IIII ID. AG. NATALE SANCTI LAVRENTII IN PRIMA MISSA

/f. 143r **1298** / Excita domine in ecclesia tua spiritum, cui beatus Laurentius leuita seruiuit, ut eodem nos replente studeamus amare quod amauit, et opere exercere quod docuit. Per.

1299 SECRETA: Sacrificium nostrum tibi domine quaesumus beati Laurentii praecatio sancta conciliet, ut cuius honore sollemniter exhibetur, meritis efficiatur acceptum. Per.

1300 PRAEFATIO: VD aeterne deus. Venientem natalem beati Laurentii, qui leuita simul martyrque uenerandus, et proprio claruit gloriosus officio, et memoranda refulsit passione sublimis. Per Christum.

1301 AD COMPLENDVM: Supplices te rogamus omnipotens deus, ut quos donis caelestibus satiasti, intercedente beato Laurentio martyre tuo perpetua protectione custodias. Per.

LXXVIIII
ITEM AD MISSAM

1302 Da nobis quaesumus omnipotens deus uitiorum nostrorum flammas extinguere, qui beato Laurentio tribuisti tormentorum <suorum>[44] incendia superare. Per.

1303 ALIA: Deus mundi creator et rector, qui hunc diem in leuitae tui Laurentii martyrio consecrasti, concede propitius ut omnes qui martyrii eius merita ueneramur, intercessionibus eius ab aeternis gehennae incendiis liberemur. Per dominum.

/f. 143v **1304** SVPER OBLATA: Accipe quaesumus domine munera dignanter oblata, et beati / Laurentii suffragantibus meritis, ad nostrae salutis auxilium prouenire concede. Per.

---

[43] The compiler wrongly ascribes two numbers to this section, one at the end of f. 142v and one at the beginning of f. 143r.
[44] The word *suorum* is deleted and completely invisible.

1305 PRAEFATIO: VD aeterne deus. Et in die solempnitatis hodiernae, qua beatus Laurentius hostia sancta uiua tibi placens oblatus est. Qui igne accensus tui amoris, constanter ignem sustinuit passionis. Et per inmanitatem tormentorum, peruenit ad societatem supernorum ciuium. Per Christum dominum nostrum.

1306 AD COMPLENDVM: Sacro munere satiati supplices te domine depraecamur, ut quod debitae seruitutis caelebramus officio, intercedente beato Laurentio martyre tuo, saluationis tuae sentiamus augmentum. Per.

1307 SVPER POPVLVM: Plebem tuam beatus leuita Laurentius interuentor attolat, et quem de suo facit martyrio saepius gratulantem, dignam semper imploret tuae pietatis existere sacramentis. Per.

1308 ALIA ORATIO: Deus cuius caritatis ardore beatus Laurentius edaces incendii flammas contempto persecutore deuicit, concede ut omnes qui martyrii eius merita ueneramur, protectionis tuae auxilio muniamur. Per.

1309 ALIA: Da quaesumus omnipotens deus ut triumphum beati Laurentii martyris tui quem dispectis ignibus consummauit in terris, / perpetua caelorum luce conspicuum, digno feuore fidei ueneremur. Per dominum.

1310 ALIA: Sancti Laurentii nos domine sancta praecatio tueatur, et quod nostra conscientia non meretur, eius nobis qui tibi placuit oratione donetur. Per.

1311 ITEM ALIA: Praesta quaesumus domine ut semper nos beati Laurentii laetificent uotiua, qui semper esse non desinunt admiranda. Per.

1312 ALIA: Adsit nobis domine quaesumus beati Laurentii martyris in[45] tua glorificatione benedictio, cuius nobis est hodie facta suffragium in tua uirtute confessio. Per.

144r

---

[45] *in* interlinear addition by **B**.

1313 ALIA: Quaesumus omnipotens deus ut nostra deuotio quem natalitia beati Laurentii martyris antecedit, patrocinia nobis eius accumulet. Per dominum nostrum.

1314 ITEM ALIA: Prosit nobis domine sancti Laurentii caelebrata sollemnitas, quod quanto fragiliores sumus, tanto placentium tibi praesidiis indigemus. Per.

LXXX
III ID. AVG. NATALE SANCTI TYBVRTII MARTYRIS

1315 Beati Tiburtii nos domine foueant continuata praesidia, quia non desinis propitius intueri, quos talibus auxiliis concesseris adiuuari. Per.

1316 SVPER OBLATA: Adesto domine praecibus populi tui adesto muneribus ut quae sacris sunt oblata mysteriis, tuorum tibi / placeant intercessione sanctorum. Per.

/f. 144v

1317 PRAEFATIO: VD aeterne deus. Qui dum beati Tiburtii martyris merita gloriosa ueneramur, auxilium nobis tuae propitiationis adfore depraecamur. Quoniam credimus nos per eorum intercessionem qui tibi placuere, peccatorum nostrorum ueniam impetrare. Per Christum.

1318 AD COMPLENDVM: Sumpsimus domine pignus redemptionis aeternae, sit nobis quaesumus interueniente beato Tiburtio martyre tuo uitae praesentis auxilium, pariter et futurae. Per dominum.

LXXXI
IDVS AVG. NATALE SANCTI YPPOLITI MARTYRIS

1319 Da nobis omnipotens deus ut beati Yppoliti martyris tu. ueneranda sollemnitas, et deuotionem nobis augeat et salutem Per dominum.

1320 Respice domine munera populi tui, sanctorum festiuitate uotiua, et tuae testificatio ueritatis nobis proficiat ad salutem Per.

1321 PRAEFATIO: VD aeterne deus. Et tuam clementiam uotis supplicibus implorare, ut beati Yppoliti intercessio peccatorum nostrorum obtineat ueniam, qui per tormenta passionis aeternam peruenit ad gloriam. Per Christum.

1322 AD COMPLENDVM: Sacramentorum tuorum domine communio sumpta nos saluet, et in tuae ueritatis luce confirmet. Per.

LXXXII
XVIIII KL. SEPT. NATALE SANCTI EVSEBII SACERDOTIS

/f. 145r **1323** / Deus qui nos beati Eusebii confessoris tui annua sollemnitate laetificas, concede propitius ut cuius natalicia colimus, per eius ad te exempla gradiamur. Per.

1324 SECRETA: Laudis tuae domine hostias immolamus in tuorum commemoratione sanctorum, quibus nos et praesentibus exui malis confidimus et futuris. Per.

1325 PRAEFATIO: VD aeterne deus. Et clementiam tuam pronis mentibus implorare, ut per beati Eusebii confessoris intercessionem, salutiferam in nostris mentibus firmes deuotionem. Concedasque ut sicut te solum credimus auctorem, et ueneramur saluatorem, sic in perpetuum eius interuentu habeamus adiutorem. Per Christum.

1326 AD COMPLENDVM: Refecti cibo potuque caelesti deus noster te supplices exoramus, ut in cuius haec commemoratione percepimus, eius muniamur et praecibus. Per.

LXXXIII
EODEM DIE VIGILIA ASSVMPTIONIS SANCTAE MARIAE DEI GENETRICIS

1327 Deus qui uirginalem aulam beatae Mariae in qua habitares eligere dignatus es, da quaesumus ut sua nos defensione munitos, iocundos faciat suae interesse festiuitati. Qui uiuis et regnas deus.

1328 SVPER OBLATA: Magna est domine[46] apud clementiam tuam dei genetricis oratio, quam idcirco de praesenti seculo transtulisti, ut / pro peccatis nostris apud te fiducialiter intercedat. Per eundem.[47]

1329 AD COMPLENDVM: Concede misericors deus fragilitati nostrae praesidium, ut qui sanctae dei genetricis requiem caelebramus, intercessionis eius auxilio a nostris iniquitatibus resurgamus. Per eundem dominum.

LXXXIIII
XVIII KL. SEPT. ASSVMPTIO SANCTAE MARIAE

1330 Veneranda nobis domine huius <est>[48] diei festiuitas, in qua sancta dei genetrix mortem subiit temporalem, nec tamen mortis nexibus deprimi potuit, quae filium tuum dominum nostrum Iesum Christum de se genuit incarnatum. Qui tecum [. . .].[49]

1331 ITEM AD MISSAM IN DIE: Famulorum tuorum domine delictis ignosce, et qui placere de actibus nostris non ualemus, genetricis filii tui domini dei nostri intercessione saluemur. Per eundem dominum.

1332 SVPER OBLATA: Subueniat domine plebi tuae dei genetricis oratio, quam etsi pro conditione carnis migrasse cognoscimus, in caelesti gloria apud te pro nobis orare sentiamus. Per eundem dominum nostrum.

1333 PRAELOCVTIO: VD aeterne deus. Et te in ueneratione sacrarum uirginum exultantibus animis laudare benedicere et praedicare. Inter quas intemerata dei genetrix uirgo / Maria,

---

[46] *pro nobis* interlinear addition by a later hand.

[47] A whole paragraph is added by a later hand at the top margin of f. 145v. It reads:

13* SECRETA: Intercessio quaesumus domine beatae Mariae semper virginis munera nostra commendet, nosque in cuius ueneratione tuae maiestati reddet acceptos. Per.

[48] The word *est* is deleted and is completely invisible.

[49] *Qui . . .* is thoroughly deleted and *Cuius intercessione quaesumus ut mortem euadere possimus animarum. Per eundem dominum* is added interlinearly by a later hand. Some traces of the original text can still be seen, but most of it is completely invisible.

cuius adsumptionis diem caelebramus, gloriosa effulsit. Quae et unigenitum tuum sancti spiritus obumbratione concepit, et uirginitatis gloria permanente huic mundo lumen aeternum effudit. Iesum Christum dominum nostrum, per quem maiestatem tuam.

1334 AD COMPLENDVM: Mensae caelestis participes effecti imploramus clementiam tuam domine deus noster, ut qui festa dei genetricis colimus, a malis imminentibus eius intercessionibus liberemur. Per eundem dominun nostrum.

1335 AD VESPERAS: Deus qui spe salutis aeternae Maria uirginitate fecunda humano generi praemia praeparasti, tribue quaesumus ut ipsam pro nobis aput te[50] intercedere sentiamus, per quam meruimus auctorem uitae nostrae suscipere. Per.

LXXXV
XVI KL. SEPT. OCTABA SANCTI LAVRENTII MARTYRIS

1336 Beati Laurentii nos faciat domine passio ueneranda laetantes, et ut eam sufficienter recolamus efficiat.[51] Per.

1337 ALIA: Iterata festiuitate beati Laurentii domine natalitia ueneramur, quae in caelesti beatitudine fulgere nouimus sempiterna. Per.

1338 SVPER OBLATA: Beati Laurentii martyris honorabilem passionem muneribus domine geminatis exsequimur, quae licet propriis sit memoranda principiis, indesinenter tamen permanet gloriosa. Per dominum nostrum.

f. 146v 1339 PRAEFATIO: / VD aeterne deus. Beati Laurentii natalitia repetentes, cuius fidem confessionemque ignis passionis ingestus non abstulit, sed eum ut magis luceret accendit. Quoniam sicut aurum flammis non uritur sed probatur, sic beatus martyr non consumitur tormentorum incendiis, sed aptatur caelestibus ornamentis. Per Christum.

---

[50] *aput te* interlinear addition by **B**.
[51] *promptiores* is added by a later hand at the right margin.

1340 ALIA PRAEFATIO: VD aeterne deus. Quoniam tanto iocunda sunt domine beati Laurentii martyris crebrius repetita sollemnia, quanto nobis eius sine cessatione praedicanda sunt merita. Per Christum.

1341 AD COMPLENDVM: Sollemnis nobis intercessio beati Laurentii martyris quaesumus domine prestet auxilium, ut caelestis mensae participatio quam sumpsimus, tribuat ecclesiae tuae recensitam laetitiam.[52] Per.

LXXXVI
XV KL. SEPT. NATALE SANCTI AGAPITI MARTYRIS

1342 Laetetur ecclesia tua deus beati Agapiti martyris tui confisa suffragiis, atque eius precibus gloriosis, et deuota permaneat, et secura consistat. Per.

1343 SVPER OBLATA: Suscipe domine munera quae in eius tibi sollemnitate deferimus, cuius nos confidimus patrocinio liberari. Per.

1344 AD COMPLENDVM: Satiasti domine familiam tuam muneribus sacris, eius quaesumus semper interuentione nos refoue, cuius sollemnia caelebramus. Per.

LXXXVII
XIIII K. SEPT. NATALE SANCTI MAGNI

1345 Adesto domine supplicationibus nostris,[53] et intercedente beato martyre tuo Magno, ab hostium nos defende propitiatus incursu. Per.

/f. 147r 1346 / SECRETA: Grata tibi sint munera nostra domine, quae et tuis sint instituta praeceptis, et beati Magni festiuitas gloriosa commendet. Per.

1347 <PRAEFATIO:> VD aeterne deus. Qui humanum genus de profundo mortis eripiens, captiuitatem nostram Iesu Christi filii tui domini nostri passione soluisti. Per quem ita uirtus

---

[52] Originally *natalitia*. It was deleted and *laetitiam* was added interlinearly probably by **A**.
[53] *nostris* interlinear addition by **B**.

antiqui hostis elisa est, ut eius quem ipse superauerat, etiam
beatum martyrem tuum Magnum faceret esse uictorem, cuius
triumphum in die quos sanguine suo signauit colentes, in tua
gloria exultamus. Et ideo.

1348 AD COMPLENDVM: Tua sancta sumentes domine quaesumus
ut beati Magni nos foueant continuata praesidia. Per.

LXXXVIII
XI KL. SEPT. NATALE SANCTI TIMOTHEI MARTYRIS

1349 Auxilium tuum nobis domine quaesumus placatus inpende, et
intercedente beato Timotheo martyre tuo, dexteram super nos
tuae propitiationis extende. Per.

1350 SECRETA: Accepta sit tibi domine sacratae plebis oblatio, pro
tuorum honore sanctorum quorum se meritis percepisse de
tribulatione cognoscit auxilium. Per dominum.

1351 PRAEFATIO: VD aeterne deus. Tibi enim festa sollemnitas
agitur, tibi dies sacrata caelebratur, quam beati Timothei martyris tui sanguis in testificatione profusus, magnifico nominis
tui honore signauit. Per Christum.

1352 AD COMPLENDVM: Diuini muneris largitate satiati
quaesumus domine deus noster, ut interc/edente beato
Timotheo martyre tuo, eius semper participatione uiuamus.
Per.

/f. 147v

LXXXVIIII
VIIII KL. SEPT. NATALE SANCTI BARTHOLOMEI
APOSTOLI

1353 Omnipotens sempiternae deus qui huius diei uenerandam
sanctamque laetitiam beati apostoli tui Bartholomei festiuitate
tribuisti, da ecclesiae tuae quaesumus et amare quod credidit,
et predicare quod docuit. Per.

1354 SVPER OBLATA: Beati Bartholomei apostoli tui cuius sollemnia recensemus, quaesumus domine ut auxilio eius tua
beneficia capiamus, pro quo tibi hostias laudis offerimus. Per.

1355 PRAEFATIO: VD aeterne deus. Qui ecclesiam tuam sempiterna pietate non deseris, sed per apostolos tuos iugiter erudis et sine fine custodis. Per Christum.

1356 AD COMPLENDVM: Sumpsimus domine pignus salutis aeternae caelebrantes beati Bartholomei apostoli tui uotiua sollemnia et perpetua merita uenerantes. Per.[54]

1357 SVPER POPVLVM: Protege domine populum tuum, et apostolorum tuorum patrocinio confidentem, perpetua defensione conserua. Per.

XC

KL. SEPT. NATALE SANCTI RVFI MARTYRIS

1358 Adesto domine supplicationibus nostris, et beati Rufi intercessionibus confidentes, nec minis aduersantium, nec ullo perturbemur incursu. Per.

/f. 148r **1359** SVPER OBLATA: / Intercessio quaesumus domine sancti tui Rufi munera nostra commendet, nosque in eius ueneratione tuae maiestati reddat acceptos. Per.

1360 <PRAEFATIO:> VD aeterne deus. Quoniam supplicationibus nostris misericordiam tuam confidimus adfuturam, quam beati Rufi poscimus interuentu nobis et confessione praestari. Per Christum.

1361 AD COMPLENDVM: Sumentes gaudia sempiterna de participatione sacramenti, et festiuitate[55] beati martyris tui Rufi suppliciter depraecamur, ut quae sedula seruitute donante te gerimus,[56] sensibus tuo munere capiamus. Per.

LCI

V KL. SEPT. NATALE SANCTI HERMETIS

1362 Deus qui beatum Hermen martyrem tuum uirtute constantiae in passione roborasti, ex eius nobis imitatione tribue pro

---

[54] *Per* is deleted, and *quaesumus ut ad uitam nobis proficiat sempiternam. Per.* is added by a later hand at the left margin.
[55] Originally *festiuitatem*, the *m* is deleted.
[56] *dignis* is added by a later hand at the right margin.

amore tuo prospera mundi dispicere, et nulla eius aduersa formidare. Per.

1363 SECRETA: Sacrificium tibi laudis domine offerimus in tuorum commemoratione sanctorum, da quaesumus ut quod illis contulit gloriam, nobis prosit ad salutem. Per.

1364 PRAEFATIO: VD aeterne deus. Quoniam fiducialiter laudis tibi immolamus hostias, quas sancti Hermetis martyris tui precibus tibi esse petimus acceptas. Per Christum.

1365 AD COMPLENDVM: Repleti domine benedictione caelesti, quaesumus clementiam tuam ut intercedente beato Herme martyre tuo, quae / humiliter gerimus salubriter sentiamus. Per.

/f. 148v

XCII
EODEM DIE NATALE SANCTI AVGVSTINI EPISCOPI

1366 Adesto supplicationibus nostris omnipotens deus, et quibus fiduciam sperandae pietatis indulges, intercedente beato Augustino confessore tuo atque pontifice, consuetae misericordiae tribue benignus effectum. Per.

1367 SVPER OBLATA: Sancti confessoris tui Augustini nobis domine pia non desit oratio, quae et munera nostra conciliet, et tuam nobis indulgentiam semper obtineat. Per.

1368 PRAEFATIO: VD aeterne deus. Qui beatum Augustinum confessorem tuum et scientiae documentis replesti, et uirtutum ornamentis ditasti. Quem ita multimode genere pietatis imbuisti, ut ipse tibi et ara et sacrificium et sacerdos esset et templum. Per Christum.

1369 AD COMPLENDVM: Vt nobis domine tua sacrificia dent salutem, beatus Augustinus confessor tuus et pontifex quaesumus precator accedat. Per.

XCIII
III K. SEPT. NATALE SANCTAE SABINAE VIRGINIS

1370 Deus qui inter cetera potentiae tuae miracula etiam in sexu fragili uictoriam martyrii contulisti, concede propitius ut cuius natalicia colimus, per eius ad te exempla gradiamur. Per dominum.

1371 SVPER OBLATA: Hostias tibi domine beatae Sabinae martyris tuae dicatas meritis benignus assume, et ad perpetuum nobis tribue prouenire subsidium. Per.

/f. 149r **1372** / AD COMPLENDVM: Diuini muneris largitate satiati quaesumus domine deus noster, ut intercedente beata Sabina martyre tua, in huius semper participatione uiuamus. Per.

XCIIII
EODEM DIE DECOLLATIO SANCTI IOHANNIS BAPTISTAE

1373 Sancti Iohannis baptistae et martyris tui domine quaesumus ueneranda festiuitas, salutaris auxilii nobis prestet effectum. Per.

1374 ALIA: Perpetuis nos domine sancti Iohannis baptistae tuere presidiis, et quanto fragiliores sumus, tanto magis necessariis attolle suffragiis. Per.

1375 SECRETA: Munera domine tibi pro sancti Iohannis baptistae et martyris passione deferimus, quia dum finitur in terris, factus est caelesti sede perpetuus, quaesumus ut eius obtentu nobis proficiat ad salutem. Per dominum.

1376 PRAEFATIO: VD aeterne deus. Qui praecursorem filii tui tanto munere ditasti, ut pro ueritatis preconio capite plecteretur. Et qui Christum aqua baptizauerat, ab ipso in spiritu baptizatus, pro eodem hodierna die proprio sanguine tingueretur. Preco quippe ueritatis quae Christus est, Herodem a fraternis thalamis prohibendo, carceris obscuritate detruditur, ubi solius diuinitatis tuae lumine frueretur. Deinde capitalem sententiam subiit, et ad inferna dominum praecursurus descendit. Et quem in mundo digito demonstrauit, ad inferos preciosa morte praecessit. Et ideo.

1377 AD COMPLENDVM: Consecrat nobis domine sancti
/f. 149v   Iohannis utrumque sollemnitas / ut magnifica sacramenta quae
sumpsimus significata ueneremur, et in nobis potius edita
gaudeamus. Per.

XCV

III KL. SEPT. NATALE SANCTORVM FELICIS ET
AVDACTI

1378 Maiestatem tuam domine supplices depraecamur ut sicut
nos iugiter sanctorum tuorum commemoratione laetificas, ita
semper supplicatione defendas. Per.

1379 SVPER OBLATA: Hostias domine tuae plebis intende, ut quas
in honore sanctorum tuorum deuota mente caelebrat, proficere
sibi sentiat ad salutem. Per.

1380 AD COMPLENDVM: Repleti domine muneribus sacris,
quaesumus ut intercedentibus sanctis tuis, in gratiarum tuarum
semper actione maneamus. Per.

XCVI

KL. SEPT. NATALE SANCTI PRISCI MARTYRIS

1381 Omnipotens sempiterne deus fortitudo certantium et martyrum palma, sollemnitatem hodierna diei propitius intuere, et
ecclesiam tuam continua fac celebritate laetari, et intercessione
beati martyris Prisci, omnium in te credentium uota perficias.
Per.

1382 SVPER OBLATA: Eius tibi domine quaesumus praecibus
grata reddatur oblatio, pro cuius est festiuitate immolanda. Per.

1383 PRAEFATIO: VD aeterne deus. Qui sic tribuis ecclesiam tuam
sanctorum commemoratione proficere, ut eam semper illorum
et festiuitate laetifices, et exemplo piae conuersationis exer-
/f. 150r   ceas, / grataque tibi supplicatione tuearis. Per Christum.

1384 AD COMPLENDVM: Presta quesumus domine noster ut
sacramenti tui participatione uegetati, sancti quoque martyris
Prisci praecibus adiuuemur. Per.

293

XCVII
VI ID. SEPT. NATIVITAS SANCTAE MARIAE

1385 Supplicationem seruorum tuorum deus miserator exaudi, ut qui in natiuitate dei genetricis et uirginis congregamur, eius intercessionibus conplacatus, a te de instantibus periculis eruamur. Per eundem.

1386 AD MISSAM: Famulis tuis domine caelestis gratiae munus inpertire, ut quibus beatae uirginis partus extitit salutis exordium, natiuitatis eius uotiua sollemnitas pacis tribuat incrementum. Per eundem dominum.

1387 SVPER OBLATA: Vnigeniti tui domine nobis succurrat humanitas, ut qui natus de uirgine matris integritatem non minuit sed sacrauit, in natiuitatis eius sollemniis a nostris nos piaculis exuens oblationem nostram sibi faciat esse placatam. Qui tecum uiuit et regnat.

1388 PRAEFATIO: VD et iustum est aequum et salutare. Nos tibi in omnium sanctorum tuorum prouectu gratias agere, domine sancte pater omnipotens aeterne deus, et praecipue pro meritis beatae dei genetricis et perpetuae uirginis Mariae /f. 150v gratia plenae, tuam omnipotentiam laudare / benedicere et praedicare. Per quem.

1389 AD COMPLENDVM: Sumpsimus domine caelebritatis annue uotiua sacramenta, praesta quaesumus ut et temporalis nobis uitae remedia praebeant et aeternae. Per dominum.

1390 Adiuuet nos quaesumus domine sanctae Mariae intercessio ueneranda, cuius etiam diem quo felix eius est inchoata natiuitas caelebramus. Per dominum nostrum Iesum Christum.

1391 ITEM ALIA: Adesto nobis omnipotens deus beatae Mariae festa repetentibus, quam hodiernae festiuitatis prolatam exortu ineffabili munere subleuasti. Per dominum.

XCVIII
EODEM DIE NATALE SANCTI ADRIANI MARTYRIS

1392 Praesta quesumus omnipotens deus ut qui sancti Adriani martyris tui[57] natalitia colimus, a cunctis malis imminentibus eius intercessione liberemur. Per.

1393 SVPER OBLATA: Munera domine tibi dicta sanctifica, et intercedente beato Adriano martyre tuo,[58] per eadem nos placatus intende. Per.

1394 AD COMPLENDVM: Salutaris tui domine munere saciati, supplices exoramus, ut quorum laetamur gustu, renouemur effectu. Per.

XCVIIII
V ID. SEPT. NATALE SANCTI GORGONII MARTYRIS

1395 Sanctus domine Gorgonius sua nos intercessione laetificet, et pia faciat sollemnitate gaudere. Per.

1396 SECRETA: Grata sit tibi domine nostrae seruitutis oblatio, pro qua sanctus Gorgonius / martyr interuenit. Per dominum.

/f. 151r

1397 PRAEFATIO: VD aeterne deus. Teque in sanctorum tuorum confessionibus laudare, in cuius facti sunt uirtute uictores. Quando enim humana fragilitas uel passionem aequanimiter ferre sufficeret, uel hostis aerii nequitias uinceret, nisi tuae firmitatis subsidium ministrares, et saeua furentis inimici potenter arma contereres. Per Christum.

1398 AD COMPLENDVM: Familiam tuam deus suauitas illa contingat et uegetet, qua in martyre tuo Gorgonio Christi tui bono iugiter odore pascatur. Per.

C
II ID SEPT. NATALE SANCTORVM PROTI ET IACINCTI

1399 Beati Proti nos domine et Iacincti foueat praetiosa confessio, et pia iugiter intercessione[59] tueatur. Per.

---

[57] *sociorumque eius* is added by **B**.
[58] *sociisque eius* interlinear addition by **B**.
[59] Originally *intercessione*, the *ne* is deleted.

1400 SVPER OBLATA: Pro sanctorum Proti et Iacincti munera tibi domine commemoratione quae debemus exsoluimus, praesta quaesumus ut remedium nobis perpetuae salutis operentur. Per.

1401 AD COMPLENDVM: Vt percepta nos domine tua sancta purificent, et beati Proti et Iacincti quaesumus imploret oratio. Per.

CI
XVIII KL. OCTB. NATALE SANCTORVM CORNELII ET CYPRIANI

1402 Infirmitatem nostram quaesumus domine propitius respice, et mala omnia quae iuste meremur, sanctorum tuorum intercessione auerte. Per dominum nostrum.

/f. 151v **1403** ALIA: / Beatorum martyrum pariterque pontificum Cornelii et Cypriani nos domine festa tueantur, et eorum commendet oratio ueneranda. Per.

1404 SVPER OBLATA: Adesto domine supplicationibus nostris quas in sanctorum tuorum commemoratione deferimus, ut qui nostrae iustitiae fiduciam non habemus, eorum qui tibi placuerint meritis adiuuemur. Per.

1405 PRAEFATIO: VD aeterne deus. Tuamque in sanctorum tuorum Cornelii simul et Cypriani festiuitate praedicare uirtutem, quos diuersis terrarum partibus greges sacros diuino pane pascentes, una fide eademque die pari nominis tui confessione coronasti. Per Christum.

1406 AD COMPLENDVM: Quaesumus domine salutaribus repleti mysteriis, ut quorum sollemnia caelebramus, eorum orationibus adiuuemur. Per.

CII
ITEM MISSA DE SANCTO CYPRIANO PROPRIA

1407 Salutarem nobis edidit hodierna die beati Cypriani sacerdotis et martyris in tua domine uirtute laetitiam, presta quaesumus ut in conuersationis eius insignia predicando, et intercessione tibi placita gloriemur. Per.

1408 SECRETA: Sacrificium nostrorum domine quaesumus ipsa tibi sit actione placabile, cui praesenti mysterio dominicae passionis / de cuius est germine procreata, beati Cypriani sacerdotis et martyris mox praeclara subiungitur. Per.

/f. 152r

1409 PRAEFATIO: VD aeterne deus. Beati Cypriani natalitia recensentes, ut qui in conspectu tuo clarus exstitit dignitate sacerdotii et palma martyrii, et in praesenti saeculo sua nos intercessione foueat, et ad misericordiam sempiternam pius interuentor perducat. Per Christum.

1410 AD COMPLENDVM: Saciati sumus domine muneribus sacris, quae tantae nobis uberius credimus profutura, quanto sanctis haec meritis intercedentibus martyrum percepisse confidimus. Per.

CIII
ITEM EODEM DIE EXALTATIO SANCTAE CRVCIS

1411 Deus qui unigeniti tui domini nostri Iesu Christi praetioso sanguine humanum genus redemere dignatus es, concede propitius ut qui ad adorandam uiuificam crucem adueniunt a peccatorum suorum nexibus liberentur. Per eundem dominum.

1412 ALIA: Deus qui nos hodierna die exaltatione sanctae crucis annua sollempnitate laetificas, presta ut cuius mysterium in terra cognouimus, eius redemptionis premia consequi mereamur. Per.

1413 SVPER OBLATA: Haec oblatio domine ab omnibus nos purget offensis quae in ara crucis etiam totius mundi tulit offensa. Per.

f. 152v **1414** / <PRAEFATIO:> VD per Christum dominum nostrum. Qui per passionem crucis mundum redemit. *RELIQVIA POSTERIVS IN INVENTIONE SANCTAE CRVCIS*, V NON. MAI [no. 1120].

1415 AD COMPLENDVM: Iesu Christi domini nostri corpore saginati, per quem crucis est sanctificatus uexillum quaesumus domine deus noster, ut sicut adorare meruimus, ita perennitatis eius gloriae salutaris potiamur effectu. Per eundem dominum nostrum.

1416 ALIA: Quaesumus omnipotens deus ut quos diuina tribuis participatione gaudere, humanis non sinas subiacere periculis. Per.

CIIII
XVII KL. OCTB. NATALE SANCTI NICOMEDIS

1417 Adesto domine populo tuo ut beati Nicomedis martyris tui merita praeclara suscipiens, ad impetrandam misericordiam tuam semper eius patrociniis adiuuetur. Per.

1418 SVPER OBLATA: Suscipe domine munera propitius oblata, quae maiestati tuae beati Nicomedis martyris commendet oratio. Per.

1419 AD COMPLENDVM: Purificent nos domine sacramenta quae sumpsimus, et intercedente beato Nicomede martyre tuo a cunctis efficiant uitiis absolutos. Per.

CV
XVI KL. OCTB. NATALE SANCTAE EVFEMIAE VIRGINIS

1420 Omnipotens sempiterne deus qui infirma mundi eligis ut fortia
/f. 153r quaeque confundas, concede propitius / ut qui beatae Eufimiae martyris tuae sollemnia colimus, eius aput te patrocinia sentiamus. Per.

1421 SVPER OBLATA: Praesta quaesumus domine deus noster, ut sicut in tuo conspectu mors est praetiosa sanctorum, ita eorum merita uenerantium accepta tibi reddatur oblatio. Per.

1422 AD COMPLENDVM: Sanctificet nos domine quaesumus tui perceptio sacramenti, et intercessio beatae martyris tuae Euphimiae tibi reddat acceptos. Per dominum.

CVI
EODEM DIE NATALE SANCTORVM LVCIAE ET GEMINIANI MARTYRVM

1423 Praesta domine precibus nostris cum exultatione prouectum, ut quorum diem passionis annua deuotione recolimus, etiam fidei constantiam subsequamur. Per.

1424 SVPER OBLATA: Vota populi tui domine propitiatus intende, et quorum nos tribuis sollemnia caelebrare, fac gaudere suffragiis. Per.

1425 AD COMPLENDVM: Exaudi domine praeces nostras, et sanctorum tuorum quorum festa sollemniter caelebramus, continuis foueamur auxiliis. Per.

CVII
XII KL. OCTBR. VIGILIA SANCTI MATHEI APOSTOLI ET EVANGELISTAE

1426 Da nobis omnipotens deus ut beati Mathei apostoli et euangelistae quam preuenimus ueneranda sollemnitas, et deuotionem nobis augeat et salutem. Per.

1427 SECRETA: Apostolicae reuerentiae culmen offerimus sacris /f. 153v mysteriis / inbuendum, presta domine quaesumus ut beati Mathei euangelistae suffragiis cuius natalitia praeimus, hic plebs tua semper et sua uota depromat, et desiderata percipiat. Per.

1428 AD COMPLENDVM: Beati Mathei euangelistae quaesumus domine supplicatione placatus, et ueniam nobis tribue, et remedia sempiterna concede. Per.

CVIII
IN NATALE EIVSDEM

1429 Beati euangelistae Mathei domine precibus adiuuemus, ut quod possibilitas nostra non obtinet, eius nobis intercessione donetur. Per.

1430 SVPER OBLATA: Supplicationibus apostolicis beati Mathei euangelistae quaesumus ecclesiae tuae domine commendetur oblatio, cuius magnificis praedicationibus eruditur. Per.

1431 PRAEFATIO: VD aeterne deus. Qui ecclesiam tuam in tuis fidelibus ubique pollentem, apostolicis facis constare doctrinis, praesta quaesumus ut per quos initium diuinae cognitionis accepit, per eos usque in finem saeculi capiat regni caelestis augmentum. Per Christum.

1432 AD COMPLENDVM: Perceptis domine sacramentis beato Matheo apostolo tuo et euangelista interueniente depraecamur, ut quae pro eius nomine caelebrata sunt gloria, nobis proficiant ad medelam. Per.

1433 ALIA ORATIONES: Sit domine beatus Matheus euangelista
/f. 154r   nostrae fragilitatis adiutor / ut pro nobis tibi supplicans copiosius audiatur. Per.

1434 <SVPER POPVLVM:> Presta quaesumus omnipotens deus ut qui iugiter apostolica defensione munimur, nec succumbamus uitiis nec obprimamur aduersis. Per.

CVIIII
X KL. OCTB. NATALE SANCTORVM MAVRITII,
EXVPERII, CANDIDI, VICTORIS, INNOCENTII, CVM
SOCIIS EORVM VI DC.

1435 Deus qui es omnium sanctorum tuorum splendor mirabilis, quique hunc diem in honore beatorum Mauricii, Exuperii, Candidi, Victoris, Innocentii, et Vitalis cum sociis eorum martyrio consecrasti, da ecclesiae tuae de natalicia[60] tantae festiuitatis laetari, ut apud misericordiam tuam, et exemplis eorum et meritis adiuuemur. Per.

1436 ITEM AD MISSAM: Deus qui hunc diem natalem[61] sanctorum Thebeorum martyrum tuorum[62] beatissimam legionem uitali mortis praemio euexit ad caelos, et pie fecit palmam florere certaminis pura mentis laude diuinitas splendeat.[63] Per dominum nostrum Iesum Christum.

[60] *natalicia* is changed into *nataliciis* by **B**.
[61] *qui . . . natalem* is deleted.
[62] *tuorum* interlinear addition by **B**.
[63] *pura . . . diuinitas* is deleted, and the passage from *praemio* to *splendeat* is changed interlinearly by a later hand into *praetio euexisti ad caelos, et pie fecisti palmam florere certaminis, da populo tuo ire pura mente in laudum tuarum debitis, honore splendeat diuinitatis.*

1437 SVPER OBLATA: Respice domine munera quae tibi passionis sanctorum tuorum Mauricii, Exuperii, Candidi, Victoris, Innocentii, et Vitalis cum sociis eorum in commemoratione deferimus et presta ut quorum honore sunt grata, eorum nobis fiant intercessione perpetua. Per dominum.

/f. 154v **1438** ALIA SECRETA: / Plebis tuae domine munera benignus intende, quae maiestati tuae per sanctorum tuorum Mauritii cum sociis suis sollempnitatibus sint dicanda. Per.

1439 <PRAEFATIO:> VD <aeterne deus>. Quem cognoscimus quanta apud te sit praeclara uita sanctorum, quorum nos etiam mors praetiosa laetificat et tuetur. Quapropter martyrum tuorum Mauricii, Exuperii, Candidi, Victoris, Innocentii, et Vitalis, cum sociis eorum gloriosa recensentes natalitia, laudes tibi domine referimus supplici confessione, cum angelis et archangelis, cum thronis.

1440 PRAEFATIO: VD aeterne deus. Qui sanctorum martyrum tuorum Mauritii cum sociis suis pia certamina ad copiosam perducis uictoriam, atque perpetuum eis largiris triumphum, ut ecclesiae tuae semper sint in exemplum. Praesta nobis quaesumus ut per eorum intercessionem quorum festa caelebramus, pietatis tuae munera capiamus. Per Christum.

1441 AD COMPLENDVM: Caelestibus refecti sacramentis et gaudiis supplices te rogamus domine, ut quorum gloriamur triumphis protegamur auxiliis. Per dominum nostrum.

1442 SVPER POPVLVM: Praetende nobis domine misericordiam tuam, et esto plebi tuae defensor et custos, ut sanctorum tuorum sollempnia securo possint frequentare conuentu. Per.

1443 AD VESPERVM: Adesto domine martyrum depraecatione sanctorum, et quas pati pro tuo nomine tribuisti, fac tuis fidelibus suffragari. Per.

301

/CX
V KL. OCTB. NATALE SANCTORVM COSMAE ET DAMIANI

1444 Praesta quaesumus omnipotens deus, ut qui sanctorum tuorum[64] Cosme et Damiani natalicia colimus, a cunctis malis imminentibus eorum intercessionibus liberemur. Per dominum.

1445 SVPER OBLATA: Sanctorum tuorum nobis domine pia non desit oratio, quae et munera nostra conciliet et tuam nobis indulgentiam semper obtineat. Per.

1446 PRAEFATIO: VD aeterne deus. Et clementiam tuam suppliciter obsecrare, ut cum exultantibus sanctis in caelestis regni cubilibus gaudia nostra subiungas. Et quos uirtutis imitatione non possumus sequi, debitae uenerationis contingamus affectu. Per Christum.

1447 AD COMPLENDVM: Protegat domine quaesumus populum tuum et participatio caelestis indulta conuiuii et depraecatio conlata sanctorum. Per.

CXI
III KL. OCTB. DEDICATIO BASILICAE SANCTI MICHAELIS ARCHANGELI

1448 Deus qui miro ordine angelorum ministeria hominumque dispensas, concede propitius, ut quibus tibi ministrantibus in caelo semper adsistitur, ab his in terra nostra uita muniatur. Per.

1449 SVPER OBLATA: Hostias tibi domine laudis offerimus suppliciter depraecantes, ut easdem angelico pro nobis interueniente suffragio et placatus accipias et ad salutem nostram prouenire concedas. Per.

---

[64] *tuorum* interlinear addition by **B**.

1450 <PRAEFATIO:> VD aeterne deus. Sancti Michahelis archangeli merita praedicantes. Quamuis enim nobis sit omnis

/f. 155v   angelica ueneranda sublimitas, / quae in maiestatis tuae consistit conspectu, illa tamen est propensius honoranda, quae in
eius ordinis dignitate caelestis militiae meruit principatum. Per
Christum.

1451 AD COMPLENDVM: Beati archangeli tui Michahelis intercessione suffulti, supplices te domine deprecamur, ut quos
honore prosequimur contingamus et mente. Per.

1452 SVPER POPVLVM: Plebem tuam quaesumus domine perpetua pietate custodi, ut secura semper et necessariis adiuta
subsidiis, spiritum tibimet placitorum pia semper ueneratione
laetetur. Per.

1453 *AD VESPERVM*: Da nobis omnipotens deus beati archangeli
Michaelis eotenus honore proficere, ut cuius in terris gloriam
praedicamus, eius praecibus adiuuemur in caelis. Per.

1454 *ALIA*: Adesto plebi tuae misericors deus, ut et gratiae tuae
beneficia potiora percipiat, beati Michaelis archangeli fac sup-
plicem depraecationibus subleuari. Per.

1455 *ALIA*: Perpetuum nobis domine tuae miserationis presta subsidium, quibus et angelica prestitisti suffragia non deesse.
Per.

CXII
KL. OCTB. NATALE SANCTORVM CONFESSORVM
REMIGII, GERMANI,[65] ATQVE VEDASTI

1456 Exaudi domine preces nostras quas in sanctorum confessorum
atque pontificum tuorum Remigii, Germani,[66] atque Vedasti

---

[65] *GERMANI* interlinear addition by **B**.
[66] *Germani* interlinear addition by **B**.

/f. 157r   sollemnitate deferimus, ut qui tibi digne meruerunt[67] / famulari, eorum intercedentibus meritis, ab omnibus nos absolue peccatis. Per dominum.

1457 SVPER OBLATA: Da misericors deus, ut haec nobis salutaris oblatio, et propriis reatibus indesinenter expediat, et ab omnibus tueatur aduersis. Per dominum.

1458 PRAEFATIO: VD aeterne deus. Et te in sanctorum tuorum uirtute laudare, quibus pro meritis suis beatitudinis praemia contulisti. Quoniam semper in manu tua sunt, et non tanget illos tormentum mortis. Quos te custodiente beatitudinis sinus intercludit, ubi perpetua semper exultatione laetantur. Vbi etiam beati confessores tui Remigius, Germanus,[68] atque Vedastus, societati exultant. Petimus ergo ut memores sint miseriarum nostrarum, et de tua misericordia nobis impetrent beatitudinis suae consortium. Per Christum.

---

[67] f. 156 is a small fly-leaf inserted between f. 155 and f. 157. It reads:
    \<II KL. OCTB. NATALE SANCTI HIERONIMI PRESBITERIS>
14* \<D>eus qui nobis per beatum Hieronimum confessorem sacerdotemque tuum scripturae sanctae ueritatem et mystica sacramenta reuelare dignatus es, praesta quaesumus, ut cuius natalicia colimus, eius semper et erudiamus doctrinis et meritis adiuuemur. Per.
15* *SVPER OBLATA* : \<D>onis caelestibus da quaesumus domine libera mente nos seruire, et munera quae deferimus, interueniente sancto Hieronimo presbytero, et medelam nobis operentur et gloriam. Per.
16* \<H>aec nos quaesumus domine participacio sacramenti, beati Hieronimi confessoris tui precibus, et propriis reatibus indesinenter expediat, et ab omnibus tueatur aduersis. Per.
    \<VI KL. MAR. NATALE SANCTI MATHIAE APOSTOLI>
17* Deus qui beatum Mathiam apostolum tuorum collegio sociasti, tribue quaesumus ut eius interuentione tuae circa nos pietatis semper uiscera sentiamus.
18* *SECRETVM* : Deus qui proditoris apostate ruinam apostolorum tuorum ne numerus sacratus perfectione careret, beati Mathiae electione supplesti, presentia munera sanctifica et per ea nos gratiae tuae uirtute confirma.
19* *AD COMPLENDVM* : Presta quaesumus omnipotens et misericors deus, ut per haec sancta quae sumpsimus, interueniente beato Mathia apostolo tuo ueniam consequamur, et pacem. Per.
20* *ALIA* : Percipiat domine quaesumus populus tuus intercedente beato Mathia apostolo tuo misericordiam quam deposcit, et quam precatur humiliter indulgentiam consequatur et pacem. Per.
    On the script of f. 156 see above p. 17.
[68] *Germanus* is added by **B** at the right margin.

1459 AD COMPLENDVM: Da quaesumus omnipotens deus repleti alimonia caelesti, ut qui beatorum confessorum atque pontificum tuorum Remigii atque Vedasti sollemnia collimus, eorum apud te intercessionibus adiuuemur. Per.

1460 AD VESPERVM: Deus qui nos deuota beatorum confessorum tuorum Remigii atque Vedasti instantia ad agnitionem sancti tui nominis uocare dignatus es, concede propitius ut quorum sollemnia colimus, eorum patrocinia sentiamus. Per.

/f. 157v **1461** / <ALIA:> Deus qui nos sanctorum tuorum temporali tribuis commemoratione gaudere, presta quaesumus ut beatorum Remigii atque Vedasti interuentione, in ea muneremur forte salutis, in qua illi sunt gratia tua gloriosi. Per dominum.

1462 ALIA: Deus qui animae famuli tui Vedasti aeternae beatitudinis praemia contulisti, concede propitius ut qui peccatorum nostrorum pondere praemimur, eius apud te praecibus subleuemur. Per.

CXIII
NONAS OCTB. NATALE SANCTI MARCI EPISCOPI
1463 Exaudi domine quaesumus praeces nostras, et interueniente beato Marco confessore tuo atque pontifice, supplicationes nostras placatus intende. Per dominum nostrum.

1464 SVPER OBLATA: Benedictio tua domine larga descendat, quae et munera nostra deprecante sancto Marco confessore tuo atque pontifice tibi reddat accepta, et nobis sacramentum redemptionis efficiat. Per.

1465 AD COMPLENDVM: Da quaesumus domine fidelibus populis sanctorum tuorum semper ueneratione laetari, et eorum perpetua supplicatione muniri. Per.

CXIIII
EODEM DIE NATALE SANCTORVM MARCELLI ET
APVLEI
1466 Sanctorum tuorum nos domine Marcelli et Apulei beata merita prosequantur, et suo semper faciant amore feruentes. Per.

1467 SECRETA: Maiestatem tuam nobis domine quaesumus haec hostia reddat immolanda placatam, tuorum digna postulatione sanctorum. Per.

1468 AD COMPLENDVM: Sacramentis domine muniamur accep-
/f. 158r tis, et sanctorum tuorum Marcelli / et Apulei, contra omnes nequitias inruentes armis caelestibus protegamur. Per.

CXV
VII ID. OCTB. NATALE SANCTI DIONISII CVM SOCIIS TVIS

1469 Deus qui beatum Dionisium martyrem tuum uirtute constantiae in passione roborasti, quique illi ad predicandam gentibus gloriam tuam Rusticum et Eleutherium sociare dignatus es, ex eorum nobis imitatione tribue pro amore tuo prospera mundi despicere, et nulla eius aduersa formidare. Per.

1470 SECRETA: Accepta sit in conspectu tuo domine nostra deuotio, et eorum nobis fiat supplicatione salutaris, pro quorum sollempnitate defertur. Per dominum.

1471 PRAEFATIO: VD aeterne deus. Qui sanctorum martyrum tuorum Dionisii, Rustici, et Eleutherii pia certamina ad copiosam perducis uictoriam, atque perpetuum eis largiris triumphum, ut ecclesiae tuae semper sint in exemplum. Praesta nobis quaesumus ut per eorum intercessionem quorum festa celebramus, pietatis tuae munera capiamus. Per Christum.

1472 AD COMPLENDVM: Sacro munere saciati supplices te domine deprecamur, ut quod debitae seruitutis caelebramus officio, intercedentibus sanctis tuis Dionisio, Rustico, et Eleutherio, saluationis tuae sentiamus augmentum. Per dominum.

CXVI
II ID. OCTB. NATALE SANCTI CALISTI EPISCOPI

/f. 158v **1473** / Deus qui nos conspicis ex nostra infirmitate deficere, ad amorem tuum nos misericorditer per sanctorum tuorum exempla restaura. Per dominum nostrum Iesum Christum.

306

1474 SVPER OBLATA: Mystica nobis domine prosit oblatio, quae nos et a reatibus nostris expediat, et perpetua saluatione confir- met. Per.

1475 AD COMPLENDVM: Quaesumus omnipotens deus ut et reatum nostrum munera sacrata purificent, et recte uiuendi nobis operentur effectum. Per.

CXVII
XV KL. NOV. NATALE SANCTI LVCAE EVANGELISTAE

1476 Interueniat pro nobis domine quaesumus sanctus Lucas euan- gelista, qui crucis mortificationem iugiter in suo corpore, pro tui nominis honore portauit. Per.

1477 SECRETA: Donis caelestibus da quaesumus domine libera mente seruire, ut munera quae deferimus, interueniente euan- gelista tuo Luca, et medelam nobis operentur et gloriam. Per.

1478 PRAEFATIO: VD aeterne deus. Et te in sanctorum tuorum meritis gloriosis conlaudare benedicere et praedicare. Qui eos dimicantes contra antiqui serpentis machinamenta et proprii corporis blandimenta, inexpugnabili uirtute rex gloriae roborasti. Ex quibus beatus Lucas euangelista tuus, assumpto scuto fidei, et galea salutis, et gladio spiritus sancti, et uiriliter contra uitiorum hostes pugnauit, et euangelice nobis dul- cedinis fluenta manauit. / Vnde petimus domine inmen- sam pietatem tuam, ut qui eum tot meritorum donasti praerogatiuum, nos eius et informes exemplis, et adiuues meritis. Per Christum.

f. 159r

1479 AD COMPLENDVM: Presta quaesumus omnipotens deus ut id quod de sancto altari tuo accepimus, precibus beati euan- gelistae sanctificet animas nostras per quod tuti esse possimus. Per.

CXVIII
VI KL. NOV. VIGILIA SANCTORVM APOSTOLORVM SIMONIS ET IVDAE

1480 Concede quaesumus omnipotens deus, ut sicut apostolorum tuorum Simonis et Iudae gloriosa natalicia preuenimus, sic ad tua beneficia promerenda, maiestatem tuam pro nobis ipsi praeueniant. Per.

1481 SECRETA: Muneribus nostris domine apostolorum tuorum Simonis et Iudae festa precedimus, ut quae conscientiae nostrae praepediuntur obstaculis, illorum meritis grata reddantur. Per.

1482 PRAEFATIO: VD aeterne deus. Quia tu es mirabilis in omnibus sanctis tuis, quos et nominis tui confessione praeclaros, et suscepta pro te fecisti passione gloriosos. Vnde sicut illi ieiunando orandoque certauerunt, ut hanc possent obtinere uictoriam, ita nos eorum exemplis informemur, ut ad caelebranda presentia festa idonei inueniamur, et ad aeterna percipienda eorum interuentu digni iudicemur. Per Christum.

1483 AD COMPLENDVM: Sumpto domine sacramento suppliciter depraecamur, ut intercedentibus beatis apostolis tuis, quod /f. 159v temporaliter gerimus / ad uitam capiamus aeternam. Per.

CXVIIII
IN DIEM AD MISSAM

1484 Deus qui nos per beatos apostolos tuos[69] Simonem et Iudam ad agnitionem tui nominis uenire tribuisti, da nobis eorum gloriam sempiternam et perficiendo caelebrare, et caelebrando proficere. Per.

1485 <ALIA:> Omnipotens sempiterne deus mundi creator et rector, qui beatos apostolos tuos Simeonem et Iudam nominis tui gloria consecrasti, exaudi domine populum tuum cum sanctorum tuorum tibi patrocinia supplicantem, ut pacis donum proficiat ad fidei[70] et caritatis augmentum. Per dominum.

1486 SVPER OBLATA: Gloriam domine sanctorum apostolorum Simonis et Iudae perpetuam praecurrentes, quaesumus ut eadem sacris mysteriis expiati, dignius celebramus. Per dominum nostrum.

---

[69] *tuos* interlinear addition by **B**.
[70] MS *fidaei* for *fidei*.

308

1487 PRAEFATIO: VD aeterne deus. Te in tuorum apostolorum Simonis et Iudae glorificantes honore, qui et illis tribuisti beatitudinem sempiternam, et infirmitati nostrae talia praestitisti suffragia, per quae tua possimus adipisci subsidia, et peruenire ad praemia repromissa. Per Christum.

1488 AD COMPLENDVM: Perceptis domine sacramentis suppliciter rogamus, ut intercedentibus beatis apostolis tuis, quae pro illorum ueneranda gerimus passione, nobis proficiant ad medelam. Per.

1489 ALIA ORATIO: Custodi nos domine quaesumus ne in uitiis proruamus, et quia his carere non possumus, interuenientibus semper apostolis, conscientiam nostram benignus absolue. Per.

CXX

II KL. NOVEMB. / VIGILIA OMNIVM SANCTORVM

/f. 160r

1490 Domine deus noster multiplica super nos gratiam tuam, et quorum praeuenimus gloriosa sollemnia, tribue subsequi in sancta professione laetitiam. Per.

1491 SECRETA: Altare tuum domine deus muneribus sacris cumulamus oblatis, da quaesumus ut ad salutem nostram omnium sanctorum precatione proficiant, quorum sollemnia uentura praecurrimus. Per.

1492 PRAEFATIO: VD aeterne deus. Reuerentiae tuae dicato ieiunio gratulantes, quia ueneranda omnium sanctorum sollemnia desideratis praeuenimus officiis, ut ad eadem caelebranda sollempniter praeparemur. Per Christum.

1493 AD COMPLENDVM: Sacramentis domine et gaudiis optatae caelebritatis expletis, quaesumus ut eorum praecibus adiuuemur, quorum recordationibus exhibentur. Per dominum.

1494 SVPER POPVLVM: Erudi quaesumus domine populum tuum spiritalibus instrumentis, et quorum praestas sollemnia praeuenire, fac eorum et consideratione deuotum, et defensione securum. Per.

CXXI
KL. NOV. NATALE EORVNDEM

1495 Omnipotens sempiterne deus qui nos omnium sanctorum merita sub una tribuisti caelebritate uenerari, quaesumus ut desideratam nobis tuae propitiationis abundantiam, multiplicatis intercessoribus[71] largiaris. Per dominum.

/f. 160v **1496** SECRETA: / Munera domine nostrae deuotionis offerimus, quae pro cunctorum tibi grata sint honore iustorum, et nobis salutaria te miserante reddantur. Per dominum.

1497 PRAEFATIO: VD aeterne deus. Clementiam tuam suppliciter obsecrantes, ut cum exultantibus sanctis in caelestibus regni cubilibus gaudia nostra coniugas. Et quos uirtutis imitatione non possumus sequi, debitae uenerationis contigamus affectu. Per Christum.

1498 AD COMPLENDVM: Da quaesumus domine fidelibus populis omnium sanctorum semper ueneratione laetari, et eorum perpetua supplicatione muniri. Per.

1499 SVPER POPVLVM: Omnipotens sempiterne deus qui nos omnium sanctorum tuorum multiplici facis caelebritate gaudere, concede propitius, ut sicut illorum commemoratione temporali gratulamur officio, ita perpetuo laetemur aspectu. Per.

CXXII
EODEM DIE NATALE SANCTI CAESARII

1500 COLLECTA AD SANCTOS COSMAE ET DAMIANI Adesto domine martyrum deprecatione sanctorum, et quos pat: pro tuo nomine tribuisti, fac tuis fidelibus suffragari. Per.

1501 ALIA AD MISSAM: Deus qui nos beati martyris tui Caesari: annua sollemnitate laetificas, concede propitius, ut cuius natalicia colimus, etiam actiones imitemur. Per dominum.

1502 SVPER OBLATA: Hostias tibi domine beati Caesarii martyri: tui dicatas meritis benignus assume, et ad perpetuum nobi: tribue prouenire subsidium. Per dominum nostrum.

---

[71] Originally *intercessionibus*, changed by a later hand into *intercessoribus*.

/f. 161r **1503** AD COMPLENDVM: / Quaesumus omnipotens deus, ut qui caelestia alimenta percepimus, intercedente beato Caesario martyre tuo, per haec contra omnia aduersa muniamur. Per.

CXXIII
VII ID. NOV. NATALE SANCTI VVILIBRORDI CONFESSORIS ATQVE PONTIFICIS

1504 ORATIO AD VESPERVM: Omnipotens sempiterne deus, qui nos pia deuotione beati Vuillibrordi confessoris tui atque pastoris nostri in hoc sacratissimum ouile congregasti, concede quaesumus ut cum eodem pastore ad caelestis uitae gaudia peruenire mereamur. Per dominum.

1505 AD MISSAM IN DIE SACRA: DEVS QVI IN DIVERSIS nationum populis praeclaros uerae fidei constituisti doctores, concede quaesumus ut omnes qui ad sanctissimi /f. 161v doctoris nostri / Vuillibrordi festa conuenerunt, praesentis prosperitatis gaudium, et futurae beatitudinis gloriam consequamur. Per.

1506 SVPER OBLATA: Sit tibi quaesumus domine deus nostrae deuotionis oblatio acceptabilis, ut beato Vuillibrordo confessore tuo intercedente, utrumque et tuae placeat maiestati, et nostrae proficiat saluti. Per.

1507 PRAEFATIO: VD aeterne deus. Qui beatum Vuillibrordum confessorem tuum nobis doctorem donare dignatus es, per quem a tenebris ignorantiae liberati, aeternae lucis fieri filii meruimus. Qui quod ore docuit, exemplo monstrauit. Cuius uita moribus effulsit egregia, cuius meritum miraculis inluxit. Quae etiam antiqua libris leguntur inscripta, quae etiam noua cotidie uidentur in facto. Cuius praesenti patrocinio gaudentes tuam super nos predicamus gratiam abundanter effusam. Per Christum.

1508 AD COMPLENDVM: Mysteriis diuinis refecti domine deus quaesumus, ut beati Vuillibrordi confessoris tui ubique intercessione protegamur, pro cuius annua ueneratione, haec tuae obtulimus maiestati. Per.

1509 SVPER POPVLVM: Caelesti benedictione misericors deus populum praesentem confirma, et quem magno ac speciali patrono beato scilicet Vuillibrordo confessore tuo decorasti, eius semper praesenti suffragio ab omnia aduersitate protege propitius. Per dominum.

/f. 162r **1510** AD VESPEROS: / Concede quaesumus omnipotens deus beati Vuillibrordi confessoris tui nos ubique intercessionibus adiuuari, cuius nos doctrinis ad agnitionem tui sancti nominis peruenire tribuisti. Per.

CXXIIII
VI ID NOV. NATALE SANCTORVM IIII^{OR}
CORONATORVM

1511 Praesta quaesumus omnipotens deus ut qui gloriosos martyres Claudium, Nicostratum, Simphronianum, Castorium, atque Simplicium fortes in sua confessione cognouimus, pios apud te in nostra intercessione sentiamus. Per.

1512 SVPER OBLATA: Benedictio tua domine larga descendat, quae et munera nostra deprecantibus sanctis tuis tibi reddat accepta, et nobis sacramentum redemptionis eficiat. Per.

1513 PRAEFATIO: VD aeterne deus. Celebrantes sanctorum natalicia coronatorum, quia dum tui nominis per eos gloriam frequentamus, in nostrae fidei augmento succrescamus. Per Christum.

1514 AD COMPLENDVM: Caelestibus refecti sacramentis et gaudiis supplices te domine depraecamur, ut quorum gloriamur triumphis protegamur auxiliis. Per dominum nostrum Iesum Christum.

1515 ALIA: Annua martyrum tuorum domine deuota recurrimus, maiestatem tuam suppliciter depraecantes, ut cum temporalibus incrementis, prosperitatis aeternae coronatorum capiamus augmentis. Per.

CXXV
V IDVS NOVEMB. NATALE SANCTI THEODORI MARTYRIS

1516 / Deus qui nos beati Theodori martyris tui confessione gloriosa circumdas et protegis, praesta nobis eius imitatione proficere, et oratione fulciri. Per.

f. 162v

1517 SVPER OBLATA: Suscipe domine fidelium preces cum oblationibus hostiarum, et intercedente beato Theodoro martyre tuo, per haec piae deuotionis officia ad caelestem gloriam transeamus. Per.

1518 AD COMPLENDVM: Praesta nobis domine quaesumus intercedente beato Theodoro martyre tuo, ut quae ore contingimus, pura mente capiamus. Per.

CXXVI
III ID. NOV. NATALE SANCTI MENNE MARTYRIS

1519 Praesta quaesumus omnipotens deus, ut qui beati Menne martyris tui natalicia colimus, intercessione eius in tui nominis amore roboremur. Per dominum.

1520 SVPER OBLATA: Muneribus nostris quaesumus domine precibusque susceptis, et caelestibus nos munda mysteriis, et clementer exaudi. Per.

1521 AD COMPLENDVM: Da quaesumus domine deus noster, ut sicut tuorum commemoratione sanctorum temporali gratulamur officio, ita perpetuo laetemur aspectu. Per.

CXXVII
DIE EODEM NATALE SANCTI MARTINI EPISCOPI

1522 Deus qui conspicis quia ex nulla nostra actione subsistimus, concede propitius, ut intercessione beati Martini confessoris tui contra omnia aduersa muniamur. Per.

1523 ALIA: Omnipotens sempiterne deus sollemnitate die huius propitius intuere et ecclesiam intercessione beati Martini confessoris tui / atque pontificis continua fac celebritate gaudere, omniumque intercedentium uota perficias. Per.

163r

313

1524 SVPER OBLATA: Da misericors deus, ut haec nobis salutaris oblatio, et propriis reatibus indesinenter expediat, et ab omnibus tueatur aduersis. Per.

1525 PRAEFATIO: VD aeterne deus. Cuius munere beatus Martinus confessor pariter et sacerdos et bonorum operum incrementis excreuit, et uariis uirtutum donis exuberauit, et miraculis coruscauit. Qui quod uerbis edocuit, operum exhibitione compleuit. Et documento simul et exemplo subditis ad caelestia regna pergendi ducatum praebuit. Vnde tuam clementiam petimus, ut eius qui tibi placuit exemplis ad bene agendum informemur, meritis muniamur, intercessionibus adiuuemur, qualiter ad caeleste regnum illo interueniente, te opitulante peruenire mereamur. Per Christum.

1526 ALIA PRAEFATIO: VD aeterne deus. Et te in beati Martini pontificis atque confessoris tui laudibus adorare, qui sancti spiritus tui dono succensus, ita in ipso tirocinio fidei perfectus inuentus est, ut Christum texisset in paupere. Et uestem quam egenus acceperat, mundi dominus induisset. Digne ei Arrianorum subiacuit feritas, digne tanto amore martyrii persecutoris tormenta non timuit. Quanta putamus erit glorificatio /f. 163v / passionis, quando pars clamidis sic extitit gloriosa? Quid erit pro oblatione integri corporis recepturus, qui pro quantitate uestis exigue et uestire deum meruit et uidere? Hic tua est domine ueneranda potestas, qui cum lingua non suppetit meritis exoretis. Per dominum nostrum.

1527 AD COMPLENDVM: Praesta quaesumus domine deus noster, ut quorum festiuitate uotiua sunt sacramenta, eorum salutaria nobis intercessione reddantur. Per.

1528 SVPER POPVLVM: Exaudi domine populum tuum tota tibi mente subiectum, et beati Martini pontificis supplicatione custodi, ut corpore et corde protectus, quod pie credidit appetat, et quod iuste sperat obtineat. Per dominum.

1529 ALIA ORATIO: Presta quaesumus omnipotens et misericors deus, ut sicut diuina laudamus in sancti Martini confessoris tui atque pontificis magnalia, sic indulgentiam tuam piis eius praecibus adsequamur. Per.

314

CXXVIII
XI KL. DECB. *ORDINATIO SANCTI WILLIBRORDI* [72]

1530 Deus qui nos annua beati Clementis Willibrordi confessoris tui atque pastoris nostri ueneranda ordinatione laetificas, concede propicius, ut apud misericordiam tuam pro nostris reatibus supplex interuentor existat qui ecclesiae tuae prouidus exstitit pastor et moderatissimus rector. Per dominum.

1531 SECRETA: Munera nostra quaesumus domine benigno uultu suscipe, et concede ut beati Clementis / Willibrordi confessoris tui atque pastoris nostris praecibus salutaria nobis reddantur, pro cuius ueneranda ordinatione conspectum diuinae maiestatis tuae deferuntur. Per.

f. 164r

1532 AD COMPLENDVM: Gratiam tuam quaesumus domine huius uirtute mysterii intercedente, beato Clemente Willibrordo patrono nostro cordibus nostris clementer infunde, et praesta ut in cuius ueneranda ordinatione percepimus, eius instruamur exemplis, muniamur meritis, orationibus subleuemus. Per.

CXXVIIII
CECILIAE VIRGINIS IN DIE AD MISSAM

1533 Deus qui nos annua beatae Ceciliae martyris tuae sollemnitate laetificas, da ut quam ueneramur officio, etiam pie conuersationis sequamur exemplo. Per.

1534 ALIA: Deus qui beata Cecilia ita castitatis deuotione conplacuit, ut coniugem suum Valerianum adfinemque suum Tyburtium tibi fecerit consecrari, nam et angelo deferente micantium odoriferas florum coronas, palmamque martyrii perceperunt, quaesumus ut ea intercedente pro nobis, beneficia tui muneris percipere mereamur. Per.

---

[72] Section CXXVIII (from the word *ORDINATIO* to the word *VIRGINIS* in the title of section CXXVIIII) is a palimpsest, written by a later hand. The palimpsested text is for the vigil of St Caecilia, yet apart from some faint red traces which can still be seen beneath the title, the text itself is thoroughly deleted and completely invisible.

1535 SVPER OBLATA: Haec hostia domine placationis et laudis, quaesumus ut interueniente beata Cecilia martyre tua nos propitiatione dignos semper efficiat. Per.

1536 PRAEFATIO: VD aeterne deus. Qui in infirmitate uirtutem perficis, et humani generis inimicum non solum per uiros, sed etiam per feminas uincis. Cuius munere beata Cecilia et in
/f. 164v uirginitatis proposito, et in confessione fidei roboratur. / Vt nec aetatis lubricae ab intentione mutetur, nec blandimentis carnalibus demulceatur, nec sexus fragilitate deterreatur, nec tormentorum inmanitate uincatur. Sed seruando corporis ac mentis integritatem, cum uirginitatis et martyrii palma aeternam mereretur adipisci beatitudinem. Per Christum.

1537 AD COMPLENDVM: Satiasti domine familiam tuam muneribus sacris eius quaesumus semper intercessione nos refoue, cuius sollemnia caelebramus. Per.

CXXX
VIII KL. DECB. NATALE SANCTI CLEMENTIS

1538 Deus qui nos annua beati Clementis martyris tui atque pontificis sollemnitate laetificas, concede propitius, ut cuius natalicia colimus, uirtutem quoque passionis imitemur. Per.

1539 ALIA: Omnipotens sempiterne deus qui in omnium sanctorum tuorum es uirtute mirabilis, da nobis in beati Clementis annua sollemnitate laetari, qui filii tui martyr et pontifex, quod mysterio gessit testimonio conprobauit, et quod predicauit ore confirmauit exemplo. Per eundem dominum nostrum.

1540 ALIA: Beati Clementis sacerdotis et martyris tui natalicia colimus ueneranda, quaesumus domine ecclesia tua deuote suscipiat, et fiat magne glorificationis amore deuotior. Per.

1541 SECRETA: Munera domine oblata sanctifica, et intercedente beato Clemente martyre tuo per haec nos a peccatorum nostrorum maculis emunda. Per dominum.

/f. 165r **1542** PRAEFATIO: / VD aeterne deus. Et in hac die quam beati Clementis passio consecrauit, et nobis uenerabilem exhibuit. Qui apostolica praedicatione imbutus, doctrinis caelestibus

316

educatus, successionis dignitate conspicuus, et martyr insignis et sacerdos refulsit egregius. Per Christum.

1543 AD COMPLENDVM: Corporis sacri et praetiosi sanguinis repleti libamine quaesumus domine deus noster, ut quod pia deuotione gerimus, certa redemptione capiamus. Per.

CXXXI
EODEM DIE NATALE SANCTAE FELICITATIS

1544 Praesta quaesumus omnipotens deus ut beatae Felicitatis martyris tuae sollemnia recensentes, meritis ipsius protegamur et praecibus. Per.

1545 SECRETA: Vota populi tui domine propitiatus intende, et quorum nos tribuis sollemnia celebrare, fac gaudere suffragiis. Per.

1546 AD COMPLENDVM: Supplices te rogamus omnipotens deus, ut interuenientibus sanctis tuis, et tua in nobis dona multiplices, et tempora nostra disponas. Per.

CXXXII
VIII KL. DECEMB. NATALE SANCTI CHRISOGONI MARTYRIS

1547 Adesto domine supplicationibus nostris, ut qui ex iniquitate nostra reos nos esse cognoscimus, beati Chrysogoni martyris tui intercessione liberemur. Per.

1548 ALIA: Presta nobis omnipotens deus, ut quem fidei uirtute imitari non possumus, digna salutis ueneratione sectemur. Per.

1549 SVPER OBLATA: Oblatis quaesumus domine placare f. 165v muneribus, et intercedente beato / Chrisogono martyre tuo, a cunctis nos defende periculis. Per.

1550 <PRAEFATIO:> VD aeterne deus. Qui nos assiduis martyrum passionibus consolaris, et eorum sanguinem triumphalem, quem pro confessione nominis tui infidelibus praebuere fundendum, ad tuorum facis auxilium transire fidelium. Per Christum.

317

1551 AD COMPLENDVM: Tui domine perceptione sacramenti, et a nostris mundemur occultis et ab hostium liberemur insidiis. Per.

CXXXIII
III KL. DECEB. NATALE SANCTORVM SATVRNINI, CRYSANTI, MAVRI, DARIAE, ET ALIORVM

1552 Deus qui nos beati Saturnini martyris tui concedis natalicia perfrui, eius nos tribue meritis adiuuari. Per.

1553 ALIA: Beatorum martyrum tuorum domine Saturnini et Crysanti adsit oratio, ut quos obsequio ueneramur, pio iugiter experiamur auxilio. Per dominum.

1554 SVPER OBLATA: Munera domine tibi dicata sanctifica, et intercedente beato Saturnino martyre tuo, per eadem nos placatus intende. Per.

1555 ALIA: Populi tui domine quaesumus grata sit hostia, quam nataliciis sanctorum martyrum tuorum Saturnini et Chrisanti sollemnitatibus immolamus. per.

1556 <PRAEFATIO:> VD per Christum dominum nostrum. Cuius gratia beatum Saturninum in sacerdotium elegit, doctrina ad praedicandum erudiit, potentia ad perseuerandum confirmauit. Vt per sacerdotalem infulam perueniret ad martyrii palmam. Docensque subditos praedicando, instruens uiuendi exemplo, confirmans patiendo, ut ad te / coronandus perueniret, qui persecutorum minas intrepidus superasset. Cuius interuentus nos quaesumus a nostris mundet delictis, qui tibi placuit tot donorum praerogatiuis. Per quem.

/f. 166r

1557 AD COMPLENDVM: Sanctificet nos domine quaesumus tui perceptio sacramenti, et intercessione sanctorum tibi reddat acceptos. Per.

1558 ALIA ORATIO: Mysteriis domine repleti sumus uotiuis[73] et gaudiis, praesta quaesumus, ut per intercessionem sanctorum martyrum tuorum Saturnini et Crysanti, quae corporaliter agimus, spiritaliter consequamur. Per.

---

[73] Originally *uotis*, changed interlinearly by a later hand into *uotiuis*.

CXXXIIII
EODEM DIE VIGILIA SANCTI ANDREAE

1559 Quaesumus omnipotens deus ut beatus Andreas apostolus pro nobis imploret auxilium, ut a nostris reatibus absoluti, a cunctis etiam periculis exuamur. Per dominum nostrum.

1560 ALIA: Tuere nos misericors deus, et beati Andreae apostoli tui cuius natalicia praeuenimus, semper guberna praesidiis. Per.

1561 SVPER OBLATA: Sacrandum tibi domine munus offerimus, quo beati Andreae sollemnia recolentes, purificationem quoque nostris mentibus imploramus. Per.

1562 PRAEFATIO: VD per Christum dominum nostrum. Qui ecclesiam tuam in apostolicis tribuisti consistere fundamentis, de quorum collegio beati Andreae sollemnia caelebrantes, tua domine praeconia non tacemus. Et ideo cum angelis.

1563 ITEM ALIA: VD aeterne deus. Et maiestatem tuam suppliciter exorare, ut qui / beati Andreae apostoli festum solemnibus ieiuniis et deuotis praeuenimus officiis, illius apud maiestatem tuam et adiuuemur meritis, et instruamur exemplis. Per Christum.

f. 166v

1564 AD COMPLENDVM: Perceptis domine sacramentis suppliciter exoramus, ut intercedente beato Andreae apostolo tuo, quae pro illius ueneranda gerimus passione, nobis proficiant ad medelam. Per.

CXXXV
II KL. DECB. NATALE SANCTI ANDREAE APOSTOLI

1565 Maiestatem tuam domine suppliciter exoramus, ut sicut ecclesiae tuae beatus Andreas apostolus extitit praedicator et rector, ita apud te sit pro nobis perpetuus intercessor. Per.

1566 ALIA: Deus qui humanum genus tuorum retibus praeceptorum capere uoluisti, respice propitius ad tanti sollemnia piscatoris, et tribue ut natalicio eius munere gratulantes, aeternae uitae praemia consequamur. Per.

319

1567 SVPER OBLATA: Sacrificium nostrum tibi domine quaesumus beati Andreae precatio sancta conciliet, ut cuius honore sollemniter exhibetur, meritis efficiatur acceptum. Per dominum.

1568 PRAEFATIO: VD per Christum dominum nostrum. Qui ecclesiam tuam in apostolicis tribuisti consistere fundamentis. Reliqua in uigilia eiusdem [no. 1562].

1569 ITEM: VD aeterne deus. Quoniam adest nobis dies magnifici uotiua mysterii, qua uenerandus Andreas apostolus germanum /f. 167r / se gloriosi apostoli tui Petri, tam praedicatione Christi tui quam conuersatione monstrauit, ut id quod libera praedicauerat uoce, nec pendens taceret in cruce. Auctoremque uitae perennis, tam in hac uita sequi, quam in mortis genere meruit imitari, ut cuius praecepto terrena in semetipso crucifixerat desideria, eius exemplo ipse patibulo figeretur. Vtrique igitur germani piscatores, ambo cruce eleuantur ad caelum. Vt quos in huius uitae cursu gratia tua tot uinculis pietatis obstrinxerat, hos inmarcescibilis in regno caelorum necteret et corona. Et quibus erat una causa certaminis, una retributio esset et praemii. Per Christum.

1570 AD COMPLENDVM: Sumpsimus domine diuina mysteria beati Andreae festiuitate laetantes, quae sicut tuis sanctis ad gloriam, ita nobis quaesumus ad ueniam prodesse perficias. Per.

1571 SVPER POPVLVM: Beati Andreae apostoli tui supplicatione quaesumus domine plebs tua benedictionem percipiat, ut de eius meritis et feliciter glorietur, et sempiternis ualeat consortiis sociata laetari. Per dominum.

1572 ORATIONES AD VESPEROS: Da nobis quaesumus domine deus noster beati apostoli tui Andreae intercessionibus subleuari, ut per quos ecclesiae tuae superni muneris rudimenta /f. 167v donasti, per eos subsidia / perpetuae salutis impendas. Per.

1573 ALIA: Adiuuet ecclesiam tuam tibi domine supplicando beatus Andreas apostolus, et pius interuentor efficiat, quod tui nominis extitit praedicator. Per.

1574 ITEM ALIA: Deus qui es sanctorum tuorum splendor mirabilis, quique hunc diem beati Andreae martyrio consecrasti, da ecclesiae tuae de eius natalicio semper gaudere, ut apud misericordiam tuam exemplis eius protegamur et meritis. Per.

1575 ALIA: Exaudi domine populum tuum cum sancti apostoli tui Andreae patrocinio supplicantem, ut tuo semper auxilio secura tibi possit deuotione seruire. Per.

1576 ITEM ALIA: Beatus Andreas pro nobis domine quaesumus imploret apostolus ut nostris reatibus absoluit, a cunctis etiam periculis eruamur. Per.

CXXXVI
VII ID. DECB. OCTABAS SANCTI ANDREAE

1577 Protege nos domine sepius beati Andreae apostoli repetita sollemnitas, ut cuius patrocinia sine intermissione recolimus, perpetuam defensionem sentiamus. Per.

1578 SECRETA: Indulgentiam nostris praebeant haec munera quaesumus domine largiorem, quae uenerabilis Andreae suffragiis offeruntur. Per.

1579 AD COMPLENDVM: Adiuuet familiam tuam tibi domine supplicando uenerandus Andreas apostolus, et pius interuentor efficiat, qui tui nominis extitit praedicator. Per.

CXXXVII
III ID. DEC. NATALE SANCTI DAMASI

/f. 168r **1580** / Misericordiam tuam domine nobis quaesumus interueniente beato confessore tuo Damaso clementer impende, et nobis peccatoribus ipsius propitiare suffragiis. Per.

1581 SECRETA: Da nobis quesumus domine semper haec tibi uota gratanter persoluere, quibus sancti confessoris tui Damasi depositionem recolimus, et presta ut in eius semper laude tuam gloriam praedicemus. Per.

1582 AD COMPLENDVM: Sumptum domine caelestis remedii sacramentum, ad perpetuam nobis prouenire gratiam beatus Damasus pontifex obtineat. Per.

CXXXVIII
ID. DECB. NATALE SANCTAE LVCIAE

1583 Intercessio nos quaesumus domine sanctae Luciae, et temporaliter frequentemus, et conspiciamus aeterna. Per.

1584 SECRETA: Deus uirtutum caelestium deus, ut sacrificia pro sanctae tuae Luciae sollemnitatem delata, desiderium nos temporalem doceant habere contemptum, et ambire dona faciant caelestium gaudiorum. Per dominum.

1585 AD COMPLENDVM: Laeti domine sumpsimus sacramenta caelestia, intercedente pro nobis beata Lucia martyre tua, ad uitam nobis proficiant sempiternam.

CXXXXVIIII
XII KL. IANR. NATALE SANCTI THOME APOSTOLI

1586 Da nobis quaesumus domine beati apostoli tui Thome sollemnitatibus gloriari, ut eius semper et patrociniis subleuemur, et fidem congrua deuotione sectemur. Per.

/f. 168v **1587** SECRETA: / Debitum dominum nostrae reddimus seruitutis suppliciter exorantes, ut suffragiis beati apostoli tui Thome in nobis tua munera tuearis, cuius honoranda confessione laudis tibi hostias immolamus. Per.

1588 PRAELOCVTIO: VD per Christum dominum nostrum. Qui ecclesiam tuam in apostolicis tribuisti consistere fundamentis, de quorum collegio beati Thome apostoli tui sollemnia caelebrantes, tua domine praeconia non tacemus. Et ideo.

1589 AD COMPLENDVM: Conserua domine populum tuum, et quem sanctorum tuorum praesidiis non desinis adiuuare, perpetuis tribue gaudere remediis, per dominum nostrum Iesum Christum filium tuum, qui tecum uiuit et regnat deus in unitate spiritus sancti, per omnia saecula saeculorum. AMEN.[74]

---

[74] MS *AMHN* for *AMEN*.

1590 <ALIA:> Et maiestatem tuam humiliter depraecantes, ut intercedente beata Maria semper uirgine, et beato Vuillibrordo
confessore tuo atque pontifice, cum omnibus sanctis nos ab
omnibus peccatis clementer eripias, et a cunctis inimicis
misericorditer protegas, et ad gaudia aeterna nos perducas. Per
Christum dominum nostrum.

/f. 169r

/ CXL
IN SANCTAE TRINITATIS NOMINE INCIPIT VIGILIA
OMNIVM SANCTORVM APOSTOLORVM

1591 *CONCEDE QVAESVMVS OMNIPOTENS DEVS VT SICVT
APOSTO*lorum tuorum illorum gloriosa natalicia praeuenimus, sic ad tua beneficia promerenda maiestatem tuam pro
nobis ipsi praeueniat. Per.

1592 ALIA: Exaudi nos deus salutaris noster, et apostolorum
tuorum nos tuere praesidiis, quorum donasti fideles esse
doctrinis. Per.

1593 SECRETA: Muneribus nostris domine apostolorum illorum
festa praecedimus, ut quae conscientiae nostrae praepediuntur
obstaculis, illorum meritis grata reddantur. Per.

1594 ITEM ALIA: Munera domine glorificationis offerimus, quae
tibi pro nostris grata ieiuniis, eorum quaesumus deprecatio
quorum sollemnia praeuenimus efficiat. Per.

1595 PRAEFATIO: VD per Christum. Quia tu es mirabilis in
omnibus sanctis tuis, quos et nominis tui confessione
praeclaros, et suscepta pro te fecisti passione gloriosos. Vnde
sicut illi ieiunando orandoque certauerunt, ut hanc possent
obtinere uictoriam, ita nos potiusque exercuere sectantes
conuenientius eorum natalicia caelebremus. Et ideo.

1596 AD COMPLENDVM: Sumpta domine sacramenta suppliciter
/f. 169v deprecamur, / ut intercedentibus beatis apostolis, quod temporaliter gerimus, ad uitam capiamus aeternam. Per.

1597 AD COMPLENDVM: Sanctificati domine salutari mysterio,
quaesumus ut pro nobis eorum non desit oratio, quorum nos
donasti uotis praeuenire sollemnia. Per.

CXLI
IN NATALE VNIVS APOSTOLI

1598 Quaesumus omnipotens deus ut beatus ille apostolus tuus[75] pro nobis imploret auxilium, ut a nostris reatibus absoluti, a cunctis etiam periculis exuamur. Per dominum nostrum.

1599 SVPER OBLATA: Sacrandum tibi domine munus offerimus, quo beati illius apostoli sollemnia recolentes, purificationem quoque nostris mentibus imploramus. Per.

1600 AD COMPLENDVM: Perceptis domine sacramentis suppliciter exoramus, ut intercedente beato illo apostolo tuo, quae pro illius ueneranda gerimus sollemnitate, nobis proficiant ad medelam. Per.

CXLII
IN NATALE OMNIVM APOSTOLORVM

1601 Deus qui nos per beatos apostolos illos ad agnitionem tui nominis uenire tribuisti, da nobis eorum gloriam sempiternam et proficiendo celebrare, et caelebrando perficere. Per dominum.

1602 ALIA: Omnipotens sempiterne deus mundi creator et rector, qui beatos apostolos illos nominis tui gloriam consecrasti, exaudi populum tuum cum sanctorum tuorum tibi patrocinia /f. 170r supplicantem, / ut pacis donum proficiat ad fidei et caritatis augmentum. Per.

1603 SECRETA: Gloriam domine sanctorum apostolorum illorum perpetuam praecurentes, quaesumus ut eadem sacris mysteriis expiati dignius caelebramus. Per.

1604 <PRAEFATIO:> VD aeterne deus. Et te in tuorum apostolorum glorificantes honore, qui et illis tribuisti beatitudinem sempiternam, et infirmitati nostrae talia prestitisti suffragia, quae audire possis pro nobis. Per Christum dominum nostrum.

1605 AD COMPLENDVM: Perceptis domine sacramentis suppliciter rogamus, ut intercedentibus beatis apostolis tuis, quae

---

[75] *tuum* corrected interlinearly by **B** into *tuus*.

324

pro illorum ueneranda gerimus passione, nobis proficiant ad medelam. Per.

CXLIII
ITEM ALIA MISSA

1606 Sollemnitatis apostolicae multiplicatione gaudentes, clementiam tuam depraecamur omnipotens deus, ut tribuas nobis iugiter eorum confessione benedici, et patrociniis confoueri. Per.

1607 SECRETA: Apostolorum tuorum praecibus domine plebis tuae dona sanctifica, ut quae tibi tuo gratas sunt instituta, gratiora fiant patrocinio supplicantium. Per.

1608 PRAEFATIO: VD aeterne deus. Te domine suppliciter exorare, ut gregem tuum pastor aeterne non deseras, sed per beatos apostolos tuos continua protectione custodias, ut eisdem rectoribus gubernetur, quos operis tui uicarios eidem contulisti praeesse pastores. Per Christum.

/f. 170v **1609** AD COMPLENDVM: / Pignus uitae aeternae capientes humiliter imploramus, ut apostolicis fulti patrociniis, quod in imagine contingimus sacramenti, manifesta perceptione sumamus. Per.

1610 ALIA ORATIO: Custodi nos domine quaesumus ne in uitiis proruamus, et quia his carere non possumus, interuenientibus semper apostolis tuis conscientiam nostram benignus absolue. Per dominum.

CXLIIII
ITEM ALIA VBI SVPRA

1611 Deus qui nos annua apostolorum tuorum illorum et illorum solemnitate laetificas, praesta quaesumus ut quorum gaudemus meritis, instruamur exemplis. Per.

1612 SVPER OBLATA: Munera domine quae pro apostolorum tuorum illorum solemnitate deferimus propitius suscipe, et mala omnia quae meremur auerte. Per.

1613 AD COMPLENDVM: Quaesumus domine salutaribus repleti mysteriis, ut quorum sollemnia caelebramus, eorum orationibus adiuuemur. Per.

CXLV
IN VIGILIA VNIVS CONFESSORIS SIVE MARTYRIS

1614 Concede nobis quaesumus omnipotens deus, uenturam beati illius martyris siue confessoris sollemnitatem congruo praeuenire honore, et uenientem digna caelebrare deuotione. Per.

1615 Magnifica domine beati illius sollemnia recensemus, qua promptis cordibus ambientes, oblatis muneribus et suscipimus et praeimus. Per.

1616 AD COMPLENDVM: [. . .][76]

<CLXVII>

/f. 171r **1617** / <AD COMPLENDVM:> Votiua domine dona percepimus quae sanctorum nobis praecibus et praesentis quaesumus uitae pariter et aeternae tribue conferre praesidium. Per.[77]

CLXVIII
ITEM ALIA MISSA

1618 Domine deus noster multiplica super nos gratiam tuam, et quorum caelebramus gloriosa certamina, tribue subsequi in sancta professione uictoriam. Per.

1619 ALIA: Deus qui in sanctis habitas et pia corda non deseris, suscipe propitius orationem nostram, ut te custode seruati, ab omnibus uitae huius periculis liberemur. Per.

1620 SECRETA: Suscipe quaesumus domine munera populi tui pro martyrum festiuitate sanctorum, et sincero nos corde sanctorum nataliciis interesse. Per.

---

[76] A whole quire is most probably missing between f. 170 and f. 171.

[77] This prayer appears in the Old Gelasian (1101) under the title *in natale plurimorum sanctorum*, and in *Gellone* (1816) under the title *in natale plurimorum martyrum*, both of which are perfectly suited here. It does not appear in this role in the *Hadrianum*.

1621 AD COMPLENDVM: Sacramenti tui domine quaesumus sumpta benedictione corpora nostra mentesque sanctificat, et perpetuae tuae misericordiae nos praeparet adscribendos. Per.

1622 ALIAS ORATIONES: Omnipotens et misericors deus fidelium lumen animarum, adesto uotis sollemnitatis hodiernae, ecclesiae tuae gaudiis de beatorum martyrum illorum gloria manifestatione conceptis benignus aspira, ut et corda nostra passione sanctorum martyrum igniantur, ut apud misericordiam tuam iuuemur meritis, quorum gaudemus exemplis. Per.

/f. 171v

1623 ALIA: Omnipotens sempiterne deus qui nos idoneos non esse perpendis ad maiestatem tuam sicut dignum est exorandum, / da sanctos martyres tuos illos pro nostris supplicare peccatis quos digne possis audire. Per.

1624 ITEM ALIA: Sanctorum martyrum tuorum illorum nos quaesumus domine praecibus adiuuemur, ut quod possibilitas nostra non obtinet, eorum nobis qui ante te iusti inuenti sunt oratione donetur. Per.

1625 ITEM ALIA: Concede quaesumus omnipotens deus ut sanctorum tuorum quorum caelebramus uictorias, participemur et praemiis. Per.

1626 ITEM ALIA: Ad defensionem quaesumus domine fidelium dexteram tuae maiestatis extende, et ut perpetua pietatis tuae protectione muniantur intercessio pro his non desit martyrum continuata sanctorum. Per.

CLXVIIII
MISSA IN VIGILIA VIRGINVM

1627 Sanctae martyris tuae illius domine supplicationibus nos foueri, ut cuius uenerabilem sollempnitatem praeueniam obsequo, eius intercessionibus commendemur et meritis. Per.

1628 SECRETA: Muneribus nostris domine sanctae illius martyris tuae festa praecedimus, ut quae conscientiae nostrae praepedimus obstaculis, illius meritis reddantur accepta. Per.

1629 PRAEFATIO: VD aeterne deus. Beatae illius natalicium diem debita ueneratione praeuenientes laudare, quae in ueritatis tuae testificatione profusius magnifico nominis tui honore signauit. Vt quae coniugio praeparabatur humano, mereretur exaltari diuino. Et sic corona pudicitiae meruit, ut / regnum thalamum non solum uirgo, sed etiam martyr intraret. Per Christum.

/f. 172r

1630 AD COMPLENDVM: Quesumus omnipotens deus ut quorum nos tribuis communicari memoriis, eorum facias imitatores. Per.

1631 SVPER POPVLVM: Liberantes domine mensae tuae beata mysteria, quaesumus ut martyris interuentione sanctae illius et praesentem nobis misericordiam conferat. Per.

CLXX
IN NATALE VNIVS VIRGINIS

1632 Deus qui inter cetera potentiae tuae miracula etiam in sexu fragili uictoriam martyrii contulisti, concede propitius ut cuius natalitia colimus, per eius ad te exempla gradiamur. Per.

1633 <ALIA:> Deus qui nos hodie beatae et sanctae illius uirginis martyrisque annua sollempnitate laetificas, concede propitius ut eius adiuuemur meritis, cuius castitatis inradiamur exemplis. Per.

1634 SVPER OBLATA: Suscipe munera domine quae in beatae illius martyris tuae sollempnitate deferimus, cuius nos scimus patrocinio liberari. Per.

1635 PRAEFATIO: VD per Christum dominum nostrum. Quam beata uirgo pariter et martyr illa et diligendo timuit, et timendo dilexit. Illique coniuncta est moriendo, cui se consecrauerat caste uiuendo. Et pro eo temporalem studuit sustinere poenam, ut ab eo perciperet gloriam sempiternam. Quaedum duplicem uult sumere palmam, in sacri certaminis agone, et de corporis integritate, et de fidei puritate, laboriosius duxit antiqui hostis sustinere temptamenta, quam uitam praesentem / cito amittere per tormenta. Quoniam cum in martyrio proponantur ea quae terreant, in carnis uero delectamentis, ea quae mulceant, molestius sustinetur hostis occultus, quam superetur infestus.

/f. 172v

Cum ergo in utroque tui sit muneris quod uicit, quia nihil ualet humana fragilitas, nisi tua hanc adiuuet pietas. Pro nobis quaesumus tuam pietatem exoret, quae a te accepit ut uinceret. Et quae unigeniti tui intrare meruit thalamum, intercessione sua inter mundi huius aduersa nobis praestet auxilium. Per Christum.

1636 AD COMPLENDVM: Auxilientur nobis domine sumpta mysteria, et intercedente beata illa martyre tua, sempiterna protectione confirment. Per.

1637 <SVPER POPVLVM:> Indulgentiam nobis domine beata illa martyr imploret, quae tibi grata semper extitit, et merito castitatis, et tuae professione uirtutis. Per.

CLXXI
IN NATALE PLVRIMARVM VIRGINVM

1638 Omnipotens sempiterne deus qui infirma mundi eligis ut fortia quaeque confundas, concede propitius, ut qui omnium uirginum cunctarumque sanctarum feminarum commemoratione agimus, earum apud te patrocinia sentiamus. Per.

1639 ALIA: Deus qui ut humanum genus ad confessionem tui nominis prouocares, etiam in fragili sexu uictoriam martyrii contulisti, praesta quaesumus ut ecclesia tua hoc exemplo commota, nec pati pro te metuat, et caelestis praemii gloriam concupiscat. Per.

/f. 173r 1640 SECRETA: / Gratanter domine ad munera dicanda concurrimus, quae nomini tuo pro sollemnitate sanctarum uirginum atque feminarum suppliciter immolamus. Per.

1641 PRAEFATIO: VD per Christum dominum nostrum. Pro cuius caritatis ardore istae et omnes sanctae uirgines a beata Maria exemplum uirginitatis accipientes, praesentis saeculi uoluptates ac delicias contempserunt. Quoniam tuo dono actum est ut postquam de uirgine prodiit, sexus fragilis esset fortis. Et in quo fuit peccandi facilitas, esset uincendi felicitas. Antiquusque hostis, qui per antiquam uirginem genus humanum se uicisse gloriabatur, per sanctas nunc uirgines sequaces potius Mariae quam Euae uincatur. Et in eo maior ei confusio crescat,

329

quod de eo etiam sexus fragilis iam triumphat. Quapropter inmensam pietatem tuam humiliter exposcimus, ut per earum intercessionem quae et sexum uicerunt et saeculum, tibique placuerunt, et uirginitatis decore et passionis uigore, nos mereamur et inuisibilem hostem superare, et unigenito tuo domino nostro adherere. Per Christum.

1642 AD COMPLENDVM: Haec nos domine gratia tua quaesumus semper exerceat, ut et diuinis instauret nostra corda mysteriis, cum sanctorum uirginum commemoratione laetificet. Per.

1643 SVPER POPVLVM: Prosit plebi tua omnipotens deus sanctarum uirginum ueneranda festiuitas, ut quarum gaudet honoribus protegatur auxilio. Per dominum.

/ CLXXII
IN VIGILIIS FESTIVITATVM SANCTAE MARIAE
1644 Praesta quaesumus omnipotens deus ut beatae semper uirginis uentura sollempnitas, et praesentis uitae nobis remedia conferat, et praemia concedat aeterna. Per dominum.

1645 SECRETA: Grata tibi sint domine munera, quibus beatae Mariae semper uirginis superuenientem praeuenimus festiuitatem. Per.

1646 PRAEFATIO: VD aeterne deus. In die festiuitatis hodiernae, quo beata Mariae sollempnitate recolimus, debita praeuenientes seruitute. Cuius ueneranda festiuitas nobis tanto amplius eius intercessione erit profutura, quanto crebrius fuerit nostra deuotione caelebrata. Per Christum.

1647 AD COMPLENDVM: Da nobis quaesumus misericors deus ipsius superuenienti festiuitate uegetari, cuius integra uirginitate salutis nostrae suscepimus auctorem. Qui tecum uiuit et regnat.

1648 SVPER POPVLVM: Beatae Mariae semper uirginis domine quaesumus adsit nobis ubique oratio, ut quam deuoto plebs tua uenerantur obsequio, suffragari sibi pio iugiter experiamur auxilio. Per.

330

CLXXIII
MISSA IN FESTIVITATE SANCTAE MARIAE

1649 Concede nobis famulis tuis quaesumus domine deus perpetua meritis et corporis semper uirginis intercessione a praesenti liberari tristitia, et futura perfrui laetitia. Per.

/f. 174r **1650** SECRETA: / Tua domine protectione et beatae Mariae semper uirginis intercessione, ad perpetuam atque praesentem haec oblatio proficiat prosperitatem. Per dominum.

1651 AD COMPLENDVM: Sumptis domine salutis nostrae subsidiis, da quaesumus eius nos patrociniis ubique protegi, in cuius ueneratione haec tuae obtulimus maiestati. Per.

1652 SVPER POPVLVM: Omnipotens sempiterne deus famulos tuos dextera potentiae tuae a cunctis protege periculis, et beata Maria semper uirgine intercedente, fac nos praesenti gaudere prosperitate et futura. Per dominum nostrum Iesum Christum filium tuum.

EXPLICIT SECVNDVS SACRAMENTORVM LIBER

/f. 174v ## /IN HONORE SANCTAE TRINITATIS INCIPIT
SACRAMENTORVM LIBER TERTIVS

/f. 175r ## / I
DIE DOMINICO MISSA DE SANCTAE TRINITATE
1653 OMNIPOTENS SEMPITERNE DEVS QVI DEDISTI
/f. 175v NOBIS[1] IN CONFESSIONE VERAE FIDEI */AETERNAE
TRINITATIS GLORIAM AGNOSCERE, ET IN* potentia maiestatis adorare unitatem, quaesumus ut eiusdem fidei firmitate,
ab omnibus semper muniamur aduersis. Per.

1654 SVPER OBLATA: Sanctifica quaesumus domine deus per tui
nominis sanctificationem huius oblationis hostiam, et per eam
nosmetipsos tibi perfice munus aeternum. Per.

1655 PRAEFATIO: VD aeterne deus. Qui cum unigenito filio tuo et
spiritu sancto, unus es deus, unus es dominus. Non in unius
singularitate personae, sed in unius trinitate substantiae. Quod
enim de tua gloria reuelante te credimus, hoc de filio tuo,
hoc de spiritu sancto, sine differentiae discretione sentimus.
Vt in confessione uerae sempiternaeque deitatis, et in personis proprietas, et in essentia unitas, et in maiestate adoretur
aequalitas. Quem laudant angeli.

1656 AD COMPLENDVM: Proficiat nobis ad salutem corporis et
animae domine deus huius sacramentis susceptio, et sempiterna sanctae trinitatis[2] confessio. Per.

1657 SVPER POPVLVM: Domine deus pater omnipotens nos
famulos tuos[3] tuae maiestati subiectos per unicum filium tuum
in uirtute sancti spiritus benedicet protege, ut ab omni hoste
securi, in tua iugiter laude laetemur. Per eundem dominum, in
unitate eiusdem.

II
ALIA MISSA DE SANCTA TRINITATE
/f. 176r **1658** / Omnipotens sempiternae deus trina maiestas et una deitas,

---

[1] *NOBIS* interlinear addition by a different hand.
[2] *eiusdemque indiuiduae unitatis* is added by a later hand in the left margin.
[3] *tuos* interlinear addition by a later hand.

qui in trinitate permanens, et in unitate semper consistis, presta quaesumus ut qui peccatorum nostrorum ponderibus praegrauamur, celerem indulgentiam consequi mereamur. Per.

1659 \<SVPER OBLATA:\> In tuo conspectu sancta trinitas talia nostra sint munera, quae et placere te ualeant, et nos tibi placere perficiant. Per dominum nostrum Iesum Christum.

1660 PRAEFATIO: VD aequum et salutem. Te semper domine laudare, te benedicere, te glorificare, te adorare. Tibi gratias agere omnium creatori, uisibilium et inuisibilium moderatori. Quia tu es aeternus thesaurus sine fine bonus, fons uitae, inmortalis omnium deus. Quem laudant caeli et caeli caelorum et omnis uirtus eorum, sol et luna et omnium stellarum chorus, terra mare cum omnibus quae in eis sunt. Hierusalem caelestis festiuitas angelorum, ecclesia primitiuorum scripta in caelis. Spiritus iustorum et prophetarum, animae martyrum et apostolorum. Angeli archangeli throni et dominationes, principatus et potestates, uirtutes caelorum, et innumeratae multitudines. Cherubim et sex alae seraphim, quarum duae uelant facies eorum, et duae pedes, et duae uolant, et clamat alter ad alterum, indefessis laudibus dicentes, Sanctus, sanctus, sanctus.

/f. 176v **1661** / AD COMPLENDVM: Perceptis domine sacramentis tua nos non deserat pietas, quia in confessione sanctae trinitatis nos credimus esse saluandos. Per dominum nostrum.

1662 ALIA: Concede nobis misericors deus, ut sicut in nomine patris et filii diuini generis intellegimus ueritatem, sic in spiritu sancto totius cognoscamus substantiam trinitatis. Per eundem, eiusdem.

1663 ALIA: Fac domine quaesumus omnipotens ut in tota mundi latitudine, sanctae trinitatis gloria agnoscatur in personis, et summae maiestatis potentia adoretur in unitate. Per dominum.

III
EODEM DIE MISSA DE SANCTORVM

1664 Deus qui nos concedis dei genetricis Mariae et omnium sanctorum ueneranda commemoratione laetari, da nobis in

aeterna laetitia de eorum societate gaudere. Per dominum
nostrum Iesum Christum.

1665 SVPER OBLATA: Accepta sit in conspectu tuo domine nostra
deuotio, et omnium sanctorum tuorum nobis fiat supplicatione
salutaris, per quorum ueneratione offertur. Per.

1666 ALIA: Hostia haec quaesumus domine quam in honore
et ueneratione omnium sanctorum tuorum maiestati tuae
humiliter offerimus, et uincula nostrae prauitatis absoluat, et
tua nobis misericordiae dona conciliet. Per.

1667 PRAEFATIO: VD aeterne deus. Et te in omnium sanctorum
/f. 177r tuorum commemoratione / laudare, quibus pro meritis suis
beatitudinis praemia contulisti. Quoniam in manu tua sunt,
et non tanget illos tormentum mortis. Quos te custodiente
beatitudinis sinus intercludit, ubi perpetua semper exultatione
laetantur. Petimus ergo ut memores sint miseriarum nostrarum,
et de tua misericordia nobis impetrent beatitudinis suae consortium. Per Christum.

1668 AD COMPLENDVM: Auxilientur nobis domine sumpta mysteria, et intercedentibus sanctis tuis, sempiterna protectione
confirment. Per.

1669 <SVPER POPVLVM:> Omnium domine quaesumus sanctorum tuorum supplicatione placatus, et ueniam nobis tribue,
et remedia sempiterna concede. Per.

IIII
MISSA PROPRIA SACERDOTIS

1670 Omnipotens et misericors deus cuius pietatis et misericordiae
non est numerus, qui simul cuncta creasti, qui uerbum tuum
pro redemptione nostri[4] humani generis incarnari uoluisti, qui
occulta cordium hominum solus agnoscis, miserere animae
meae, et miserere[5] delicta iuuentutis meae et ignorantias meas
ne memineris domine,[6] sed erue animam meam de manibus

---

[4] *nostri* is deleted.
[5] *miserere* is deleted.
[6] *domine* interlinear addition by a different hand.

inimicorum meorum et de profundo laci, et de luto fecis, ne derelinquas me domine deus meus, ne discedas a me, et ne tradas me in manus quaerentium animam meam, sed libera eam de omni angustia piissime pater. Per.

1671 / SVPER OBLATA: Exaudi me omnipotens deus qui dixisti caro mea uerus cibus est, et sanguis meus uerus est potus, sanctifica hoc sacrificium oblationem tui corporis, ut adsumens eum a terrenis desideriis, et carnis cupiditate lasciuiaque[7] uel inmunditia temptationum inimicorum spirituum liberare digneris, et sancto tuo spiritu repleri. Qui uiuis.[8]

1672 PRAEFATIO: VD aeterne deus. Per quem te suppliciter exoro omnipotens deus, ut dignanter suscipias de manibus serui tui hostiam, et propitiare peccatis meis. Non indignum me iudices ob multitudinem iniquitatum mearum, quia tu domine sicut uoluisti fecisti. Perduc me non propriis meis meritis, sed inmensitate tuae bonitatis ad seruiendum altari tuo, in ara tui laudis inponendum sacrificium. Ideoque ex toto corde humili praece deposco, ut fiat acceptum in conspectu tuo domine, quatinus per hanc oblationem atque petitionem, et praeterita commissa crimina indulgere, et futura non sinas admittere, et a cunctis inlusionibus inmundorum spirituum liberare, et sancto tuo spiritu conseruare digneris. Per Christum.

1673 IN CANONE: Hanc igitur oblationem quam tibi offero omnipotens deus ego humilis tuus famulus pro fragilitate corporis mei placatus assume, dele quaeso crimina quae commisi piissime pater, et reuertere non sinas ultra me ad ea,
ut quando me egredi iusseris de corpore / non habeat quod inimicus de malis meis repperiat, sed nec flammas quod exurat, sed ut tu piissime pater aeternam mihi tribuas requiem. Diesque nostros.

1674 AD COMPLENDVM: Misericordiam tuam suppliciter depraecor omnipotens deus, ut me famulum tuum quem

---

[7] Originally *lasciuiaeque*, changed by a later hand into *lasciuiaque*.
[8] Originally *uiuit*, changed by a later hand into *uiuis*.

diuinis sacramentis[9] carne et sanguine domini[10] nostri Iesu Christi filii tui saciasti, ab omnibus inimicorum incursionibus liberare digneris,[11] et a carnis inmunditia seu lasciuia[12] animae purgare digneris. Per eundem dominum.

V
FERIA II MISSA DE SANCTA SAPIENTIA

1675 Deus qui per coaeternam tibi sapientiam hominem cum non esset condidisti, perditumque misericorditer reformasti, praesta quaesumus ut eadem pectora nostra inspirante te tota mente amemus, et ad te toto corde curramus. Per.

1676 SVPER OBLATA: Sanctificetur domine deus quaesumus huius nostrae oblationis munus, tua cooperante sapientia, ut tibi placere possit ad laudem et nobis proficere ad salutem. Per.

1677 PRAEFATIO: VD aeterne deus. Qui tui nominis agnitionem et tuae potentiae gloriam nobis in coaeterna tibi sapientia reuelare uoluisti, ut tuam confitentes maiestatem, et tuis inherentes mandatis, tecum uitam habeamus aeternam. Per Christum.

1678 AD COMPLENDVM: Infunde quaesumus domine deus per haec sancta quae sumpsimus, tuae cordibus nostris lumen sapientiae, ut te ueraciter agnoscamus, et fideliter diligamus. Per.

/f. 178v 1679 / ALIA: Deus qui misisti filium tuum et ostendisti creaturae creatorem, respice propitius super nos famulos tuos, et praepara aiae sophiae dignam in cordibus nostris habitationem. Per eundem.

VI
EODEM DIE MISSA DE SANCTORVM

1680 Concede quaesumus omnipotens deus ut intercessio nos sanctae dei genetricis Mariae, sanctarumque omnium supernarum caelestium uirtutum, et sanctorum patriarcharum,

---

[9] Originally *diuini sacramenti*, changed interlinearly by a later hand into *diuinis sacramentis*.
[10] *qui dedicet* is added interlinearly by a later hand.
[11] *digneris* is deleted.
[12] Originally *lasciuiae*, changed by a later hand into *lasciuia*.

prophetarum apostolorum martyrum confessorum uirginum et omnium electorum tuorum ubique laetificet, ut dum eorum merita recolimus patrocinia festiamus. Per.

1681 SVPER OBLATA: Oblatis quaesumus domine placare muneribus, et intercedentibus omnibus sanctis tuis, a cunctis nos defende periculis. Per.

1682 AD COMPLENDVM: Sumpsimus domine omnium sanctorum tuorum sollempnia caelebrantes sacramenta caelestia, praesta quaesumus ut quod temporaliter gerimus, eternis gaudiis consequamur. Per.

VI<I>

MISSA PROPRIA SACERDOTIS

1683 Omnipotens aeterne deus tuae gratiae pietatem supplici deuotione deposco, ut omnium malorum meorum uincula soluas, cunctisque meis criminibus et peccatis clementer ignoscas, et quia me indignum et peccatorem ad ministerium tuum uocare dignatus es, sic me idoneum tibi ministrum efficias, ut sacrificium de manibus meis / placide ac benigne suscipias, electorumque sacerdotum me participem facias, et de preceptis tuis in nullo me oberrare permittas. Per.

/f. 179r

1684 SVPER OBLATA: Deus qui te precipis a peccatoribus exorare, tibique sacrificium contriti cordis offerre, hoc sacrificium quod indignis manibus meis offero acceptare dignare, et ut ipse tibi hostia et sacrificium esse merear miseratus concede, quo per ministerii huius exhibitionem, peccatorum omnium percipiam remissionem. Per.

1685 PRAEFATIO: VD aeterne deus. Qui dissimulatis humanae fragilitatis peccatis, sacerdotii dignitatem concedis indignis. Et non solum peccata dimittis, uerum etiam ipsos peccatores iustificare dignaris. Cuius est muneris, ut non existentia sumant exordia, exorta nutrimenta, nutrita fructum, fructuosa perseuerandi auxilium. Qui me non existentem creasti, creatum fidei firmitate ditasti, fidelem quamuis peccatis squalentem, sacerdotii dignitate donasti. Tuam igitur omnipotentiam supplex exposco, ut me a praeteritis peccatis emacules, in mundi huius cursu in bonis operibus corrobores,

337

/f. 179v et in perseuerantiae soliditate confirmes. Sicque me facies tuis altaribus deseruire, ut ad eorum qui tibi / placuerunt sacerdotum consortium ualeam peruenire. Et per eum tibi sit meum acceptabile uotum, qui se tibi obtulit in sacrificium, qui est omnium opifex, et solus sine peccati macula pontifex, Iesus Christus dominus noster. Per quem.

1686 AD COMPLENDVM: Huius mihi domine sacramenti perceptio sit peccatorum remissio, et tuae pietatis optata propitiatio, ut per haec te opitulante efficiar sacris mysteriis dignus, quae de tua pietate confisus frequentare praesumo indignus. Per.

VIII
FERIA III AD GRATIAM SANCTI SPIRITVS POSTVLANDAM

1687 Deus cui omne cor patet et omnis uoluntas loquitur, et nullum latet secretum, purifica per infusionem sancti spiritus cogitationes cordis nostri, ut perfecte te diligere, et digne laudare mereamur. Per dominum eiusdem spiritus sancti.

1688 SVPER OBLATA: Haec oblatio domine quaesumus cordis nostri maculas emundet, ut sancti spiritus digna efficiatur habitatio. Per.

1689 PRAEFATIO: VD aeterne deus. Qui inspicis cogitationum secreta, et omnis nostrae mentis intentio prouidentiae tuae patescit[13] intuitu, respice propitius archana cordis nostri cubilia, et sancti spiritus rore nostras purifica cogitationes, ut tuae maiestati digna cogitemus et agamus. Per Christum.

1690 AD COMPLENDVM: Sacrificium salutis nostrae tibi offerentes, concede nobis domine deus purificatis mentibus saepius tuae pietatis caelebrare mysterium. Per.

/f. 180r **1691** / <ALIA:> Concede quaesumus omnipotens deus sanctum nos spiritum uotis promereri sedulis, quatenus eius gratia ab omnibus liberemur temptationibus et peccatorum nostrorum indulgentiam mereamur. Per dominum eiusdem.

---

[13] Originally *pasescit*, changed by **B** into *patescit*.

VIIII
EODEM DIE DE SANCTORVM

1692 Infirmitatem nostram quaesumus domine propitius respice, et mala omnia quae iuste meremur, dei genetricis Mariae et omnium sanctorum tuorum intercessione auerte. Per.

1693 SECRETA: Sacrificium nostrum tibi domine quaesumus omnium sanctorum tuorum praecatio sancta conciliet, ut quorum honore sollempniter exhibetur, meritis efficiatur acceptum. Per.

1694 ALIA: Adesto domine supplicationibus nostris quas in omnium sanctorum tuorum commemoratione deferimus, ut qui nostrae iustitiae fiduciam non habemus sanctorum qui tibi placuerint meritis adiuuemur. Per.

1695 AD COMPLENDVM: VD aeterne deus. Et te in omnium sanctorum tuorum meritis gloriosis conlaudare benedicere et praedicare, qui eos dimicantes contra antiqui hostis machinamenta et proprii corporis blandimenta inexpugnabili uirtute rex gloriae roborasti. Vnde petimus clementiam tuam, ut qui illos tot meritorum donasti praerogatiuis, eorum nos et informes exemplis et adiuues meritis. Per Christum.

1696 AD COMPLENDVM: Quaesumus domine noster ut sacrosancta mysteria quae pro reparationis nostrae munimine /f. 180v contulisti, intercedentibus omnibus sanctis tuis / et presens nobis remedium esse facias et futurum. Per.

1697 ALIA: Deus qui sanctis tuis aeternae beatitudinis praemia contulisti, concede propitius ut qui peccatorum nostrorum pondere praemimus, eorum apud te praecibus subleuemur. Per.

X
MISSA PROPRIA SACERDOTIS

1698 Omnipotens sempiterne deus, qui me peccatorem sacris altaribus adstare uoluisti, et sancti nominis tui laudare potentiam, concede quaeso per huius sacramenti mysterium meorum ueniam peccatorum, ut tuae maiestati digne ministrare merear. Per.

1699 SECRETA: Da quaeso clementissime pater per huius oblationis mysterium meorum mihi ueniam peccatorum, ut non ad iudicium sed ad indulgentiam huius presbiteratus ordo mihi proficiat sempiternam. Per.

1700 PRAEFATIO: VD aeterne deus. Qui septiformes ecclesiasticae dignitatis gradus septemplici dono sancti spiritus decorasti, praesta mihi propitius famulo tuo eundem in sanctitate uitae promereri spiritum paraclytum, quem unigenitus filius tuus dominus noster Iesus Christus suis fidelibus mittendum esse promisit. Qui meo pectori inspirare dignetur catholicae fidei firmitatem, et sanctae caritatis tuae dulcedinem, meque terrena despicere doceat, et amare caelestia. Iesus Christus filius tuus dominus noster, per quem.

1701 AD COMPLENDVM: Sumentes domine deus salutis nostrae sacramenta, praesta quaeso / ut eorum participatio mihi famulo tuo ad perpetuam proficiat salutem. Per dominum nostrum.

/f. 181r

1702 AD COMPLENDVM: Aures tuae pietatis mitissime deus inclina praecibus meis, et gratia sancti spiritus illumina cor meum, ut tuis mysteriis digne ministrare, teque aeterna caritate diligere merear. Per eiusdem.[14]

XI
FERIA IIII DE CARITATE

1703 Omnipotens sempiterne deus qui iustitiam tuae legis in cordibus credentium digito tuo scribis, da nobis fidei spei et caritatis augmentum, et ut mereamur adsequi quod promittis, fac nos amare quod precipis. Per.

1704 ALIA: Deus qui diligentibus te facis cuncta prodesse, da cordibus nostris inuiolabilem caritatis affectum, ut desideria de tua inspiratione concepta, nulla possint temptatione mutari. Per dominum.

1705 SVPER OBLATA: Mitte domine quaesumus spiritum sanctum, qui haec munera praesentia nostra tuum nobis efficiat

---

[14] *eiusdem* interlinear addition by **B**.

340

sacramentum, et ad hoc percipiendum nostra corda purificet. Per eiusdem.

1706 PRAEFATIO: VD aeterne deus. Per quem discipulis spiritus sanctus in terra datur ob dilectionem proximi, et de caelo mittitur propter dilectionem tui. Cuius infusio petimus ut in nobis peccatorum sordes exurat, et tui amoris ignem nutriat, et nos ad amorem fraternitatis accendat. Per Christum.

/f. 181v **1707** AD COMPLENDVM: / Spiritum in nobis domine tuae caritatis infunde, ut quos uno caelesti pane saciasti una facias pietate concordes. Per.

1708 ALIA: Deus uita fidelium gloria humilium, et beatitudo iustorum, propitius accipe supplicum praeces, ut animae quae promissiones tuas siciunt, de tua semper caritatis habundantia repleantur. Per.

XII
EODEM DIE DE SANCTORVM

1709 Deus qui nos beatae Mariae semper uirginis, et beatorum apostolorum martyrum, confessorum, uirginum, atque omnium simul sanctorum continua laetificas sollempnitate, praesta quaesumus ut quos cotidiano ueneramur officio, etiam piae conuersationis semper sequamur exemplo. Per.

1710 SVPER OBLATA: Munera domine nostrae deuotionis offerimus, et quae pro tuorum tibi grata sint honore sanctorum et nobis salutaria te miserante reddant. Per.

1711 AD COMPLENDVM: Presta nobis domine deus intercedentibus omnium sanctorum tuorum meritis, ut quae ore contingimus puro corde capiamus. Per.

1712 ALIA: Fac nos domine deus sanctae Mariae semper uirginis subsidiis attolli, et gloriosa beatorum apostolorum, martyrum, confessorum, uirginum, atque omnium simul sanctorum protectione defendi, ut dum eorum pariter cotidie festa caelebramus, eorum pariter cotidie ab omnibus aduersis protegamur auxilio. Per dominum.

341

XIII
MISSA PROPRIA SACERDOTIS

1713 Deus fons bonitatis et pietatis origo, qui peccantem non statim
/f. 182r / iudicas, sed ad paenitentiam miseratus exspectas, te quaeso ut
facinorum meorum squalores abstergas, et me peragendum
iniunctum officium dignum efficias, ut qui altaris tui ministerium suscepi indignus perago trepidus, ad id peragendum
reddar strenuus, et inter eos qui tibi placuerunt inueniar iustifi-
catus. Per.

1714 SECRETA: Sacrificii praesentis quaeso domine oblatio mea
expurget facinora, per quod totius mundi uoluisti relaxari
peccata, illiusque frequentatione efficiar dignus, quod ut fre-
quentarem suscepi indignus. Per.

1715 PRAEFATIO: VD aeterne deus. Qui dum libenter nostrae
penitudinis satisfactionem suscipis, ipse tuo iudicio quod
erramus abscondis, et praeterita nostra peccata dissimulas,
ut nobis sacerdotii dignitatem concedas. Tuum est enim
me ad ministrandum altari tuo dignum efficere, quem ad
peragendum id officii indignum dignatus es promouere. Vt
praeteritorum meorum actuum mala obliuiscens, praesentium ordinem in tua uoluntate disponens, futuris custodiam
imponens. Per eum uitiorum squaloribus expurger, uirtutum
nutrimentis exorner, eorum sacerdotum consortio qui tibi
placuerunt aduner, quem constat esse uerum summumque
pontificem, solumque sine peccati contagio sacerdotem, Iesum
Christum dominum nostrum. Per quem.

/f. 182v **1716** <INFRA ACTIONEM:> / Hanc igitur oblationem quam
tibi offero ego indignus famulus tuus clementissime pater
liberenter expias, orationibusque meis dignanter intendas.
Tribulationes cordis mei misericorditer auferas, placabilis
uota suscipias, libens desideria conpleas, clemens peccata
dimittas, crimina benignorum abstergas, flagella propitius
redimas, languores miserantur excludas, serenissimo uultu
petitionibus meis aurem accommodes, gratiam tuam multi-
pliciter augeas, et misericordiam tuam incessabiliter largiaris.
Diesque nostros.

1717 AD COMPLENDVM: Huius domine perceptio sacramenti peccatorum meorum maculas tergat, et ad peragendum iniunctum officium me idoneum reddat. Per.

XIIII
FERIA V PRO SVFFRAGIA ANGELORVM

1718 Perpetuum nobis domine tuae miserationis praesta subsidium, quibus et angelica prestiti suffragia non deesse. Per.

1719 SECRETA: Hostias tibi domine laudis offerimus suppliciter depraecantes, ut easdem angelico pro nobis interueniente suffragio, et placatus accipias, et ad salutem prouenire concedas. Per.

1720 PRAEFATIO: VD aeterne deus. Quamuis enim sublimis angelicae substantiae sit habitatio semper in caelis, tuorum tamen fidelium praesumit affectum pro tuae reuerentia potestatis. Per haec pie deuotionis officia quoddam retinere pignus in terris, adstantium in conspectu tuo iugiter ministrorum. Per Christum.[15]

/f. 184r **1721** AD COMPLENDVM: / Repleti domine benedictione caelesti suppliciter imploramus, ut quod fragili caelebramus officio, sanctorum archangelorum nobis prodesse sentiamus auxilio. Per.

1722 SVPER POPVLVM: Plebem tuam quaesumus domine perpetua pietate custodi, ut secura semper et necessariis adiuta subsidiis, spirituum tibimet placitorum pia semper ueneratione laetetur. Per.

[15] f. 183, a small fly-leaf written by a later hand, is inserted between f. 182 and f. 184; f. 138r reads:
MISSA PRESBITERI NOVITER ORDINATI
21* Colecta: Deus cuius arbitrio omnium sanctorum ordo decurrit, respice propicius ad me famulum tuum, quem ad ordinem sacerdotii promouere dignatus es, ut et mea seruitus conplaceat, tua in me misericorditer dona conserua. Per.
22* Secreta: Pro nostrae seruitutis augmento sacrificium tibi domine laudis offerimus, ut quod inmeritis contulisti, propicius exequaris.
23* Complendum: Diuini muneris largitate refecti, quesumus domine deus noster, ut quos tuis sacrificiis deseruire uoluisti, ipsos tibi hostiam uiuentem semper existere concedas. Per.
f. 183v reads: *Probatio per.*

XV
EODEM DIE DE SANCTORVM

1723 Concede quaesumus omnipotens deus, ut intercessio nos dei genetricis Mariae et omnium sanctorum tuorum ubique laetficet, ut dum eorum merita recolimus patrocinia sentiamus. Per.

1724 SECRETA: Suscipe domine fidelium praeces cum oblationibus hostiarum, et intercedentibus omnibus sanctis tuis per haec piae deuotionis officia, ad caelestem gloriam transeamus. Per.

1725 PRAEFATIO: VD aeterne deus. Clementiam tuam suppliciter exorare, ut cum exultantibus sanctis in caelestis regni cubilibus gaudia nostra subiungas. Et quos uirtutis imitatione non possumus sequi, debitae uenerationis contingamus affectu. Per Christum.

1726 AD COMPLENDVM: Sumpsimus domine omnium sanctorum tuorum merita uenerantes caelestia sacramenta, presta quaesumus ut quod temporaliter gerimus, aeternis gaudiis consequamur. Per.

1727 ALIA: Praeces nostras domine quaesumus omnium sanctorum tuorum commendet oratio, ut quod illorum gloria caelebramus, nobis prosit adueniam. Per.

XVI
MISSA PROPRIA SACERDOTIS

/f. 184v **1728** / Suppliciter te piissime deus pater omnipotens qui es creator omnium rerum depraecor, ut dum me famulum tuum coram omnipotentia maiestatis tuae grauiter deliquisse confiteor, manum misericordiae mihi porrigas, quatinus dum hanc oblationem tuae pietati offero, quod nequiter admisi clementissime digneris absoluere. Per.

1729 <ALIA:> Deus misericordiae, deus pietatis, deus indulgentiae, indulge quaesumus et miserere mei, sacrificiumque quod pietatis tuae gratiae humiliter offero, benigniter dignare suscipere, et peccata quae labentibus uitiis contraxi, pius ac propitius et miseratus indulgeas, et locum penitentiae atque lacrimarum concessa ueniam[16] a te merear accipere. Per.

1730 SVPER OBLATA: Suscipe clementissime pater hostias placationis et laudis quas tibi offero ego indignus famulus tuus, tu enim domine scis figmentum meum, quia peccaui nimis in conspectu tuo, et non sum dignus tibi hostias offerre, sed tu clemens et misericors indulge mihi, et indulgentiam quam quaero placatus tribue. Per.

1731 <PRAEFATIO:> VD per Christum dominum nostrum. Qui pro amore hominum factus in similitudine carnis peccati, formam serui dominus assumpsit, et in specie uulnerati medicus apparuit. Hic nobis dominus et minister salutis, aduocatus et iudex, sacerdos et sacrificium. Per hunc te domine sancte pater suppliciter exoro, ut dum reatum conscientiae meae recognosco, et in praeceptis tuis praeuaricator extiti, / et per delictorum facinus corrui in ruinam. Tu me domine digneris erigere, quem lapsus peccati prostrauit, illumina caecum cor, quem terrae peccatorum tenebrae obscurauerunt, solue conpeditum quem uincula peccatorum constringunt. Praesta per sanctum et gloriosum et adorandum eundem dominum nostrum Iesum Christum filium tuum. Per quem.

1732 INFRA ACTIONEM: Hanc igitur oblationem quam tibi offerro ego tuus famulus et sacerdos, pro eo quo omni suffragio cessante iustitiae, per affluentiam pietatis inmensae sacrificiis altaribus tribuisti, quaesumus domine placatus accipias, et dies meos cum sacrae plebis augmento propitius in tuam miseratione disponas, quam oblationem seruitutis meae et totius ecclesiae iunctis mecum precibus immolandam, tu deus in omnibus quaesumus.

1733 AD COMPLENDVM: Deus qui uiuorum es saluator omnium, qui non uis mortem peccatorum, nec laetaris in perditione morientium, te suppliciter depraecor, ut concedas mihi ueniam delictorum meorum, ut ammissa defleam, et in postmodum

[16] MS *uenia* for *ueniam*.

345

non admittam, et cum mihi extrema dies finisque uitae
aduenerit, emundatis delictis omnibus me angelus sanctitatis
suscipiat. Per.

XVII
FERIA VI DE SANCTA CRVCE

1734 Deus qui unigeniti filii tui domini nostri Iesu Christi pretioso
sanguine uiuifice crucis uexillum sanctificare uoluisti, concede
quaesumus eos qui eiusdem sanctae crucis gaudent honore, tua
quoque ubique protectione gaudere. Per eundem.

/f. 185v **1735** / \<ALIA:> Deus qui pro nobis filium tuum crucis patibulum
subire uoluisti, ut inimici a nobis expelleres potestatem,
concede nobis famulis tuis, ut resurrectionis gratiam consequamur. Per eundem.

1736 SECRETA: Haec oblatio domine ab omnibus nos purget
offensis, quae in ara crucis etiam totius mundi tulit offensa.
Per.

1737 ALIA: Ipsa maiestati tuae domine fideles populos commendet
oblatio, quae per filium tuum et lignum sanctae crucis recon-
ciliauit inimicos. Per eundem.

1738 PRAEFATIO: VD aeterne deus. Qui salutem humani generis
in ligno crucis constituisti, ut unde mors oriebatur, inde uita
resurgeret. Et qui in ligno uincebat, in ligno quoque uinceretur.
Per Christum dominum nostrum.

1739 AD COMPLENDVM: Adesto nobis domine deus noster, et
quos sanctae crucis laetari fecisti honore, tuis quoque perpetuis defende subsidiis. Per.

1740 \<SVPER POPVLVM:> Respice domine quaesumus super
hanc familiam tuam pro qua dominus noster Iesus Christus
non dubitauit manibus tradi nocentium et crucis subire tormentum. Qui tecum.

XVIII
EODEM DIE DE SANCTORVM

1741 Auxilium tuum nobis domine impende placatus, et intercedentibus sanctis tuis, dexteram super nos tuae propitiationis
extende. Per.

1742 SECRETA: Hostias tibi domine laudis offerimus, suppliciter
depraecantes, ut easdem pro nobis interueniente suffragio, et
placatus accipias, et ad salutem nostram prouenire concedas.
Per.

f. 186r 1743 ALIA: / Benedictio tua domine larga descendat, quae et
munera nostra deprecantibus omnibus sanctis tuis tibi reddat
accepta, et nobis sacramentum redemptionis efficiat. Per.

1744 PRAEFATIO: VD aeterne deus. Qui sic tribuis ecclesiam tuam
sanctorum commemoratione proficere, ut eam semper illorum
et festiuitate laetifices et exemplo pie conuersationis exerceas,
grataque tibi supplicatione tuearis. Quaesumus ergo clementiam tuam, ut et in praesenti saeculo sua nos intercessione
foueant, et ad misericordiam sempiternam pii interuentores
perducantur. Per Christum.

1745 AD COMPLENDVM: Perceptis domine sacramentis omnibus
sanctis tuis interuenientibus depraecamur, ut quae pro illorum
caelebrata sunt gloria, nobis proficiant ad medelam. Per.

1746 ALIA: Omnium nos domine sanctorum tuorum foueant continuata presidia, qui non desinis propitius intueri, quos talibus
auxiliis concesseris adiuuari. Per dominum nostrum.

XVIIII
MISSA PROPRIA SACERDOTIS

1747 Deus sub cuius oculis omne cor trepidat, et omnes conscientiae pauescunt, respice propitius ad praeces gemitus mei, ut
qui me nullis dignum meritis in loco huius seruitutis tuae
sacris fecisti altaribus assistere, ita secundum multitudinem
miserationum tuarum da indulgentiam peccatorum meorum, ut
186v mea fragilitas quae per se procliuis est / ad labendum, per te
semper muniatur ad standum, et quae prona est ad offensam,
per te semper reparetur ad ueniam. Per.

347

1748 SVPER OBLATA: Hostias domine placationis pro uenia delictorum meorum offero ego indignus famulus tuus, obsecrans misericordiam tuam ut ab occultis me reatibus emundes, et a manifestis conuenienter expurges. Per.

1749 AD COMPLENDVM: Misericors et miserator domine qui parcendo et ignoscendo sanctificas, per haec sancta quae sumpsimus purificationem mentis et corporis, et mearum absolutionem largire[17] culparum. Per.

XX
SABBATA MISSA SANCTAE MARIAE

1750 Concede nobis famulis tuis quaesumus domine deus perpetua mentis et corporis prosperitate gaudere, et gloriosa beatae Mariae semper uirginis intercessione a praesenti liberari tristitia, et futura perfrui laetitia. Per.

1751 SVPER OBLATA: Tua domine protectione, et beatae Mariae semper uirginis intercessione, ad perpetuam atque presentem haec oblatio nobis proficiat prosperitatem. Per.

1752 PRAEFATIO: VD aeterne deus. Et praecipue pro meritis beatae dei genetricis, et perpetuae uirginis Mariae gratia plenae tuam omnipotentiam laudare, benedicere et praedicare. Per quem.

1753 AD COMPLENDVM: Mensae caelestis participes effecti imploramus clementiam tuam domine deus noster, ut qui commemorationem dei genetricis Mariae agimus a malis imminentibus eius intercessionibus liberemur. Per.

1754 ALIA: Omnipotens deus famulos tuos dextera potentiae a

/f. 187r cunctis protege / periculis, et beata Maria semper uirgine intercedente, fac eos praesenti gaudere prosperitate et futura. Per.

XXI
MISSA EODEM DIE SANCTORVM

1755 Concede quaesumus omnipotens deus ut sancta dei genetrix Maria sanctique apostoli tui, martyres, confessores, uirgines

---

[17] *largire* interlinear addition by **B**.

atque omnes sancti[18] quorum in ista continentur ecclesia patrocinia[19] nos ubique adiuuent, quatinus hic in illorum praesenti suffragio,[20] tranquilla pace in tua laude laetemur. Per.

1756 SVPER OBLATA: Munera tuae maiestati misericors deus oblata benigno quaesumus suscipe intuitu, et ut omnium sanctorum[21] eorum precibus nobis fiant salutaria, quorum sacratissimae in hac basilica reliquiae sunt recondite. Per.

1757 AD COMPLENDVM: Diuina libantes misteria quaesumus domine, et ut omnium sanctorum[22] eorum nos ubique intercessio protegat, quorum hic sacra gaudemus praesentia.[23]

1758 ALIA: Exaudi nos domine deus clementer in haec domo tua preces seruorum tuorum quatinus omnium sanctorum et[24] illorum meritis tuam consequamur gratiam, quorum hic patrocinia ueneramur. Per.

XXII
MISSA PROPRIA SACERDOTIS

1759 Fac me quaeso omnipotens deus ita iustitia indui, ut in sanctorum tuorum merear exultatione laetari, quatenus emundatus ab omnibus sordibus peccatorum consortium adipiscar tibi placentium sacerdotum, meque tua misericordia a uiciis omnibus exuat, quem reatus propriae conscientiae grauat. Per.

f. 187v 1760 SECRETA: / Deus misericordiae, deus pietatis, deus indulgentiae, indulge quaeso et miserere mei, sacrificium quoque quod tuae pietatis gratiae offero humiliter benigne digneris suscipere, et peccata quae labentibus uitiis contraxi, pius[25] ac propitius et miseratus indulgeas, et locum penitentiae ac flumina lacrimarum concessa uenia a te merear accipere. Per.

---

[18] MS *sanctis* for *sancti*, and *et* is added unnecessarily by a later hand before *quorum*.

[19] Originally *patrocinia*, changed unnecessarily by a later hand into *patrocinio*.

[20] Originally *suffragia*, changed by a later hand into *suffragio*.

[21] *ut omnium sanctorum* interlinear addition by **B**.

[22] *ut omnium sanctorum* interlinear addition by **B**.

[23] *praesentia* is completely deleted, and *habere patrocinia* is added interlinearly by **B**.

[24] *omnium sanctorum et* interlinear addition by **B**.

[25] MS *pias* for *pius*.

1761 INFRA ACTIONEM: Hanc igitur oblationem seruitutis nostrae quam tibi domine offero ego supplex famulus tuus pro remissione peccatorum meorum, quaesumus domine ut placatus accipias, ut quod proprie reatus accusat, bonitatis tuae patientia faciat ueniam promereri. Sed et cunctae.

1762 AD COMPLENDVM: Munerum tuorum domine largitatem sumentes, supplices depraecamur, ut quibus donasti huius ministerii seruitute, exsequendi gratiae tuae tribuas facultatem.

1763 ALIA: Suscipiat pietas tua domine quaesumus humilitatis meae praeces, et erue me de manibus inimicorum meorum, et de carnalibus corporis mei desideriis, et de cogitationibus inmundis libera me, et omnibus huius saeculi uanitatibus eripe me, quatenus te miserante aeternorum flammas tormentorum euadere ualeam, atque perpetuam beatitudinem adipisci merear, Per.

XXIII
ITEM MISSA SANCTI AVGVSTINI FERIA I

1764 Da mihi domine peccatori confessionem quae tibi sit placita, partui in corde meo inenarrabiles gemitos, qui aures / possint pulsare tuas, da mentis intentionem, quam suscipiam profundam bonitatem tuam, in humilitate cordis. Ipsum mihi depraecari, quod te audire delectet, ut praestes ipsum animae meae, insere ut iugis delectatio mea ipse sis, da mihi lacrimas ex tuo affectu internas, quae peccatorum meorum possint exsoluere uincula. Audi me deus misericors, audi lumen oculorum meorum, audi quae peto, et da quae petam ut audias, nam si despexeris pereo, si respexeris uiuo, si iuste me intenderis feteo, si misericordiam respexeris, fetentem suscitas de sepulchro, si mala respexeris mea, tartarea tormenta uix sufficiunt, si pietatem intendas, solitam poteris commutare in melius. Quid non mali ego? aut quid non boni tu? Quid non mali ego corruptibilis creatura? quid non boni tu creator? Cecidi de manu tua uitio meo, potens es artifex, tibi iterum placitum figurare, corripe me in misericordia, ne deseras neque in ira corripias, quod odis in me procul fac a me, et in tua uoluntate intende in me hostem libidinis repelle a me, et

/f. 188r

350

castitatis spiritum insere in me, uitium omne mortifica in me, et animam meam uiuifica in te. Per Christum.

1765 SECRETA: Haec tibi pater sancte licet manibus meis offerantur munera, qui nec inuocatione tui nominis dignus sum, tamen quia per sanctum atque sanctificatum filii tui nomen oblationes / offeruntur, sicut incensum in conspectu tuo cum odore suauitatis ascendant. Per.

/f. 188v

1766 PRAEFATIO: VD aeterne deus. Sed quid tibi dignum offerat minister indignus, nisi hoc ipsum quod tanto indignus habetur officio, fidei poenitentia fateatur. Sed tu multae misericordiae deus, ne nos quaesumus oris proprii testimonio damnes, sed paternae indulgentiae consolatione corrobores, atque a peccatorum precipitio tuis semper manibus reuoces et reformes. Inuocat te anima mea quam fecisti in me, ut non obliuiscaris oblitum tuum, et exquirentem te ne deseras, uitam quae numquam morieris. Qui nouit te nouit aeternitatem, caritas nouit te. O aeterna ueritas et uera caritas, et cara aeternitas, deus une, deus trinus, in cuius ualde confido misericordia. Salus esto infirmitatis meae, et uerus resuscitator animae meae. Doce me patientiam ad sustinendum aduersa, doce me scientiam scripturarum, ut sic loquar ne superbiam, sic taceam ne torpescam, sic contine ut non cadam, sic stringe ut non dimittas. Tu es enim honor meus, et laus mea[26] et fiducia mea. Deus meus gratias ago tibi de donis tuis, sed tu mihi ea serua. Ita enim seruabis me, et augebuntur et perficiuntur quae dedisti mihi, et eris mecum in omnibus quia ut sim, et quod sum tu dedisti mihi. Per Christum dominum nostrum.

f. 189r **1767** AD COMPLENDVM: / Vota nostra domine clementer intendat, et peccata dimittat, quae optamus tribuat, et quam pauemus procul repellat, ut cum uniuersitate fidelium uouendo, et reddendo sacrificium laudis, ad fructum iustitiae peruenire possimus, concede clementia diuinitatis eius. Qui uiuit.

---

[26] Originally *meus*, changed interlinearly by **B** into *mea*.

XXIIII
FERIA II

1768 Ignosce quaesumus domine quos maculatae uitae conscientia trepidos, et criminum eorum confusio fecit captiuos, en qui pro me ueniam obtinere non ualeo, pro aliis rogaturus adsisto, profero ad te si digneris domine captiuorum gemitus, tribulationes plebium, pericula populorum, necessitates peregrinorum, inopiam debilium, desperationes languentium, defectus senum, suspirium iuuenum, uota uirginum, lamenta uiduarum, sed quoniam me eadem quae populum peccati catena constringit, ideo communes lugeo passiones, non obsit domine populo tuo oratio subiugata peccatis, per me tibi offerunt uotum, per te meum conpleatur officium. Per.

1769 SECRETA: Memores sumus aeterne deus pater omnipotens gloriosissime passionis filii tui, resurrectionis etiam eius, et ascensionis in caelum, petimus ergo maiestatem tuam deus, ut ascendant praeces humilitatis nostrae in conspectum tuae clementiae, et descendat super hunc panem et super hunc calicem plenitudo tuae diuinitatis, descendat etiam domine illa /f. 189v sancti spiritus tui incomprehensiblis inuisibilisque / maiestas, sicut quondam in patrum hostias descendebat. Per.

1770 AD COMPLENDVM: Gratias tibi domine referentes oramus, ut mundes propitius cor nostrum a uiciis, et repleas iugiter spiritalibus donis. Per.

XXXV[27]
FERIA III

1771 Offerentes tibi domine hostiam tuam iubilationis pro delictis nostris pietatem tuam exposcimus, ut placabili pietate petitionibus nostris aurem accomodas,[28] uotum nostrum pia dignatione acceptes, tribulationes cordis nostri multiplici miseratione laetifices, et quod in oratione lingua nostra enarrare non sufficit, tu qui cordis cogitationes agnoscis, et renum scrutator es, quae desiderat mens deuota per tuam misericordiam consequatur. Per.

---

[27] The scribe jumps from XXIIII to XXXV. No leaves are missing.
[28] Originally *accomadas*, changed by a later hand into *accomodas*.

1772 SECRETA: Acceptare digneris teribilis et piissime deus, quod tibi pro repromissione peccatorum nostrorum, uel pro requie defunctorum fratrum offerimus, quia uota nostra sunt tua, nec tibi quicquam melius nisi quod dederis offeramus, hoc est in primis in commemoratione ut iustum est dominicae institutionis offerte, in honore et gloria domini nostri Iesu Christi filii tui regis iudicisque uenturi. Qui tecum uiuit.

1773 AD COMPLENDVM: Omnipotens deus uota nostra dignanter suscipiat, et nos famulos tuos propitius intendat, desideria nostra in bonis operibus compleat, et ab insidiis inimicorum nos defendat. Per.

XXXVI
FERIA IIII

1774 Deus qui elisos erigis, et humilibus das gratiam, qui
/f. 190–1r desperantes / reuocas, et in peccatis labentibus conseruas, praesta clementissime pater fragilitatis meae emendationem, non meritum meum tibi depraecor sed misericordiam tuam supplico, ut penitentiam suscipias, et peccata dimittas, et antequam de hac luce discendam puriorem me esse cognoscas, et uulnera quae omnibus abscondo, cotidie manifesta medicamenta concedas, sacrificium quod te indignus offero, dignum tibi esse disponas, et in futuro una cum famulis tuis tibi placentibus me sine querela sociare digneris. Per.

1775 SECRETA: Hanc quoque oblationem domine digneris quaesumus misericorditer benedicere, et clementer sanctificare, quam tibi pro remissione peccatorum uel pro requie defunctorum fratrum offerimus, ut tua sanctificatione salutis, et defensio omnium animarum. Per.

1776 PRAEFATIO: VD aeterne deus. Rex caelorum et rex regum, deus deorum et dominus dominantium. Tibi gratias agere, laudis hostias immolare, exaudi orationem et depraecationem famulorum famularumque tuarum, omnium orthodoxorum, auribus percipe lacrimas eorum. Abba pater imple nominis tui officium, super hanc congregationem tuam, atque super uniuersam ecclesiam tuam catholicam, quae est super uniuersum orbem terrarum in pace diffusa. Tu eos rege

353

/f. 190–1v   omnipotens pater, tu protege, tu conserua, / tu sanctifica, tu guberna, tu castiga, tu consolare, sicut non es dedignatus congregare et uocare eos, ita in tuo flammentur amore, ut a te non despiciantur clementissime et piissime pater. Oramus te domine, ut non pereat in nobis factura redemptionis et uocationis tuae. Sicut uocare dignatus es errantes, ita custodire digneris in hoc ouile habitantes atque conuenientes. Per Christum.

1777 AD COMPLENDVM: Quos caelesti domine dono saciasti, praesta quaesumus ut sicut piisima misericordia tua dedisti nobis uoluntatem ueniendi ad te, ita nobis seruitutis donare digneris sapientiae intellectum, uirtutem et possibilitatem, ut tibi secundum uoluntatem tuam seruire mereamur. Per.

XXXVII
FERIA V

1778 Domine deus omnipotens qui saluos facis sperantes in te, tu clementissime qui reuocas errantes, tu misericors qui non despicis confitentes, tu domine pater cum ceciderit iustus manum opponis, tu excelsus in caelis habitatorem te promisisti in terris ubi fuerint congregati in nomine tuo duo aut tres esse in medio eorum, te domine tenemus promissorem ut des ueniam petentibus, te inueniant omnes qui quaerunt te, te enim perscrutatorem conscientiarum nostrarum scimus, ideo ueniam petimus delictorum, tu magnus dominus et laudabilis ualde, te /f. 192r praecamur et petimus ut sis nobis propitius, tibi / confitemur mala nostra, ut mereamur consequi bona tua. Per.

1779 SECRETA: Tua domine pietate confisi, et tua laude deuoti, hanc hostiam inmaculatam singularis sacrificii tui tibi deferimus, ut seruis tuis nobis uiuentibus peccatorum nostrorum ueniam concedas, et defunctis artibus nostris requiem sempiternam tribuas. Per.

1780 AD COMPLENDVM: Gratias tibi domine referentes oramus, ut mundes propitius cor nostrum a uiciis et repleas iugiter spiritalibus donis. Per.

XXXVIII
FERIA VI

1781 Omnipotens sempiterne deus respice propitius ad praeces ecclesiae tuae, da nobis fidem rectam, spem certam, pietatem, humilitatem ueram, concede domine ut sit in nobis simplex affectus, patientia fortis, obedientia perseuerans, pax perpetua, mens pura, rectum et mundum cor, conpunctio spiritalis, uirtus animae, uita inmaculata, consummatio inrepraehensibilis, ut uiriliter currentes[29] in tuum feliciter mereamur introire regnum. Per.

1782 SECRETA: Oblatis tibi domine libaminibus sacrificiorum respice humilitatis nostrae confessionem, ut haec oblata sanctifices quae tibi offerimus, pro remissione peccatorum nostrorum, uel pro defunctorum fratrum requiae, et ut sumentium ariditatem tuae benedictionis uberas sustentet. Per.

1783 PRAEFATIO: VD et iustum est. Ego tibi semper ubique dignas laudes et gratias agere omnipotens deus, qui me paruum meritis ad magnum eligere gradum sacerdotii dignatus es, ut qui inter mercennarios tuos digne non potui numerari, ut inter sacerdotum[30] tuorum ordines / larga pietate deputares. Presta ergo quaeso omnium mediatorum ordinum, ut quod humano ore me sacerdotem tuum dici uoluisti, hoc in conspectu diuinae maiestatis ueraciter esse ualeam. Per quem maiestatem.

/f. 192v

1784 AD COMPLENDVM: Deus apud quem est misericordia copiosa, efficiat nos tibi uasa mundissima, et spiritalibus deliciis reficiat infirmitatem nostram, ut corda nostra semper eum esuriant atque sitiant, et uota nostrae humilitatis clament. Per.

XXXVIIII
SABBATO

1785 Domine deus noster magne et omnipotens qui sanas contritos corde eorumque alligas contritiones, tua te pietas nobis efficiat placabilem, quos conditio fragilitatis humanae constituit in merorem. Per.

---

[29] Originally *currens*, changed interlinearly by **B** into *currentes*.
[30] Originally *sacerdotes*, changed interlinearly by **B** into *sacerdotum*.

355

1786 <ALIA:> Exaudi domine praeces nostras et dimitte nobis cunctas offensiones manus tuae fortitudinis, a cunctis angustiis liberemur, ut cum tuis sanctis hic et in aeternum laetemur. Per.

1787 SECRETA: Hanc quoque oblationem domine dignare quaesumus misericorditer benedicere[31] et clementer sanctificare, quam tibi obtulimus pro uiuorum salute et mortuorum requie, ut tua sanctificatio sit salus et defensio animarum. <Per>.

1788 <PRAEFATIO:> VD aeterne deus. Per ipsum te omnipotens deus pater supplices exoramus, ut hoc sacrificium acceptes quod tibi offerimus, et nobis famulis tuis pietatis tuae solatium concedas propitius. Tuum est sanare contritos corde, tuum est consolari merentes, placeat iam tuae pietati eripere oppressos, /f. 193r reuocare captiuos / laetificare in angustiis constitutos. Per ipsum te orandus summe pater, quem tecum et cum spiritu sancto conlaudant caelestia pariter ac terrena, et hunc hymnum dulci modulatione proclamant dicentes. Sanctus, sanctus, sanctus.

1789 AD COMPLENDVM: Omnipotens deus propitius cordis nostri aspiciat gemitus, et petitionibus nostris suae pietatis aurem inclinet, quae a cunctis defensor merore nos laetificet, mentem nostram miserationis suae subsidio muniat, et remedium gaudii sempiterni nobis clementer attribuat. Per.

XL
MISSA IN TEMPTATIONE CARNIS, QVOD ABSIT

1790 Vre igni sancti spiritus renes meos et cor meum domine, ut tibi casto corde seruiam et corpore placeam. Per.

1791 SVPER OBLATA: Disrumpe domine uincula peccatorum meorum, ut sacrificare tibi hostiam laudis absoluta libertate possim, retribue quae ante tribuisti, et salua me per indulgentiam, quem dignatus es saluare pergratiam. Per.

1792 PRAEFATIO: VD aeterne deus. Salua me ex ore leonis, qui circuit quaerens de unitate ecclesiae tuae quem deuoret. Sed tu leo de tribu Iuda, contere contrariae uirtutis suae nequitiam, et corpore me conserua et corde purifica. Per Christum.

---

[31] MS *be* for *benedicere*.

1793 AD COMPLENDVM: Domine adiutor et protector meus adiuua me, et refloreat caro mea, uel uigore pudicitiae, uel

/f. 193v sanctimoniae nouitate, / ereptaque de manu tartaris, in resurrectionis gaudio iubeas praesentari. Per dominum.

XLI
ALIA MISSA
1794 Omnipotens mitissime deus respice propitius praecem meam, et libera cor meum de malarum temptatione cogitationum, ut sancti spiritus dignum fieri habitaculum inueniar. Per.

1795 ALIA: Deuotionem mean dominus dignanter intendat, et diuturnam mihi uitam cum tranquillitate concedat, talemque mihi in praesenti saeculo subsidium tribuat, ut paradysi me in futuro habitatorem efficiat. Per.

1796 SVPER OBLATA: Has tibi domine deus offero oblationes pro salute mea, quatinus animam meam sancti spiritus gratia inluminare digneris. Per.

1797 PRAEFATIO: VD aeterne deus. Humiliter tuam depraecantes clementiam, ut gratiam sancti spiritus animae famuli tui clementer infundere digneris, ut te perfecte diligere et digne laudare mereamur. Per.

1798 AD COMPLENDVM: Per hoc quaeso domine sacrificium quod tuae obtuli pietati, ab omnibus inmundis temptationibus cor meum emundes. Per.

1799 ALIA: Deus qui inluminas omnem hominem uenientem in hunc mundum, inlumina quaeso cor meum gratiae tuae splendore, ut digne maiestati tuae cogitare teque diligere ualeam. Per.

XLII
< MISSA PRO REMISIONEM OMNIVM PECCATORVM>
1800 Deus qui nullum respuis sed quamuis peccantibus per penitentiam pia miseratione placaris, respice propitius adpraeces

/f. 194r humilitatis meae, inlumina cor meum ut / ualeam implere praecepta tua. Per.

357

1801 SVPER OBLATA: Praesentem sacrificium domine quod tibi pro meis delictis offero, sit tibi munus acceptum, et tam uiuenti quam defuncto proficiat ad salutem. Per.

1802 PRAEFATIO:> VD et salutare. Nos tibi semper et ubique laudes canere, uota reddere, hostias immolare, gratias agere, gloriosa ineffabilis trinitas inaestimabilis, amandi et metuendi semper deus. Ibi[32] adtentius pro meis offensionibus supplicare, ut mala quae negligenter admisi, pius ac benignus indulgeas, et uulnera mea quae tibi non sunt abscondita, munus[33] tuae salubritatis curare digneris. Per Christum.

1803 AD COMPLENDVM: Exaudi praeces famuli tui omnipotens deus, et praesta ut aesca haec quae a te sumpsi incorrupta in me te donante seruetur. Per.

1804 ALIA: Pietatem tuam domine peto ut orationem meam et uotum dignanter suscipias, supplicationem serui tui placatus attende, et aduersis[34] languoribus me eripe, atque tibi quae pro meis delictis offero dignanter suscipe, et aeternae uitae heredem me constitue, desiderium meum in bonis operibus amplifica, et ab insidiis inimicorum me libera. Per.

1805 ITEM ALIA: Quos munere caelesti reficis domine tuere diuino praesidio, ut tuis mysteriis perfruentes nullis subdamur aduersis, et a cunctis iniquitatibus meis exue me omnipotens deus, et in tua fac pace gaudere. Per.

XLIII
MISSA CONTRA TEMPTATIONE DIABOLICA

/f. 194v **1806** / Parce domine parce peccatis meis, et quamuis incessabiliter delinquentem continua poena debeatur,[35] praesta quaesumus ut quod ad perpetuum merear exitium,[36] transeat ad correctionis auxilium, et temptationem diabolicam quam pro peccationis super me cognosco praeualere, te miserante cognoscam cessare. Per dominum nostrum.

---

[32] MS *Tibi* for *Ibi*.

[33] *munus* changed interlinearly by **B** into *munerae*.

[34] MS *adiuersis* for *aduersis*.

[35] Originally *debui*, changed by **B** into *debeatur*.

[36] *exitum* changed interlinearly by **B** into *uel exitium*.

1807 ALIA: Da domine quaeso indulgentiam mihi peccatorum meorum, quatenus quiquid carnali delectatione uel animi mei cogitatione, atque uana huius saeculi ambitione contra tuorum rectitudinem perceptorum perfeci, in hac praesenti uita ueniam accipere merear. Per.

1808 SVPER OBLATA: Sacrificium domine quod immolo intende, ut ab omni me temptationis diabolicae exuat bellorum nequitia, et in tuae protectionis securitate constituat. Per.

1809 AD COMPLENDVM: Gratias tibi ago domine sancte pater omnipotens aeterne deus, qui me corporis et sanguinis filii tui domini nostri Iesu Christi communione saciasti, tuamque misericordiam humiliter postulo, ut hoc tuum donum non sit mihi reatus ad poenam sed intercessio salutaris ad ueniam. Sit ablutio scelerum, sit [sit] fortitudo fragilium, sit contra mundi pericula firmamentum, haec me communio[37] purget a crimine, et caelestis gaudii tribuat esse participem. Per eundem.

/f. 195r 1810 ALIA: / Deus qui me indignum sacris mysteriis filii tui domini nostri Iesu Christi confortare dignatus es, ut non sit ad iudicium animae meae, praesta quaeso indulgentiam mihi peccatori quam mea non exigunt merita, porrige manum lapso, et aperi ianuam regni tui, per quam intrare possim in requiem sempiternam. Per eundem.[38]

XLIIII
MISSA PRO PETITIONE LACRIMARVM

1811 Omnipotens mittisime deus qui sitienti populo fontem aquae uiuentis de petra produxisti, educ de cordis mei duricia conpunctionis lacrimas, ut peccata mea plangere ualeam, remissionemque te miserante merear accipere. Per.

1812 <ALIA:> Omnipotens aeterne deus da capiti meo habundantiam aquae et oculis meis fontem lacrimarum, ut peccati maculas ablutus, ultrices poenarum flammas fletus ubertate uincamus. Per.

---

[37] MS *commmunio* for *communio*.
[38] *eundem* interlinear addition by **B**.

1813 SVPER OBLATA: Hanc oblationem quaesumus domine deus quam tuae maiestati pro peccatis meis offero propitius respice, et produc de oculis meis lacrimarum flumina, quibus debita flammarum incendia ualeam extingui. Per.

1814 ALIA: Per has oblationes quaesumus domine ut non tantum oculis meis infundas lacrimas, sed et corda mea nimium peccatorum luctum tribuas. Per dominum nostrum Iesum Christum.

1815 PRAEFATIO: VD per Christum dominum nostrum. Qui beatum Petrum apostolum pietatis respexit intuitu, ut trinae negationis peccatum amarissimis / dilueret lacrimis. Per infusionem sancti spiritus pro peccatorum nostrorum pondere lacrimas nobis elice penitentiae, ut amare defleamus quae inique gessimus. Quatinus fructuosus in conspectu pietatis tuae nostrae petitionis proueniat affectus, atque per eum nobis ueniam sperare liceat, qui traditus est pro delictis nostris, ut redimeret nos in sanguine suo Christus saluator noster. Quem laudant.

/f. 195v

1816 AD COMPLENDVM: Gratiam sancti spiritus domine deus cordibus nostris clementer infunde, quae nos gemitibus[39] eficiat lacrimarum maculas diluere peccatorum nostrorum, atque optate nobis indulgentiae praestet effectum. Per.

1817 ALIA: Corpore et sanguine tuo Christe saciati quaesumus ut pro nostris semper peccatis nobis conpunctionem cordis, et luctum fluminaque lacrimarum largiaris, quatinus caelestem in futuro consolationem mereamur. Per.

1818 ITEM ALIA: Praesta quaesumus omnipotens deus per beati N intercessionem mihi famulo tuo meorum ueniam peccatorum, et sancti spiritus gratiam cordi meo clementer infunde, ut te perfecte diligere, et digne laudare merear. Per eiusdem.

XLV

1819 Deus qui omnes saluas et neminem uis perire, salua me a laqueo mortis, et a poenis inferni, et ab omnibus insidiis inimici mentis et corporis. Per dominum nostrum Iesum Christum.

---

[39] Originally *gemitus*, changed interlinearly by **B** into *gemitibus*.

1820 ALIA: Deus qui non uis mortem peccatoris sed ut conuertatur et uiuat, adiuua me ut toto corde conuertar ad te, et tuis merear inherere mandatis. Per.

/f. 196r 1821 SVPER OBLATA: / Hostias tibi domine laudis suppliciter depraecans, ut cunctis pro me intercedentibus caelestium spirituum suffragiis et placatus accipias, et ad salutem aeternam mihi prouenire concedas. Per.

1822 ALIA: Sacrificium quod tuae domine deus obtuli pietati, mihi ad ueniam meorum proficiat peccatorum, et tuae miserationis semper tribuat solatium. Per.

1823 AD COMPLENDVM: Huius domine sacramenti perceptio peccatorum meorum maculas tergat, et me ad caelestia regna perduca. Per.

XLVI
ORATIO QVANDO LEVANTVR RELIQVIAE

1824 Aufer a nobis quaesumus domine iniquitates nostras ut ad sancta sanctorum puris mereamur mentibus introire. Per.

XLVII
ORATIO IN DEDICATIONE ECCLESIAE

1825 Domum tuum quaesumus domine clementer ingredere, et in tuorum tibi cordibus fidelium perpetuam constitue mansionem, ut cuius aedificatione subsistit, huius fiat habitationis praeclara. Per.

XLVIII
ORATIO POST VELANDVM ALTARE

1826 Descendat quaesumus domine deus noster spiritus sanctus tuus super hoc altare, qui et populi tui dona sanctificet, et sumentium corda dignanter emundet. Per.

XLVIIII
AD MISSAS

1827 Deus qui inuisibiliter omnia contines, et tamen pro salute generis humani signa tuae potentiae uisibiliter ostendis, 'f. 196v templum hoc potentiae tuae inhabitationis inlustra, ut / [ut] omnes qui huc deprecaturi conueniunt, ex quacumque

tribulatione ad te clamauerint, consolationis tuae beneficia
consequantur. Per dominum nostrum.

1828 ALIA: Deus qui sacrandorum tibi auctor es munerum, effunde
super hanc orationis domum benedictionem tuam, ut ab
omnibus inuocantibus nomen tuum defensionis tuae auxilium
sentiatur. Per.

1829 Deus qui ex omni coaptatione sanctorum aeternum tibi condis
habitaculum, da aedificationis tuae incrementa caelestia, ut
quorum hic reliquiae pio amore conplectimur, eorum semper
meritis adiuemur. Per.

1830 SVPER OBLATA: Omnipotens sempiterne deus, altare
nomini tuo dicatum caelestis uirtutis benedictione sanctifica, et
omnibus in te sperantibus auxilii tui munus ostende, ut hic
sacramentorum uirtus, et uotorum obtineatur effectus. Per.

1831 PRAEFATIO: VD per Christum dominum nostrum. Per quem
te supplices depraecamur, ut altare hoc sanctis usibus
praeparatum, caelesti dedicatione sanctifices, ut sicut Melchisedech sacerdotis praecipui oblationem dignatione mirabili
suscepisti, ita ut inposita nouo huic altari munera semper
accepta ferre digneris, ut populus qui in hanc ecclesiae domum
sanctam conuenit, per haec libamina caelesti sanctificatione
/f. 197r   saluatus, animarum quoque / suarum salutem perpetuam consequantur. Et ideo.

1832 AD COMPLENDVM: Quaesumus omnipotens deus ut hoc in
loco quem nomini tuo indigni dicauimus, cunctis petentibus
aures tuae pietatis accommodes. Per.

L
ORATIO IN NATALE PAPAE

1833 Deus qui licet sis magnus in magnis, mirabilia tamen
gloriosius operaris in minimis, concede propitius mihi indigno
famulo tuo sacris conuenienter seruire mysteriis, atque in
omnibus tua misericordia protegat, quem conscientiae reatus
accusat. Per.

1834 ALIA: Deus qui populis tuis indulgentia consulis, et amore dominaris, da spiritum sapientiae quibus dedisti regimen disciplinae, ut de profectu sanctarum ouium fiant gaudia aeterna pastorum. Per.

1835 SECRETA: Hostias tibi domine laudis exsoluo suppliciter implorans, ut quod in merito contulisti, intercedente beato Petro apostolo tuo propitius exequaris. Per dominum.

1836 PRAEFATIO: VD et iustum est aequum et salutare. Vt quia in manu tua dies nostri uitaque consistit, sicut honorem nobis indigni largiris ministerii sic quoque tribuas rationabilis obsequii propitius incrementum, et tua dona in nobis custodias, ut eius suffragiis apud te semper reddar acceptus, cuius me uice hodie ecclesiae tuae praeesse uoluisti. Et ideo.

1837 AD COMPLENDVM: Corporis sacri et praetiosi sanguinis /f. 197v repleti libamine / quaesumus domine deus noster, ut gratiae tuae munus quod nobis inmeritis contulisti, intercedente beato Petro apostolo tuo propitius muniendo custodias. Per.

LI
MISSA IN DEDICATIONE FONTIS

1838 Omnipotens sempiterne deus hoc baptisterium caelesti uisitatione dedicatum spiritus tui inlustratione sanctifica, ut quoscumque fons iste lauaturus est, trina ablutione purgati, indulgentiam omnium delictorum tuo munere consequantur. Per.

1839 ALIA: Omnipotens sempiterne deus fons omnium uirtutum et plenitudo gratiarum dignare eadem sacro baptismate praeparatam maiestatis tuae presentia consecrare, ut qui ubique totus es etiam hic adesse te in nostris praecibus sentiamus. Per.

1840 SECRETA: Suscipe quaesumus domine preces nostras cum oblationibus supplicantum, et concede propitius ut quicquid hic nouum regenerandi per sanctum spiritum acceperunt, tua gratia fiant aeternum. Per.

1841 PRAEFATIO: VD per Christum dominum nostrum. Per quem nobis regenerationis munus exortum est, ut qui per carnalem originem mortalis in hoc saeculo ueneramus, ad spem uitae aeternae ex aqua et spiritu sancto nasceremur. Quod sacramentum pietatis tuae domine, ut hoc loco tota gratiae tuae potentiae caelebretus supplices tibi hoc sacrificium laudis offerimus, obsecrantes misericordiam tuam, ut huic fonti uirtutem spiritus tui indesinenter praesedere concedas. /f. 198r Te cooperante omnes qui in haec fluenta descenderent / ab uniuersorum criminum contagiis emundati, et perpetua sanctificatione purgati, libro beatae uitae mereantur adscribi. Per Christum.

1842 INFRA ACTIONEM: Hanc igitur oblationem quam tibi offerimus in huius consecratione baptisterii quaesumus domine placatus accipias, et tua pietate concedas, ut quoscumque fons iste loturus est, omnium criminum ablutione purgentur atque famulis tuis conditoribus mercedem tanti operis promissae retributionis impendas. Quam oblationem.

1843 AD COMPLENDVM: Multiplica domine benedictionem tuam, et spiritus tui munere fidem nostram corrobora, ut qui in haec fluenta descenderint, eos in libro uitae adscribi iubeas in regno, tibi domino patri in ressurectione tradendos. Per.

1844 SVPER POPVLVM: Propitiare domine familiae tuae, et benignus humilitatis nostrae uota sanctifica, ut omnes in hoc fonte regenerandos uniuersali adoptione custodi. Per.

<LIa>[40]

1845 Deus cuius fidelibus cuncta bona proueniunt, praesta nobis miseris et indignis, ut quod meremur indulgeas, quod timemus auertas. Per.

1846 SECRETA: Suscipe nunc pietas aeterna nostrae deuotionis cum supplicatione libamina, quae et a nostra nos prauitate corrigant, et tocius argumenta deponant. Per.

---

[40] Section LIa was added by a later hand into the space that was left by the scribe at the bottom of f. 198r.

1847 AD COMPLENDVM: Quos proprii corporis et sanguinis communione saciasti ad te domine suspirantes exaudi, ut de preterito errore muniti, ab omni simus futuro securi. Per.

/ LII
MISSA IN ANNIVERSARIO DEDICATIONIS BASILICAE

1848 / DEVS QVI NOBIS PER SINGVLOS ANNOS HVIVS SANCTI TEMPLI TVI CONSECRA/tionis reparas diem, et sacris semper mysteriis repraesentas incolomes, exaudi praeces populi tui, et praesta ut quisquis hoc templum beneficia petiturus ingreditur, cuncta se impetrasse laetetur. Per dominum.

1849 SVPER OBLATA: Annue quaesumus domine praecibus nostris, ut quicumque intra templi huius cuius anniuersarium dedicationis diem caelebramus, ambitum continemur, plena tibi atque perfecta corporis et animae deuotione placeamus, ut dum haec praesentia uota reddimus, ad aeterna praemia te adiuuante uenire mereamur. Per dominum nostrum.

1850 PRAEFATIO: VD aeterne deus. Pro annua dedicatione tabernaculi huius, honorem tibi gratiasque referre, per Christum dominum nostrum. Cuius uirtus est magna, pietas copiosa. Respice quaesumus de caelo et uide et uisita domum istam, ut si quis in ea nomini tuo supplicauerit libenter exaudias, et satisfacientibus clementer ignoscas. Hic tibi sacerdotes tui sacrificium laudis offerant, hic fidelis populus tuus uota persoluat. Hic peccatorum onera deponantur, hic fides sancta stabilitur. Hic ipse inter bonum malumque discernens, cum causam interpellatus iudicaueris quam non ignoras. Hic pietas absoluta redeat, hinc iniquitas emendata discedat. Inueniat apud te domine locum ueniae, quicumque satisfaciens / confugerit, et conscio dolore uictus altaria tua riuis se suarum elauerit lacrimarum. Hic si quando populus tuus tristis mestusque conuenerit, adquiesce rogari et rogatus indulge. Per quem.

1851 AD COMPLENDVM: Deus qui ecclesiam tuam sponsam uocare dignatus es, ut quae haberet gratiam per fidei deuotionem haberet etiam ex nomine pietatem, da ut omnis haec plebs nomini tuo seruiens huius uocabuli consortio digna[41] esse mereatur, et ecclesia tua in templo cuius anniuersarius dedicationis dies celebratur, tibi collecta, te timeat, te diligat, te sequatur, ut dum iugiter per uestigia tua graditur, ad caelestia promissa te ducente peruenire mereatur. Qui uiuis et regnas cum deo patre.

1852 <ALIA:> Deus qui de uiuis et electis lapidibus aeternum maiestati tuae condis habitaculum, auxiliare populo supplicanti, ut quod ecclesiae tuae corporalibus proficit spatiis, spiritalibus amplificetur augmentis. Per.

LIII
MISSA IN ORDINATIONE PRESBITERI GREGIS
1853 Deus qui digne tibi seruientium nos imitari desideras famulatum, da nobis caritatis tuae flamma ardere succensi, ut antistitum decus priorum qui tibi placuerunt mereamur consortia obtinere. Per.

/f. 200v 1854 SVPER OBLATA: / Aufer a nobis domine spiritum superbiae cui resistis, ut sacrificia nostra tibi sint semper accepta. Per.

1855 PRAEFATIO: VD aeterne deus et salutare. Qui dissimulatis humanae fragilitatis peccatis, nobis indignis sacerdotalem confers dignitatem, da nobis quaesumus ut ad sacrosancta mysteria immolando sacrificia cum beneplacitis mentibus facias introire. Quia tu solus sine operibus aptis iustificas peccatores, tu gratiam praestas benignus ingratis, tu ea quae retro sunt obliuisci concedis, et ad priora promissa mysteria clementissima gubernatione perducis. Et ideo.

1856 <INFRA ACTIONEM:> Hanc igitur oblationem seruitutis nostrae quam tibi offerimus in die hodiernae sollempnitatis quo nobis indigni sacerdotalem infulam tribuisti, quaesumus domine ut placatus accipias, et tua pietate conserua quod es operatus in nobis. Diesque nostros.

1857 AD COMPLENDVM: Corporis sacri et praetiosi sanguinis repleti libamine quaesumus domine deus noster, ut gratiae tuae

---

[41] Originally *dignam*, the *m* is deleted.

munus quod nobis inmeritis contulisti, intercedente beato N propitius muniendo custodias. Per.

LIIII
ALIA MISSA

/f. 201r **1858** / Deus cuius arbitrio omnium saeculorum ordo decurrit, respice propitius ad me famulum tuum, quem ad ordinem presbiteratus promouere dignatus es, et ut tibi mea seruitus placeat, tua in me dona misericorditer conserua. Per.

1859 SECRETA: Perfice quaesumus domine benignus in nobis, ut quae sacris mysteriis profitemur, piis actionibus exsequamur. Per.

1860 PRAEFATIO: VD aeterne deus. Tu pius domine ut facturam non despicias, nec ab inimicis meis tribulare permittas. Scio enim me grauiter deliquisse, et praeceptis tuis minime oboedisse. Humilis obsecro gratiam tuam me semper consolaricem adhibeas, et misericordiam tuam factricem adponas. Vnde exposco pietatem tuam, ut dimittas peccata, quia plus ualet misericordia tua ad erigendum, quam fallacia inimici ad decipiendum. Miserere mei deus, secundum magnam misericordiam tuam. Vnde erubesco tu indulgeas, et ea quae gessisse me paenitet, tu clementer ignoscas. Per Christum.

1861 AD COMPLENDVM: Munerum tuorum domine largitatem sumentes supplices depraecamur, ut quibus donasti huius ministerii seruitutem, exsequendi gratiae tuae tribuas facultatem. Per.

LV
MISSA PRO PRESBITERVM NOVITER ORDINATVM

/f. 201v **1862** / Exaudi domine supplicum preces, et deuoto tibi pectore famulantes perpetua defensione custodi, ut nullis perturbationibus impediti, liberam seruitutem tuis semper exhibeamus. Per.

1863 SECRETA: Tuis domine quaesumus operare mysteriis, ut haec tibi munera dignis mentibus offeramus. Per.

1864 <PRAEFATIO:> VD aeque et saluum. Qui rationabilem creaturam, nec temporalibus dedita bonis ad praemia sempiterna non tendat, ea dispensatione dignaris erudire, ut nec castigatione deficiat, nec prosperitatibus insolescat. Sed hoc potius fiat eius gloriosa deuotio, quo nullis aduersitatibus obruta superetur. Per Christum.

1865 <INFRA ACTIONEM:> Hanc igitur oblationem quam tibi offerimus pro famulis tuis illis, quos ad praesbiterii uel diaconatus gradus promouere dignatus es, quaesumus domine placatus accipias, et quod eis diuino munere contulisti, in eis propitius tuo dono custodi. Per Christum.

1866 AD COMPLENDVM: Hos quos reficis domine sacramentis adtolle benignus auxiliis, ut tuae redemptionis effectum, et mysteriis capiam et moribus. Per.

1867 SVPER POPVLVM: Da quaesumus domine populis christianis, et quod profitentur agnoscere, et ad caeleste munus dirigere quod frequentant. Per.

LVI
MISSA IN NATALITIO EPISCOPI, SI ABSENS AVT INFIRMVS FVERIT, QVALITER PRESBITER CAELEBRANDVM

1868 Presta quaesumus omnipotens sempiterne deus, ut fidelibus ordinatum praebeamus effectum, eiusque nos similiter spiritum sanctum diligendi benignus infunde. Per.

1869 SECRETA: Da quaesumus omnipotens deus ut in tua spe et caritate sincera / sacrificium tibi placitum deferimus, et plebis, et praesulis. Per.

/f. 202r

1870 INFRA ACTIONEM: Hanc igitur oblationem sancti patris nostri illius episcopi quam tibi offerimus ob diem quo eum pontificali benedictione ditasti, praebe ei quaesumus aetatis spatia prolixa, cuius sacerdotii nobis tempora dignatus es donare praecipua. Quam oblationem.

368

1871 AD COMPLENDVM: Deus qui nos sacramentis tuis pascere non desistis, tribue quaesumus ut eorum nobis indulta refectio uitam conferat. Per.

LVII
ITEM MISSA PRO ALIO SACERDOTE

1872 Deus qui dierum nostrorum numeros mensurasque numerum maiestatis tuae potestate dispensas, ad humilitatis nostrae propitius respice seruitutem, et tuae pacis habundantia tempora nostra et episcopi nostri tua gratia benignus accumula. Per.

1873 SECRETA: Respice quaesumus domine nostram propitius seruitutem, et haec oblatio nostra sit tibi munus acceptum, sit fragilitati nostrae subsidium sempiternum. Per.

1874 <INFRA ACTIONEM:> Hanc igitur oblationem famuli tui et antestitis tui illius quam tibi offert ob deuotionem mentis suae, quaesumus domine placatus accipias, tuaeque in eo munera ipse custodias, donesque ei annorum spatia, ut ecclesiae tuae fideliter praesidendo, te omnia in omnibus operante, sic utatur temporalia, ut praemia mereatur aeterna. Quam oblationem.

1875 AD COMPLENDVM: Da quaesumus domine ut tantae ministerium unus indultum, non condempnatio, sed sit medicina sumentibus. Per.

/ LVIII
MISSA QVAM SACERDOS PRO SE ET PRO CONSACERDOTIBVS SVIS CANERE DEBET. Antiphona: Sicut oculi seruorum.

1876 Domine Iesu Christe propitius esto mihi peccatori, quia misericordia primus indigeo, et pro consacerdotibus nostris exorare praesumo, quia tu es inmortalis et sine peccato solus domine deus noster, tu es benedictus qui benedicis omnia, tu es sanctus qui sanctificas omnia, indulge nobis indignis famulis tuis, quia peccatores sumus et indigni quod praesumimus ad sanctum altare tuum inuocare te, quia peccauimus coram te et coram angelis tuis, sed tribue nobis indulgentiam delictorum, et confirma sanctam ecclesiam tuam in fide orthodoxa, et doce nos facere uoluntatem tuam omnibus diebus nostris. Per dominum nostrum.

1877 ALIA ORATIO: Domine deus noster uerax promissorum propitiare operi tuo, et nobis famulis tuis seruientibus tibi tribuas perseueranter in tua uoluntate famulatum, ut in diebus nostris et merito et numero populus tibi seruiens augeatur. Per. GRADVALE: Propitius esto [Deut. 21:8]; ALIA: Praeoccupemus faciem eius [Ps. 94:2]; TRECANVM: Ad te leuaui oculos [Ps. 122]; OFFERENDVM: Sicut in holocaustum.

1878 SVPER OBLATA: Suscipe clementissime pater, hostias placationis et laudis benignus quas tibi offero indignus famulus tuus, quem ad ordinem sacerdotii promouere dignatus /f. 203r es, / ut tibi mea seruitus conplaceat, tua in me misericorditer dona conserua, qui pro consacerdotibus meis mihi in hoc opus commissis postulare studeo, tu scis figmentum nostrum, tu scis omnia quae egimus in conspectu tuo et in conspectu sanctorum tuorum, qui non uis mortem peccatoris sed ut conuertatur et uiuat, et respice in nos et miserere nostri, quia tu es clemens et misericors deus. Qui uiuis et regnas.

1879 PRAEFATIO: VD aeterne deus. Et te suppliciter exorare, pro qua tibi offero ego tuus famulus et sacerdos, tam pro me quam pro confratribus meis, pro eo quod nos eligere dignatus es in ordinem presbiterii, ut sacrificiis tuis ac diuinis altaribus deseruiremus. Pro hoc reddam tibi uota mea deo uiuo et uero, maiestatem tuam suppliciter imploramus, ut opera manuum tuarum in nos ipsos custodias, et idoneos per omnia ministros tuae uoluntatis efficias. Per Christum.

1880 INFRA ACTIONEM: Hanc igitur oblationem quam tibi offerro ego tuus famulus et sacerdos tam pro me et pro confratribus nostris, pro eo quod nos eligere dignatus es in ordinem presbiterii, ut sacrificiis tuis ac diuinis altaribus deseruiremus. Pro hoc reddam tibi uota mea deo uiuo et uero, maiestatem tuam suppliciter imploramus, ut opera manuum tuarum in nos ipsos custodias, et idoneos pro omnia efficias. Diesque.
COMMVNIO: Inclina aurem tuam [Ps. 16:6].

370

/f. 203v **1881** AD COMPLENDVM: / Perfice domine benignus in nobis, ut quae sacris mysteriis profitemur piis actibus exsequamur. Per.

1882 ALIA: <R>epleti sumus domine et saciati gaudio aeterno nostrae salutis corpore scilicet et sanguine tuo pro quibus tibi domine uberrimas referimus gratias, et obsecrantes ut post haec bona in aeternum manentibus paradysi nobis uel ultima portio tribuatur. Per.

LVIIII
ALIA MISSA

1883 Deus omnium fidelium pastor et rector, famulos tuos illos quos ecclesiae tuae praeesse uoluisti, da eis quaesumus uerbo et exemplo quibus praesunt proficere, ut ad uitam una cum grege credito perueniant sempiternam. Per.

1884 SVPER OBLATA: Oblatis quaesumus domine placare muneribus et famulos tuos illos quos pastores populo tuo esse uoluisti, assidua protectione guberna. Per.

1885 <PRAEFATIO:> VD aeterne deus. Qui es totius fons misericordiae, spes et consolatio lugentium, uita et salus ad te clamantium, exaudi famulorum tuorum preces, et potentiae dextera ab omni eos aduersitate protege et custodi, quatinus tibi solido secura mente seruire ualeant atque ab omni temptationum molestia libera, tranquilla pace salutis suae tuae pietati continuas agere gratias mereantur. Per Christum.

1886 AD COMPLENDVM: Haec nos quaesumus domine diuini sacramenti perceptio protegat, et famulos tuos quos pastores esse ecclesiae tuae uoluisti, una cum commisso grege saluat semper et muniat. Per.

LX
MISSA PRO ALIO SACERDOTE

f. 204r **1887** / Deus iustorum gloria, misericordia peccatorum, paterna pietas, inmensa gloria, coaeterna maiestas, te supplices trementesque depraecamur, ut des domine famulo tuo illo mentem puram, castitatem perfecta, in actione sinceritatem, in corde puritatem, in opere uirtutem, in moribus disciplinam, et quod nos licet indigni ante conspectum maiestatis tuae fideliter

deuoteque pro ipso clementiae tuae offerimus, pietatis gratia
obtinenda cognoscat. Per.

1888 SVPER OBLATA: Grata tibi sit domine haec oblatio quam tibi
offerimus pro famulo tuo illo quaesumus placatus accipias,
tribue ei remissionem peccatorum, ut gratiam misericordiae
tuae consequi mereatur. er.

1889 AD COMPLENDVM: Omnipotens et misericors deus da
famulo tuo auxilium gratiae tuae, ut possit peruenire ad uiam
ueritatis, et indulgentiam pietatis tuae quam tibi petimus
deuoto suo, te donante peruenire mereatur opus consum-
mationis perfectum. Per.

LXI
MISSA IN CONSECRATIONE DIACONI

1890 Ad praeces nostras quaesumus domine propitiatus intende, ut
leuitae tuae sacris altaribus seruientes, et fidei ueritate fundati,
et mente sint spiritali conspicui. Per.

1891 SVPER OBLATA: Suscipe quaesumus domine hostias famuli
et leuitae tui illius quibus mentium nos tuo nomine deuotarum
et a terrenis contagiis expiare, et caelestibus contulisti propinquare consotiis. Per.

/f. 204v **1892** INFRA ACTIONEM: / Hanc igitur oblationem famuli tui
illius quam tibi offerimus ob diem in quo eum laeuitarum
sacrarii ministerii contulisti quaesumus domine placatus
accipias, eique propitiatus concedas, ut cui donasti leuitae
ministerii facultatem, tribuas sufficientem gratiam ministrandi.
Quam oblationem.

1893 AD COMPLENDVM: Presta quaesumus domine ut nostrae
gaudeamus prouentionis augmento, et de congruo sacramenti
paschalis obsequio. Per.

LXII
MISSA IN CONSECRATIONE SACRAE VIRGINIS

1894 Da nobis domine famulae tuae quam uirginitatis honore dig
natus es decorare inchoati operis consummatum effectum, e

ut perfectam tibi offerat plenitudinem, initia suae perducere mereatur ad finem. Per.

1895 SVPER OBLATA: Oblatis hostiis domine quaesumus praesentis famulae tuae perseuerantiam perpetuae uirginitatis accommoda, ut apertis ianuis summi regis aduentum cum laetitia mereatur intrare. Per.

1896 INFRA ACTIONEM: Hanc igitur oblationem famulae tuae illius quam tibi offert ob diem natalis sui, in quo eam tibi socians sacro uelamine protegere dignatus es quaesumus domine propitiatus sanctifica, ut tibi domino ac sponso suo uenienti, cum lampade[42] suo inextinguibili placitura occurrere mereatur. Diesque nostros.

1897 AD COMPLENDVM: Respice domine famulae tuae illius tibi debitam seruitutem, ut inter humanae fragilitatis incerta, nullis

/f. 205r

aduersitatibus obprima / qua de tua protectione confidit. Per.

LXIII
IN CONSECRATIONE VIDVAE

1898 Deus castitatis amator, et continentiae conseruator, supplicationem nostram benignus exaudi, et hanc famulam tuam propitius intuere, et quae pro timore tuo continentiae pudicitiam uouit, tuo auxilio conseruet, ut sexagesimum fructum continentiae, et uitam aeternam te largiente percipiat. Per.

1899 SECRETA: Munera quaesumus domine famulae et sacratae illius quae tibi ob consecrationem sui corporis offert, simul ad eius animae medelam proficiat. Per.

1900 AD COMPLENDVM: Bonorum deus operum institutor famulae tuae illius corda purifica, ut nihil in ea quod punire, sed quod coronari possis inuenias. Per.

LXIIII
IN NATALE ANCILLARVM DEI

1901 Praeces famulae tuae illius quaesumus domine benignus

---

[42] MS *lampapade* for *lampade*.

exaudi, ut assumptam castitatis gratiam, te auxiliante custodiat. Per.

1902 SECRETA: Votiuis quaesumus domine famulae tuae illius adesto muneribus, ut te custode seruata, hereditatem benedictionis aeternae percipiat. Per.

1903 <INFRA ACTIONEM:> Hanc igitur oblationem famulae tuae illius quam tibi offerimus ob diem natalis eius quo eam sacro uelamine protegere dignatus es quaesumus domine placatus accipias, pro qua maiestati tuae supplices fundimus praeces, ut in numero eam sanctarum uirginum transire praecipias, ut tibi /f. 205v sponso suo uenienti, / cum lampade suo inextinguibili possito occurrere, atque intra regna caelestia claustra, gratias tibi referat, choris sanctarum uirginum sociata. Quam oblationem.

1904 AD COMPLENDVM: Deus qui habitaculum tuum in corde pudico fundasti, respice super hanc famulam tuam illam, et quae castigationibus assiduis postulat, tua consolatione percipiat. Per.

LXV
INCIPIT ACTIO NVPTIALIS

1905 ADESTO DOMINE SVPPLICATIONIBVS NOSTRIS et institutis quibus propagatione humani generis ordinasti benignus adsiste, ut quod te auctore iungitur, te auxiliante seruetur. Per.

1906 ALIA: Quaesumus omnipotens deus instituta prouidentiae tuae pio fauore comitare, et quos legitima societate conectis, longeua pace custodi. Per.

1907 SECRETA: Adesto domine supplicationibus nostris et hanc oblationem famularum tuarum illarum quam tibi offerunt pro famula tua illa quam ad statum maturitatis et ad diem nuptiarum perducere dignatus es placatus ac benignus adsume, ut quod tua dispositione expetitur, tua gratia conpleatur. Per.

1908 PRAEFATIO: VD <aeterne deus.> Qui foedera nuptiarum blando concordiae iugo, et insolubili pacis uinculo nexuisti ut multiplicandis adoptionum filiis, sanctorum conubiorum

374

faecunditas pudica seruaretur. Tua enim domine prouidentia,
/f. 206r tua gratia ineffabilibus / modis utrumque dispensat, ut quod
generatio ad mundi aedit ornatum, regeneratio ad ecclesiae
perducat augmentum. Per Christum.

1909 INFRA ACTIONEM: Hanc igitur oblationem famularum
tuarum illarum quam tibi offerent pro famula tua illa
quaesumus domine placatus accipias pro qua maiestatem tuam
supplices exoramus, ut sicut eam ad aetatem nuptiis congruentem peruenire tribuisti, sic eam consortio maritali tuo munere
copulatam desiderata sobule gaudere perficias, atque obtatam
seriem cum suo coniuge prouehas benignus annorum. Quam
oblationem.

1910 ITEM INFRA ACTIONEM AD XXX VEL ANNVALEM
NVPTIARVM: Hanc igitur oblationem domine famulorum
famularum tuorum illorum et illarum, quam tibi offerunt
ob diem XXX coniunctionis suae uel annualem quo die
eos iugali uinculo sociare dignatus es placatus suscipias
depraecamur. Ob hoc igitur reddunt tibi uota sua deo uero et
uiuo, pro quibus tremendae pietati tuae supplices fundimus
preces, ut pariter bene et pacifice senescant, et uideant filios
filiorum suorum usque in tertiam et quartam generationem uel
progeniem, et te benedicant omnibus diebus uitae suae. Per
Christum quam oblationem.

1911 PERCONPLES CANONEM PLENARIVM ET DICIS
ORATIONEM DOMINICAM, ET SIC EAM BENEDICIS.
HIS VERBIS ORATIO: Deus qui mundi crescentis exordio
multiplica prole benedices, propitiare supplicationibus nostris,
/f. 206v et super hanc famulam tuam / opem tuam benedictionis
infunde, ut in coniugali consortio effectu, conpari mente,
consimilis caritate, motuo copulentur. Per.

1912 ITEM ALIA ORATIO: Pater mundi conditor, nascentium
genitor, multiplicandae originis institutor, qui Adae comitem
tuis manibus addidisti, cuius ex ossibus ossa crescentia, patris
formam, admirabilem diuersitatem signarent. Hinc ad totius
multitudinis incrementum coniugalis thori iussa consortia quo
totum inter se saecculum conligarent, humani generis foedera
nexuerunt. Sic enim tibi domine placitum sic neccesarium fuit,

375

ut quia longe esset, infirmus quod hominis simile, quam quod tibi deo feceras. Additos fortiori sexus infirmior, ut unum efficias ex duobus et pari pignore sobolis mixta maneret. Tunc pro ordinem flueret digesta posteritas, et priors uentura sequerentur, nec ullum sibi finem in tam breui termino quamuis essent uentura proponerent. Ad haec igitur, data sunt legis instituta uentura. Quapropter huius famulae tuae pariter rudimenta sanctifica, ut bono et prospero sociata consortio, legis aeternae iussa custodiat. Memineritque domino non tantum ad licentiam coniugalem, sed ad obseruantiam fidei sanctorum pignorum deligatam, fidelis et casta / nubat in Christo, imitatrixque sanctarum feminarum permaneat. Sit amabilis ut Rachel uiro suo, sapiens ut Rebecca, longeua et fidelis ut Sarra. Nihil ex hac subdolus ille auctor praeuaricationis usurpet, nexa fidei mandatisque permaneat femminarum seruiens deo uero deuota, muniat infirmitatem suam robore disciplinae, uni thoro iuncta, contactos uitae inlicitos fugiat. Sit uerecunda, grauis pudore, uenerabilis doctrinis caelestibus erudita. Sit fecunda in sobole, sit probata et innocens, et ad beatorum requiem usque ad caelestia regna perueniat. Per.
POST HAEC DICIT PAX VOBISCVM, ET SIC EOS COMMVNICAS.

/f. 207r

1913 POSTEA QVAM COMMVNICAVERINT DICIT SVPER EOS BENEDICTIONEM HANC: Domine sancte pater omnipotens aeterne deus iteratis praecibus te supplices exoramus pro quibus apud te supplicator est Christus, coniunctiones famulorum tuorum fouere digneris, benedictiones tuas excipere mereantur, ut filiorum successibus fecundentur, nuptias eorum sicut plurimorum hominum confirmare dignare, auertantur ab eis inimici omnes insidiae, ut sanctitatem patrum etiam in ipso coniugio imitentur, qui prouidentia tua domine coniugi meruerunt. Per.

1914 AD COMPLENDVM: Exaudi nos domine sancte pater omnipotens aeterne deus, ut quod nostro ministratur officio tua benedictione potius impleatur. Per dominum.

/LXVI
ITEM ORATIO AD SPONSAS BENEDICENDAS

1915 Exaudi nos omnipotens et misericors deus, ut quod nostro ministratur offficio, tua benedictione potius impleatur. Per.

1916 SVPER OBLATA: Suscipe quaesumus domine pro sacro conubii lege munus oblatum, et cuius largitor es operis, esto dispositor. Per.

1917 PRAEFATIO: VD aeque et salus. Qui foedere nuptiarum blando concordiae. Reliqua ut supra in folio ii [no. 1908].[43]

1918 SECRETA: Hanc igitur oblationem famulorum tuorum quam tibi offerimus pro famula tua illa, quam perducere dignatus es ad statum mensurae et ad diem nuptiarum, pro qua maiestati tuae supplices fundimus praeces, ut eam propitius cum uiro suo copulare digneris. Quaesumus domine ut placatus.

1919 PERCONPLES CANONEM PLENARIVM DICASQVE ORATIONEM DOMINICAM, ET SIC EAM BENEDICIS HIS VERBIS: Deus qui mundi crescentis exordio. Reliqua ut supra in folio ii [no. 1911].[44]

1920 ITEM ORATIO: Propitiare domine supplicationibus nostris, et institutis. Vt supra in missa [no. 1905].[45]

1921 BENEDICTIO: Deus qui potestate uirtutis tuae de nihilo cuncta fecisti, qui dispositis uniuersitatis exordiis homini ad imaginem dei facto, ideo inseparabile mulieris adiutorium condidisti, ut femineo corpore de uirili dares carnem principium, docens quod ex uno placuisset institui, numquam liceret disiungi. Deus qui tam excellenti mysterio + coniugalem copulam consecrasti, ut Christi ecclesiae sacramentum praesignares in foedere nuptiarum. Deus per quem mulier iungitur uiro, et societas principaliter ordinata ea benedictione donatur quae sola nec / per originalis peccati poenam, nec per diluuii est ablata sententiam. Respice propitius super hanc

---

[43] *Reliqua ut supra in folio ii* interlinear addition by **B**.

[44] *Reliqua ut supra in folio ii* interlinear addition by **B**.

[45] *ut supra in missa* interlinear addition by **B**.

famulam tuam, quae maritali iungenda est consortio, et tua se
expetit protectione muniri. Sit in ea iugum dilectionis et pacis,
fidelis et casta nubat in Christo. Imitatrixque sanctarum permaneat feminarum. Sit amabilis ut Rachel uiro, sapiens ut
Rebecca, longeua et fidelis ut Sarra, nihil in ea ex actibus suis
ille auctor praeuaricationis usurpet, nexa fidei mandatisque
permaneat, uni toro iuncta, contactos inlicitos fugiat, muniat
infirmitatem suam robore disciplinae. Sit uerecunda grauis,
pudore uenerabilis, doctrinis caelestibus erudita. Sit fecunda in
subole, sit probata et innocens, et ad beatorum requiem atque
caelestia regna perueniat, et uideat filios filiorum usque in
tertiam et quartam progeniem, et ad optatam perueniant senectutem. Per dominum nostrum Iesum Christum filium tuum,
qui tecum et cum spiritu sancto uiuit et regnat in saecula
seculorum, amen.
Pax domini sit semper uobiscum.

1922 AD COMPLENDVM: Quaesumus omnipotens deus instituta
prouidentiae tuae pio amore comitare, ut quos legitima
societate conectis, longeua pace custodi. Per.

LXVII
MISSA IN NATALE GENVINI

1923 Omnipotens sempiterne deus totius conditor creaturae praeces
nostras clementer exaudi, et annos famuli tui illius quem
de uisceribus maternis hic uita prodere iussisti, prosperos
/f. 208v plurimosque annos largire, ut omnem tibi / exigat placiturus
aetatem. Per.

1924 ALIA: Deus qui saeculorum omnium cursum ac momenta
temporum regis, exaudi nos propitius et concede ut famuli tui
illius cuius hodie genuini caelebramus consecrationem mysterii longeuam largiaris aetatem, quatinus fidei eius augmento
multis annorum curriculis haec sollempnitatis deuotio perseueret. Per.

1925 SECRETA: Adesto nobis domine quaesumus et hanc
oblationem famuli tui illius quam tibi offert ob diem natalis
sui genuini, quo die cum de maternis uisceribus in hunc
mundum nasci iussisti placitus ac benignus assume. Per.

1926 <PRAEFATIO:> VD aeterne deus. Ad cuius imaginem hominem formare dignatus es, cui ad uitae substantiam et certas statuisti temporum uices, et alimoniam tui muneris praeparasti. Tu igitur qui es creaturae auctor, humanae defensor esto operis tui, ut huius ministerii nostri deuotio, quem maiestati tuae annua sollempnitate caelebramus officiis, longeua efficias consecratione firmari. Per Christum.

1927 INFRA ACTIONEM: Hanc igitur oblationem domine famuli tui illius quam tibi offert ob diem natalis sui genuinum, quo die eum de maternis uisceribus in hunc mundum nasci iussisti ad te cognoscendum deum uerum et uiuum uota sua deo uiuo et uero, pro quo maiestati tuae supplices fundimus praeces, ut adicias ei[46] annos et tempora uitae, ut per multa / curricula annorum laetus tibi haec sua uota persoluat, atque ad obtatam perueniat senectutem, et te benedicat omnibus diebus uitae suae. Per Christum.

f. 209r

1928 AD COMPLENDVM: Deus uita fidelium timentium te saluator et custos, qui famulum tuum illum ad hanc diem natalis sui genuini exempto anno perducere dignatus es, gratiam in eo uitae protectoris augmenta, et dies eius annorum numerositate multiplica, ut te annuente per felicem prouectus aetatem, ad principatum caelestium gaudiorum peruenire mereatur. Per.

LXVIII
ORATIONES AD MISSAS PRO STERELITATE MVLIERVM

1929 Deus qui emortuam uuluam Sarrae ita per Abrahae semen fecundare dignatus es, ut ei etiam contra spem sobolis nasceretur, praeces famulae tuae illius pro sua sterilitate depraecantis propitius respice, ut ei iuxta tenorem praecedentium matrum, et fecunditatem tribuas, et filium quem donaueris benedicas. Per.

1930 <ALIA:> Deus qui famulum tuum Isaac pro sterilitate[47] coniugis suae te depraecante exaudire,[48] et conceptum

---

[46] *ei* interlinear addition by **B**.

[47] MS *steritati*, changed interlinearly by **B** into *sterilitati*.

[48] MS *exauexaudire* for *exaudire*.

379

Rebeccae donare dignatus es, praeces famulae tuae illius pro percipienda prole benignus exaudi, ut firmamentum spei quod in tua misericordia posuit, eam ex percepto munere quod postulat confirmet. Per.

1931 <ALIA:> Deus qui obprobrium sterelitatis a Rachel auferens dum anxietate proles quaereret meruit fecundari, concede propitius ut famula tua illa in earum feminarum quae tibi placuerent sorte fecunditatem accipiat, et quod fideliter a tua pietate deposcit, obtineat. Per.

/f. 209v **1932** / <ALIA:> Omnipotens sempiterne deus qui continuum etiam post fusam ad praecem gemitum Annam dum eam fecundares in gaudium conuertisti, desiderium famulae tuae illius ut fecundetur propitius perfice, ut ad laudem gloriae tuae, ab ea obprobrium sterelitatis benignus auerte. Per.

1933 ALIA: Deus cuius occulto consilio ideo Elisabeth sterilis uterus extitit, ut quandoque angelica potius uoce fecundaretur, concede propitius, ut sicut illa Iudaico populo praecursorem domini, ita famula tua illa in filio qui ad credulitatem tibi huius populi pure deseruiat fecundetur. Per.

1934 ALIA: Deus qui anxietatem sterilium pie respiciens in eis fecunditatem etiam in sua desperatione mirabiliter operaris, concede propitius ut famula tua illa de percipienda sobole, quod per se non ualet, serui tui Gregorii mereatur praecibus obtinere. Per.[49]

1935 ALIA: Omnipotens sempiterne deus qui maternum affectum nec in ipsa sacra uirgine Maria quae redemptorem nostrum genuit denegasti, concede propitius ut eiusdem genetricis praecibus famula tua illa esse genetrix mereatur. Per.

1936 SECRETA: Suscipe domine praeces nostras cum muneribus hostiarum quas pro famula tua illa clementiae tuae supplici mente deferimus, ut quia affectum filiorum maxime in matrum uisceribus indidisti, merorem infecunditatis ab ea submoueas, et ad concipiendam sobolem misericorditer benedicas. Per dominum.

---

[49] *semper* is added by a later hand.

380

1937 PRAEFATIO: VD aeterne deus. Qui ex inuisibili potentia
omnia inuisibiliter / et mirabiliter condens hominem, tantum
mirabilibus praestantiorem caeteris animantibus, quanto eum
ad imaginem tuae similitudinis bonitate ineffabili condidisti.
Cui etiam adiutorium similem sui ex ossibus illius auferendo,
efficiens eis ut per ordinatum affectum, in filiis prole generosa
multiplicarentur benedixisti. Cuius benedictionis gratiam dum
mulier per peccatum primae praeuaricationis admitteret, ne
sterelitate humanum genus interiret. Ei etiam post peccatum
licet in doloribus tamen generare filios praecepisti. Quod
affectu procreandorum filiorum ita in uisceribus matrum te
disponente est inditum, ut sicut dolore esse tamen genetrices
uel dolentes uolunt. Quia nec aliter feminae fuit post
praeuaricationem iuxta uocem apostoli tui Pauli, nisi per
filiorum generationem posse recuperare salutem. Quod quidem
sacramentum in ecclesiae figuram intelligimus praedictum,
in rebus tamen humanis etiam carnaliter ordinem tuae
dispositionis cottidie cernimus adimpleri. Hinc est quod
prioris saeculi sanctarum feminarum desideria pro percipienda
prole pie exaudiens, ne eis de infecunditate inter homines
obprobrium remaneret, et tamquam a benedictione pristina se
excludi decernerent, dolori earum pie consulens eas multiplicibus ablata spe concipiendi in senectute, quam in
iuuentute poterant, benedicendo mirabilius fecundasti. / Itaque
depraecamur te domine sancte pater omnipotens aeterne deus,
et per Iesum Christum filium tuum unicum dominum nostrum
te obsecramus, ut praeces famulae tuae illius ne sterilis
remaneat opem a tua pietate quaerentis clementissimus
exaudire dignare, atque benignissimus eius uterum fecundare
digneris. Et qui per seruum tuum Gregorium ad cognitionem
tui nominis uenit, quo certior de futuris bonis quae in
sacramento fidei quae in te est promittuntur, possis existere
eiusdem famulae tuae precibus in praesenti quod postulat
munus ualeat obtinere. Per Christum dominum nostrum.

1938 INFRA ACTIONEM: Hanc igitur oblationem seruitutis
nostrae, sed et cunctae familiae tuae quam tibi offerimus pro
famula tua illa, quaesumus domine placatus suscipias pro qua
maiestati tuae supplices fundimus praeces, ut orationem eius
exaudias, et eius uterum uinculo sterilitatis absoluens, prolem
in qua nomen tuum benedicat concedas. Diesque nostros.

1939 AD COMPLENDVM: Caelestis uitae munus accipientes quaesumus omnipotens deus, ut quod pro famula tua illa depraecati sumus, clementer a tua pietate exaudiris mereamur. per.

LXVIIII
MISSA PRO FEMINA VIVA

1940 Deus qui nullum respuis, sed omnibus ad tua promissa currentibus caelestem patere facis introitum, purifica quaesumus cor
/f. 211r   famulae tuae illius ut desideria[50] terrena non teneant / quam tua gratia recreauit. Per.

1941 SVPER OBLATA: Dona mensae tuae domine quae tibi nos famuli tui immolamur nobis quaesumus proficiant, et famulae tuae illius compete tribuat medicinam. Per.

1942 PRAEFATIO: VD <aeterne deus.> Nos tibi in agnitione exuberantis misericordiae tuae laudis hostiam immolare, quia quanquam merita nostra praua ruinam nobis ad interitum fecerint, maior tamen pietas tua circa nos in ipso exordio praeuaricationis adae extitit, ut unde inerebamur supplicium, illud exultemus in salutem conuersum. Petimus ergo inmensam clementiam tuam, ut famulam tuam illam originali culpa malam ad salutem praeiudicante in carnis ospitio sic tuearis, ut mandatis tuis iugiter inhereat, et contra omnes maligni uersutias munita perseueret. Per Christum.

1943 AD COMPLENDVM: Misericordiam tuam nobis domine quaesumus haec sancta quae sumpsimus semper adquirant, et famulae tuae illius deuotionem multiplicent. Per.

LXX
MISSA DE STERELITATE TERRAE

1944 Sempiternae pietatis tuae habundantiam domine supplices imploramus, ut nos beneficiis quibus non meremur anticipans, benefacere cognoscaris indignis. Per.

1945 ALIA: Da nobis quasumus domine pie supplicationis effectum, et pestilentiam famemque propitius auerte, ut mortalium

---

[50] *a* interlinear addition probably by **B**.

/f. 211v corda cognoscant, / et te indignante talia flagela producere, et te miserante cessare.

1946 SECRETA: Deus qui humani generis utramque substantiam praesentium munerum et alimento uegetas et renouas sacramento, tribue quaesumus ut eorum et corporibus nostris subsidium non desit et mentibus. Per.

1947 PRAEFATIO: VD aeterne deus. Qui sempiterno consilio non desinis regere quod creasti, nosque deliquisse manifestum est, cum supernae dispositionis ignari, discretorum tuorum dispensatione causamur. Ac tunc potius recte sentire cognoscimur, cum nouam tuam prouidentiam confidentes, pietatem iustitiamque tuam iugiter perpendimus exorandam. Certi quod qui iniustos malosque non deseris, multo magnis quas tuos esse tribuisti, clementi nullatenus gubernatione destituas. Per Christum.

1948 AD COMPLENDVM: Guberna quaesumus domine et temporalibus adiumentis quos dignaris aeternis informare mysteriis. Per.

LXXI
ORATIO AD PLVVIAM POSTVLANDAM

1949 Terram tuam domine quam uidemus nostris iniquitatibus tabescentem caelestibus aquis infunde, atque inriga beneficiis gratiae sempiternae. Per.

1950 ALIA: Da nobis quaesumus domine pluuiam salutarem, et aridam terrae faciem fluentis caelestibus dignanter infunde. Per.

1951 ALIA: Omnipotens sempiterne deus qui saluas omnes et neminem uis perire, aperi fontem benignitatis, et terram
f. 212r aridam aquis fluentis caelestibus / dignanter infunde. Per.

LXXVI[51]
AD MISSAM

1952 Deus in quo uiuimus mouemur et sumus, pluuiam nobis tribue congruentem, ut praesentibus subsidiis sufficienter adiuti, sempiterna fiducialius appetamus. Per.

---

[51] The scribe jumps from LXXI to LXXVI. No folio is missing.

1953 ALIA: Delicta fragilitatis nostrae domine quaesumus miseratus absolue, et aquarum subsidia praebe caelestium, quibus terrena conditio uegetata subsistat. Per dominum nostrum Iesum Christum filium tuum.

1954 SECRETA: Oblatis domine placare muneribus, et oportunum tribue nobis pluuiae sufficientis auxilium. Per dominum nostrum.

1955 PRAEFATIO: VD aeterne deus. Obsecrantes misericordiam tuam, ut squalentes agri fecundis imbribus inrigentur, quibus pariter aestuum mitigentur ardores, saeuientium morborum restringatur accensio, salus hominibus iumentisque proueniat. Atque ut haec te largiente mereamur, peccata quae nobis aduersantur relaxa, qui pluis super iustos et iniustos, etiam nostris offensionibus relaxatis, expectata nubium munera largiaris, quibus et salus nobis et alimenta praestentur. Per Christum.

1956 AD COMPLENDVM: Tuere domine quaesumus tua sancta sumentes, et ab omnibus propitius absolue peccatis.[52] <Per>.

LXXVII
ORATIONES AD POSCENDAM SERENITATEM

1957 Domine deus qui in mysterio aquarum salutis tuae nobis sacramenta sancxisti, exaudi orationem populi tui, et iube /f. 212v terrores inundantium cessare pluuiarum, flagellumque / huius elementi ad effectum tui conuerte mysterii, ut qui se regenerantibus aquis gaudent renatos, gaudeant his castigantibus esse correctos. Per.

1958 ALIA: Quaesumus omnipotens deus clementiam tuam ut inundantiam coherceas imbrium, et hilaritatem tui uultus nobis inpertire digneris. Per.

AD MISSAS

1959 Ad te nos domine clamantes exaudi, et aeris serenitatem nobis tribue supplicantibus, ut qui pro peccatis nostris iuste

---

[52] *terram aridam aquis fluentis caelestibus dignanter infunde. Per.* is added by a later hand at the top margin.

affligimur, misericordia tua praeueniente, clementiam sentiamus. Per.

1960 ALIA: Deus qui omnium rerum tibi seruientium naturam per ipsos motus aeris ad cultum tuae maiestatis instituis, tranquillitatem nobis misericordiae tuae remotis largire terroribus, ut cuius iram expauimus clementiam sentiamus. Per.

1961 SECRETA: Praeueniat nos quaesumus domine gratia tua semper et subsequatur, et has oblationes quas pro peccatis nostris nomini tuo consecrandas deferimus benignus assume, ut per intercessionem sanctorum tuorum, cunctis nobis proficiant ad salutem. Per.

1962 PRAEFATIO: VD per Christum dominum nostrum. Cuius creatura omnis ingemescit, et metuens creatorem suum contremescit. Qui pertingit a fine usque ad finem fortiter, et disponit omnia suauiter. Cuius prouidentia pia moderatione /f. 213r disponuntur / uniuersa, supplices te rogamus ut temperie serenum caeli nobis praestes oportunitatis officium, qui solem tuum oriri facis, et pluis super iustos et iniustos. Innormitatem aquarum nobis dele propitius, ut omnia quae imbrium densitate iactantur, pietatis tuae moderatione subleuentur, atque pro ecclesiae tuae iubeas amouere pluuiarum decursum. Per Christum.

1963 AD COMPLENDVM: Plebs tua domine capiat sacrae benedictionis augmentum, et copiosis beneficiorum tuorum subleuetur auxiliis, quae tantis intercessionum deprecationibus adiuuatur. Per.

LXXVIII
MISSA AD REPELLENDAM TEMPESTATEM

1964 Domine deus noster magnificentiam tuam praedicamus suppliciter implorantes, ut quia nos imminentibus periculis exuisti, a peccatis quoque benignus absoluas, ut beneficia nobis maiora concedas, et tuis nos facias parere mandatis. Per.

1965 ALIA: A domo tua quaesumus domine spiritales nequitiae repellantur, et aeriarum discedat malignitas tempestatum. Per.

385

1966 SVPER OBLATA: Offerimus domine laudes et munera pro concessis beneficiis gratias referentes, et pro concedendis semper suppliciter depraecantes. Per.

1967 <AD COMPLENDVM:> Omnipotens sempiterne deus qui nos et castigando sanas et ignoscendo conseruas, praesta supplicibus tuis ut et tranquillitatibus huius optatae consolationis laetemur. Per.

LXXVIIII
MISSA DE LAETANIA VEL DE QVACVMQVE TRIBVLATIONE

/f. 213v **1968** / Ineffabilem misericordiam tuam domine nobis clementer ostende, ut simul nos et a peccatis exuas, et a poenis quas pro his meremur eripias. Per.

1969 <ALIA:> Parce domine parce peccantibus, et ut ad[53] propitiationem tuam possimus accedere, spiritum nobis tribue corrigendi. Per.

1970 SVPER OBLATA: Purificet nos domine quaesumus muneris praesentis oblatio, et dignos sacra participatione perficiat. Per.

1971 PRAEFATIO: VD aeterne deus. Qui fragilitatem nostram non solum misericorditer donis temporalibus consolaris ut nos ad aeterna prouehas, sed etiam ipsis aduersitatibus saeculi benignus erudis, ut ad caelestia regna perducas. Per Christum.

1972 AD COMPLENDVM: Praesta domine quaesumus ut terrenis affectibus expiati, ad superni plenitudinem sacramenti, cuius libauimus sancta, tendamus. Per.

LXXX
ALIA MISSA PRO QVACVMQVE TRIBVLATIONE

1973 Ne despicias omnipotens deus populum tuum in afflictione clamantem, sed propter gloriam nominis tui tribulanti succurre. Per.

1974 SECRETA: Suscipe domine propitiatus hostias, quibus et te placare uoluisti, et nobis salutem potenti pietate restitui. Per.

---

[53] *ad* interlinear addition by **B**.

386

1975 PRAEFATIO: VD aeterne deus. Qui propterea dure punis errantes, et clementer refoues castigatos, ut nos et malis operibus abstrahas, et ad bona facienda conuertas. Quia non uis inuenire quod damnes, sed uis esse potius quod corones. Per Christum.

1976 AD COMPLENDVM: Viuificet nos domine sacrae participationis infusio, et perpetua / protectione defendat. Per.

/f. 214r

1977 SVPER POPVLVM: Tribulationem nostram quaesumus domine propitius respice, et iram tuae indignationis quam iuste meremur propitiatus auerte. Per.

LXXXI
ALIA MISSA

1978 Parce domine parce peccatis nostris, et quamuis incessabiliter delinquentibus continua poena debeatur, praesta quaesumus ut quod ad perpetuum meremur exitum, transeat ad correctionis auxilium. Per dominum nostrum Iesum Christum.

1979 ALIA: Domine deus qui ad hoc irasceris ut subuenias, ad hoc minaris ut parcas, lapsis manum porrige, et laborantibus multiplici miseratione succurre, ut qui per te redempti sunt ad spem uitae aeternae tua moderatione seruentur. Per.

1980 SVPER OBLATA: Sacrificia domine tibi cum ecclesiae praecibus immolanda quaesumus corda nostra purificent, et indulgentiae tuae nobis dona concilient, et de aduersis prospera sentire perficiant. Per.

1981 PRAEFATIO: VD aeterne deus. Qui nos castigando sanas, et refouendo benignus erudis, dum magis uis saluos esse correctos, quam perire neglectos. Qui famulos tuos ideo corporaliter uerberas ut mente proficiant, patenter ostendens quod sit pietatis tuae praeclara saluatio, dum praestas ut operetur nobis etiam ipsa infirmitas medicinam. Per Christum.

1982 AD COMPLENDVM: Vitia cordis humani haec domine quaesumus medicina conpescat, quae mortalitatis nostrae uenit curare languores. Per.

/ LXXXII
ITEM ALIA MISSA VBI SVPRA

1983 Omnipotens et misericors deus qui peccantium non uis animas perire sed culpas, contine quam meremur iram, et quam praecamur effunde clementiam, ut a merore in gaudium per tuam misericordiam transferamur. Per.

1984 ALIA: Parce domine parce supplicibus, da propitiationibus auxilium, qui praestas etiam per ipsa flagella remedium, nec haec tua domine correptio sit negligentibus causa maior poenarum, sed fiat eruditio paterna correptis. Per.

1985 SVPER OBLATA: Sacrificia nos domine caelebranda purificent, et caelestibus inbuant institutis. Per.

1986 AD COMPLENDVM: Sit nobis quaesumus domine medicina mentis et corporis, quod de sancti altaris tui benedictione percipimus, ut nullis aduersitatibus implicemur, qui tanti remedii participatione munimur. Per.

LXXXIII
ITEM ALIA MISSA

1987 Deus humilium consolator et fidelium fortitudo, propitius esto supplicationibus nostris, ut humana fragilitas quae per se procliuis est ad labendum, per te muniatur ad standum, ut quae per se prona est ad offensam, per te semper reparetur ad ueniam. Per.

1988 ALIA: Suscipe misericors deus supplicum praeces, et secundum multitudinem miserationum tuarum ab omnibus nos

solue peccatis / ut ad omnia pietatis opera te parcente reparemur, ut quos uenia feceris innocentes, auxilio facias efficaces. Per.

1989 SECRETA: Haec hostia domine quaesumus et ab occultis ecclesiam tuam reatibus semper expediat, et manifestis conuenienter expurget. Per.

1990 AD COMPLENDVM: Quos munere domine caelesti reficis diuino tuere presidio, ut tuis mysteriis perfruentes, nullis subdamur aduersis. Per.

1991 <ALIA:> Muniat quaesumus domine fideles tuos sumpta uiuificatio sacramenti, et a uitiis omnibus expeditos, in sancta faciat deuotione currentes. Per.

LXXXIIII
MISSA PRO HOMINVM QVOD ABSIT MORTALITATE

1992 Deus qui non mortem sed paenitentiam desideras peccatorum, populum tuum quaesumus ad te conuerte propitius, ut dum tibi deuotus extiterit, tuae ab eo iracundiae flagella amoueas. Per.

1993 ALIA: Populum tuum quaesumus omnipotens deus ab ira tua ad te confugientem paterna recipe pietate, ut qui tuae maiestatis flagella formidant de tua mereantur uenia gratulari. Per.

1994 SECRETA: Subueniat nobis domine quaesumus sacrificii praesentis operatio quae nos et ab erroribus uniuersis potenter absoluat, et a totius eripiat perditionis incursu. Per.

1995 PRAEFATIO: VD aeterne deus. Qui sanctorum apud te gloriam permanentem fidelium facis deuotione clarescere, praesta quaesumus ut beatorum martyrum tuorum illorum obsequentibus sibi beneficia dignanter impendant. Per Christum.

/f. 215v 1996 AD COMPLENDVM: / Tuere nos domine quaesumus tua sancta sumentes, et ab omni propitius iniquitate defende. <Per.>

LXXXV
MISSA PRO PESTE ANIMALIVM

1997 Deus qui laboribus hominum etiam de mutis animalibus solacia subrogasti, supplices te rogamus ut sine quibus non alitur humana conditio nostris facias usibus non perire. Per.

1998 ALIA: Deus qui humanae fragilitati necessaria prouidisti, misericors adminicula iumentorum quaesumus eadem miseris consolando non subtrahas, et quorum nostris meritis saeuit interitus, tua nobis parcendo clementia cessare iubeas uetustatem. Per.

389

1999 SECRETA: Sacrificiis domine placatus oblatis, opem tuam nostris temporibus clementer inpende. Per.

2000 PRAEFATIO: VD aeterne deus. Qui ideo malis praesentibus nos flagellas ut ad bona futura perducas, ideo bonis temporalibus consolaris, ut sempiternis efficias certiores, quo te et in prosperis et in aduersis pia semper confessione laudemus. Cum angelis et archangelis.

2001 AD COMPLENDVM: Benedictionem tuam domine populus fidelis accipiat, qua corpore saluatus ac mente, et congruam tibi exhibeat seruitutem, et propitiationis tuae beneficia semper inueniat. Per.

2002 ALIA: Auerte domine quaesumus a fidelibus tuis cunctos miseratus errores, et saeuientium morborum depelle perniciem, ut quos merito flagellas deuios, foueas tua miseratione correctos. Per dominum nostrum.

LXXXVI
MISSA PRO INRELIGIOSIS
/f. 216r **2003** / Deus qui fidelium deuotione laetaris, populum tuum quaesumus sanctis tuis facesse deuotum, ut qui ab eorum officio impia prauitate mentis abscedunt, per tuam conuersi gratiam a diaboli quibus capti tenentur laqueis resipiscant. Per.

2004 ALIA: Deus qui infideles deseris et iuste indeuotis irasceris, populum tuum quaesumus conuerte propitius, ut qui te per duritiam ireligiose mentis semper offendunt, ad sanctorum beneficia promerenda, tuae miserationis gratia inspirante conuertas. Per.

2005 SECRETA: Cor populi tui quaesumus domine conuerte propitius, ut ab his muneribus non recedant, quibus maiestatem tuam magnificare deposcimus. Per.

2006 <PRAEFATIO:> VD aeterne deus. Magno etenim domine reatu constringimur, si ad sincerum tui nominis cultum, nec castigationibus corrigimur, nec beneficiis incitamur. Ideo praecamur adtentius, ut quibus miserationes tuas largiris

390

ingratis, infundas etiam deuotionis affectum quo efficiantur et grati. Per Christum.

2007 AD COMPLENDVM: Da nobis quaesumus domine ambire quae recta sunt, et uitare quae noxia, ut sancta quae capiamus, non ad iudicium nobis, sed potius proficiant ad medelam. Per dominum.

2008 SVPER POPVLVM: Adesto domine supplicationibus nostris, et nihil de sua conscientia praesumentibus ineffabili miseratione succurre, ut quod non habet fiducia meritorum, tua conferat largitas inuicta donorum. Per.

LXXXVII
MISSA CONTRA IVDICES MALE AGENTES

/f. 216v **2009** / Ecclesiae tuae domine preces placatus admitte, ut destructis aduersitatibus uniuersis, secura tibi seruiat libertate. Per.

2010 ALIA: Presta domine quaesumus ut toto[54] tibi corde subiecti, tu mentium uoluptatum respuamus afflatus. Per dominum.

2011 SVPER OBLATA: Protege nos domine quaesumus tuis mysteriis seruientes, ut diuinis rebus et corpore famulemur et mente. Per.

2012 ALIA: Hostias domine quaesumus quas immolamus placatus assume et nostri expiatione peccati, et pro acceleratione caelestis auxilii. Per.

2013 <PRAEFATIO:> VD aeterne deus. Qui profutura tuis et facienda prouides, et facta dispensas, mirisque modis ecclesiae tuae gubernacula moderaris, ut et execretur aduersis, et prosperis subleuetur. Ne uel inpugnatione succumbat, uel securitate torpescat, sed subdita tibi semper affectu, nec in tribulatione supplicare deficiat, nec inter gaudia tibi gratias referre desistat, qui a te sine cessatione praecantibus nec aduersa praeualent, nec prospera negabuntur. Per Christum.

---

[54] MS *to* for *toto*.

2014 AD COMPLENDVM: Quaesumus domine deus noster ut quos diuina tribuis participatione gaudere, humanis non sinas subiacere periculis. Per.

2015 ALIA: Da plebi tuae domine pie semper deuotionis affectum, ut quae praua sunt respuens sancta conuersatione firmetur, et a peccatis libera nullis aduersitatibus atteratur. Per.

2016 SVPER POPVLVM: Presta quaesumus domine ut ecclesia tua prompta tibi uoluntate deseruiat / quia propensius audiri poterit et defendi, cum eam tibi digni praestiteris famulari. Per.

/f. 217r

LXXXVIII
MISSA CONTRA OBLOQVENTES

2017 Praesta quaesumus domine ut mentium reproborum non recusemus obloquium, sed eadem prauitate calcata exoramus, ut nec terreri nos lacerationibus patiaris iniustis, nec captiosis adolationibus implicari, sed potius amare quae praecipis. Per.

2018 ALIA: Conspirantes domine contra tuae plenitudinis firmamentum, dexterae tuae uirtute prosterne, ut iustitia non dominetur iniquitas, sed subdatur semper falsitas ueritati. Per.

2019 ITEM ALIA: Da quaesumus omnipotens deus sic nos tuam gratiam promereri ut nostros corrigamus excessus, sic fatentibus relaxare delictum, ut coherceamus in suis prauitatibus obstinatos. Per.

2020 SVPER OBLATA: Oblatio domine tuis aspectibus immolanda, quaesumus ut et nos ab omnibus uitiis potenter absoluat, et a cunctis defendat inimicis. Per.

2021 <PRAEFATIO:> VD <aeterne deus.> Per quem maiestatem tuam suppliciter exoramus, ut ab ecclesia tua quicquid est noxium tu repellas, et quod eidem salutare est largiaris. Nosque contra superbos spiritu humilitatem tribuas rationabilem custodire, cum gratiam tuam clementer impendis, nec humanis incertis consiliis derelinquas, sed tua quae falli non potest gubernatione disponas. Per Christum.

2022 AD COMPLENDVM: Praesta domine quaesumus ut per haec sancta quae sumpsimus, dissimulatis lacerationibus reproborum, eadem te gubernante quae recta sunt / cautius exsequamur. Per.

/f. 217v

LXXXVIIII
MISSA IN CONTENTIONE

2023 Omnipotens sempiterne deus qui superbis resistis, et gratiam praestas humilibus, tribue quaesumus ut non indignationem tuam prouocemus elati, sed propitiationis tuae capiamus dona subiecti. Per.

2024 ALIA: Concede nobis misericors deus taedia peruersa deponere, et sanctam semper amare iustitiam. Per.

2025 SVPER OBLATA: Ab omni reatu nos domine sancta quae tractamus absoluant, et eadem muniant a totius prauitatis incursu. Per.

2026 PRAEFATIO: VD <aeterne deus>. Per quem maiestatem tuam suppliciter depraecamur, ut nos ab operibus iniquis dignanter expedias, et nec propriorum feriri patiaris excessu nec alienis impietatibus praebere consensum, sed mores nostros ea moderatione conponas, ut tam in nobis quam in aliis quae sunt iusta seruemus. Per Christum.

2027 AD COMPLENDVM: Quos refecisti domine caelesti mysterio, propriis et alienis quaesumus propitiatus absolue delictis, ut diuino munere purificatis tibi mentibus perfruamur. Per dominum nostrum Iesum Christum.

2028 ALIA: Praesta quaesumus omnipotens deus, ut semper rationabilia meditantes, quae tibi sunt placita, et dictis exsequamur et factis. Per.

XC
ORATIO IN TEMPORE BELLI

2029 Omnipotens et misericors deus a bellorum nos quaesumus turbine fac quietos, quia bona nobis cuncta praestabis, si pacem dederis et mentis et corporis. Per dominum nostrum.

2030 ALIA: Omnipotens deus Romani seu Francorum nominis
/f. 218r   inimicos uirtute quaesumus tuae / conprime maiestatis, ut
populus tuus et fidei integritate laetetur, et temporum tranquillitate semper exultet. Per.

2031 AD MISSAS: Deus regnorum omnium regumque omnium
dominator, qui nos et percutiendo sanas[55] et ignoscendo conseruas, praetende nobis misericordiam tuam, ut tranquillitate
pacis tua potestate firmata, ad remedia correctionis utamur.
Per.

2032 ALIA: Deus cuius regnum est omnium saeculorum, supplicationes nostras clementer exaudi, et christianorum regnum
tibi subditum protege, ut in tua uirtute confidentes, et tibi
placeant, et super omnia regna praecellant. Per.

2033 ALIA: Deus qui conteris bella et inpugnatores in te sperantium potentia tuae defensionis expugnas, auxiliare imploran-
tibus misericordiam tuam, ut omni gentium feritate conpressa,
indefessa te gratiarum actione laudemus. Per.

2034 SVPER OBLATA: Sacrificium domine quod immolamus
intende, ut ab omni nos exuat bellorum nequitia, et in tuae
protectionis securitate constituat. Per.

2035 <PRAEFATIO:> VD aeterne deus. Te toto corde prostrati
suppliciter exorantes, ut praeteritorum nobis concedas ueniam
delictorum, et ab omni mortalitatis incursu continua nos
miseratione protegas. Quia tunc defensionem tuam non
difidimus adfuturam, cum a nobis ea quibus te offendimus
dignanter expuleris. Per Christum.

2036 AD COMPLENDVM: Sacrosancti corporis et sanguinis
/f. 218v   domini nostri Iesu Christi refectione uegetati / supplices
te rogamus omnipotens deus, ut hoc remedio singulari ab
omnium peccatorum nos contagione purifices, et a pericu-
lorum munias incursione cunctorum. Per.

---

[55] Originally *nas*, changed interlinearly by **B** into *sanas*.

XCI
ITEM ALIA MISSA

2037 Hostium nostrorum quaesumus domine elide superbiam, et dexterae tuae uirtute prosterne. Per.

2038 SVPER OBLATA: Huius domine quaesumus uirtute mysterii, et a nostris mundemur occultis, et ab inimicorum liberemur insidiis. Per.

2039 <PRAEFATIO:> VD aeterne deus. Qui subiectas tibi glorificas potestates, suscipe quaesumus propitius praeces nostras, et uires adde principibus nostris, ut qui se dextera tua expetunt protegi, nulla possint aduersitate superari. Fidelem quoque populum tuum potentiae tuae muniat inuicta defensio, ut pio semper tibi deuotus affectu, et ab infestis liberetur inimicis, et in tua iugiter gratia perseueret. Per Christum.

2040 AD COMPLENDVM: Viuificet nos quaesumus domine participatio tui sancta mysterii, et pariter nobis expiationem tribuat et munimen. Per.

XCII
ITEM ALIA MISSA

2041 Deus qui prouidentia tua caelestia simul et terrena moderaris, propitiare christianorum rebus et regibus, ut omnis hostium fortitudo te pro nobis pugnante frangatur. Per.

2042 ALIA: Deus seruientium tibi fortitudo regnorum propitius christianorum adesto semper principibus, ut quorum tibi subiecta est humilitas, eorum ubique excellentior sit potestas. Per.

2043 SVPER OBLATA: / Propitiare domine precibus et hostiis famulorum tuorum, et propter nomen tuum christiani nominis defende rectores, ut salus seruientium tibi principum, pax tuorum possit esse populorum. Per.

2044 <PRAEFATIO:> VD aeterne deus. Sub cuius potestatis arbitrio omnium regnorum continetur potestas, te humiliter deprecamur, ut principibus nostris propitius adesse digneris. Vt qui tua expetunt se protectione defendi, omnibus sint hostibus fortiores. Per Christum.

395

2045 AD COMPLENDVM: Protege domine famulos tuos subsidiis pacis et corporis, et spiritalibus enutriens eos alimentis, a cunctis hostibus redde securos. Per dominum nostrum Iesum Christum.

2046 ALIA: Protector noster aspice deus, et ab hostium nos defende periculis, ut[56] omni perturbatione submota, liberis tibi mentibus seruiamus. Per.

XCIII
MISSA CONTRA PAGANOS

2047 Ecclesiam tuam quaesumus domine proprio sanguine filii tui redemptam iugibus[57] defende praesidiis, ne insecutione uallata paganorum tibi omni tempore non[58] famuletur. Per.

2048 SECRETA: Haec hostia domine quam[59] pro infidelium telis offerimus tibi sint accepta,[60] ut per hoc quod deuote poscimus, consequi mereamur. Per.

2049 <PRAEFATIO:> VD aeterne deus. Agnoscimus enim deus noster agnoscimus, sicut prophetica dudum testatus est ad peccantium merita pertinere, ut seruorum labore quaesita sub conspectibus nostris manibus diripiantur alienis. Et quae desudantibus famulis / tuis nasci tribuis, ab hostibus patiaris adsumi. Per Christum.

/f. 219v

2050 AD COMPLENDVM: Haec perceptio sacri corporis et sanguinis omnipotens deus populum tuum christianae fidei subditum protegat, et a gentibus quae ignorant deum defendat. Per.

XCIIII
MISSA PRO PACE

2051 Deus a quo sancta desideria recta consilia et iusta sunt opera, da seruis tuis illam quam mundus dare non potest pacem, ut et corda nostra mandatis tuis dedita, et hostium sublata formidine, tempora sint tua protectione tranquilla. Per.

---

[56] Originally *et*, changed by a later hand into *ut*.
[57] Originally *iugis*, changed interlinearly by **B** into *iugibus*.
[58] *non* interlinear addition by **B**.
[59] Originally *quae*, changed by a later hand into *quam*.
[60] Originally *acceptae*, changed by a later hand into *accepta*.

2052 SECRETA: Deus qui credentes in te populos nullis sinis concuti terroribus dignare praeces et hostias dicatae tibi plebis
suscipere, ut pax tua pietate concessa, christianorum fines ab
omni hoste faciat esse securos. Per dominum nostrum.

2053 AD COMPLENDVM: Deus auctor pacis et amator, quem
nosse uiuere cui seruire regnare est, protege ab omnibus
inpugnationibus supplices tuos, ut qui in defensione tua
confidimus, nullius hostilitatis arma timeamus. Per.

2054 ALIA: Deus qui misericordiae tuae potenti auxilio, et prospera
tribuis et aduersa depellis, uniuersa obstacula quae seruis tuis
aduersantur expugna, ut remoto terrore bellorum, et libertas
secura et religio sit quieta. Per.

XCV
MISSA PRO CARITATE

2055 Deus qui diligentibus te facis cuncta prodesse, da cordibus
nostris inuiolabilem caritatis affectum, ut desideria de tua
inspiratione concepta, nulla possint temptatione mutari. Per.

2056 ALIA: Omnipotens sempiterne deus qui iustitiam tuae legis in
cordibus credentium digito / tuo scribis, da nobis fidei, spei, et
caritatis augmentum, et ut mereamur adsequi quod promittis,
fac nos amare quod praecipis. Per.

/f. 220r

2057 SECRETA: Deus qui nos ad imaginem tuam sacramentis
renouas et praeceptis, perfice gressus nostros in semitis tuis, ut
caritatis donum quod fecisti sperari a nobis, per haec quae
offerimus facias sacrificium adprehendi. Per.

2058 <PRAEFATIO:> VD aeterne deus. Qui fideles tuos mutus
faciens lege concordens, pacem tuam tali foedere nexuisti, ut
nec alteri quisque moliretur infligere quod sibi nollet inferri,
et bona quae suis utilitatibus tribui cupiret ad consortem
naturae. Haec idem ipse quoque praestaret, quatenus dum
per alter utrum pietate se reperiunt communes, in singulis
fieret semetipsam diligens, essetque mens una cunctorum. Per
Christum.

2059 AD COMPLENDVM: Spiritum in nobis domine tuae caritatis infunde, ut quos uno caelesti pane satiasti, una facias pietate concordes. Per.

2060 SVPER POPVLVM: Confirma domine quaesumus tuorum corda fidelium, et gratiae tuae uirtute corrobora, ut et in tua sint supplicatione deuoti, et mutua dilectione sinceri. Per.

XCVI
MISSA PRO AGAPEM FACIENTIBVS

2061 Deus qui post baptismi sacramentum secundum oblationem peccatorum elemosinis indidisti, respice propitius super famulum tuum illum cuius operis tibi gratiae referuntur, fac eum praemio beatum, quem fecisti pietate deuotum. Per.

2062 ALIA: Deus qui homini ad imaginem facto etiam spiritalem /f. 220v alimoniam / praeparasti, concede filio nostro famulo tuo illo qui in pauperes tuos tua seminat dona, ut uberes metat suorum operum fructus, et largitatis hodiernae conpensatio isti perpetua conferatur, recipiatque pro paruis magna, pro terrenis caelestia, pro temporalibus sempiterna. Per.

2063 SECRETA: Deus qui tuorum corda fidelium per aelemosinam dixisti posse mundari, praesta quaesumus huius consorti sacramenti, ut ad conscientiae suae fructum non grauari studeant sed iuuari. Per.

2064 PRAEFATIO: VD aeterne deus. Deuotis omnipotentiam tuam mentibus obsecrantes, ne sensus nostri bonorum colore fallantur, et ne sub inanes opinationis effectus, actionis salutiferae perdamus officium pietatis. Vt nos sub imagine consolendi percellamus afflictos, nec opem sanationis de infirmorum lesione quaeramus. Absit per speciem pietatis haec exhercenda[61] crudelitas, ne doleamur uitare quod iniquum est, sed intelligentes sublatam nobis peccati materiam potius gaudeamus. Per Christum.

2065 INFRA ACTIONEM: Hanc igitur oblationem famuli tui illius quam tibi offert de iustis elemosinis quas in pauperes tuos

---

[61] The *h* is added interlinearly.

operatur placatus suscipias depraecamur, pro quam maiestati tuae supplices fundimus praeces, ut adicias ei tempora uitae, ut per multa curricula annorum laetus tibi in pauperes tuos haec operetur / atque annua tibi uota persoluat. Per.

/f. 221r

2066 AD COMPLENDVM: Omnipotens sempiterne deus respice propitius super hunc famulum tuum illum qui in pauperes tuos operatur uirtute custodi, potestate tuearis, ut per multa curricula annorum laetus tibi in pauperes tuos haec operetur. Per.

XCVII
MISSA PRO ITER AGENTIBVS

2067 Adesto domine supplicationibus nostris et uiam famuli tui illius in salutis tuae prosperitate dispone, ut inter omnes uiae et uitae huius uarietates, tuo semper protegatur auxilio. Per.

2068 ALIA: Deus qui diligentibus te misericordiam tuam semper impendis, et a seruientibus tibi nulla es regione longinquus, dirige uiam famuli tui illius in uoluntate tua, ut te protectore, te praeduce per iustitiae semitas sine offensione gradiatur. Per.

2069 ITEM ALIA: Exaudi domine preces nostras, et iter famuli tui illius propitius comitare, atque misericordiam tuam sicut ubique es ita ubique largire, quatenus ab omnibus aduersitatibus tua opitulante defensus, iustorum desideriorum potiatur effectibus. Per.

2070 SVPER OBLATA: Propitiare domine supplicationibus nostris, et has oblationes quas tibi offerimus pro famulo tuo illo benignus adsume, ut uiam illius et praecedente gratia tua dirigas, et subsequente comitare digneris, ut de actu atque incolomitate eius secundum misericordiae tuae praesidia gaudeamus. Per.

2071 PRAEFATIO: VD aeterne deus. A quo deuiare mori, coram quo ambulare uiuere est. / Qui fideles tuos in tua uia deducis, et miseratione gratissima in ueritatem inducis. Qui Abrahae Isaac et Iacob in praesentis uiae et uitae curriculo custos, dux et comes esse uoluisti, et famulo tuo Thobi angelum praeuium praestitisti. Cuius inmensam misericordiam humillimis precibus

'f. 221v

imploramus, ut iter famuli tui illius cum suis in prosperitate dirigere,[62] eumque inter uiae et uitae huius uarietates custodire digneris. Quatenus angelorum tuorum praesidio fultus, intercessione quoque sanctorum munitus, a cunctis aduersitatibus tua miseratione defensus, profectionis et reuersionis suae felicitate potitus, et compos reddatur iustorum uotorum, et de suorum laetetur remissione peccatorum. Per Christum.

2072 INFRA ACTIONEM: Hanc igitur oblationem domine famuli tui illius quam tibi offert ob desiderium animae suae commendans tibi deo iter suum placatus suscipias depraecamur, cui tu domine angelum pacis mittere digneris, angelum tuum sanctum sicut misisti famulo tuo Thobiae Raphaelem archangelum pacis, qui eum saluum atque incolomem perducat usque ad loca destinata, iterato tempore oportuno, omnibus rite per actis, reduci eum facias in tua sancta ecclesia, et laetus tibi et nomini tuo gratias referat. Diesque nostros.

2073 ITEM INFRA ACTIONEM: Hanc igitur oblationem domine quam tibi offero pro incolomitate famuli tui illius, et omnium suorum placatus accipias, pro quo maiestati tuae supplices fundimus praeces, ut angelum pacis illi adhaerere praecipias, / cuius suffultus auxilio incolomis iter agens, ad propria ualeat remeare. Diesque nostros.

/f. 222r

2074 AD COMPLENDVM: Tua domine famulum tuum illum omnesque cum eo[63] in te sperantes, quae sumpsimus sacramenta custodiant, et contra omnes aduersitatum tueantur incursus. Per.

2075 ALIA: Deus infinitae misericordiae et maiestatis inmensae, quem nec spatia locorum, nec interualla temporum ab his quos tueris abiungunt, adesto famulis tuis illis et illis in te ubique fidentibus et per omnem quam ituri sunt uiam dux eis et comes esse dignare, nihil illis aduersitatis noceat, nihil difficultatis obsistat, cuncta eis salubria cuncta sint prospera, et sub ope dexterae tuae quicquid iusto expetierint desiderio, celeri consequantur effectu. Per.

---

[62] MS *dirigirere* for *dirigere*.
[63] *famulum tuum . . . eo* is changed interlinearly by **B** into *famulos tuos . . . eis.*

XCVIII
ORATIO PRO REDEVNTIBVS DE ITINERE

2076 Omnipotens sempiterne deus nostrorum temporum uitaeque dispositor, famulo tuo illo, continuae tranquillitatis largire subsidium, ut quem incolomem propriis laboribus reddidisti, tua facias protectione securum. Per.

XCVIIII
IN ADVENTV FRATRVM SVPERVENIENTIVM

2077 Deus humilium uisitator qui nos fraterna dilectione consolaris, praetende societati nostrae gratiam tuam, ut per eos in quibus habitas, tuum in nobis sentiamus aduentum. Per.

C
MISSA PRO NAVIGANTIBVS

/f. 222v **2078** Deus qui transtulisti patres nostros per mare rubrum, et transuexisti / per aquam nimiam, laudem tui nominis decantantes supplices deprecamur, ut hac in naui famulos tuos repulsis aduersitatibus portu semper optabili cursuque tranquillo tuearis. Per.

2079 SECRETA: Suscipe quaesumus domine praeces famulorum tuorum cum oblationibus hostiarum, et tua mysteria celebrantes ab omnibus defende periculis. Per.

2080 PRAEFATIO: VD aeterne deus. Cuius prouidentia cuncta quae per uerbum tuum creata sunt gubernantur, dedisti enim in mari uiam et inter fluctus semitam. Ostendens quoniam potens es ex omnibus liberare, etiam si sinceritate quis aquas sedeat, sed ut non essent uacua sapientiae tuae opera, ligno hoc exiguo credunt homines animas saluare, quas tua domine gubernat sapientia. Nam omnes qui tibi placuerunt ab initio, per tuam sunt sapientiam liberati, quae per contemptibilem ligni gustum gubernans, conseruauit sine quaerela. Quaesumus itaque domine ut famulos tuos per hoc nauigationis lignum custodiat, qui pro salute mundi pependit in ligno, ut liberatoremque suum dignis mereatur preconiis laudare. Per Christum.

2081 AD COMPLENDVM: Sanctificati diuino mysterio maiestatem tuam domine suppliciter deprecamur et petimus, ut quos donis facis caelestibus interesse, per lignum sanctae crucis, et a peccatis abstrahas, et periculis cunctis miseratus eripias. Per.

CI
MISSA IN DOMO NOVA

2082 Protector in te sperantium deus et subditarum tibi mentium /f. 223r / habitantibus in hac domo famuli tui[64] propitius adesse dignare, ueniat super eos speratae a te benedictionis ubertas, ut pietatis tuae repleti muneribus, in tua gratia et in tuo nomine laeti semper exultent. Per.

2083 SECRETA: Suscipe domine quaesumus praeces et hostias famulorum tuorum, et muro custodiae tuae hanc domum circumda, ut omni aduersitate depulsa, sit hoc semper domicilium incolomitatis et pacis. Per.

2084 <INFRA ACTIONEM:> Hanc igitur oblationem domine famuli tui illius quam tibi offert pro uotis et desideriis suis, atque pro incolomitate domus suae placatus suscipias depraecamur, pro quo in hac habitatione auxilium tuae maiestatis deposco, ut mittere digneris sanctum angelum tuum ad custodiendos omnes in hac habitatione consistentes. Per.

2085 AD COMPLENDVM: Omnipotens sempiterne deus insere te officiis nostris, et in hac manentibus domo prasentiae tuae concede custodiam, ut familiae tuae defensor ac totius habitaculi huius habitator appareas. Per.

CII
MISSA AD FRVGES NOVOS

2086 Te domine sancte pater omnipotens aeterne deus supplices depraecamur, ut misericordiam tuam iugiter nobis concedas sufficienter messium copias, et fructuum[65] omnium largiter tribuas, uinearum quoque substantiam habundantem, arborum foetus, prouentus omnium rerum, atque ab his omnibus pestiferum sidus tempestatis uniuersas procellas et grandines amouere digneris.

---

[64] *famului tui* is changed interlinearly by **B** into *famulis tuis*.
[65] Ms *fructu* changed interlinearly into *fructuum*.

/f. 223v **2087** SECRETA: / Misericordiam pietatis tuae supplices depraecamur omnipotens sempiterne deus, ut oblationes populi tui quas tibi de suis primitiis offerunt, benignus suscipere digneris, tribue eis domine in hoc saeculo habundantiam tricini, uini et olei, in futuro autem uitam aeternam. Per.

2088 AD COMPLENDVM: Misericordiae tuae domine in nos dona multiplica, ut qui primitiarum pascimur sacramentis, a tua numquam laude cessamus. Per.

CIII
MISSA PRO REGIBVS

2089 Deus regnorum omnium, et christiani maxime protector imperii, da seruis tuis regibus nostris illis triumphum uirtutis tuae scienter excolere, ut qui tua constitutione sunt principes, tuo semper munere sint potentes. Per.

2090 ALIA: Deus in cuius manu sunt corda regnum, inclina ad praeces humilitatis nostrae aures misericordiae tuae, ut principibus nostris illis regimen tuae appone sapientiae, ut haustis de tuo fonte consiliis, et tibi placeant, et super omnia regna praecellant. Per

2091 Suscipe domine praeces et hostias ecclesiae tuae pro salute famuli tui illius supplicantis, et in protectione fidelium populorum antiqua brachii tui operare miracula, ut superatis pacis inimicis, secura tibi seruiat christiana libertas. Per.

2092 INFRA ACTIONEM: Hanc igitur oblationem famuli tui illius quam tibi ministerio officii sacerdotalis offerimus, pro eo quod in ipso potestatem conferre dignatus es propitius et benignus
'f. 225r adsume, et[66] / exoratus nostra obsecratione concede, ut maiestatis tuae protectione confidens, et aeuo augeatur et regno. Per.

---

[66] f. 224 is a small fly-leaf, written later than the sacramentary itself, and inserted between f. 223 and f. 225. It contains two prayers, each written by a different hand:
24* Deus qui hodiernam diem beatorum martyrym tuorum Gereonis, Victoris, Cassii, atque Florentii, sociorumque eorum tuis fidelibus uenerabilem praebuisti, sicut eos propriis meritis exigentibus per triumphum martyrii, ad superna caelorum transtulisti, ita et nobis quaesumus praemia largiaris aeterna. Per.

(contd)

2093 AD COMPLENDVM: Deus qui ad praedicandum aeterni regis euangelium Romanum imperium praeparasti, praetende famulis tuis principibus nostris arma caelestia, ut pax ecclesiarum nulla turbetur tempestate bellorum. Per.

CIIII
MISSA COTIDIANA PRO REGE

2094 Pretende quaesumus omnipotens deus, ut famulum tuum Zuuentebolchus[67] qui[68] a tua miseratione suscepit regni gubernacula, a te percipiat uirtutum omnium incrementa, ut in eo prudentia principaliter regnet, fortitudo quod prudentia inuenerit fortiter agat, iustitia fortia acta exornet, temperantia iustitiam nemo dum excedat temperet, quatenus hinc uiam regiam tenens uitiorum monstra quae illam hinc inde circumstant deuitare ualeat, et ad te qui uia ueritas et uita es gloriosus adueniat. Per.

2095 SECRETA: Munera domine quaesumus oblata sanctifica, ut et nobis unigeniti tui corpus et sanguis fiant, et N regi ad obtinendam animae corporisque salutem, et peragendum iniunctum officium, te largiente usque quaque proficiant. Per.

25* SECRETA: Munera haec tuae maiestati oblata quaesumus, per intercessionem martyrum tuorum Gereonis, Victoris, Cassii, atque Florentii, a peccatorum nostrorum maculis expurgent. Per.

26* POST COMPLENDVM: Caelestium munerum libamine satiati quaesumus domine, quatinus haec nos dona beatorum tuorum Gereonis, Victoris, Cassii, atque Florentii, sociorumque eorum, depraecatione sanctificent et ad perfectum tuae perennitatis brauium, tuo medicinali ducatu perducant.

/ [f. 224v] MISSA PRO REGE CANENDA

27* Quesumus omnipotens deus, ut famulis tuis imperator noster, qui in tua miseratione suscepit regni gubernacula, uirtutum etiam omnium percipiat incrementa, quibus decenter ornatus, et uitiorum monstra deuitare, et hostes superare, et ad te qui uia ueritas et uita es gratiosus ualeat peruenire. Per dominum.

28* SECRETA: Munera domine oblata sanctifica, et ut nobis unigeniti tui corpus et sanguis fiant, et illi regi nostro ad obtinendam animae corporisque salutem, et ad peragendum iniunctum officium te largiente usque quaque proficiant. Per dominum nostrum.

29* AD COMPLENDVM: Haec domine oratio salutaris famulum tuum imperatorem nostrum ab omnibus tueatur aduersis, quatinus et aeclesias tice pacis obtineat tranquillitatem, et post istius temporis decursum, ad aeternam peruenit hereditatem. Per dominum nostrum.

67 Zwentibold king of Lotharingia between 895 and 900.

68 *qui* is changed unnecessarily by **B** into *quia*.

2096 PRAEFATIO: VD aeterne deus. Qui es fons inmarcescibilis lucis et origo perpetuae bonitatis, regum consecrator, honorum omnium adtributor, dignitatumque largitor. Cuius ineffabilem clementiam / uotis omnibus exoramus, ut famulum tuum quem regalis dignitatis fastigio uoluisti sublimari, sapientiae ceterarumque uirtutum ornamentis facias decorari. Et quia tui est muneris quod regnat, tuae sit pietatis quod id feliciter agat. Quatenus in fundamento spei, fidei, caritatisque fundatus, peccatorum labe abstersus, de uisibilibus et inuisibilibus hostibus triumphator effectus, subiecti populi augmento prosperitate et securitate exhilaratus, cum eis mutua dilectione conexus, et transitorii regni gubernacula inculpabiliter teneat, et ad aeterni infinita gaudia te miserante perueniat. Per Christum.

/f. 225v

2097 AD COMPLENDVM: Haec domine salutaris sacramenti perceptio peccatorum nostrorum maculas diluat, et N regem ad regendum secundum tuam uoluntatem populum idoneum reddat, ut hoc salutari mysterio contra uisibiles et inuisibiles hostes reddatur inuictus, per quod mundus est diuina dispensatione redemptus. Per.

CV

ORATIONES AD MISSAS TEMPORE SYNODI PRO
REGE DICENDA

2098 Omnipotens sempiterne deus qui famulum tuum Zuuentibolchum regni fastigio dignatus es sublimare, fac eum humilitatis, iustitiae, caeterarumque uirtutum bonorum exuberare, et ita clerici religionem, praelatorum moderationem, subditorum / subleuationem, cunctorum in commune salutem in praesenti collecta multitudine disponat, ut a tuae ueritatis tramite non recedat. Per.

/f. 226r

2099 ITEM ALIA ORATIO: Deus auctor omnium iustorum, bonorum dator, cunctarum dignitatum et piorum gratissimus conseruator imperiorum, respice super famulum tuum N et populum ei ad regendum concessum, presta ut quibus tuo dono imperat, eos tua opitulatione a uisibilibus et inuisibilibus hostibus defendat. Per.

405

2100 ITEM ALIA ORATIO: Omnipotens sempiterne deus caelestium terrestriumque moderator, qui famulum tuum N ad regni
fastigium dignatus es prouehere, concede ei ut subditorum
profectu potius quam suo delectetur prouectu, quatenus mutua
cum eis quibus praelatus est caritatis dulcedine flagrans,
cunctis quibus[69] tibi placeat operibus exuberans, ab aduersitatibus omnibus eruatur, et ecclesiasticae pacis dono
muniatur, et ad aeterna pacis gaudia peruenire mereatur. Per.

2101 ITEM ALIA: Deus qui scis genus humanum nulla sua uirtute
posse subsistere, sed sicut creatum est tua gratuita bonitate,
ita gubernari tua clementissima pietate, concede propitius ut
famulus tuus N quem populo tuo uoluisti praeferri iubeas amoris
tui et iustitiae inmarcescibili indumento uestiri, sicque eum
/f. 226v facias congregatae multitudinis diuersorum negotiorum / onera
portare, ut tuo fultus adiutorio, quibus potuit praeesse ualeat et
prodesse. Per.

CVI
ITEM ALIA ORATIO AD MISSAM

2102 Deus qui miro ordine uniuersa disponis, concede propitius
ut subdita plebs Zuuentibolcho praelato principi, et illae tibi
ea mentis intentione pareant, quo a tuis monitis numquam
recedant, quatenus et in praesenti conuentu, et in huius saeculi
cursu haec pia deliberatione peragenda decernat, unde tibi in
perpetuo placeant. Per.

2103 SVPER OBLATA: Concede omnipotens his salutaribus
sacrificiis placatus, ut famulus tuus N ad peragendum regalis
dignitatis officium inueniatur semper idoneus, ut domini
corporis hostia salutaris, quae mundo salutiferam contulit
libertatem, illi tribuat in aduersarios gratissimam facultatem.
Per.

2104 PRAEFATIO: VD aeterne deus. Qui es fons uitae, origo
luminis, et auctor totius bonitatis, et maiestatem tuam totis
nisibus implorare, ut famulo tuo N cui concessisti regendi
populi curam, tribuas id secundum tuam uoluntatem exsequendi efficatiam. Et quibus tuo dono imperat, eis tua

---

[69] MS *qui*, changed interlinearly by **B** into *quibus*.

opitulatione fultus salubriter prosit. Vt pariter ab omnibus uitae periculis exuti, et uirtutum spiritalium ornamentis induti, spei, fidei, caritatisque gemmis ornati, et mundi cursus pacifico eis tuo munere dirigatur, et in sanctis operibus te auxilium / perseuerent, beatorum spirituum coheredes effici mereantur. Per Christum.

/f. 227r

2105 <ALIA:> VD aeterne deus. Tuamque inmensam clementiam deuotis mentibus, et inmensis precibus implorare. Vt qui diuersitatem gentium unius sacrae fidei confessione paraclyti spiritus dona uoluisti congregare, congregatam cleri ac populi multitudinem una cum praelato principe iubeas conseruare. Idque te opitulante in hoc conuentu deliberent, quod nequaquam a tua uoluntate discordet. Quatenus tuis monitis parentes, aduersitatibus omnibus carentes, bonis omnibus exuberantes, et in presenti saeculo pacis tranquillitate fruantur, et aeternorum ciuium consortio adipisci mereantur. Per Christum.

2106 AD COMPLENDVM: Haec domine oratio salutaris N regem collecto clero uel populo ab omnibus tueatur aduersis, et capescendis omnibus dignum efficiat prosperis, quo ita una cum principe collecti populi conuentus diuinam expleat uoluntatem, ecclesiasticaeque pacis obtineat tranquillitatem, ut post istius[70] temporibus decursum, ad aeternam perueniant quam ille promisit hereditatem. Per.

CVII
MISSA PRO ABBATE

2107 Quaesumus domine N[71] abbatem dextera sancta tua regat semper et protegat, concede propitius ut ea quae recta sunt te inspirante uerbo et exemplo gregem sibi creditum[72] feliciter instruat, et pariter ad felicitatem perueniant sempiternam. Per.

/f. 227v **2108** / ALIA: Concede quaesumus domine famulo tuo N abbati, ut praedicando et exercendo quae recta sunt, et[73] te inspirante

---

[70] MS *u* for *ut*; *istius* is changed interlinearly into *huius*.
[71] *N* interlinear addition by **A** or **B**.
[72] Originally *creditam*, changed by a later hand into *creditum*.
[73] *et* interlinear addition by **B**.

exemplo bonorum animos suorum instruat subditorum, aeternae remunerationis mercedem a te piissimo pastore percipiat. Per.

2109 SVPER OBLATA: Oblatis quaesumus domine muneribus suscipe propitius, et famulum tuum N cum grege sibi credito ad uitam uenire concede perpetuam. Per.

2110 ALIA: Munera nostra quaesumus domine suscipe placatus, et famuli tuum N abbatem, semper et ubique misericorditer protege. Per.

2111 AD COMPLENDVM: Diuina nos quaesumus domine purificent sacramenta, et famulum tuum N abbatem cum subditis tuis misericorditer protegant. Per.

2112 ALIA: Haec nos domine communio purget a crimine, et famulum tuum N abbatem benigna pietate conseruet. Per.

CVIII
ORATIO IN MONASTERIO MONACHORVM

2113 Deus qui renuntiantibus a saeculo mansionem paras in caelo, dilata sanctae huius congregationis temporale habitaculum caelestibus bonis, ut fraternae teneantur conpagine caritatis, unanimes continentiae praecepta custodiant, sobrii, simplices, et quieti, gratis sibi datam gratiam fuisse cognoscant, concordet illorum uita cum nomine, professio sentiatur in honore. Per.

2114 ITEM ALIA: Suscipe domine preces nostras, et muro custodiae tuae hoc sanctum ouile circumda, ut omni aduersitate depulsa, sit hoc / semper domicilium incolomitatis et pacis. Per.

/f. 228r

2115 AD MISSAM: Deus qui nos a saeculi uanitate conuersos ad supernae uocationis amorem accendis, pectoribus nostris purificandis inlabere, et gratiam nobis qua in te perseueremus infunde, ut protectionis tuae muniti praesidio, quod te donante promisimus impleamus, ut nostrae professionis exsecutores effecti, ad ea quae perseuerantibus in te dignatus es promittere pertingamus. Per.

2116 SECRETA: Tibi domine deus noster nostrae deuotionis hostias immolamus, hoc orantes pariter et praecantes, ut nos sacrificium tuum mortificatione uitae carnalis effectus in odorem suauitatis accipias, ac moribus quibus professioni nostrae congruamur instituas, ut quos sanctae conpunctionis ardore ab hominum caeterorum proposito segregasti, etiam a conuersatione carnali ab inmunditia ac tuum terrenorum infusa nobis caelitus sanctitate discernas. Per.

2117 AD COMPLENDVM: Purificent nos domine sacramenta quae sumpsimus, ut famulos tuos N et N ab omni culpa liberos esse concede, ut qui conscientiae reati constringimur, de caelestis remedii plenitudine gloriemur. Per.

CVIIII
MISSA PRO CONGREGATIONE

2118 Defende quaesumus domine deus beato Petro Apostolo tuo intercedente istam ab omni aduersitate congregationem, ut tibi / toto corde prostratam ab hostium propitius tuearis clementer insidiis. Per.

f. 228v

2119 SECRETA: Suscipe quaesumus omnipotens deus nostrae oblationem deuotionis, et per uirtutem huius sacramenti tuae maiestatis, famulos congregationis istius a cunctis protege aduersitatibus. Per.

2120 AD COMPLENDVM: Copiosa protectionis tuae beneficia quaesumus domine deus congregatio ista consequatur, ut quae sacris tibi liminibus deuota consistit, intercessione beati Petri apostoli tui, atque omnium sanctorum tuorum, et uitae praesentis subsidio gratuletur, et gratiam aeternae benedictionis inueniat. Per.

CX
MISSA PRO ABBATE VEL CONGREGATIONE

2121 Omnipotens sempiterne deus qui facis mirabilia magna solus praetende super famulum tuum N abbatem, uel super[74]

---

[74] *famulum tuum N abbatem, uel super* is changed interlinearly by **B** into *famulum uel famulos tuum uel tuos N antistitem et abbatem, uel nostrum.*

cunctas congregationes [. . .]⁷⁵ illi⁷⁶ commissas spiritum gratiae salutaris, et ut in ueritate tibi conplaceant, perpetuum eis rorem tuae benedictionis infunde. Per.

2122 ALIA: Familias huius coenobii quaesumus domine intercedente beato Vuillibrordo et omnibus sanctis perpetuo guberna moderamine, ut adsit eis et insecuritate cautela, et inter aspera fortitudo. Per.

2123 SECRETA: Hostias domine famulorum tuorum N placatus impende et quas in honorem nominis tuis deuota mente pro eis celebramus, proficere sibi sentiant ad medellam. Per.

2124 AD COMPLENDVM: Quos caelesti recreas munere, perpetuo domine comitare praesidio, et quos fouere non desinis, dignos fieri sempiterna redemptione concede. Per.

/f. 229r **2125** / ALIA: Suscipe domine praeces nostras, et muro custodiae tuae hoc ouile circumda, ut omnia aduersitate depulsa, sit semper domicilium incolomitatis et pacis. Per.

CXI
MISSA VOTIVA

2126 Exaudi quaesumus omnipotens deus praeces nostras quas in conspectu pietatis tuae effundere praesumimus suppliciter depraecantes, ut famulum tuum N in tua [. . .]⁷⁷ misericordia confidentem benedicas, et omnia eius peccata dimitas, tuaque eum protectione conserua, ut possit tibi dignus fieri, et ad aeternam beatitudinem ualeat peruenire. Per.

2127 SVPER OBLATA: Suscipe clementissime pater hostias placationis et laudis quas ego indignus peccator famulus tuus tibi offere praesumo ad honorem et gloriam nominis tui, et pro incolomitate famuli tui N, ut omnium delictorum suorum ueniam consequi mereatur. Per dominum nostrum.

2128 PRAEFATIO: VD aeterne deus. Qui es iustorum uia et misericordia peccatorum, pietatem tuam humili praece deposcimus,

---

⁷⁵ Several words are deleted here, and are completely invisible.
⁷⁶ *illi* changed interlinearly by **B** into *illis*.
⁷⁷ A word or two are deleted, and are completely invisible.

ut famulum tuum N benignus respicias, et pietatis tuae custodiam impendas, ut ex toto corde et ex tota mente tibi deseruiat, et sub tua semper protectione consistat. Vt quando ei extrema dies uenerit, societatem sanctorum percipiat, cum quibus in enarrabilem gloriam sine fine possideat. Per Christum.

2129 AD COMPLENDVM: Da quaesumus omnipotens deus famulo tuo N remissionem omnium / peccatorum, et praesta ut tuo semper munere gubernetur, et ad gaudia aeternae redemptionis te ducente peruenire mereatur. Per.

f. 229v

CXII
ALIA MISSA

2130 Adesto domine supplicationibus nostris, et hanc famuli tui N oblationem benignus assume, ut qui auxilium tuae miserationis implorat, et sanctificationis gratiam percipiat, et quod pie praecatur obtineat. Per.

2131 SECRETA: Grata sit tibi domine haec oblatio famuli tui N quam tibi offerimus in honorem beati martyris tui N, quaesumus ut ei proficiat ad salutem. Per.

2132 PRAEFATIO: VD aeterne deus. Cuius omnipotentia deprecanda est, misericordia exoranda, pietas amplectenda. Cuius maiestatem humili prece deposcimus, ut famulo tuo illo intercedente sancto tuo illo remissionem peccatorum tribuas, eisque uiam in uoluntate tua dirigas, eumque a cunctis malis eripias. Quatenus a cunctis aduersitatibus liberatus, in tuis bonis confirmatus, et ad bonorum desideriorum uota perueniat, et quae iuste postulat te largiente percipiat. Per.

2133 AD COMPLENDVM: Famulum tuum N quaesumus domine corpore pariter et mente purifica, ut tua inspiratione con- punctus, noxias delectationes uitare praeualeat. Per.

CXIII
ITEM ALIA MISSA

2134 Omnipotens sempiterne deus miserere famolo tuo N et dirige eum secundum tuam clementiam in uiam salutis aeterne, ut te donante tibi placita cupiat, et tota uirtute percipiat.[78] Per.

/f. 230r **2135** SVPER OBLATA: / Proficiat quaesumus domine haec oblatio quam tuae supplices offerimus maiestati ad salutem famuli tui N, ut tua prouidentia eius uita inter aduersa et prospera ubique dirigatur. Per.

2136 PRAEFATIO: VD aeterne deus. Qui omnium hominum corda solus agnoscis, cui cuncta manifestantur occulta, qui non spernis peccatores ac negligentes, cor contritum et humiliatum ad te reuerentis suscipe. Tuam inenarrabilem pietatem suppliciter exoro, ut auertas faciem tuam a peccatis famuli tui N et uniuersa peccata illius obliuiscaris, et omnes iniquitates eius deleas, et quem prioris conscientiae reatus accusas, benignitatis tuae patientia faciat promereri ueniam. Per Christum.

2137 AD COMPLENDVM: Sumentes domine perpetuae sacramenta salutis tuam deprecamur clementiam, ut famulum tuum N per ea ab omni aduersitate protegas. Per.

2138 ALIA: Famulum tuum N quaesumus domine tua semper protectione custodi, ut libera tibi mente deseruiat, et te protegente a malis omnibus sit securus. Per.

CXIII<I>
ITEM ALIA MISSA

2139 Conserua domine famulum tuum N et tuo nomini fac deuotum, ut diuinis subiectus officiis, et temporalia uiriliter, et aeterna dona percipiat. Per.

2140 SVPER OBLATA: Intende quaesumus domine hostias famuli
/f. 230v tui N, et quem sacris muneribus / facis esse participem, tribuas ad eius plenitudinem peruenire. Per.

---

[78] *percipiat* is changed by a later hand into *perficiat.*

412

2141 <PRAEFATIO:> VD aeterne deus. Implorantes tuae maiestatis misericordiam, ut famulo tuo N ueniam suorum largiri digneris peccatorum. Vt ab omnibus inimici uinculis liberatus, tuis toto corde inhaereat mandatis. Et te solum semper tota uirtute diligat, et ad tuae quandoque beatitudinis uisionem peruenire mereatur. Per Christum.

2142 AD COMPLENDVM: Rege quaesumus domine famulum tuum N et gratiae tuae in eo dona multiplica, ut ab omnibus liber offensis, et temporalibus non destituatur[79] auxiliis, et sempiternis gaudeat institutis. Per.

2143 ALIA: Purificent nos domine quaesumus sacramenta quae sumpsimus, et famulum tuum N reatu uel culpa absolutum esse concedas, ut qui peccatis exigentibus conscientiae delictis constringitur, de caelestis remedii plenitudine glorietur. Per.

CXV

ITEM ALIA MISSA

2144 Deus qui iustificas impium et non uis mortem peccatorum maiestatem tuam suppliciter deprecamur, ut famulum tuum N in tua misericordia confidentem, caelesti protegas benignus auxilio, et assidua protectione conseruas, ut tibi iugiter famuletur, et nullis temptationibus a te separetur. Per dominum.

2145 SVPER OBLATA: Huius domine quaesumus uirtute mysterii, et a propriis nos munda delictis, et famulum tuum N ab omnibus absolue peccatis. Per.

2146 <PRAEFATIO:> VD aeterne deus. Et pietatem tuam supplici deuotione exposcere, / ut haec oblatio quam tibi pro famulo tuo N offerimus, sit in oculis tuis semper accepta. Et sicut sanctos tuos fides recta prouexit ad coronam, ita eum deuotio perducat ad ueniam. Qualiter hac oblatione placatus, a cunctis eum emundes sordibus delictorum, et dites fructu operum tuorum. Per Christum.

f. 231r

2147 ITEM PRAEFATIO: VD per Christum dominum nostrum. Qui hominem in principio ad suam creauit imaginem, quem

---

[79] MS *destiatur*, for *destituatur*.

413

postea perditum propria redemit passione. Per quem spem uitae aeternae recepimus, per quem remissionem peccatorum consequimur. Per ipsum redemptorem et dominum nostrum te suppliciter depraecamur, ut famulo tuo N pro quo hostias immolamus, sicut dignatus ei fuisti in te fidem credulitatis largire. Tribue ei rectum cor, ut te amet sicut patrem, et timeat ut dominum, et mandata tua in integrum custodiat. Et si adhuc in eo iuxta humanam fragilitatem uitia aliqua manent, tu qui pius es et inmunditias nostras solus agnoscis, iube eum de malo in bonum, et de bono in melius transmigrare. Et talem eum domine iube praeparare, ut dignus sit in perpetuo in sanctorum choro adstare, ut te semper laudet cum angelis et archangelis, cum thronis et dominationibus. <Per Christum.>

2148 AD COMPLENDVM: Purificent nos domine quaesumus
/f. 231v sacramenta quae sumpsimus, et famulum / tuum N ab omni culpa liberum esse concede, ut quia conscientiae reatu constringitur, caelestis remedii plenitudine glorietur. Per.

CXVI
ITEM MISSA VOTIVA DE SANCTORVM

2149 Omnipotens sempiterne deus cui redditur uotum in Hierusalem per merita et intercessionem sancti illius confessoris siue martyris tui, exaudi praeces famuli tui, memor esto sacrificii eius, pingue fiat holocaustum eius, tribue ei quaesumus diuitias gratiae tuae, comple in bonis desiderium eius, corona eum in miseratione et misericordia, tibique domine pia deuotione iugiter famuletur, ignosce ei facinora et ne lugenda committat, paterna eum pietate castiga. Per.

2150 SECRETA: Exaudi omnipotens deus depraecationem nostram pro famulo tuo N qui in honore sancti ac beatissimi N confessoris tui oblationem offert, ut per eius merita uota perficias, petitiones eius ascendant ad aures clemetiae tuae, et descendat super eum pia benedictio tua, ut sub umbra alarum tuarum protegatur, et orationes nostrae te propitiante non reputentur, sed omnibus auxiliare atque defendere. Per.

2151 PRAEFATIO: VD aeterne deus. Cuius potentia depraecanda est, misericordia adoranda, pietas amplectenda, opera magnificanda. Quis enim disputare potest opus omnipotentiae tuae,

sed nos in quantum possumus miseri territi quidem / de conscientia, sed fisi de tua misericordia clementiam tuam suppliciter depraecamur, ut famulo tuo N intercedente sancto tuo
illo per cuius commemorationem ueniam postulet, ut ad uota
desideriorum suorum perueniat. Presta omnipotens deus supplicanti indulgentiam, postulanti ueniam, poscenti uota pin-
guesce. Per Christum.

2152 AD COMPLENDVM: Muneris diuini percepti quaesumus
domine ut deuotione famuli tui N confirmes in bono, et mittas
ei auxilium de sancto, et de Sion tuere eum. Per.

CXVII
MISSA PRO AMICO VIVENTE

2153 Omnipotens sempiterne deus misericordiam tuam placatus
impende famulo tuo N ut qui te contempnendo culpam
incurrit, confitendo ueniam consequatur. Per.

2154 SVPER OBLATA: Hostias tibi domine deferimus supplicantes
pro famulo tuo N ut indulgentiam nobis pariter conferant et
salutem. Per.

2155 INFRA ACTIONEM: Hanc igitur oblationem quam tibi
offerimus pro famulo tuo N, ut omnium peccatorum suorum
ueniam consequi mereatur, quaesumus domine placatus
accipias, et miserationis tuae largitate concedas, ut fiat ei
adueniam delictorum et actuum emendationem, ut et hic ualeat
bene uiuere, et ad aeternam beatitudinem feliciter peruenire.
Per.

2156 AD COMPLENDVM: Caelesti quaesumus domine protectione circumda famulum tuum N, ut te parcente sit liber, te
custodiente a malis omnibus sit securus. Per.

CXVIII
ITEM ALIA MISSA

2157 / Deus pater omnipotens qui es uerus sanctus, et sanctorum
omnium protector, tibi pio domine deuotis mentibus hostias
laudis offerimus, suppliciterque te famulo tuo N depraecamus,
ut ei indulgentiam tribuas omnium delictorum suorum, et ne

iterum ad uoluptatem peccandi redeat, propitius eum custodire digneris. Per.

2158 SECRETA: Oblationes angustiae domine pro peccatis famuli tui N oblatas accipe, quia de te confidimus ueram prophetam dixisse, immola deo sacrificium laudis, et redde altissimo uota tua, inuoca me in die tribulationis et eruam te. Per.

2159 AD COMPLENDVM: Precamus te domine ut intercedentibus sanctis tuis pro famulo tuo N indulgentiam meis tribuas peccatorum, opus eius in bonum perficias, misericordiam et gratiam tuam ei concedas, fide caritate spe eum repleas, mentem eius ad caelestia desideria erigas, ab omni aduersitate eum defendas, et ad bonam perseuerantiam perducas. Per.

CXVIIII
ITEM ALIA MISSA *PRO FAMILIARIBVS* [80]

2160 Deus qui caritatis dona per gratiam sancti spiritus tuorum cordibus fidelium infudisti, da famulis tuis de quibus tuam depraecamur clementiam salutem mentis et corporis, ut te tota uirtute diligant, et quae tibi placita sunt, tota dilectione perficiant. Per.

2161 SVPER OBLATA: Miserere quaesumus domine deus famulis tuis, pro quibus hoc sacrificium laudis tuae offerimus maiestati, ut per haec sancta supernae / beatitudinis gratiam obtineant, et gloriam aeternae beatitudinis adquirant. Per dominum nostrum Iesum Christum filium tuum.

/f. 233r

2162 PRAEFATIO: VD et iustum est. Clementiam tuam pronis mentibus obsecrantes, ut famulos tuos quos sanctae dilectionis nobis familiaritate coniunxisti, tibi facias toto corde subiectos. Vt tuae caritatis spiritu repleti, a terrenis mundentur cupiditatibus, et caelesti beatitudine te donante digni efficiantur. Per Christum.

2163 INFRA ACTIONEM: Hanc igitur oblationem quam tibi pro peccatis atque offensionibus nostris, et omnium quorum

---

[80] *PRO FAMILIARIBVS* is a later addition, probably by **B**.

agimus memoriam offerimus, ut cunctorum delictorum remissionem consequi mereamur, quaesumus domine.

2164 AD COMPLENDVM: Diuina libantes mysteria quaesumus domine ut haec salutaria sacramenta illis proficiant ad prosperitatem et pacem, pro quorum dilectione, haec tuae obtulimus maiestati. Per.

2165 ALIA: Deus qui supplicum tuorum uota per caritatis officia suscipere dignaris, da famulis tuis illius et illius in tua proficere dilectione, et in tua laetari protectione, ut tibi secura mente deseruiant, et in tua pace semper adsistere mereantur. Per.

CXX
MISSA PRO INIMICIS

2166 Deus pacis caritatisque amator et custos, da omnibus inimicis nostris pacem caritatemque ueram, cunctorumque eis remissione tribue peccatorum, nosque ab eorum insidiis potenter eripe. Per.

2167 SECRETA: Oblatis quaesumus domine placare muneribus et /f. 233v nos ab inimicis nostris / clementer eripe, eisque indulgentiam tribue delictorum. Per.

2168 <PRAEFATIO:> VD per Christum dominum nostrum. Qui pro redemptione ac salute humani generis cruci adfixus, pro suis orauit inimicis dicens, Pater dimitte illis non enim sciunt quid faciunt. Ipse nostrorum absoluat delictorum pondera, nosque ipsos diligere, ac pro persequentibus et calumniantibus nobis faciat indesinenter exorare, quia ipse inimicos diligere pro persequentibus et calumniantibus uoluit, et iussit pias preces emittere, nos quaesumus domine sancte pater omnipotens a cunctis eripe inimicis, eisque ueniam tribue delictorum, et ad pacis caritatisque concordiam clementer reuoca, per ipsum qui caritatis causa de caelis descendit ad terras, ut nos qui inimici eramus reconciliaret, et esset pax nostra. Iesus Christus filius tuus dominus noster, quem laudant angeli.

2169 AD COMPLENDVM: Haec nos communio domine exuat a delictis, et ab inimicorum defendat insidiis. Per.

417

2170 SVPER POPVLVM: Deus qui famulos tuos Moysen, Samuel, et Stephano protomartyri uirtutem patientiae dedisti, ut pro suorum delictis inimicorum equanimiter exorarent, da nobis quaesumus omnium meritis sanctorum, ut inimicos nostros uera dilectionis amore diligamus, eorumque pro excessibus tota mentis / intentione preces assiduas in conspectu maiestatis tuae fundamus. Per.

/f. 234r

CXXI
MISSA PRO CONFITENTEM PECCATA SVA

2171 Omnipotens sempiterne deus confitenti tibi famulo tuo N pro tua pietate peccata relaxa, ut non plus ei noceat conscientiae reatus ad poenam, quam indulgentia[81] tuae pietatis[82] ad ueniam.

2172 SVPER OBLATA: Praesta quaesumus omnipotens et misericors deus, ut haec oblatio salutaris famulum tuum N et propriis reatibus indesinenter expediat, et ab omnibus tueatur aduersis. Per.

2173 PRAEFATIO: VD aeterne deus. Maiestatem tuam suppliciter depraecantes, ut famulum tuum N ab omnibus peccatis clementer eripias, et a cunctis protegas benignus inimicis. Per Christum.

2174 AD COMPLENDVM: Omnipotens et misericors deus qui omnem animam et paenitentem et confitentem magis uis emendare quam perdere, respice propitius super hunc famulum tuum N et per haec sacramenta quae sumpsimus auerte ab eo iram indignationis tuae, et dimitte ei omnia peccata sua. Per.

CXXII
MISSA PRO PECCATIS

2175 Exaudi quaesumus domine supplicum praeces, et confitentium tibi parce peccatis, ut pariter nobis indulgentiam tribuas benignus et pacem. Per.

2176 SVPER OBLATA: Hostias tibi domine placationis offerimus, ut et delicta nostra miseratus absoluas, et nutantia corda tu dirigas. Per.

---

[81] MS *indulgentiae*, changed by a later hand into *indulgentia*.
[82] *prosit* is added interlinearly by **B** after *pietatis*.

2177 INFRA ACTIONEM: Hanc igitur oblationem domine quam
/f. 234v tibi offerimus pro peccatis atque / offensionibus nostris,
ut omnium delictorum nostrorum remissionem consequi
mereamur, quaesumus domine ut placatus.

2178 AD COMPLENDVM: Praesta nobis aeternae saluator, ut percipientes hoc munere ueniam peccatorum, deinceps peccata
uitemus. Per.

2179 ALIA: Deus cui proprium est misereri semper et parcere,
suscipe depraecationem nostram, et quos delictorum catena
constringit, miseratio tuae pietatis absoluat. Per.

CXXIII
ITEM MISSAS SPECIALIS VBI SVPRA

2180 Exultatio diuina, paterna pietas inmensa maiestas[83] supplices
timentesque deprecamur pro famulo tuo N, ut des ei domine
mentem puram, caritatem perfectam, in actibus sinceritatem,
in corde puritatem, in opere uirtutem, in moribus disciplinam,
et quod pro iustitiae timorem integra mente uel deuotione pro
ipso tibi offerimus, pietatis tuae obtinenda dona cognoscat.
Per.

2181 SVPER OBLATA: Te oramus omnipotens deus depraecationes
nostrae ante conspectu maiestatis tuae specialiter quam pro
famulo tuo N in honorem nominis tui oblationem pro peccatis
eius offerimus, uota perficias, petitiones eius ascendant ad
aures clementiae tuae, et descendat super eum pia benedictio
tua, ut sub umbra alarum tuarum in omnibus protegatur a
conspectu pietatis tuae, sed in omnibus eum auxiliare atque
defendere digneris. Per.

/f. 235r **2182** AD COMPLENDVM: / Indulgentiam domine petentibus
nobis pro famulo tuo N, da indulgentiam poscenti, ut secura
mente tibi domino deo nostro uictimam pro ipso offerre
ualeamus, et pro delictis suis ueniam obtineat sanitatis, per te
pater sancte muneris gratiam consecutus, ad salutem gratiae
aeternae possit cum tuo adiutorio peruenire. Per.

---

[83] Originally *maiesta*, changed interlinearly by **B** into *maiestas*.

CXXIIII
MISSA PRO HIS QVI NOBIS SVA PECCATA CONFESSI SVNT

2183 Omnipotens sempiterne deus clementiam tuam humiliter supplicamus, pro famulis et famulabus tuis qui nobis confessi sunt sua peccata, ut digneris illis[84] indulgere, et uitam perpetuam tribuere. Per.

2184 SECRETA: Praesta quaesumus omnipotens deus ut suscipere digneris sacrificium pro famulis et famulabus tuis pro quibus te[85] depraecamur, ut mereantur habere indulgentiam perpetuam. Per.

2185 PRAEFATIO: VD aeterne deus. Qui fecisti caelum et terram, et dixisti nolo mortem peccatoris sed ut conuertatur et uiuat, uiuifica famulos et famulas tuas qui nobis confessi sunt sua peccata, et tribue eis uitam aeternam. Per Christum dominum nostrum.

2186 AD COMPLENDVM: Da quaesumus clementissime pater indulgentiam perpetuam famulis et famulabus tuis qui nobis confessi sunt sua peccata, et concede eis ut in praeceptis tuis perseuerent. Per.

CXXV
FERIA I, MISSA PRO SALVTE VIVORVM

2187 Praetende domine fidelibus tuis, omnibus episcopis, abbatibus, /f. 235v / canonicis, monachis, monachas, siue regibus, et gubernatoribus, atque consanguineis nostris, et his qui se in nostris commendauerunt orationibus, et suas[86] nobis largiti sunt elemosynas, siue pro his qui nobis confessi sunt sua peccata, seu etiam caeteris fidelibus utriusque sexus dexteram caelestis auxilii, ut te toto corde perquirant, et quae digne postulant consequi mereantur. Per.

2188 SVPER OBLATA: Propitiare supplicationibus nostris, et has oblationes quas tibi offerimus, pro incolomitate omnium

---

[84] *illis* interlinear addition by **B**.
[85] Originally *tibi*, deleted and changed interlinearly into *te* by **A**.
[86] Originally *suis*, changed by a later hand into *suas*.

episcoporum, abbatum, canonicum, monachorum, monacharum, siue regum et gubernatorum, atque consanguineorum nostrorum, et eorum qui se in nostris commendauerunt orationibus, et suas nobis largiti sunt elemosynas, siue eorum qui nobis confessi sunt sua peccata, seu omnium fidelium benignus assume, et nullius sit irritum uotum, nullius uacua postulatio, praesta quaesumus ut quod fideliter petimus, efficiaciter consequamur. Per.

2189 PRAEFATIO: VD aeterne deus. Propitiare supplicationibus nostris, et miserere fidelibus famulis et famulabus tuis N et N, ut cunctis eorum sceleribus amputatis, ita sint domine tuae miserationis defensione protecti, ut in obseruantia mandatorum tuorum mereantur esse perfecti. Quatenus et in hac /f. 236r uita uniuersis facinoribus careant, et ad conspectum / gloriae tuae quandoque sine confusione perueniant. Per Christum.

2190 INFRA ACTIONEM: Hanc igitur oblationem famulorum famularumque tuarum N quam tibi offerimus ob deuotionem mentis eorum, pius ac propitius clementi uultu suscipias, tibi supplicantes libens protege, dignanter exaudi, et aeterna eos protectione conserua, ut semper in tua religione laetantes, instanter in sanctae trinitatis confessione et fide catholica perseuerent. Diesque.

2191 AD COMPLENDVM: Da famulis et famulabus tuis N et N quaesumus domine in tua fide et sinceritate constantiam, ut in caritate diuina firmati, nullis temptationibus ab eius integritate uellantur. Per.

CXXVI
ALIA MISSA

2192 Da famulis et famulabus tuis N et N quaesumus domine indulgentiam peccatorum, consolationem uitae, gubernationemque perpetuam, ut tibi fideliter seruientes, ad tuam misericordiam iugiter peruenire mereantur. Per.

2193 ALIA: Fac quaesumus domine famulos tuos illos toto semper ad te corde concurrere, tibi subdita mente seruire, tuam misericordiam suppliciter exorare, et tuis iugiter beneficiis gratulari. Per.

2194 SVPER OBLATA: Munera quaesumus pro famulis et famulabus tuis N et N redemptionem oculis tuae maiestatis offerimus, quaesumus domine ut placatus accipias, et ad perpetuum eis tribue prouenire salutem. Per.

/f. 236v **2195** PRAEFATIO: / VD per Christum. Qui dum confessores tuos tanta pietate glorificas, ut nullum apud te sanctum propositum doceas esse sine praemio. Quanto magis duriora certamina sustinentes, ad tuae quoque retributionis munus inuitas. Et ideo cum.

2196 AD COMPLENDVM: Praeces nostras quaesumus domine placatus intende, quibus tibi humiliter supplicamus pro famulis et famulabus tuis N et N ut facias[87] digneris illis indulgere, et ad aeternam beatitudinem feliciter peruenire. Per.

CXXVII
MISSA TAM PRO VIVIS QVAM ET SOLVTIS DEBITVM MORTIS

2197 Maiestatem tuam clementissime pater suppliciter exoramus, et mente deuota postulamus, pro fratribus et sororibus, seu omnibus benefactoribus nostris, nec non qui nobis de propris criminibus uel facinoribus coram tua maiestate confessi fuerunt, atque qui se in nostris orationibus commendauerunt, tam uiuis quam et solutis debitum mortis, quorum confessiones uel elemosinas erogandas suscepimus, et quorum nomina ad memorandum conscripsimus, uel quorum nomina super sanctum altare tuum scripta adesse uidentur, concede propitius ut haec sacra oblatio mortuis prosit ad ueniam, et uiuis proficiat ad medelam, et fidelibus tuis pro quibus oblatio offertur, indulgentia tuae pietatis succurat. Per Christum.

2198 SECRETA: Praeces nostras quaesumus domine clementissime
/f. 237r deus benignus exaudi, et / supplicationem nostram efficaciter conple, suscipe propitius oblationem atque libamina super aram altaris tui positam pro fratribus ac sororibus nostris quae offerimus, seu et pro cunctis benefactoribus nostris, nec non[88]

---

[87] *facias* is added by **B** at the left margin with a corresponding sign after *ut*.
[88] *non* interlinear addition by **B**.

quorum confessionem accepimus, uel elimosynas erogandas accepimus, atque animas ad memorandum conscripsimus, uel quorum nomina super sanctam altare tuum adscripta esse uidentur, et fidelibus tuis pro quibus oblatio offertur, in cunctis proficiat ad salutem. Per.

2199 ALIA: Omnipotens sempiterne deus adesto propitius inuocationibus nostris, et hanc oblationem benignus assume quam tibi offerimus in honore et gloria nominis tui, et in commemoratione martyrum, confessorum et uirginum, seu pro peccatis atque offensionibus nostris, et pro pace regum, et requie defunctorum fidelium in Christo quiescentium, et pro his qui in nostris orationibus humiliter se commendauerunt, quaesumus domine cunctis proficiat ad salutem et per intercessionem omnium sanctorum, nostra quaesumus domine dele cyrographa peccatorum, et libera nos de manibus inimicorum nostrorum, ut adipisci mereamur gaudia sempiterna. Per.

2200 PRAEFATIO: VD aeterne deus. Fideles famulos et famulas tuas domine quaesumus corpora pariter et mente purifica, ut tua inspiratione conpuncti, noxias delectationes uitare praeualeant, atque animae famulorum famularumque tuarum /f. 237v omnium in Christo / quiescentium, in aeterna tabernacula perpetua suauitate pascantur. Per Christum dominum nostrum.

2201 AD COMPLENDVM: Quaesumus omnipotens deus uota humilium respice, atque ad defensionem nostram dexteram tuae maiestatis extende, atque animabus famulorum famularumque tuarum, tam uiuis quam et solutis debitum mortis, quorum confessiones uel elemosynas erogandas suscepimus, et quorum nomina ad memorandum conscripsimus, et quorum nomina super sanctum altare tuum adscripta esse uidentur, remissionem cunctorum tribue peccatorum, ut indulgentiam quam semper obtauerunt piis supplicationibus consequantur. Per.

CXXVII<I>
MISSA COMMVNIS VIVORVM ET MORTVORVM,
FERIA III

2202 Suscipe clementissime pater quaesumus has oblationes, quas ego peccator praesumo offerre in honorem domini nostri Iesu Christi, et in commemorationem beatae Mariae semper uirginis, omniumque caelestium uirtutum, patriarcharum, seu prophetarum, apostolorum, denique martyrum atque confessorum, uirginumque tuarum, pro pace et sanitate populorum tuorum et fructibus terrae, et stabilitate ecclesiae, et ordine sanctorum, et pro[89] sanitate regis et episcopi nostri, et abbatis nostri,[90] et pro me misero famulo tuo, et pro omnibus uiuentibus /f. 238r famulis ac famulabus tuis, atque defunctis fidelibus tuis / qui mihi propter nomen tuum domine bona fecerunt, et mihi in tuo nomine confessi fuerunt sua peccata, propitius esto nobis domine sancte pater omnipotens aeterne deus ante conspectum diuinae maiestatis tuae. Per dominum nostrum.

2203 SVPER OBLATA: Oblationes nostras quaesumus domine propitius intende, quas tibi offerimus in honorem domini nostri Iesu Christi, et in commemorationem beatae Mariae semper uirginis, omniumque caelestium uirtutum, patriarcharum, seu prophetarum, apostolorum, denique martyrum, atque confessorum, uirginumque tuarum, pro sanitate et prosperitate uitae nostrae, et incolomitate famulorum famularumque tuarum, quorum et quarum commemorationem agimus, et pro animabus omnium fidelium catholicorum orthodoxorum, quorum et nomina tu solus domine cognoscis, ut per sacrificii praesentis oblationem, ad refrigerium animarum suarum te miserante perueniant. Per.

2204 <PRAEFATIO:> VD aeterne deus. Qui cum unigenito filio tuo et spiritu sancto, unus es deus inmortalis. Deus incorruptibilis et inconpraehensibilis, deus inuisibilis et fidelis. Deus mirabilis et laudabilis, deus honorabilis et fortis. Deus altissimus et magnificus, deus unus et uerus. Deus sapiens et potens, deus sanctus /f. 238v et speciosus. Deus magnus et bonus, deus terribilis / et pacificus. Deus pulcher et rectus, deus purus et benignus. Deus beatus et

---

[89] *pro* interlinear addition by **B**.
[90] Originally *abbate nostro*, changed interlinearly by **B** into *abbatis nostri*.

iustus, deus pius et gloriosus. Non in unius singularitate personae, sed in unius trinitate substantiae. Te benedicimus, te
adoramus et laudamus. Cum angelis et archangelis.

2205 <INFRA ACTIONEM:> Hanc igitur oblationem quam tibi
offerimus domine in honorem domini nostri Iesu Christi,
et in commemorationem beatae Mariae semper uirginis, omniumque caelestium uirtutum, patriarcharum, seu
prophetarum, apostolorum, denique martyrum, atque confessorum, uirginumque tuarum, pro incolomitate nostra, et pro
famulis et famulabus tuis, quorum et quarum commemorationem agimus, et nomina super[91] sanctum altare tuum
adesse scripta uidentur, quaesumus domine ut placcatus
accipias, et tua pietate dignanter concedas, ut consecuti tuae
gratiae dignitatem, aeternae uitae percipiant portionem, et
peccatis nostris indulge. Diesque nostros.

2206 AD COMPLENDVM: Laeti domine sumpsimus sacramenta
caelestia, quae intercedente pro nobis beata et gloriosa semperque uirgine dei genetrice Maria, et omnibus caelestibus
uirtutibus patriarchis, prophetis, apostolis, martyribus, confessoribus, atque uirginibus tuis, ad uitam nobis proficiant sempiternam. Per.

2207 ALIA: Deus consolationis et pacis respice ad preces familiae
tuae, et da domine uirtutum, ut animae famulorum famularumque tuarum / qui de hac luce migrauerunt, et baptizati
ac confessi fuerunt, et in fide catholica perseuerauerunt, et de
suis rebus ecclesias dei ditauerunt, et de quorum quarumque
elemosynis sumus consolati, ut in sinibus Abrahae, Issac, et
Iacob, in illa sanctorum tuorum sede requiescant, moxque cum a
mortuis fuerint resuscitati, tibi placeant in regno uiuorum. Per.

/f. 239r

<CXXVIIII>
MISSA PRO SALVTE VIVORVM VEL IN AGENDA
MORTVORVM

2208 Sanctorum tuorum intercessionibus quaesumus domine
nos protege, et famulis et famulabus tuis, quorum

---

[91] *super*, a later correction with a thicker and darker pen. The word beneath is
completely invisible.

commemorationem agimus, et elemosinas recepimus, seu etiam
his qui nobis familiaritate iuncti sunt, misericordiam
tuam ubique praetende, ut ab omnibus inpugnationibus
defensi tua opitulatione saluentur, et animas famulorum
famularumque tuarum, omnium uidelicet fidelium catholicorum
orthodoxorum, quorum commemorationem agimus, et quorum
corpora in cimiterio huius monasterii requiescunt, uel quorum
nomina super[92] sanctum altare tuum scripta adesse uidentur,
electorum tuorum iungere digneris consortio. Per.

2209 SVPER OBLATA: Propitiare domine supplicationibus nostris,
et has oblationes quas pro incolomitate famulorum famularumque tuarum, omnium fidelium catholicorum orthodoxorum, quorum comme/morationem agimus, et quorum
corpora in hoc monasterio requiescunt, uel quorum nomina
super[93] sanctum altare tuum scripta adesse uidentur, nomini
tuo deferimus consecrandas benignus assume, ut sacrificii
praesentis oblatio, ad refrigerium animarum te miserante
perueniat. Per.

/f. 239v

2210 AD COMPLENDVM: Purificet nos quaesumus domine et
diuini sacramenti perceptio, et gloriosa omnium sanctorum
tuorum oratio, et animabus famulorum famularumque tuarum,
quorum commemorationem agimus, remissionem cunctorum
tribue peccatorum. Per.

CXXX
MISSA SANCTI AVGVSTINI QVAM CANERE SOLEBAT
PRO SALVTE VIVORVM SEV REQVIE DEFVNCTORVM
2211 Omnipotens sempiterne deus qui uiuorum dominaris simul
et mortuorum, omniumque misereris quos tuos fide et opere
futuros esse praenoscis, te supplices exoramus, ut pro quibus
effundere praeces decreuimus, quosque uel praesens ad huc
saeculum in carne retinet,[94] uel futurum iam exutos corpore

---

[92] *super* a later correction with a thicker and darker pen. The word beneath is completely invisible.
[93] *super* a later correction with a thicker and darker pen. The word beneath is completely invisible.
[94] *retinet* interlinear addition by **B**.

suscepit, pietatis tuae clementia delictorum suorum omnium ueniam, et gaudia consequi mereantur aeterna. Per.

2212 SECRETA: Deus cui soli cognitus est numerus electorum in superna felici [. . .]⁹⁵

/f. 240r

/ CXXXV

IN VENERATIONE IIII^or EVANGELISTARVM

2213 Beatorum euangelistarum, Iohannis uidelicet, Mathei, Marci, et Luce quaesumus domine supplicatione placatus, et ueniam nobis tribue, et remedia sempiterna concede. per.

2214 SVPER OBLATA: Suscipe domino munera quae in eorum tibi ueneratione deferimus, quorum nos confidimus patrociniis liberari. Per.

2215 PRAEFATIO: VD aeterne deus. Qui ecclesiam tuam sempiterna pietate non deferens, sed per beatorum euangelistarum doctrinam iugiter eam et erudis et protegis. Per Christum.

2216 AD COMPLENDVM: Sacramentis domine et gaudiis optatae caelebritati expletis, quaesumus ut eorum praecibus adiuuemur, quorum recordationibus exhibentur. Per.

2217 ALIA: Da quaesumus domine fidelibus populis sanctorum tuorum euangelistarum semper ueneratione laetari, et eorum perpetua supplicatione muniri. Per.

CXXXVI

IN VENERATIONEM PASTORVM ET DOCTORVM

2218 Omnipotens sempiterne deus qui nos pia deuotione spiritalium pastorum in hoc sacratissimum fidei ouile congregasti, da quaesumus ut cum eisdem pastoribus uitae aeternae gaudia consequamur. Per.

2219 ITEM: Deus qui uniuersum mundum sanctorum doctorum praedicatione docuisti, da nobis quaesumus ut quorum te dictis agnouimus, per eorum ad te exempla gradiamur. Per.

---

⁹⁵ Several folios, most probably three, are missing between f. 239 and f. 240.

2220 SECRETA: Munera domine quae pro nostra simul et patris nostri famuli tui N redemptione tuae maiestatis occulis offerimus placatus suscipe, et ad perpetuam nobis omnibus tribue prouenire salutem. Per.

2221 ALIA: Te depraecamur altissime ut uota quae reddimus tibi placita fieri / eorum praecibus pro quorum offeruntur honore concede. Per.

/f. 240v

2222 PRAEFATIO: VD <aeterne deus.> Qui non solum gloriosos martyrum tuorum triumphos perpetua uitae corona remuneras, sed etiam deuotos tuae sanctae familiae pastores super omnia caelestis regni bona constituis. De quorum collegio fidelis tui serui N praeconia recensentes, maiestatem tuam domine suppliciter conlaudamus. Per Christum.

2223 ITEM: VD <aeterne deus.> Qui ecclesiam tuam in sanctorum doctorum praedicatione constantem nulla sinis fallatia uiolari, qui nihil in uerae religionis munere censetur, quod eorum non conuenerit disciplinis. Per Christum.

2224 AD COMPLENDVM: Praesta domine quaesumus ut cuius memoriam sacramenti participatione recolimus, fidem quoque perficiendo sectemur. Per.

2225 ALIA: Sanctificati domine salutari mysterio, quaesumus ut pro nobis eorum non desit oratio, quorum nos doctrinis ad agnitionem filii tui donasti peruenire. Per eundem dominum nostrum.

CXXXVII
INCIPIT ORDO SIVE ORATIONES AD VISITANDVM
INFIRMVM

2226 CVM FRATRVM ALIQVIS GRAVITER INFIRMATVR, PRESBITERI CVM OMNIBVS FRATRIBVS INTRO-DVCANTVR, ET AQVA BENEDICTA CVM INCENSO DEFERATVR, MOX VERO VT INGRESSI FVERINT, A PRESBITERIS DICATVR: Pax huic domui.[96]

---

[96] *Pax huic domui* interlinear addition by **B**.

ET AQVA BENEDICTA ASPERGATVR CANENTIBVS
OMNIBVS ANTIPHONA: Benedic domine domum istam et
omnes habitantes in ea quia tu domine dixisti 'pax huic
domui' [Luke 10:5].

/f. 241r / Benedic domine timentes te pusillis cum maioribus,
benedicti uos a domino qui fecit caelum et terram [Ps. 113:21,
23].

ITEM ALIA: Asperges me domine [Ps. 50:9].

ET CANANTVR VII PAENITENTIALES PSALMI,
VIDELICET: Domine ne in ira tua I [Ps. 6], Beati quorum
[Ps. 31], Domine ne in ira tua II [Ps. 37], Miserere mei deus
[Ps. 50], Domine exaudi [Ps. 101], De profundis [Ps. 129],
Domine exaudi [Ps. 142].

HIS EXPLETIS DICAT SACERDOS ORATIONES HAS:

2227 EXAVDI NOS DOMINE SANCTE PATER OMNIPOTENS
SEMPITERNAE DEVS, ET MITTERE DIGnare sanctum
angelum tuum de caelis, qui custodiat, foueat, protegat, uisitet,
et defendat, omnes habitantes in hoc habitaculo. Per.

2228 ALIA: Deus qui beatum Petrum apostolum misisti ad
Thabitam famulam tuam, ut eius praecibus suscitaretur ad
uitam, exaudi nos quaesumus ut famulum tuum N quem in
/f. 241v nomine tuo uisitat nostra / fragilitas, exorata medicinae tuae
medela subueniat. Per.

2229 ALIA: Exaudi nos domine sancte pater omnipotens aeterne
deus, uisitationem tuam conferre dignare super hunc famulum
tuum, quem diuersa uexat infirmitas. Visita eum sicut uisitare
dignatus es socrum Petri, et puerum centurionis, et Tobiam et
Sarram, per angelum tuum sanctum Raphaelem, et ita eum
restituas ad pristinam sanitatem, ut mereatur in atrio domus
tuae dicere proprio ore, castigans castigauit me dominus, et
morti non tradidit me. Per.

2230 ALIA: Deus qui famulo tuo Ezechiae ter quinos annos ad
uitam donasti, ita et hunc famulum tuum N a lecto aegritudinis
tua potentia erigat ad salutem. Per dominum nostrum Iesum
Christum.

2231 ALIA: Respice domine famulum tuum N in infirmitate sui corporis laborantem, et animam refoue quam creasti, ut castigationibus emendata, continuo se sentiat tua medicina esse saluatum. Per.

2232 ALIA: Deus qui facturae tuae pio semper dominaris affectu, inclina aurem tuam supplicationibus nostris, et famulum tuum N ex aduersa ualitudine corporis laborantem placatus respice, et uisita in salutario tuo, ac caelestis gratiae praesta medicinam. Per.

2233 ALIA: Deus qui humano generi et salutis remedium, et uitae aeternae munera contulisti, conserua famulo tuo tuarum[97] dona uirtutum, et concede ut medellam tuam non solum in corpore, sed etiam in anima sentiat. Per.

/f. 242r

2234 ALIA: Virtutum caelestium deus, qui ab humanis corporibus omnem / languorem, et omnem infirmitatem precepti tui potestate depellis, adesto propitius huic famulo tuo N ut fugatis infirmitatibus, et uiribus receptis, nomen sanctum tuum instaurata protinus sanitate benedicat. Per.

2235 ALIA: Domine sancte pater omnipotens aeterne deus qui fragilitatem conditionis nostrae infusa uirtutis tuae dignatione confirmas, ut salutaribus remediis pietatis tuae corpora nostra et membra uegetentur, super hunc famulum tuum N propitiatus intende, ut omni necessitate corporeae infirmitatis exclusa, gratia in eo pristinae sanitatis perfecta reparetur. Per.

CXXXVIIII[98]
SEQVITVR ORATIO

2236 Domine deus qui per apostolum tuum pronuntiasti dicens, infirmatur quis in uobis, inducat presbiteros ecclesiae et orent super eum, unguentes eum de oleo sancto in nomine patris, et oratio fidei saluabit infirmum, et alleuabit eum dominus, et si in peccatis sit dimittetur ei. Per.

---

[97] Originally *tuorum*, changed by a later hand into *tuarum*.
[98] The scribe jumps from CXXXVII to CXXXVIIII.

2237 ALIA: Cura quaesumus domine redemptor noster gratia spiritus sancti languores istius infirmi, et sua sana uulnera, eiusque dimitte peccata, atque dolores cunctos cordis et corporis expelle, plenamque ei interius exteriusque sanitatem misericorditer redde, ut ope misericordiae tuae restitutus et sanatus, ad pietatis tuae reparetur officia. Per.

2238 ALIA: Oremus dominum nostrum Iesum Christum, et cum omni supplicatione rogamus, ut hunc famulum suum nomine illum per angelum suum uiuificare, laetificare, et confortare dignetur. Per eundem dominum.

/f. 242v

2239 ALIA: Domine deus saluator noster qui es uera salus et medicina, et a quo omnis sanitas et medicamentum uenit, quique nos apostoli documento instruis / ut languentes olei liquore orantes tangeremus, respice propitius super hunc famulum tuum N et quem languor[99] curuat ad exitum, et uirium defectus trahit ad occasum, medela tuae gratiae restituat in salutem. Sana quoque quaesumus omnium medicator eius febrium et cunctorum languorum cruciatus, aegritudinemque dolorum omnium solue tormenta, uiscerumque ac cordium interna medicare, medullarum quoque et cogitationum sana discrimina, ulcerarum ualitudinumque putredines euacua, conscientiarum atque plagarum obducito cicatrices ueteres, inmensasque remoue passiones, carnis ac sanguinis materiem reforma, delictorumque cunctorum ueniam tribue, sicque illum tua pietas iugiter custodiat, ut nec ad correptionem aliquando sanitas, nec ad perditionem nunc te auxiliante perducat infirmitas, sed fiat illi haec olei sacra perunctio morbi et languoris[100] praesentis expulsio, atque peccatorum omnium optata remissio. Per.

CXL

2240 TVNC FACIAT SACERDOS CRVCEM IN FRONTE EIVS DE OLEO SANCTO ET DICET: In nomine patris et filii et spiritus sancti, et in remissionem omnium tuorum peccatorum, unguo frontem tuum de oleo sancto, ut sit tibi hanc unctio olei sanctificationis ad purificationem mentis et corporis, ut non

[99] The *u* is added interlinearly.
[100] The *u* is added interlinearly.

/f. 243r lateat in te spiritus inmundus, neque in membris, neque in medullis, neque in ulla conpagione membrorum, sed in te habitet / uirtus Christi altissimi et spiritus sancti.

SEQVITVR ANTIPHONA: Sana me domine quoniam conturbata sunt omnia ossa mea et anima mea turbata est ualde, sed tu domine conuertere et eripe animam meam saluum me fac propter misericordiam tuam [Ps. 6:3–5].

CVM PSALMIS CANENTIBVS CVNCTIS: Domine in iram [Ps. 6], Ad te domine leuaui [Ps. 24], Miserere mei deus [Ps. 50], Deus in adiutorium [Ps. 69], De profundis [Ps. 129].

SEQVITVR LAETANIA.

CXLI

2241 POST HAEC FACIAT CRVCEM AD AVRES DICENS: In nomine patris+ et filii+ et spiritus+ sancti, unguo has aures sacrati olei liquore, ut quicquid peccati delectatione nociua auditus admissum est medicina spiritalis euacuet. <Per.>

2242 AD OCVLOS: Vnguo oculos tuos de oleo sanctificato, in nomine patris et filii et spiritus sancti, ut quicquid inlicito uisu deliquisti, huius olei unctione expietur. Per.

2243 AD NARES: In nomine patris et filii et spiritus sancti unguo has nares de oleo sancto, ut quidquid noxae contractum est odoratu superfluo, ista emaculet medicatio. Per.

2244 AD LABIA: Vnguo labia ista consecrati olei medicamento in nomine patris et filii et spiritus sancti, ut quicquid otiosa uel etiam criminosa locutione peccasti, diuina clementia miserante expurgetur hac unctione. Per dominum.

2245 AD PECTVS: In nomine patris et filii et spiritus sancti unguo pectus tuum de oleo sancto, ut hac unctione protectus fortiter certare ualeas aduersus aereas[101] cateruas. Per.

CXLII

/f. 243v **2246** DEIN FACIAT CRVCEM INTER / SACPVLAS VEL IN MEDIO SCAPVLARVM, ET DICAT IN VNO QVOQVE

---

[101] MS *aaeras*, for *aereas*.

LOCO: Vnguo has scapulas siue medium scapularum de oleo sacro, ut ex omni parte spiritali protectione munitus, iacula impetusque diaboli uiriliter contempnere, hac procul possis cum robore superni iuuaminis repellere. Per.

2247 AD MANVS: In nomine patris et filii et spiritus sancti, unguo has manus de oleo consecrato, ut quicquid de inlicito uel noxio opere peregerunt, per hanc unctionem euacuetur. Per.

2248 DEINDE VNGVANTVR PEDES ET DICAT TRIBVS VICIBVS: In nomine Iesu Christi Nazareni surge et ambula. Vnguo hos pedes de oleo benedicto, ut quicquid superfluo uel nociuo incessu commiserunt ista abluat perunctio, ut hac unctione corroboratus, aereas ualeas superare cateruas.

2249 ITEM ALIA VBISVPRA: In nomine patris et filii et spiritus sancti, sit tibi haec unctio olei sanctificationis ad purificationem mentis et corporis.

CXLIII
ITEM ORATIO AD VNGENDVM ENERGVMINVM SIVE INFIRMVM

2250 In nomine domini nostri Iesu Chrsti, unguo te oleo sanctificationis, ad repelendas omnes iniquitates, omnesque infirmitates siue diabolicas infestationes, praesta quaesumus domine supplicibus tuis, ut in nullo corporis huius infestatio inimici laetere praesumat, sed per sanctificationem liquoris istius atque inuocationem sancti nominis tui, tremebundus / discedat inimicus ac confusus, omnisque firmitas fugiat crucem domini nostri Iesu Christi persequentem se. Per eundem dominum nostrum.

CAPITVLA: Saluum fac seruum tuum [Ps. 85], Deus opem ferat illi [Ps. 40:4], Deus conseruet eum [Ps. 40:3], Tribulationes cordis mei [Ps. 24:17], Vide humilitatem meam [Ps. 9:14], Nihil proficiet [Ps. 88:23], Mitte ei domine [Ps. 19:3], Domine exaudi [Ps. 101/142].

2251 ORATIO: Omnipotens deus qui per os Iacobi apostoli tui hunc ministerium infirmis omnibus facere precepisti, conserua famulo tuo N tuarum dona uirtutum, et concede ut medelam tuam non solum in corpore, sed etiam in anima sentiat. Per dominum nostrum Iesum Christum.

2252 ALIA: Respice propitius domine super hunc famulum tuum N et opem ferre dignare super lectum doloris eius, inpone manum tuam in manu nostra et impera egritudini eius ne mei peccatoris manum spernat infirmitas, sed ad inuocationem tui nominis uarietur et fugiat, et huic famulo tuo N languore depulso, et sanitati restitutus exurgat et repraesentetur ecclesiae tuae ut gratias referat nomini tuo sancto. Per.

CXLIIII

2253 HIS EXPLETIS COMMVNICET CVM SACRO VIATICO CORPORIS ET SANGVINIS DOMINI, CVM ERGO COMMVNICAVERIS EVM DICENS: Domine sancte pater omnipotens aeterne deus te fideliter depraecamur, ut accipienti fratri nostri infirmo sacram sanctam eucharistiam corporis et sanguinis domini nostri Iesu Christi, tam corporis quam animae sit ei salus.

2254 POST COMMVNIONEM ORATIO: Accepto salutari diuini
/f. 244v corporis cibo saluatori nostri Iesu Christo / gratias agamus, quia per sui corporis et sanguinis sacramentum nos a morte liberauit, et tam corporis quam animae humano generi remedium donare dignatus est. Per.

CXLV
SEQVITVR ORATIO

2255 Deus qui confitentium tibi corda purificas et accusantes conscientias ab omni uinculo iniquitatis absoluis, da indulgentiam reo, et medicinam uulnerato, ut percepta remissione omnium peccatorum, in sacramenti tui sincera deinceps deuotione permaneat, et nullum dampnationis aeternae sustineat detrimentum tuum. Per.

2256 ALIA: Deus in cuius manu est correptionis iudicium, et saluationis ac misericordiae uotum, qui ita flagellas peccatores ut redeant, et occasionem ammonendi tribuis ne recedant praesta nobis quaesumus supplicibus tuis, ut famulo tuo N integritas salus animae et corporis a te dirigatur e caelis. Per.

434

2257 ALIA: Domine Iesu Christe qui corripiendo parcis et parcendo remittis, qui flagellando non disperdis, quaesumus corripe
famulum tuum N in misericordia et non in furore, qui et
correctione tua corrigatur, indulgentia consoletur, disciplina
erudiatur, medicina curetur, uerbere castigetur, pietate sanetur,
placeat ergo tibi domine eum liberare, corripere, corrigere, et
non disperdere. Qui uiuis et regnas.

2258 ALIA: Saluator mundi deus qui es uerus medicus et medicina
caelestis, propitiare et fer opem famulo tuo N, omnem lan-
/f. 245r   guorem / et infirmitatem eius sana morbosque animae suae ac
corporis pestes et ualitudines uniuersa absterge, casibusque
uulnerum suorum propitiatus succurre, ut et dum iniquitates
auertis, aegritudines cures. Per eundem.

CXLVI
ITEM PRO REDDENDA SANITATE
2259 Domine sancte pater omnipotens aeterne deus qui benedictionis tuae gratiam aegris infundendo corporibus facturam
tuam multiplici pietate custodis, ad inuocationem nominis
tui benignus adsiste, et hunc famulum tuum N liberatum
aegritudine et sanitate donatum dextera erigas, uirtute confirmes, potestate tuearis, et ecclesiae tuae sanctisque altaribus
tuis cum omni desiderata prosperitate restituas. Per.

CXLVII
ET BENEDICES HIS VERBIS
2260 Dominus Iesus Christus apud te sit ut te defendat, intra te sit ut
te recipiat, circa te sit ut te conseruat, ante te sit ut te deducat,
super te sit ut te benedicat. Qui cum patre et spiritu sancto uiuat.

2261 ALIA: Benedicat te deus caeli, adiuuet te Christus filius dei
corpus tuum in seruitio suo custodire et conseruari faciat,
mentem tuam inluminet, sensum tuum custodiat, gratiam ad
profectum animae tuae in te augeat, ab omni malo te liberet,
dextera sua te defendat, qui sanctos suos semper adiuuet, ipse
te adiuuare et conseruare dignetur. In unitatem.

2262 ALIA: Benedicat te deus pater qui in principio cuncta creauit,
/f. 245v   / benedicat te dei filius qui de supernis sedibus pro nobis
saluator descendit, benedicat te spiritus sanctus, qui in

similitudine columbae in flumine Iordanis requieuit in Christo, ipse te in trinitate sanctificet, quem omnes gentes uenturum expectant ad iudicium. Amen.

2263 ALIA: Benedicat te deus pater, custodiat te Iesus Christus, inluminet te spiritus sanctus, cunctis diebus uitae tuae, confirmet te uirtus Christi, indulgeat tibi uniuersa delicta tua. Per.[102]

CXLVIII
MISSA PRO INFIRMIS

2264 Omnipotens sempiterne deus salus aeterna credentium, exaudi nos pro famulis tuis N pro quibus misericordiae tuae imploramus auxilia, ut reddita sibi sanitate, gratiarum tibi in ecclesia tua referant actionem. Per dominum nostrum.

2265 SVPER OBLATA: Deus cuius nutibus uitae nostrae momenta discurrunt, suscipe praeces et hostias famulorum famularumque tuorum N pro quibus misericordiam tuam aegrotantibus imploramus, ut de quorum periculo metuimus, de eorum salute laetemur. Per.

2266 <PRAEFATIO:> VD aeterne deus. Qui famulo tuo ideo corporaliter uerberas ut mente proficiant, potenter ostendis quod sit pietatis tuae praeclara saluatio, dum praestas ut operetur nobis etiam ipsa infirmitas salutem. Per Christum.

2267 AD COMPLENDVM: Deus infirmitatis humanae singulare praesidium, auxilii tui super infirmos nostros ostende uirtutem, ut ope misericordiae tuae adiuti, ecclesiae tuae sanctae repraesentari mereantur. Per.

CXLVIIII
MISSA PRO INFIRMO

2268 Deus in cuius libro sunt uocabula notata mortalium, concede nobis omnibus ueniam delictorum, et praesta quaesumus

/f. 246r

famulo / tuo N infirmo quem inmensus languor excruciat, tua miseratio reparet ad medelam, et si ei ambitio piaculi adduxit

---

[102] *indulgeo* is added at the left hand margin by a later hand.

dolorem, adducat etiam confessio salutis optabilem sanitatem. Per.

2269 SVPER OBLATA: Sana quaesumus domine uulnera famuli tui, aegritudines eius perime, peccata dimitte, et hanc oblationem quam tibi pro eo offerimus benignus suscipe, et sic eum flagella in hoc saeculo, ut post transitum, sanctorum mereatur aduniri consortio. Per dominum nostrum.

2270 PRAEFATIO: VD aeterne et saluus. Nos te semper et ubique in necessitatibus inuocare, qui dominaris uitae et morti, qui es medicus animarum, sanctificans ergo hanc oblationem quam tibi offerimus pro famulo tuo N, quaesumus respice propitius de praeparato habitaculo tuo, super eum qui diuersa aegritudine patitur. Visita eum uisitatione tua caelesti, sicut uisitare dignatus es socrum Petri, puerum centurionis, et Sarram ancillam tuam. Eleua eum domine de stratu doloris sui, ut saluus atque incolomis in ecclesia tibi ore Dauitico dicere possit, castigans castigauit me dominus, et morti non tradit me. Per Christum.

2271 INFRA ACTIONEM: Hanc igitur oblationem domine famuli tui N quam tibi offerimus ob diem necessitatis tuae, pius ac propitius clementi uultu suscipias, ut qui de meriti sui qualitate diffidit, non iudicium sed indulgentiam sentiat, et de aduersis prospera habere percipiat, et ab omni inimici in purgatione depulsus, misericordiam tuam praeuenientem clementiae tuae pietatis adipisci mereatur. Diesque.

f. 246v 2272 AD COMPLENDVM: / Omnipotens sempiterne deus qui ideo delinquentibus occasionem tribui corrigendi, ut non sit in eis quod puniat censura iudicii, ob hoc te pie pater exposcimus, ut hoc accipias pro sacrificio laudis, quod famulum tuum N atteritur uirga correptionis, sana eum quaesumus domine ab omnibus infirmitatibus quod te medicante et plenitudinem salutis recipiat, et tuis iussionibus pareat. Per dominum.

CL
ITEM ALIA MISSA

2273 Omnipotens sempiterne deus qui subuenis in periculis et necessitatibus laborantibus maiestatem tuam suppliciter

exoramus, ut mittere digneris sanctum angelum tuum qui
famulum tuum N in angustiis et necessitatibus suis laborantem
consolationibus tuis attollat, quibus et de presenti consequatur
auxilio, et aeterna remedia conprehendat. Per.

2274 SECRETA: Oblationes in angustia domine pro peccatis atque
offensionibus famuli tui N omnipotens deus oblatas accipe,
quia in te confidimus uere per prophetam dixisse, immola deo
sacrificium laudis et redde altissimo uota tua. Inuoca me in die
tribulationis tuae, eripiam te et magnificabis me. Per.

2275 PRAEFATIO: VD aeterne deus. Qui offensionibus serui tui,
iuste parceris et clementer ignoscis. Praesta quaesumus
domine famulo tuo N indulgentiam peccatorum suorum, ut et
ab ira tua ad[103] te confugientem paterna pietate recipe, ut qui
maiestatis tuae flagela formidat, ab occultis reatibus tibi
/f. 247r   semper expediat, et mani/festis conuenienter expurget. Concede ei benignissime pater tuae consolationis auxilium, da illi
de tribulatione laetitiam, ut de merore conuertatur in gaudium,
et correptio ab iniquitate, et cessatio fiat ex uerbere. Vt qui
iuste pro peccatis suis affligitur, intercedentibus sanctis tuis
spiritum ei tribue corrigendi, ut celerius in tua misericordia
respiret. Et quod iustitia uerberum fecit afflictum, habundantia
remediorum faciat consolatum, qui eum et ab humanis semper
retrahat excessus, et ad salutaria gaudia cuncta perducat. Per
Christum.

2276 <INFRA ACTIONEM:> Hanc igitur oblationem. Vbi supra
(no. 2271).

2277 AD COMPLENDVM: Muneribus diuinis perceptis quaesumus
domine ob deuotionem famuli tui N confirmes in bono, et mittas
ei auxilium de sancto, et de Sion tuere eum. Per.

2278 ALIA: Benedictio tua domine quaesumus in famulo tuo N
copiosa descendat, et quam subiectis cordibus expetit, largiter
consequatur. Per.

---

[103] Originally *a*, changed interlinearly by **B** into *ad*.

CLI
PRO INFIRMO QVI PROXIMVS EST MORTI

2279 Omnipotens sempiterne deus conseruator animarum, qui quos diligis corripis, et quos recipis pie ad emendationem cohercis, te inuocamus domine ut medelam tuam conferre dignare in animam famuli tui N qui in corpore patitur debilitatem membrorum, uim laboris, stimulis infirmitatum, da ei domine gratiam tuam, ut in hora exitus illius de corpore absque peccati macula tibi datori proprio per manus sanctorum angelorum repraesentari mereatur eius anima. Per.

/f. 247v 2280 / SECRETA: Adesto domine pro tua pietate supplicationibus nostris, et suscipe hostiam quam tibi offerimus pro famulo tuo N iacenti in grabbatto salutem non corporis sed animae suae petenti, praesta omnipotens deus indulgentiam omnium iniquitatum suarum propter inmensam misericordiam tuam, et per intercessionem sanctorum tuorum Petri, Pauli, Andreae, ut per hoc quod sustinet flagellum, a sanctis angelis tuis suscepta eius anima peruenire mereatur ad tuae gloriae regnum. Per.

2281 <INFRA ACTIONEM:> Hanc igitur oblationem quam tibi offerimus domine pro famulo tuo N ut des ei caeleste desiderium in exitu corporis sui, et spiritum refrigerii. Diesque.

2282 AD COMPLENDVM: Gratias agimus domine multiplicibus largitatibus tuis, ex quibus animas in te sperantium satiare consueuisti, nam fisi de tua pietate precamur ut miserere digneris famulo tuo N, ut ne praeualeat aduersus eum aduersarius in hora exitus illius de corpore, sed mereatur transitum habere ad uitam. Per.

CLII
MISSA PRO TRIBVLATIONIBVS VEL PRAESSVRIS SVSTINENTES

2283 Deus qui contritorum non despicies gemitum, et merentium non spernis affectum, adesto praecibus nostris quas tibi pro tribulatione famuli tui N effundimus, et tribue ut quicquid contra eum diabolicae atque humanae moliuntur aduersitates ad nihilum redigantur,[104] et consilio pietatis tuae allidantur, ut

---

[104] The *n* is added interlinearly by **B**.

nullis aduersitatibus laesus, sed ereptus de omni tribulatione et angustia, laetus tibi in ecclesia tua sancta gratias referat. Per.

2284 SVPER OBLATA: Deus qui tribulatos corde sanas, et mes-
/f. 248r   tificatos actu iustificas, ad hanc / propitius hostiam dignanter adtende, quam tibi pro serui tui N offerimus liberatione, et ac benignus accepta illius pro quo offerimus sana discrimina tribulationisque eius adtende miseriam, et angustiarum illius submouere praessuram, ut exutus omnibus quibus patitur malis, in tuis semper delectetur exultare iudiciis. Per.

2285 INFRA ACTIONEM: Hanc igitur oblationem quam tibi offerimus domine pro liberatione et consolatione famuli tui N sereno uultu quaesumus accipe, et da ut non eum fraus humana decipiat, non tua deitas ex iudicio puniat, non castitas iustitiae usque quaque dimergat, non iniquitas propria, non aduersitas adgrauet aliena, si quid tibi deliquid ignosce, si quid offendit hominibus tu dimitte, submoue ab eo cruciatus mentis simul et corporis, ut te conpunctus requirat, a te tactus non doleat, per te sustentatus aduersa despiciat, et a te cor rectus diligenter exquirat. Diesque.

2286 AD COMPLENDVM: Dimitte domine quaesumus peccata nostra, et tribue nobis misericordiam tuam et oris nostri alloquio placatus, famuli tui N humilitatem quaesumus adtendas, uincula soluas, delicta deleas, tribulationem inspicias, aduersitatem repellas, effectumque petitionis nostrae largiens clementer exaudias. Per.

CLIII
RECONCILIATIO PAENITENTIS AD MORTEM

2287 Deus misericors, deus clemens, qui secundum multitudinem miserationum tuarum peccata poenitentium deles, et praeteritorum criminum culpas uenia remissionis euacuas, respice super hunc famulum tuum N et remissionem sibi
/f. 248v   omnium peccatorum suorum tota cordis confessione / poscentem deprecatus exaudi, renoua in eo piissime pater quicquid terrena fragilitate corruptum, uel quicquid diabolica fraude uiolatum est, et in unitate corporis ecclesiae tuae membrorum perfecta remissione restitue, miserere domine gemituum, miserere lacrimarum, et non habentem fiduciam

440

nisi in tua misericordia, ad sacramentum reconciliationis admitte. Per.

2288 ALIA: Maiestatem tuam domine supplices deprecamur, ut huic famulo tuo N longo squalore paenitentiae macerato, miserationis tuae ueniam largire[105] digneris, ut nuptiali ueste recepta, ad regalem mensam unde eiectus fuerat mereatur introire. Per.

2289 CVM ANIMA AGONE SVI EXITVS ET DISSOLVTIONE CORPORIS SVI AFVERIT LABORARE, CONVENIRE *STVDEBVNT FRATRES, VEL CAETERI QVIQVE FIDELES ET CANENDI SVNT VII PENITENTIAE PSALMI HOC SVNT*: Domine ne in iram I [Ps. 6], Beati quorum [Ps. 31], Domine ne in iram II [Ps. 37], Miserere mei deus I [Ps. 50], Domine exaudi I [Ps. 101], De profundis [Ps. 129], Domine exaudi II [Ps. 142].
ATQVE AGENDA EST LAETANIA PROVT PERMISERIT RATIO TEMPORIS, ET SECVNDVM QVOD IN CAVSA EGRESSVRI PERSPICI POTERIT VEL AESTIMARI.
/ FINIT AVTEM SANCTORVM NOMINIBVS MOX INCIPIATVR AB OMNIBVS R.: Subuenite sancti dei. QVO FINITO, DICAT SACERDOS HANC ORATIONEM SIVE COMMENDATIONEM PRO EO.

CLIIII

2290 ORATIO: TIBI DOMINE COMMENDAMVS ANIMAM FAMVLI TVI N, VT DEFVNCTVS SAECVLO TIBI VIVAT, ET QVAE PER fragilitatem mundanae conuersationis peccata admisit, tu uenia misericordissime pietatis absterge. Per.

2291 ALIA: / Misericordiam tuam [tuam] domine sancte pater omnipotens aeterne deus pietatis affectu rogare pro aliis cogimur, qui pro nostris supplicare peccatis nequaquam suf-ficimus, tamen de tua confisi gratuita pietate et inolita benig-nitate clementiam tuam deposcimus, ut animam serui tui ad te reuertentem cum pietate suscipias, adsit ei angelus testamenti tui Michael et per manus sanctorum angelorum tuorum inter sanctos et electos tuos in sinibus Abrahae, Isaac, et Iacob

f. 249r

f. 249v

---

[105] *largire* is corrected interlinearly into *largiri*.

patricharum tuorum eum collocare digneris, quatenus liberatus de principibus tenebrarum et de locis poenarum, nullis iam primae natiuitatis uel ignorantiae aut propriae iniquitatis seu fragilitatis confundatur erroribus sed potius agnoscatur a tuis, et sanctae beatitudinis requie perfruatur, atque cum magni iudicii dies aduenerit, inter sanctos et electos tuos resuscitatus, gloria manifestatae contemplationis tuae perpetuo societur. Per.[106]

2292 ALIA: Commendamus tibi domine animam fratris nostri N praecamurque ut propter quam[107] ad terras tua pietate descenderas, patriarcharum tuorum sinibus insinuare non rennuas miseratus. Qui uiuis.

2293 ALIA: Migranti[108] in tuo nomine de instabili et tam incerta, sempiternam illam uitam ac laetitiam in caelestibus praesta saluator mundi. Qui cum patre.
SI AVTEM ALIQVOT SVPERVIXERIT QVIBVS CANANTVR ALII PSALMI VEL AGATVR LAETANIA VSQVEQVO ANIMA CORPORE TERRENAE CORRVPTIONIS ABSOLVATVR. IN CVIVS EGRESSV / DICATVR ANTIPHONA: Suscipiat te Christus. Psalmum: In exitu Israel [Ps. 113].

/f. 250r

2294 SEQVITVR ORATIO: Omnipotens sempiterne deus qui humano corpori animam ad similitudinem tuam inspirare dignatus es, dum te iubente puluis in puluerem reuertitur, tu imaginem tuam cum sanctis et electis tuis aeternis sedibus praecipias sociari, eamque ad te reuertentem de Aegypti partibus blande leniterque suscipias, et angelos tuos sanctos ei obuiam mittas, uiamque illi iustitiae demonstra, et portas gloriae tuae aperi, repelle quaesumus ab ea omnes principes tenebrarum, et agnosce depositum fidele quod tuum est. Suscipe domine creaturam tuam non ex diis alienis creatam, sed a te solo deo uiuo et uero, quia non est alius praeter te domine, et non est secundum opera tua. Laetifica quaesumus domine animam serui tui et clarifica eam in multitudine

---

[106] *animam serui tui . . . societur* changed interlinearly by **B** into *animas seruorum tuorum ad te reuertentes cum pietate suscipias, adsit eis . . . confundantur . . . perfruantur . . . resuscitatis . . . socientur.*
[107] *fratris . . . quam* is changed interlinearly by **B** into *fratrum . . . quas.*
[108] *Migranti* is changed interlinearly by **B** into *Migrantibus.*

misericordiae tuae, ne memineris quaesumus iniquitatum eius antiquarum et aebrietatum quas suscitauit furor mali desiderii. Licet enim peccauit, tamen te non negauit, sed signo fidei insignitus, te qui omnia et eum inter omnia fecisti fideliter adorauit.[109] Qui uiuis et regnas cum deo patre in unitate. <ANTIPHONA:> Chorus angelorum. PSALMVM: Dilexi quoniam [Ps. 114], et caeterum per ordinem usque ad dominum cum tribularer [Ps. 119].

2295 SEQVITVR ORATIO: Diri uulneris nouitate perculsi, quodam modo cordibus sauciati, misericordiam tuam mundi redemptor flebilibus uocibus imploramus, ut cari nostri N animam ad tuam clementiam qui fons pietatis es reuertentem blande leniterque suscipias, ut si quam illa ex carnali contagione

f. 250v
contraxit macula, tu deus inolita / bonitate clementer deleas, pie indulgeas, obliuioni in perpetuum tradas, atque hanc laudem tibi cum caeteris reddituram, et ad corpus quandoque reuersuram,[110] sanctorum tuorum coetibus aggregari praecipias. Qui cum deo patre in unitate spiritus sancti uiuis et regnas, per omnia saecula saeculorum. Amen.

2296 ALIA: Tu nobis domine auxilium prestare digneris, tu opem feras, tu misericordiam largiaris, spiritum etiam famuli tui ac cari nostri N uinculis corporalibus liberatum in pace sanctorum tuorum recipias, ut locum poenalem et gehennae ignem, flammasque tartari in regione uiuentium euadat.[111] Qui regnas cum patre.
TVNC ROGET PRO EO SACERDOS ORARE, PATER NOSTER CVM HIS CAPITVLIS: Requiem aeternam. Ne tradas bestiis [Ps. 73:19]. Non intres in iudicium [Ps. 142:2]. In memoria aeterna [Ps. 111:7]. A porta inferi, Domine exaudi [Ps. 101/142].

[109] *animam serui tui . . . adorauit* is changed interlinearly by **B** into *animas seruorum tuorum et clarifica eas . . . iniquitatem eorum . . . peccauerunt . . . negauerunt . . . et eos inter . . . adorauerunt.*
[110] *cari nostri . . . reuersuram* is changed interlinearly by **B** into *carorum nostrorum N animas . . . contraxerunt . . . has laudem . . . reddituras . . . reuersuras.*
[111] *spiritum etiam . . . euadat* is changed interlinearly by **B** into *spiritus etiam famulorum tuorum ac carorum nostrorum N uinculis corporalibus liberatos . . . euadant.*

2297 ORATIO: Partem beatae resurrectionis obtineat, uitamque aeternam habere mereatur[112] in caelis. Per te Christe Iesu, qui uiuis.

2298 SEQVITVR ORATIO: Deus cui soli competit medicinam prestare post mortem, praesta quaesumus ut anima famuli tui N terrenis exuta contagiis, in tuae redemptionis parte numeretur.[113]
DEINDE LAVATVR CORPVS DEFVNCTI, ORATIONES ANTEQVAM DE DOMO EFFERATVR.

2299 Suscipe domine animam serui tui N quam de ergastulo huius
/f. 251r   / saeculi uocare dignatus es, et libera eam de principibus tenebrarum, et de locis poenarum, ut absoluta omnium uinculo peccatorum, quietis ac lucis aeterne beatitudine perfruatur, et inter sanctos et electos suos, in resurrectionis gloriam resuscitari mereatur.[114] Per.

2300 ALIA: Suscipe domine animam famuli tui N reuertentem ad te de Aegypti exitu profisciscentem ad te, et mitte ei[115] angelum salutis aeternae, ne tetro terreatur formidinum partis aduersae terrore, uoli tantum licenter in aere, neque ab hisdem in ergastulo concludatur atro, sed sanctis tuis, aduersariis superatis cum triumpho choro coniuncto[116] angelico patriarcharum, prophetarum, apostolorum, martyrum, et omnium sanctorum,[117] sicque tota effecta in aeterna recipiatur tabernacula. Per.

2301 ALIA: Antiqui memores cyrographi fratres carissimi primi hominis peccato et corruptioni addicta est humana conditio, sub cuius lege sibi unus quisque formidat, quod aliis accidisse

---

[112] *mereatur* is changed interlinearly by **B** into *mereantur.*
[113] *numeretur* is changed interlinearly by **B** into *numerentur.*
[114] *libera eam... mereatur* is changed interlinearly by **B** into *libera eas... perfruantur... mereantur.*
[115] MS *animam... ei,* changed into *animas famulorum tuorum N reuertentes ad te de Aegypti exeitu profisciscentes ad te, et mitte eis.*
[116] *animam... coniucto* is changed interlinearly by **B** into *animas famulorum tuorum N reuertentes ad te de Aegypti exitu profisciscentes ad te, et mitte eis... terreantur... conlaudantur... coniunctio.*
[117] *est* is added unnecessarily by **B**.

uideat, omnipotentis dei misericordiam depraecamur, ut spiritum cari nostri N cuius hodie depositio caelebratur, ut eum[118] in aeterna requie suscipiat, et beatae resurrectioni repraesentet. Per.

IN FERETRO VERO POSITVS, ANTEQVAM DE DOMO EGREDIATVR DICET SACERDOS ANTIPHONA: De terra plasmasti me. *PSALMVM*: Dominus regit me [Ps. 22].

DEINDE PORTET IN ECCLESIA CANENTIBVS INTERIM: R. Subuenite   sancti dei, *ET ALIIS RESPONSORIIS DEFVNCTORVM / CVM ANTIPHONIS ET PSALMIS HIS*: *ANTIPHONA*: Tu iussisti nasci me domine. *PSALMVM*: Sicut ceruus [Ps. 41]. *ANTIPHONA*: Audiui uocem [Ps. 118:124], *PSALMVM*: Dilexi quoniam [Ps. 114]. *ANTIPHONA*: Haec diem mortalem homo terrae, quia de limo factus est homo suscita domine animam eius in regno tuo cum sanctis tuis. *ANTIPHONA*: Domine exaudi I [Ps. 101]. *PSALMVM*: Requiem domine dona ei sempiternam. *PSALMVM*: Miserere mei deus [Ps. 50].

/f. 251v

2302 *IN ECCLESIA AVTEM REQVIESCET CORPVS DEFVNCTI, ET IBIDEM PSALMI SINE INTERMISSIONE CANTANTVR, MISSAE CELEBRENTVR ET OFFERANTVR AB OMNIBVS. POST CAELEBRATIONEM VERO MISSAE, STAT SACERDOS IVXTA FERETRVM, ET DICAT ORATIO*: Non intres in iudicio cum seruo tuo domine N quoniam nullus apud te iustificabitur homo, nisi per te omnium peccatorum tribuatur remissio, non ergo eum tua quaesumus iudicialis sententia praemat, quem tibi uera supplicatio fidei christianae commendat, sed gratia tua illi succurrente mereatur euadere iudicium ultionis, qui dum uiueret insignitus est[119] signaculo trinitatis. Per.

2303 <ALIA:> Omnipotentis dei misericordiam depraecamur, cuius iudicio aut nascimur aut finimur, ut spiritum fratris nostri N quem domini pietas de incolatu huius mundi transire precepit,

---

[118] *spiritum . . . eum* is changed interlinearly by **B** into *spiritus carus nostrorum N quorum hodie depositio caelebratur, ut eos.*

[119] *seruo tuo . . . uiueret insignitus est* is changed interlinearly by **B** into *seruis tuis . . . quos . . . illis . . . mereantur . . . uiuerent insigniti sunt.*

requies aeterna suscipiat, et eum[120] in beata resurrectione rep-
resentet, et in sinibus Abrahae, Isaac, et Iacob collocare dignetur. Per.
R. Subuenite sancti dei. Chorus angelorum. ET TER KYRIE
ELEISON.

2304 <ALIA:> Deus cui omnia uiuunt, et cui non pereunt
moriendo corpora nostra sed mutantur in melius, te supplices
deprecamur, ut quicquid / anima famuli tui N uitiorum,
tuaeque uoluntati contrarium fallente diabolo et propria
iniquitate atque fragilitate contraxit, tu pius et misericors ablue
indulgendo, eamque suscipi iubeas per manus sanctorum
angelorum tuorum deducendam in sinum patriarcharum
tuorum, Abrahae scilicet amici tui, et Isaac electi tui, atque
Iacob dilecti tui, quo aufugit dolor et tristitia atque suspirium,
fidelium quoque animae felici iocunditate laetantur, et in
nouissimo magni iudicii die inter sanctos et electos tuos eam
facias[121] perpetuae gloriae percipere portionem, quam oculus
non uidit, et auris non audiuit, et in cor hominis non ascendit,
quae praeparasti diligentibus te. Per.

/f. 252r

2305 <ALIA:> Deum iudicem uniuersitatis, deum caelestium, ter-
restium et infernorum depraecamur pro spiritu cari nostri N ut
eum[122] dominus in requiem collocare dignetur, et in parte
primae resurrectionis resuscitet. Per.
R. Antequam nascerer nouisti me. Commissa mea. *SEQVITVR
TER KYRIE ELEISON.*

2306 <ALIA:> Fac quaesumus domine hanc cum seruo tuo N
defuncto misericordiam, ut factorum suorum in poenis non
recipiat uicem qui tuam in uotis tenuit[123] uoluntatem, et quia
illum uera fides iunxit fidelium turmis, illic eum tua miseratio
societ angelicis choris. Per.

---

[120] *fratris . . . eum* is changed interlinearly by **B** into *fratrum nostrorum N quos . . . eos.*
[121] *anima famuli tui . . . eam facias* is changed interlinearly by **B** into *animae famulorum tuorum . . . contraxerunt . . . easque . . . deducendas . . . eas facias.*
[122] *spiritu . . . eum* is changed interlinearly by **B** into *spiritalibus carorum nostrorum N ut eos.*
[123] *seruo tuo defuncto . . . tenuit* is changed interlinearly by **B** into *seruis tuis defunctis . . . tenuerunt.*

2307 <ALIA:> Deus qui uniuersorum est creator et conditor, qui
cum sis tuorum beatitudo sanctorum, praesta nobis petentibus
ut spiritum fratris nostris N corporeis nexibus absolutum,[124] in
prima resurrectione facias praesentari. Per.
R. Memento mei deus.
V. De profundis [Ps. 129].

/f. 252v TVNC IVBET SACERDOS CVM / KYRIE ELEISON PRO
EO ORARE: Pater noster, CVM HIS CAPITVLIS: Requiem
aeternam. A portu inferi.

2308 SEQVITVR ORATIO: Inclina domine aurem tuam ad preces
nostras quibus misericordiam tuam supplices depraecamur, ut
animam famuli tui N quam de hoc saeculo migrare iussisti in
pacis ac lucis regione constituas, et sanctorum tuorum iubeas
esse consortem.[125] Per.
DEINDE LEVATVR CORPVS DE AECCLESIA CVM
ANTIPHONA: Aperite mihi [Ps. 117:19]. PSALMVM:
Confitemini domino [Ps. 117]. ET DEPORTETVR VSQVE
AD SEPVLCHRVM.

ORATIONES ANTE SEPVLCHRO

2309 Pio recordationis affectu fratres carissimi, commemorationem
facimus cari nostri N quem dominus de temptationibus huius
saeculi adsumpsit, obsecrantes misericordiam dei nostri, ut
ipse ei[126] tribuere dignetur placidam et quietam mansionem, et
remittat omnes lubricae temeritatis offensas, ut concessa uenia
plenae indulgentiae, quicquid in hoc saeculo proprio reatu
delinquit,[127] totum ineffabili pietate ac benignitate sua deleat,
et abstergat. Quod ipse praestare dignetur qui cum patre et
spiritu sancto uiuit.
ANTIPHONA: Ingrediar in locum tabernaculi (Ps. 51:5). V.
Sicut ceruus (Ps. 41).

2310 SEQVITVR ORATIO: Obsecramus misericordiam tuam
aeternae omnipotens deus qui hominem ad imaginem tuam

---

[124] *absolutum* is changed interlinearly by **B** into *absolutos*.

[125] *animam . . . quam . . . consortem* is changed interlinearly by **B** into *animas famulorum tuorum N quas . . . consortes*.

[126] MS *ei*, changed interlinearly probably by **B** into *eis*.

[127] *cari . . . delinquit* is changed interlinearly by **B** into *carorum nostrorum N quos . . . eis . . . delinquerunt*.

creare dignatus es, ut spiritum et animam famuli tui N quem
hodierna die rebus humanis eximi et ad te accersire iussisti,
blande et misericorditer suscipias, non ei dominentur umbrae
mortis, nec tegat eum / chaos et caligo tenebrarum, sed exutus
omnium criminum labe, in sinu amici tui Abrahae patriarchae
collocatus, locum lucis et refrigerii se adeptum esse gaudeat, et
cum dies iudicii aduenerit, cum sanctis et electis tuis eum
resuscitari iubeas.[128] Per.
R. Haec requies mea [Ps. 131:14]. V. Memento domine Dauid
[Ps. 131].

/f. 253r

2311 SEQVITVR ORATIO: Deus aput quem mortuorum spiritus
uiuunt, et in quo electorum animae deposito carnis onere plena
felicitate laetantur, praesta supplicantibus nobis ut anima
famuli tui N quae temporaliter corpus uisionis huius luminis
caruit uisu, aeternae illius lucis solatio potiatur, non eum
tormentum mortis attingat, non dolor horrendae uisionis
afficiat, non poenalis timor excruciet, non reorum proxima
catena constringat, sed concessa sibi delictorum omnium
uenia, optatae quietis consequatur gaudia repromissa.[129] Per.
SEQVITVR ANTIPHONA: De terra plasmasti me.
PSALMVM: Domine probasti me [Ps. 138]. ET PONITVR IN
SEPVLCHRO CORPVS DEFVNCTI.

ORATIO SVPER SEPVLTVM CORPVS

2312 Oremus fratres carissimi pro spiritu cari nostri N quem
dominus de laqueo huius saeculi liberare dignatus est, cuius
corpusculum hodie sepulturae traditur, ut eum pietas domini in
sinu Abrahae Isaac et Iacob collocare dignetur, ut cum dies
iudicii aduenerit, inter sanctos et electos suos eum in parte
dextera collocandum[130] resuscitari faciat. Praestante domino
nostro Iesu Christo.

---

[128] *ut spiritum . . . eum resuscitari* is changed interlinearly by **B** into *ut spiritus
et animas famulorum tuorum N quos . . . exutis . . . collocatis . . . adeptos . . .
audeant . . . eos resuscitari.*
[129] *anima famuli tui . . . consequatur* is changed interlinearly by **B** into *animae
famulorum tuorum . . . caruerunt . . . potiantur . . . consequantur.*
[130] *spiritu . . . collocandum* is changed interlinearly by **B** into *spiritibus
carorum nostrorum N quos . . . quorum corpuscula . . . traduntur, ut eos . . .
eos in parte dextera collocandos.*

/f. 253v **2313** / ALIA: Opus misericordiae tuae sancte pater omnipotens aeterne deus rogare pro aliis qui pro nobis non sufficimus. Suscipe domine animam serui tui N reuertentem ad te, adsit ei angelus testamenti tui Michael, libera eam domine de principibus tenebrarum, et de locis poenarum, ne famulus tuus ille primae natiuitatis uel ignorantiae confundatur erroribus. Agnoscatur a tuis, et misericordia bonitatis tuae ad locum refrigerii et quietis in sinu transferatur Abrahae.[131] Per dominum nostrum Iesum Christum filium tuum, qui uenturus est.

2314 ALIA: Deus qui iustis supplicationibus semper praesto es, qui pia uota dignaris intueri, qui uniuersorum es conditor et redemptor, misericordiae quoque peccatorum, et tuorum beatitudo iustorum, da famulo tuo N cuius depositioni hodie officium humanitatis exhibemus, cum sanctis et electis tuis beati muneris portionem, eumque a corporeis nexibus absolutum,[132] in resurrectione electorum facias praesentari. Per.

2315 ALIA: Deus uitae dator, et humanorum corporum reparator, qui te a peccatoribus exorari uoluisti, exaudi praeces quas speciali deuotione pro anima famuli tui[133] N tibi lacrimabiliter fundimus, ut liberare eam ab infernorum cruciatibus, et collocare inter agmina sanctorum tuorum digneris, ueste quoque caelesti et stola inmortalitatis indui, et paradysi amoenitate confoueri iubeas. Per.

/f. 254r **2316** ALIA: / Deus qui humanarum animarum aeternus amator es, animam famuli tui N quam uera dum in corpore maneret tenuit fides, ab omni cruciatu inferorum redde extorrem, ut segregata ab infernalibus claustris, sanctorum mereatur[134] aduniri consortiis. Per.

---

[131] *animam . . . transferatur* is changed interlinearly by **B** into *animas seruorum tuorum N reuertentes ad te, adsit eis . . . libera eas . . . fundantur . . . transferantur.*

[132] *famulo . . . absolutum* is changed interlinearly by **B** into *famulis tuis N quorum... absolutos.*

[133] *anima famuli tui* is changed interlinearly by **B** into *animabus famulorum tuorum.*

[134] *animam . . . mereatur* is changed interlinearly by **B** into *animas famulorum tuorum N quas . . . manerent . . .extorres, ut segregatae . . . mereantur.*

449

2317 ALIA: Obsequia autem rite caelebrantes, membris in feretro compositis tumulo ex more composito post Israheliticum exitum de Aegypto, deprecemur clementiam patris pro spiritu cari nostri N quem dominus de laqueo huius saeculi liberatum lugubri et laetali, cui posse ubique est et potestas innumerabilis, habens diuitias spiritales spiritui huius subueniat sublimis dominus, ut ardore careat aeterni ignis, adeptus perpetui regni refugium, coram suo rege gratificet[135] in gaudio generali sublimi solio patrum preelectorum in medio splendoribus sanctorum in sede maiestatis magnae in lumine in regione uiuorum. Per qui uenturus est.

2318 ALIA: Redemptio animarum deus aeternitatem concede defunctis, neque uacuari passionis triumphum mundi morte patiaris. Qui cum patre uiuis in saeculi saeculorum. Amen.

2319 ALIA: Deus apud quem omnia morientia uiuunt, cui non pereunt moriendo corpora nostra sed in melius inmutantur, te supplices depraecamur, ut suscipi iubeas animam famuli tui N per manus sanctorum angelorum deducendam in sinum amici tui patriarchae Abrahae, resuscitandam in die nouissimo magni iudicii, et / si quid de regione mortali tibi contrarium contraxit[136] fallente diabolo, tua pietate ablue indulgendo. Per.

/f. 254v

2320 SEQVITVR ORATIO: Temeritatis quidem est domine, ut homo hominem, mortalis [mortalis] mortalem, cinis cinerem tibi domino deo nostro audeat commendare, sed quia terra suscipit terram, et puluis conuertitur in puluerem, donec omnis caro in suam redigatur originem. Inde tuam deus piissime pater lacrimabiliter quaesumus pietatem ut huius famuli tui N animam, quam de huius mundi uoragine cenulenta ducis ad patriam, Abrahae amici tui sinu recipias, et refrigerii rore perfundas. Sit ab aestuantis gehennae truci incendio segregatus, et beatae requiei te donante coniunctus, et si quae illi sunt domine digne cruciatibus culpae, tu eas gratiae

---

[135] *spiritu . . . gratificet* is changed interlinearly by **B** into *spiritibus carorum nostrorum N quos . . . liberatos . . . spiritibus horum . . . careant . . . adeptis . . . gratificet.*
[136] *animam . . . contraxit* is changed interlinearly by **B** into *animas famulorum tuorum . . . deducendas . . . resuscitandas . . . contraxerit.*

mitissime lenitate indulge, nec peccati uicem, sed indulgentiae tuae piam sentiat bonitatem, cumque finito mundi termino supernum cunctis inluxerit regnum, nouus homo omnium sanctorum coetibus aggregatus, cum electis resurgat in parte dexterae coronandus.[137] Per.

2321 ALIA: Debitum humani corporis sepeliendi officium fidelium more complentes, deum cui omnia uiuunt fideliter deprecemur, ut corpus cari nostri N a nobis in infirmitate sepultum, in ordine sanctorum omnium resuscitet, et eius spiritum sanctis ac fidelibus adgregari iubeat, cum quibus inenarrabili gloria et perenni / felicitate perfrui mereatur.[138] Praestante domino nostro Iesu Christo, qui cum eo uiuit. per.

/f. 255r

2322 ALIA: Te domine sancte pater omnipotens aeterne deus supplices depraecamur pro spiritu famuli tui N a uoragine huius saeculi ad te accersire praecepisti, ut digneris domine dare ei locum lucidum, locum refrigerii et quietis, liceat ei transire portas inferorum, et uias tenebrarum, maneatque in mansionibus sanctorum Moysi et Dauid, Heliae et Lazari, ut in luce sancta quam olim Abrahae promisisti et semini eius, nullam lesionem sustineat spiritus eius, sed cum magnus ille dies resurrectionis aduenerit, resuscitare eum digneris domine, una cum patriarchis et prophetis, apostolis et martyribus, deletas ei delicta atque peccata usque ad nouissimum quadrantem, et a te in mortalitatis uitam, et regnum consequatur aeternum.[139] Per.

2323 ALIA: Suscipe domine animam serui tui N reuertentem ad te, indue eam ueste caelesti, et laua eam in fonte uitae aeternae, ut inter sapientes sapiat, et inter gaudentes gaudeat, et inter martyres possideat, et inter prophetas proficiat, et inter apostolos Christi se custodeat, et inter angelos et archangelos claritatem

---

[137] *ut huius . . . cornandus* is changed interlinearly by **B** into *ut horum famulorum tuorum N animas, quas . . . profundas. Sint . . . segregatis . . . sentiant . . . resurgant . . . coronandis.*

[138] *corpus . . . mereatur* is changed interlinearly by **B** into *corpora carorum nostrorum . . . et eorum spiritus mereantur.*

[139] *pro spiritu . . . consequatur aeternum* is changed interlinearly by **B** into *pro spiritibus famulorum tuorum N quos . . . dare eis . . . liceat eis . . . maneantque . . . sustineant eorum . . . resuscitare eos . . . consequantur aeternum.*

dei inueniat, et inter rutilos lapides paradysi gaudium possideat, et notitiam mysteriorum dei agnoscat, et inter cherubim
et seraphim claritatem dei inueniat, et inter XX^{ti} IIII^{or} seniores
/f. 255v   cantica canticorum audiat, et inter lauantes stolas / suas in
fonte luminis uestem lauet, et inter pulsantes et portas apertas
Hierusalem caelestis repperiat, et inter uidentes deum facie ad
faciem uideat, et audientes auditu caelesti audiat, et inter can-
tantes nouum cantet.[140] Per.

2324 ITEM ALIA: Suscipe domine seruum tuum in bonum, et da
ei requiem aeternam Hierusalem caelestem, ut in sinibus
Abrahae Isaac et Iacob collocari mereatur, et inter resurgentes
resurgat, et inter suscipientes corpora sua in die resurrectionis corpus suscipiat, et [et] inter possidentes uitam aeternam possideat.[141] Per te Christe Iesu, qui cum patre uiuis,
dominaris, ac regnas, ante omne initium, una cum spiritu
sancto, in saecula saeculorum. Amen.
TVNC SACERDOS ADMONET PRO EO ORARE, ET
DICET CAPITVLA: Et ne nos inducas. Requiem aeternam.
Anima eius in bonis [Ps. 24:13]. A porta inferi.

2325 ALIA: Et partem beatae resurrectionis obtineat, uitamque
aeternam mereatur[142] habere in caelis. Per te Christe Iesu qui
cum deo patre in unitate spiritus sancti uiuis et regnas per
omnia saecula saeculorum. Amen.
Requiem aeternam. PSALMVM: Miserere mei deus [Ps. 50].

2326 SEQVITVR ORATIO: Absolue domine animam famuli tui N
ab omni uinculo delictorum, ut in resurrectionis gloria inter
sanctos tuos resuscitatus respiret.[143] Per.

---

[140] *animam . . . cantet* is changed interlinearly by **B** into *animas seruorum
tuorum N reuertentes ad te, indue eas . . . laua eas . . . sapiant . . . gaudeant
. . . possideant . . . proficiant . . . custodiant . . . inueniant . . . fideant . . .
agnoscant . . . inueniant . . . audiant . . . lauent . . . pulsent . . . repperiant . . .
uideant . . . audiant . . . cantent.*
[141] *seruum . . . possideat* is changed interlinearly by **B** into *seruorum tuorum
. . . da eis . . . mereantur . . . resurgant . . . suscipiant . . . possideant.*
[142] *obtineat . . . mereatur* is changed interlinearly by **B** into *obtineant . . .
mereantur.*
[143] *animam . . . respiret* is changed interlinearly by **B** into *animas famulorum
tuorum . . . respirent.*

2327 <ALIA:> Annue nobis domine ut anima famuli tui N remissionem quam semper optauit mereatur[144] percipere peccatorum. Per.

/f. 256r

/ A SECVNDA FERIA VSQVE IN DIEM SABBATI MISSAE DEFVNCTORVM CAELEBRANTVR, VEL NOMINA EORVM RECITANTVR, DIE AVTEM DOMINICO NON CAELEBRANTVR NON AGENDAE MORTVORVM[145] NEC AD MISSAS NOMINA EORVM RECITANTVR, SED TANTVM REGVM VEL PRINCIPVM ET SACERDOTVM, VEL PRO OMNI POPVLO CHRISTIANO OBLATIONES VELVT REDDVNTVR, DEFVNTORVM AVTEM QVI MERENTVR, DIE DOMINICO CHRISTVS DEI FILIVS IPSE DAT REQVIEM, QVI SEMET IPSVM PRO IPSIS VEL PRO GENERI HVMANO HOSTIAM OBTVLIT. SIMILITER IN COENOBIIS MONACHORVM VEL ANCILLARVM DEI FACIVNT, AD MISSAS EORVM, GLORIA IN EXCELSIS DEO NON CANTATVR, NEC ALLELVIA.

CLV
ORATIO SVPER EPISCOPVM DEFVNCTVM

2328 Da nobis domine[146] ut animam famuli et sacerdotis tui N episcopi quam de hoc saeculo educens laborioso certamine sanctorum tuorum coetui tribuas esse consortem. Per.

2329 SECRETA: Annue nobis domine ut animae famuli et sacerdotis tui N episcopi, haec prosit oblatio, quam immolando totius mundi tribuisti relaxari delicta. Per.

/f. 256v **2330** INFRA ACTIONEM: / Hanc igitur oblationem quam tibi offerimus pro commemoratione depositionis animae famuli et sacerdotis tui N episcopi, quaesumus domine ut placatus accipias, et quem in corpore constitutum sedis apostolicae gubernaculo praeesse uoluisti, in electorum tuorum numero constitue sacerdotum. Dies.

---

[144] *animam . . . mereatur* is changed interlinearly by **B** into *animas famulorum tuorum . . . optauerunt mereantur.*
[145] MS *MORTVORTVORVM,* for *MORTVORVM.*
[146] *domine* interlinear addition, most probably by **B**.

2331 SVPER DIPTICIA: Memento etiam domine et eorum nomina qui nos praecesserunt cum signo fidei et dormiunt in somno pacis.

2332 ITEM POST LECTIONEM: Istis et omnibus domine in Christo quiescentibus locum refrigerii lucis et pacis indulgentiam depraecamur. <Per.>

2333 AD COMPLENDVM: His sacrificiis quaesumus omnipotens deus purgata anima et spiritu famuli tui N episcopi ad indulgentiam et refrigerium sempiternum peruenire mereatur. Per.

CLVI
ALIA MISSA

2334 Deus qui inter apostolicos sacerdotes famulum tuum N pontificali fecisti dignitate uigere, praesta quaesumus ut eorum quoque perpetuo aggregetur consortio. Per.

2335 SECRETA: Haec oblatio domine deus animam famuli tui N episcopi ab omnibus uitiis humanae conditionis absoluat, quae totius mundi tulit etiam immolata peccatum. Per.

2336 PRAEFATIO: VD aeterne deus. Clementiam tuam deuotis mentibus obsecramus, ut animam famuli tui N episcopi in electorum tibimet pontificali numero iubeas consistere gaudendo, ut qui / hic tuo pro eis deseruiebat altari, gloriosa illic cum eis tua gratuletur laude. Per Christum dominum nostrum.

/f. 257r

2337 INFRA ACTIONEM: Hanc igitur oblationem quam tibi pro anima famuli et sacerdotis tui N deferimus quaesumus domine placatus intende, pro quo maiestati tuae supplices fundimus preces, ut eum in numero tibi placentium sacerdotum censeri facias. Per.

2338 AD COMPLENDVM: Deus cuius misericordiae non est numerus, suscipe pro anima famuli tui N sacerdotis preces nostras, et lucis ei laetitiaeque in regione sanctorum tuorum societatem concede. Per.

2339 ALIA: Propitiare domine supplicationibus nostris, et animam famuli tui N sacerdotis, in uiuorum regione aeternis gaudiis iubeas sociari. Per.

CLVII
ITEM ALIA PRO SACERDOTE DEFVNCTO

2340 Praesta quaesumus domine ut animam famuli et sacerdotis tui N quam in hoc saeculo commorantem sacris muneribus decorasti, caelesti sede gloriosa semper exultet. Per.

2341 SECRETA: Suscipe domine quaesumus hostias pro anima famuli tui N sacerdotis, ut cui pontificalem donasti praemium dones et meritum. Per.

2342 <INFRA ACTIONEM:> Hanc igitur oblationem quam tibi offerimus pro anima famuli et sacerdotis tui N, quaesumus domine placatus accipias, et cum praesulibus apostolicae dignitatis quorum est secutus officium habere tribuas sempiternae beatitudinis portionem, atque in summi pastoris efficies precipue membra censeri. Per Christum.

/f. 257v **2343** / <AD COMPLENDVM:> Praesta quaesumus omnipotens deus ut animam famuli et sacerdotis tui N in congregatione iustorum aeternae beatitudinis iubeas esse consortem. Per.

2344 ALIA: Prosit domine animae famuli et sacerdotis tui N misericordiae tuae implorata clementia, ut eius in quo sperauit et credidit, aeternum capiat te miserante consortium. Per.

CLVIII
ITEM ALIA MISSA

2345 Beati martyris tui illius domine quaesumus intercessione nos protege, et animam famuli tui N sacerdotis sanctorum tuorum iungere digneris consortiis. Per.

2346 SVPER OBLATA: Adiuua nos domine deus noster beati illius martyris tui praecibus exoratus, et animam famuli tui N sacerdotis, in beatitudinis sempiternae luce constitue. Per.

2347 PRAEFATIO: VD aeterne deus. Qui es redemptor animarum sanctarum, quamuis enim mortis humano generi illata conditio

455

pectora nostra mentesque contristet, tamen clementiae tuae dono spe futurae inmortalitatis erigimur. Ac memores salutis aeternae non timemus lucis huius sustinere iacturam. Quem beneficio gratiae tuae fidelibus uita non tollitur sed mutatur, atque animae corporeo ergastulo liberatae, horrent mortalia sed inmortalia consecuntur. Vnde quaesumus ut famulus tuus N beatorum tabernaculis constitutus, euasisse se carnales gloriae tuae angustias, diemque iudicii cum fiducia uoto glorificationis expectet. Per Christum.

2348 <INFRA ACTIONEM:> Hanc igitur oblationem quam tibi in honore sancti martyris tui illius uel pro requie famuli tui N
/f. 258r offerimus, quaesumus domine placatus intende, / pro quam maiestati tuae supplices fundimus preces, ut eam in numero sanctorum tibi placentium facias dignanter adscribi. Per Christum.

2349 AD COMPLENDVM: Ascendant ad te domine preces nostrae et animam famuli tui N sacerdotis gaudia aeterna suscipiant, ut quem fecisti adoptionis participem, iubeas hereditis tuae esse consortem. Per.

CLVIIII
ITEM ALIA PRO SACERDOTE VEL ABBATE

2350 Omnipotens sempiterne deus maiestatem tuam supplices exoramus, ut famulo tuo N abbate atque sacerdote, quem in requiem tuam uocare dignatus es, dones sedem honorificata, et fructum beatitudinis sempiternae, ut ea quae in oculis nostris docuit et gessit, non iudicium nobis pareat sed profectum adtribuat, ut pro quo nunc in te gaudemus in terris, cum eodem apud te exultare mereamur in caelis. Per.

2351 SECRETA: Concede quaesumus omnipotens deus ut anima famuli tui N abbatis atque sacerdotis per haec sancta mysteria in tuo conspectu semper clara consistat, quae fideliter ministrauit. Per.

2352 INFRA ACTIONEM: Hanc igitur oblationem quam tibi pro anima famuli tui N abbatis atque sacerdotis offerimus quaesumus domine placatus intende. Vt supra [no. 2348].

2353 AD COMPLENDVM: Prosit quaesumus domine animae famuli tui N abbatis atque sacerdotis misericordiae tuae implorata clementia, ut eius in quo sperauit et credidit aeternum capiat te miserante consortium. Per.

CLX
MISSA PRO FRATRIBVS NOSTRIS DEFVNCTIS

/f. 258v **2354** / Deus ueniae largitor, et humanae salutis amator, quaesumus clementiam tuam ut nostrae congregationis fratres qui ex hoc saeculo transierunt, beato Vuillebrordo patrono nostro intercedente, ad perpetuae beatitudinis consortium peruenire concedas. Per.

2355 SVPER OBLATA: Deus cuius misericordiae non est numerus, suscipe propitius preces humilitatis nostrae, et animabus nostri collegii quibus nominis tui dedisti confessionem, per intercessionem sancti Clementis patris nostri, et haec sacramenta salutis nostrae, cunctorum remissionem tribue peccatorum. Per.

2356 <PRAEFATIO:> VD <aeterne deus>. Qui dum confessores tuos tanta pietate glorificas, ut nullum apud te sanctum propositum doceas esse sine praemio, quanto magis duriora certamina sustinentes, ad tuae retributionis munus inuitas. Vnde quaesumus ut famulorum tuorum uidelicet fratrum nostrorum animas quorum caelebramus commemorationem, interueniente sancto Vuillibrordo patrono nostro, ante thronum gloriae Christi tui segregatas cum dextris, nihil commune habeant cum sinistris. Sed quos fecisti adoptionis participes, iubeas hereditatis tuae perpetuos esse consortes. Per Christum.

2357 INFRA ACTIONEM: Hanc igitur oblationem domine quam tibi pro animabus famulorum tuorum fratrum nostrorum offerimus, quaesumus domine placatus intende, pro quas maiestati tuae supplices fundimus praeces, ut interuentione sancti militis tui [. . .][147]

---

[147] The last part of the sacramentary is missing.

/f. 1r /Liber missas et de officio misse.

Benedicat deus et pater domini nostri Iesu Christi, qui benedixit nos omni benedictione spirituali in celestibus in Christo Iesu domino nostro.

B 7 – Continet ordinationem beati Ieronimi de officio misse.
[Suppl. 1. 227 A[1]]

Pulsantem dabitur. Petite et dabitur dabitur.
Omnipotens qui petit.

Omnipotens dominus et sanctus Bartolomeus,
Emorient uaccam in Christi nomine cassa,
Tunc dixit Abbraam facis per meam barbam,
Tunc dixit Iacobus facis per meam scolam.

Perpetui securi.[2]

Perpetua securitatis et aeternae uitae uiri.

/f. 1v / Nizo, Betticha, Gozpolt, Thidrat, Gentrit, Wido, Remzo.

Kirichuuereue mater,[3] Rinesburch, Warmunde. In Vuicsde ii ecclesiae. In Ambulon i ecclesia. Holeuuitilla ecclesia.
Rinsateruualt, Leithemutha.
Northgo mater,[4] Vuoreholt mater,[5] Safheim.
Velisinburch mater,[6] Agathenkiricha.
Heimethenkiricha, Asmedelf, Sloton.
Smirnereuualt, Harleim, Vrisheim.
Heileginlo mater,[7] Almere, Misna, Skirmere.
Flerethinga mater,[8] Skie, Harega, Petheim caput.[9]

---

[1] Beneath the number one can still see the traces of an older shelf-mark: 8[. . .]6 bis.
[2] At the left there is a drawing of a dog, a woman and a man holding hands, with a bouquet of flowers.
[3] *mater* interlinear addition by the same hand.
[4] *mater* interlinear addition by the same hand.
[5] *mater* interlinear addition by the same hand.
[6] *mater* interlinear addition by the same hand.
[7] *mater* interlinear addition by the same hand.
[8] *mater* interlinear addition by the same hand.
[9] *caput* interlinear addition by the same hand.

Pro amico

Suscipe clementissime pater hostias placationis et laudis quam ego peccator tibi offere praesumo ad honorem et gloriam nominis tui, et pro incolomitate serui tui, ut omnium delictorum suorum ueniam consequi mereatur. Per.

Pro uno defunctus

Suscipe sancta trinitas hanc oblationem quam tibi offero pro anima famuli tui N, ut per hoc salutare sacrificium purgatus, sanctorum tuorum consortio mereatur adunari. Per.

Pro plures defunctis

Suscipe sancta trinitas hanc oblationem quam tibi offero pro animabus famulorum famularumque tuarum, ut requiem dones eis aeternam inter sanctos tuos et electos, ut in illorum consortio uita perfruantur aeterna. Per.

/f. 2r

/PRO FRATRIBVS IN VIA DIRIGENDIS

Saluos fac seruos tuos. Mitte eis domine auxilium de sancto. Beati inmaculati in uia. Exurge domine adiuua nos.

COLLECTA: Adesto domine supplicationibus [no. 2057].

ALIA: Deus qui diligentibus [no. 2058].

ITEM ALIA: Deus infinitae [no. 1319].

ALIA: Miserere domine famulo tuo et dirige actus eius cottidie in bonum, et omnia peccata eius dimitte, et mitte in cor eius tale intellectum, ut ex toto corde et animo suo tui fideliter seruiant, et tui placere possit, omnique tempore in tuo seruitio permaneat. Per.

ALIA: Exaudi nos domine et iter famuli tui inter uitae huius pericula tuo semper protegatur auxilio. Per Christum dominum nostrum.

/f. 2v

/ Saluos fac seruos tuos. Ecce quam bonum et quam iocundum. Exurge domine.

459

AD FRATRES REV [. . .]
Omnipotens sempiterne deus nostrorum [no. 2066].

AD HOSPITES SVSCIP [. . .]
Deus humilium uisitator [no. 2067].

AD COQVINAM FRATRVM AD EXEVND [. . .]
Deus cui humilium semper accepta sunt uota animarum, respice propitius super horum famulorum tuorum fratrum nostrum obsequia, et ad tuam eos fac pertingere gratiam, ut qui nunc huius ebdomadae seruitia deuota mente compleuerunt, largissimam a te ueniam consequantur. Per Christum.

AD INTROITVM COQVINAE
Saluos fac seruos tuos. Mitte eis domine auxilium de sancto. Exurge domine adiuua nos.

Misericors ac piissime deus qui ubique famulos tuos tueris ac iuuas, horum seruorum tuorum fratrum nostrorum in bonum accumula uotum, auge desiderium, ut recto corde fratribus suis impendant seruitia. Per.

Saluos fac seruos tuos. Mitte eis domine auxilium de sancto. Exurge domine.

MENSE LECTIO
Aufer quaesumus domine ab hoc famulo tuo spiritum elationis et ignorantiae, ut repletus spiritu humilitatis et scientiae, intellectum capiat sacrae lectionis. Per Christum dominum nostrum.

Ecclesiae quas Theodericus habet:
Nomina ecclesiarum de Fresia: Velison, Heilingloh, Northungon, Vuroholx mater,[10] Kirchuuereue mater,[11] Leithemutha, Rinsatereuualt, Aselekereuualt, Voreholt mater,[12] Saxheim, Norhtgo mater,[13] Velscereburg, Agathenkyricha,

---

[10] *mater* interlinear addition by the same hand.
[11] *mater* interlinear addition by the same hand.
[12] *mater* interlinear addition by the same hand.
[13] *mater* interlinear addition by the same hand.

Heimezenkyrke, Spirnereuualt, Sloton, Asemanedelf, Heilegenlo mater,[14] Skirmere, Misma, Wokgunge, Aldenthorf, Vronlo, Petheim.

H[. . .]aucsele ii ecclesiae in Vr[. . .] i ecclesia, in Hol[. . .] illa ecclesia.

/f. 259r / [. . .] credit in me non morietur in aeternum . . . [John 11:26–7].

LECTIO EPISTVLAE PAVLI APOSTOLI. [15]
LECTIO LIBRI SAPIENTIAE.

Miserere nostri . . . [Eccli. 36:1–2].

SECVNDVM IOHANEM: In illo tempore dixit Iesus ad discipulis suis petite . . . [Luke 11:9–14].

/f. 259r / *AD CLERICVM FACIENDVM*
Oremus dilectissimi fratres . . . [*Hadrianum*, no. 1246].[16]

Adesto domine . . . [*Hadrianum*, no. 1247].[17]

DVM TONDIS . . . [*Hadrianum*, no. 1248–9].

ORATIO POST TONSIONEM: Praesta quaesumus . . . [*Hadrianum*, no. 1250].[18]

PRO HIS QVI BARBAM TONDIT: Deus cuius prouidentiam . . . [*Gelasianum*, no. 1575].[19]

---

[14] *mater* interlinear addition by the same hand.
[15] This line is deleted with a line. At the left two names are written by the hand who wrote the names in f. 1v: Friderihc, Thiezint.
[16] The prayer is also changed interlinearly into plural.
[17] The prayer is also changed interlinearly into plural.
[18] The prayer is also changed interlinearly into plural.
[19] The prayer is also changed interlinearly into plural.

461

/ MISSA IN INQVISITIONE SANCTARVM RELIQVARVM
Antiphona: Laetetur cor querentium dominum [I Para. 16:10].
Psalmum: Confitemini domino et inuocate [Ps. 104].

COLLECTA: Pateant aures . . . [no. 278].
LECTIO LIBRI SAPIENTIAE: Benedictus uir qui confidit in domino [Jer. 17:7].
GRADVALE: Dirigatur oratio mea; Eleuatio manuum [Ps. 140:2].
ALIA: Ostende nobis domino [Ps. 84:8].
SECVNDVM MATHEVM: In illo tempore dixit Iesus discipulis suis [Matt. 11:25]; Amen dico nobis quodcumque alligaueritis in domino usque ibi sum in medio eorum [Matt. 18:18–20].
OFFERENDVM: Speret uite omnes.

SECRETA: Propitiare domine . . . [no. 738].
COMMVNIO: Amen dico nobis quicquid orantes petitis credite.

AD COMPLENDVM: Tua nos . . . [no. 745].

NOMINA TREVERORVM EPISCOPORVM:
Eucharius
Valerius
Maternus
Agricius
Maximinus
Paulinus
Bonosius
Britto
Felix
Mauricius
Legentius
Seuerus
Quirillus
Tancrus
Emerus
Marus
Volusianus
Miletus
Modestus

Maximianus
Fibicius
Abrunculus
Rusticus
Nicetius
Magnericus
Gondericus
Sabaidus
Modouuandus
Numerianus
Basinus
Liutuuinus
Milo
Hildulfus
Wiemadus
Ribbodus
Wizo
Heito
Thiagaudus
Bertholfus
Radbodus
Rotkerus
Ruotpertus
Heinricus
Theodericus
Eckebertus
Liudolfus
Megnigaudus
Poppo
Eberhardus[20]
Vdo[21]
Egilbertus[22]
Bruno[23]
Godefridus[24]
Meginnerus[25]

---

[20] Added by a later hand and different from the others.
[21] Added by a later hand and different from the others.
[22] Added by a later hand and different from the others.
[23] Added by a later hand and different from the others.
[24] Added by a later hand and different from the others.
[25] Added by a later hand and different from the others.

NOMINA METENSIVM EPISCOPORVM:
Adelbero
Deodericus
I[26]
A[27]
S
A
P
L
O
D
K
C
S
V
A
C

/PRO REGE [. . .]
K[. . .]e obsecro omnium . . . [I Tim. 2:1–4]. In Christe Iesu
domino nostro.

[. . .] *REGVM*
In illo tempore dixit Iesus discipulis tuis, amen dico uobis . . .
(---)

PRO ABBATE VEL EPISTVLAE BEATI PAVLI APOSTOLI
[. . .]
Fratres si praeoccupatus . . . [Gal. 6:1–2].[28]

SECVNDVM IOHANNEM
In illo tempore subleuatis Iesus oculis . . . [John 17:1–3].

---

[26] The name is thoroughly deleted.
[27] The name is thoroughly deleted.
[28] At the left margin the following prayer is added by a different hand:
Iustus est dominus deus beatitudinem.
ALIA ORATIO: Saluum fac cum auribus percipe.
ALLIA: Omine exaudi.
ORATIO: Illumina oculos meos.
[. . .] Illumina faciem tuam.

COLLATION TABLE

Echt.	Paris, BN lat. 9433 – The Sacramentary of Echternach
Gellonense	*Liber Sacramentorum Gellonensis*, eds. A. Dumas and J. Deshusses, *CCSL* 159 (Turnhout, 1981).
Gelasianum	*Liber Sacramentorum Romanae Aecclesiae Ordinis Anni Circuli (Sacramentarius Gelasianum)*, ed. L.C. Mohlberg, RED 4 (Rome, 1960).
Had.+ Sup.	*Le Sacramentaire Grégorien*, ed. J. Deshusses, Spicilegium Friburgense 16, 24, and 28 (Freiburg, 1971–1982).
Meroving.	Merovingian Sacramentaries:
B	*The Bobbio Missal – A Gallican Mass-Book*, ed. E.A. Lowe, HBS 58 (London, 1920).
F	*Missale Francorum,* ed. L.C. Mohlberg, RED 2 (Rome, 1957).
G	*Missale Gothicum,* ed. L.C. Mohlberg, RED 5 (Rome, 1961).
V	*Missale Gallicanum Vetus,* ed. L.C. Mohlberg, RED 3 (Rome, 1958).

Other Sacramentaries:*

En	*Liber Sacramentorum Engolismensis*, ed. P. Saint-Roch, *CCSL* 159C (Turnhout, 1987).
F	*Sacramentarium Fuldense saeculi X*, eds., G. Richter and A. Schönfelder (Fulda, 1912); repr. HBS 101 (London, 1977).
L	*Sacramentarium Veronense,* ed. L.C. Mohlberg, RED 1 (Rome, 1956).

* These sacramentaries were consulted only in special cases.

R   *Sacramentarium Rhenaugiense (Zürich, Zentral-bibliothek Rh 30)*, eds. A. Hänggi and A. Schönherr, Spicilegium Friburgense 15 (Freiburg, 1970).

S   *Das fränkische Sacramentarium Gelasianum in alamanischer Überlieferung (St. Gallen, Stiftsbibliothek 348)*, ed. L.C. Mohlberg, Liturgiegeschichtliche Quellen 1–2 (Münster, 2nd. ed., 1939).

Paduense *Sacramentarium Paduense*, ed. J. Deshusses, *Le Sacramentaire Grégorien*, Spicilegium Friburgense 16 (Freiburg, 1971), pp. 609–84.

COLLATION TABLE

Echt.	Had.+Sup.	Paduense	Gelasianum	Gellonense	Meroving.	Others
Liber I						
1	3	874	1242	1930	B 8, F 156	
2	3	875	1243	1931	F 157	
3	4	1243	1243	1932	F 157	
4	1*					
5	4	876	1244	1933	B 9-10, F 158	
6	5	877	1245	1934	B 11, F 160	
7	6	878	1246	1935	F 160	
8	8	879	1247	1936	B 12, F 161	
9	9	880	1248	1937	B 13, F 162, G 342c	
10	11	882	1250	1939	B 14, F 164	
11	13	884	1252	1941	B 15, F 166	
12	13 bis	885-6		1942	B 16-17, F 167-8, V 32b	
13	7*					
14	14	887	1253	1943	B 18, F 169	
15	17	890	1256	1946		
16	18	891	1257	1947	B 21	
17	19	892	1258	1948	B 22	
18	21					
19	22		768	2548	F 38	
20	23a		769-71	2549-50	F 40	
21	24			178		
22	25					
23	26			86	B 24b	
24	27		143	2531		
25	28		144	2532	F 29	
26	29a		145-6	1533	F 30	
27	30			2525		
28	31					
29	32a		152-4	2526	F 23	
30	33	1	1156	1		
31	34	2	1	2	G 2a	
32	1516			5	G 3b	
33	35	3	22	6		
34	36	4	5	8		
35	37	5	830		G 1	
36	38	6		198		
37	1517		8	11		
38	39	7		12		
39	40	8		14		
40	41	9	812			
41	42	10		16		
42	43	11		17	G 392	
43	44	12		10		
44	45	13	7	18		
45	46	14		22		
46	47	15		19		
47	48	16	4	23		
48			15	25		
49	50	18		28	B 6	
50	51			198		
51	52			12		

467

Echt.	Had.+Sup.	Paduense	Gelasianum	Gellonense	Meroving.	Others
52	53	19	18			
53	1091	50		69		
54			14	70		
55	1092	51		71		
56	13*					
57	14*		50	78		
58	15*		51	79		
59	16*		52	80		
60			53	81		
61			54	82		
62			55	83		
63			56	90		
64	20*	55	57	97		
65	21*	56	58	98		
66	22*	60	59	117		
67	23*	57	60	100		
68	87	58		101		
69	88	59		103		
70	89	60	59	117		
71	90	61				
72	91	62		106		
73	92	63	63	108	G 79	
74	93	64	62	121		
75	94			111	G 67	
76	95			38		
77	96			109		
78	97			110		
79	98		60	112		
80	93	64	62	121		
81		122	75	123		
82	459		67	124		
83			73	122		
84	1093	52		91		
85	1094	53		93		
86	1523			94		
87	1095	54		95		
88	1096	66		113		
89	1097	67		116		
90				117		
91	1098	68	1371	118		
92	1099			134		
93	1100	73		136	B 6	
94	1528			137		
95	1101	74	1263	138		
96	1102	94		176		
97	1103	95		178	F 99	
98						
99	1104	96	1266	180		
100	1105	100				
101	1106	101				
102	1536			179		
103	1107	102	1267			
104	1108	201				

Echt.	Had.+Sup.	Paduense	Gelasianum	Gellonense	Meroving.	Others
105	1109	113	1370	208		
106	1539			209		
107	1110	148	558	210	V 253	
108	1111		1309	218		
109	1112		1310	220		
110	1540			222		
111	1113	114	1311	223		
112	144	118	1173	252		
113	145	119	762	69		
114	1543			250		
115	146	120	103	294		
116	147	121		253		
117	148			116		
118	1544		159	256		
119	149		1371	970		
120	150	124		259		
121	151	125		178		
122	1545			262	G 190	
123	152	126		175		
124	1379		78	266		
125	1380		79	267		
126	1381		80	268		
127	1382		81	269-70		
128			82	271		
129				1985		
130	154	128	1037	275		
131	155	129	91	276		
132	1546	161		277		
133	156	130	252	278		
134	157	131		283		
135	158			2703		
136	159		1138	445		
137	160		347	508		
138	161			902		
139	162	132	89	285		
140	163	133	86	261		
141	164	134	1330	1262	V 216	
142	165	135		279		
143	166	135		296		
144	167	137	106	297		
145	1547			298		
146	168	139		299		
147	169	14		301		
148	170	141		305		
149	171	142	1170	306		
150	172			28	B 6	
151	1548			309		
152	174	145		1620		
153	76*		108	300		
154	175	146		312		
155	176	147		314		
156	1549			315		
157	177	148	558	210	V 253	

Echt.	Had.+Sup.	Paduense	Gelasianum	Gellonense	Meroving.	Others
158	178	148		317		
159	179	150		319		
160	180	151		325		
161	181	152	1370	208		
162	1550			321		
163	182	153		322		
164	183	154				
165	184	189		325		
166	185	190	121	320		
167	1551			327		
168	186	191	122	1730		
169	187	192	123	323		
170	188	159		331		
171	189	160		391		
172	1552				G 170, B 144	
173	190		1524	95		
174	191	163		2118		
175	192	164		336		
176	193	100				
177	194	165		337		
178	195	166		338		
179	196	167		252		
180	197	168		389		
181	198	169		339		
182	199	170	1049	1058	B 33	
183				341		
184	200	171	175	342		
185	1553			343		
186	201	173		1547		
187			133	345		
188			138	350		
189	202	174		352		
190	203	175	1138	445		
191	1554	172		355		
192	204			118		
193	78*		167	357		
194	205	1045	177	359		
195	206		178	360		
196	1555					
197	207		179	86	B 24d	
198	208		180	496		
199	209	85	181	364		
200	210	1525	182	365		
201	1556				B 145	
202	211		183	1583		
203	212		184	390		
204	213	185		372		
205	214	186		370		
206	1557					
207	215	187	987	1330	F 104	
208	216	188	179			
209	217	217	180	369		
210	218	218	181			

Echt.	Had.+Sup.	Paduense	Gelasianum	Gellonense	Meroving.	Others
211	1558					
212	219	219	181	371		
213	220	220	182	377		
214	221	193	206	379		
215	222	194		380		
216	1559					
217	223	196		381		
218	224	197		382		
219	225	198	114	384		
220	226	199	1329	385		
221	1560					
222	227	200		386		
223	228	201				
224	229	202		389		
225	230	203		178		
226	1561	138		392		
227	231	204	231	393	F 135b	
228	232	205	115	416		
229	233	206		413		
230	1562					
231	234	207	846	241		
232	235	208	1158	1681		
233	236	209	1292	411	F 131	
234	237	210	1383	418		
235	1563					
236	238	211		419		
237	239	212		470		
238	240	213	244	421		
239	241	214	1339	423		
240	1564					
241	242	215		424		
242	243	216		431		
243	244	246	1029	1514		
244	245	247	1030	1515		
245	1565					
246	246	248	1031	1515		
247	247			394		
248	248	221	1041	432		
249	249	222		434	V 254	
250	1566					
251	250	224		435		
252	251	225		455		
253	252	226	1045	359		
254	253	227		1691		
255	1567					
256	254	228	112			
257	255	229	1696	448		
258	256			444		
259	257	231	1138	445		
260	1568			446		
261	258	232		447		
262	259	230		448		
263	260	233	215	303		

Echt.	Had.+Sup.	Paduense	Gelasianum	Gellonense	Meroving.	Others
264	261			116		
265	1569					
266	262		987	1330	F 104	
267	263	236	232	1116		
268	264	237	229	459		
269	265			178		
270	1570					
271	266	239		435		
272	267	240		463		
273	268	241	239	464		
274	269	242	269	465		
275	270	243		466		
276	1571					
277	271	244	550	467	V 230	
278	272	245	1195	468	F 151	
279	273	273	269	465		
280	274	274	236	461		
281	1572					
282	275	275	237	462		
283	276	249	238	473		
284	277	250		474		
285	278	251		486		
286	1573					
287	279	252		477		
288	280	253		2188		
289	281	254	264	1102		
290			250	480	G 182	
291	282	255	1355	481		
292	1574					
293	283	256	509	482		
294	284	257		485		
295	285	258		484		
296	286	259	1050	156		
297	1575	223		487		
298	287	260		488		
299	91*			489		
300			254	490		
301	288	261	109	495		
302	289	262	1215	497		
303	1576					
304	290	263		498		
305	291	264		382		
306	292	265		500		
307	293	266		502		
308	1577					
309	294	267	534	503		
310	295	268		489		
311	845	941		501		
312	296	269	274	506		
313	297	270		507		
314	1578					
315	298	271	347	508	F 128	
316	299	272		496		

Echt.	Had.+Sup.	Paduense	Gelasianum	Gellonense	Meroving.	Others
317	300		220	439		
318	301		222	440		
319	1579					
320	302		223	1951	G 10	
321	303		224	442		
322	304	277		516		
323	305	278				
324	1580					
325	306	279	892	518	F 146a	
326	307			431		
327	308		230	454		
328	309		231	456		
329	1581					
330	310	235	232	457		
331	311		233	458		
332	4331					
333	4332					
334	4330					
335						F 2736
336						
337						
338	312	281	329	566		
339	313	282		93		
340	1582			568		
341	314			95		
342	315	284		572		
343	316	285	246	476		
344	1583					
345	317	286	186	376		
346	318	287	74	254		
347	319	288		577		
348	320	288bis	121	320		
349	1584					
350	321			1547		
351	322	290		580	V 209	
352	323	291		582		
353	324	292		583		
354	325	293	236	461		
355	1585					
356	326	294		586		
357	327	295		587	G 216, V 113	
358	328	299	396	633	G218, V 93	
359	329	300		634		
360	1586		378	614		
361	1587		392	635		
362	330	296	379	636		
363	331	301		637		
364	334		382	619		
365	335a		385	622		
366	335		386-8	623		
367	336		384	621		
368	337	298	1167	639		
369	4473		2811			

Echt.	Had.+Sup.	Paduense	Gelasianum	Gellonense	Meroving.	Others
370	328	299	396	633	G 218, V 93	
371	118*		398	5644		
372	338	303	400	646	V 94	
373	339	304	401	647	V 95	
374	340	305	402	648	V 96	
375	341	306	403	649	V 97	
376	342	307	404	650	V 98	
377	343	308	405	651	V 99	
378	344	309	406	652	V 100	
379	345	310			V 101	
380	346	311	408	656	V 102	
381	347	312	409	657	V 103	
382	348	313	410	658	V 104	
383	349	314	411	659	V 105	
384	350	315	412	660	V 106	
385	351	316	413	661	V 107	
386	352	317	414	662	V 108	
387	353	318	415	663	V 109	
388	354	319	416	664	V 110	
389	355	320	417	665	V 111	
390	1021			677	V 132, G 225, B 227	
391	1022a			678	V 133-4, G 225, B 227	
392	356					
393	357		285	396		
394	358		298	410		
395	359	321	419	668		
396	360-1	321bis	420-1	669-70		
397	363	322				
398	365	323				
399	367	324	437	692		
400	369	325				
401	371	326				
402	372		442			
403	1023		421	680		
404	1025	322				
405	1027		432	682		
406	1029		434	686		
407	1031		435	688		
408	1033		436	690		
409	1035	325				
410	1037	324	437	692		
411	1039		438	694		
412	1041		433	684		
413	1043		439	696		
414	1045		440	698		
415	1047		441	700		
416	1048		442	701		
417	373		444	703	V 164, B 235a	
418	374a					
419	374b		445	704a	B 235-6	
420	374c		446	704b		
421	374d		447	704c		
422	374e		448	704d		

Echt.	Had.+Sup.	Paduense	Gelasianum	Gellonense	Meroving.	Others
423						
424						
425	375		450	708	B 249, V 175	
426	376					
427	376					
428	377	327	454	715	B 258	
429	378	384		719	B 260, V 181	
430	379	385		721		
431	1589		466	730	B 278, V 198	
432	380	386	459	722		
433	381	387		723		
434	382	388		732		
435	404	344	462	753	V 192	
436	383					
437	384					
438	385					
439	1589		466	730	B 278, V 198	
440	386		459	722		
441	387			723		
442	388			732		
443	389	334		734	G 314, V 186b	
444	390	335		735		
445	391	336		736		
446	392	337		739	V 240	
447	393			719	V 181	
448	394			721		
449	1590		513	846		
450	395			722		
451	396			723		
452	397			732		
453	398			744		
454	399			745		
455	400			746		
456	401	341	624	748		
457	402	342		1603		
458	1591		476	750		
459	403			723		
460	405	345		754		
461	406	346		755		
462	407	347		756		
463	408	348	464		B 266b, V 187	
464	409	349	470	759	B 277, V 196	
465	1592					
466	410			723		
467	411	350		763		
468	412	351		764	V 238	
469	413	352		765		
470	414	353	538	766		
471	415	354	439	768		
472	416	355	465	770	B 276	
473	1593					
474	419	356		774		
475	420	357		775		

Echt.	Had.+Sup.	Paduense	Gelasianum	Gellonense	Meroving.	Others
476	421	358	539	776		
477	422	359	520	777		
478	423	560		779		
479	424	561	475	780		
480	1594		492	781		
481	426	363		784		
482	427	364	522	785	V 224	
483	428	365	529	786		
484	429	366		788		
485	430	367	486	789		
486	1595		497	790		
487	432	368		793		
488	433	369		794		
489	434	370		795	V 202	
490	435	371		797		
491	436	372				
492	1596					
493	437	373		199		
494	438	374	1238	802		
495	439	375	494	803		
496	440	376	480	804	G 282, V 231	
497	441	377	490	805		
498	442	378	479	755		
499	443	379	495	992		
500	444	380	500	787		
501	445		485	808		
502	446	470	524	810		
503	447		528	817		
504	448			821	G 304	
505	449		526	833	V 226b	
506	450		516	819		
507	451			806		
508	452					
509	453			831		
510	454		525	818		
511	455		527	820		
512	456			737		
513			517	807		
514			519	813		
515			521	814		
516			530	822		
517			531	823		
518				824		
519			533	825		
520	294	267	534	826		
521			535	827		
522			537	829		
523	421	358	539	830		
524	457			832		
525	428	365	529	786		
526			540	836		
527	458	91	59	106		
528	459		67	124		

COLLATION TABLE

Echt.	Had.+Sup.	Paduense	Gelasianum	Gellonense	Meroving.	Others
529	122*	381	504	837		
530	123*	382	506	839		
531	1597	838	507	840		
532	1302		1698	1858		
533				842		
534	1114	390	1030	861	V 246	
535			542	862	V 247	
536	1115	391	371	863	V 248	
537	1599			1113		
538	1116	392	2695	865	V 229	
539	1117	396	979	925		
540						F 1497
541	1118	397	1781	927	V 249	
542	1602	398	549	882		
543	1119	399	3125	929	V 236	
544	466	400		890		
545	467	401		891		
546	468	402		892		
547	469	403		893		
548	470	404		894		
549	471			898		
550	472	405		895		
551	473	406	1050	896		
552	1604			907	G 184a, B 162a	
553	474	407		897		
554	475		554	899		
555						
556	176	147		314		
557	1605					
558	475		554	899		
559	848	942		921		
560						
561					G 339	En 986
562	1606					
563			461	724		
564					G 340	
565	1120	411	551	925		
566			552	926		
567	1121	412	553	927	V 249	
568	1607	413	554	928	V 255	
569		414	555	929	V 236	
570	1123	424	556	949		
571			557	951		
572	1124	425				
573	1610	426	564			
574		450	559	953		
575	1125	427	560	954		
576	139*	445	573	971		
577	140*		581	972		
578	141*		574	973		
579			583	974		
580	144*		584	975		
581			585	976		

Echt.	Had.+Sup.	Paduense	Gelasianum	Gellonense	Meroving.	Others
582	497	440		978		
583			572	977		
584	498	441		979		
585	499	442		980		
586	500	443		981		
587	501	444		982		
588	502	446	580	984	G 354	
589	503	447	578	985		
590			579	983		
591	1126	448	561	986		
592			562	987		
593	1127	449	582	988		
594	1613					
595	1128	451	565	990		
596	425*		1276	991		
597	508	455		1000		
598	510	456		1008		
599	512	457		692		
600	514	458				
601	515	459		1009-10		
602	516	467	637	1027		
603	517	468	638	1035		
604	518	473		1022		
605	519		632	1021		
606	519		632	1021		
607	1051		619	998		
608	1053	455		1000		
609	1055		620	1002		
610	1057		621	1004		
611	1059		622	1006		
612	1061	456		1008		
613	1062	459		1010		
614	1063		623	1011		
615			1713			
616			599	2388		
617	3928					
618	1065		285	396		
619	1066		286	397		
620	1067		287	398		
621	1068		288	399		
622	1070		290	401		
623	1071		291	402		
624	1073		293	404		
625	1074			2233		
626	1076		295	406		
627	1077		296	407		
628	1078		297	408		
629	1079		298	409		
630	1080	321	419	668		
631	1081	321bis	420	669		
632	1083					
633	1084		449	706	V 172, b 245-7	
634	1085			707		

Echt.	Had.+Sup.	Paduense	Gelasianum	Gellonense	Meroving.	Others
635	1086		450	708	B 249, V 175	
636	119*					
637	980					
638	981			2378		
639	982			2371		
640	983		610	2382		
641	520	460		1014		
642						F 965
643	519	465	632	1021		
644	521	462		1029		
645			633	1023		
646			627			
647	1614		634	1024		
648	523	463				
649	524	464		1018		
650	525	465	650	1033		
651			635	1026		
652	526	466				
653	527			1029		
654	528			1016		
655	379	385		721		
656						
657	529	463	642	1031		
658	530			1032		
659	531		650	1033		
660		472	644	1034		
661		471	651	1020		
662	532	474		1038		
663	533	475		1039		
664	1615		641	1030		
665	534	476	654	1040		
666	535	477	648	1041		
667	536	478	640	1042		
668	1616					
669	537	479	639	1043		
670	538	480	649	1044	G 359	
671	539	481		1045		
672	540	482	346	1046		
673	1617					
674	541	483		1048		
675	1618					
676	542	484		1049		
677	543	485		1050		
678	1619					
679	544	486		1052		
680	545	487	677	1053		
681	546	488		1054		
682	547	489		1055		
683	548	490	244	1056		
684	550	492	1174	1058	B 33	
685	551	493	207	1059		
686	1620					
687	552	495	186	1061		

Echt.	Had.+Sup.	Paduense	Gelasianum	Gellonense	Meroving.	Others
688	427*		676	1062		
689			678	1063	F 153	
690	428*		679	1064		
691	1621		680	1065		
692	429*		681	1066		
693			682	1067		
694	1129	505	566	1076	B 507, F 141	
695			567	1077		
696	1130	82	568	1078		
697	1622		569	1079		
698	1131	507	570	1080		
699	1132		586	1088		
700		508	587	1089		
701	1133	509	588	1090		
702	1624		589	1091		
703	1134	510	590	1092	V 51	
704			655	1096		
705			656	1097		
706			657	1098		
707	1625	494	658	1046		
708			659	1099		
709			660	1100		
710			661	1101		
711	281	254	662	1102		
712			663	1103		
713			673			
714			664	1104		
715			665	1105		
716			666	1106	V 199a	
717			667	1107	V 199b	
718			668	1108	V 199c	
719			669	1109		
720			670	1110		
721			671	1503		
722	301		672	1112		
723				1113		
724		195	674	1114		
725	895		675	1115		
726	1135	496		1116		
727	1136	497		1118		
728	1626			1119		
729	1137	498		1120	B 24d	
730	1138	517		1137		
731	1139	518		1139		
732	1628			1051	F 127a	
733	1140	519		1141		
734	1141	535		1174		
735	1142	536	1355	1176		
736	1632	851		1177		
737	1143	537	1265	1178		
738	1144	554	1178	1211	F 121	
739			1179	1212	F 122	
740	1145	555	1180	1213	F 125	

COLLATION TABLE

Echt.	Had.+Sup.	Paduense	Gelasianum	Gellonense	Meroving.	Others
741	1634	556		1214		
742	1146	564	1181	1215	B 23	
743	1147		1182	1227	F 124	
744		565	1183	1228		
745	1148		1184	1229		
746	1636	566		1230		
747	1149	567	1185	1231		
748	1150		1186	1241		
749			1187	1243		
750	1151		1188	1242	F 143	
751	1638			1244		
752	1152	569	1307	1245		
753	1153	570	1190	1252		
754	1154	571	1192	1254	F 144	
755	1639			1255		
756	1155	572	1193	1256		
757	1156	245	1195	1272	F 151	
758		579	1194	1271	F 150	
759	1157	580	1196	1273		
760	1642			1247		
761	1158	581	1299	1275		
762	1159	591	1198	1332	G 477, F 139	
763				1333		
764	1160	592	1199	1334		
765	1645	450	559	953		
766				1335		
767	1161	593	1200	1336		
768	1162	615	1201	1375	F 140	
769	1163	616	11203	1377		
770	1650			1378		
771	1164	617	1204	1379		
772	1165		1206	1371		
773	430*	628	1205	1370		
774	1166	629	1207	1372		
775	1655			1373		
776	1167	630	1208	1374		
777	1168	634	1209	1402		
778	1169	635	1343	1405		
779	1660			1405		
780	1170	636	1212	1406	F 104	
781	1171		1213	1423		
782		649	1214	1424	F 133	
783	1172	650	1215	1425		
784	1663			1426		
785	1173	651	1079			
786	1174		1218	1442		
787		659				
788	1175	660	1220	1444		
789	1666	855		1445	F 145b	
790	1176	661	1221	1446		
791	702	676		1470		
792		853		1471		
793	703	677		1472		

481

Echt.	Had.+Sup.	Paduense	Gelasianum	Gellonense	Meroving.	Others
794	1670			1473		
795	704	678	1512	1474		
796	705	679		1485		
797	706	680		1486		
798	707	681		178		
799	1672			1488		
800	708	682		1489		
801	709	683	215	1491		
802			1038	1492		
803	710	684	217	1493	B 154	
804	1673			1494		
805	711	685		1496		
806	712	686	116	351		
807	713	687		1499		
808	714	688		1509		
809	715	689		1057		
810	718	690		1502		
811	717	691	1049	1058		
812	718	692		93		
813	1674	195	673	1495	G 179, V 266	
814	719	693	1050	1506		
815	720	694		1508		
816	721	695	1138	1224		
817	1675			1511		
818	722	696	558	1226	V 253	
819	1177			1532		
820	431*	705	1222	1531		
821	1178	706	1224	1533	B 514	
822	1678	870		1534	F 127b	
823	1179	707	1225	1535	V 201	
824	1180		1226	1543		
825		717	1227	1544		
826	1181	718	1228	1545		
827	1679		544	1546		
828	1182	719		1547		
829	1183		1230	1552		
830		711	1231	1553		
831	1184	712	1232	1554	V 249	
832	1680			1555		
833	1185	713	1233	1556		
834	1186	720	1234	1562		
835			1235	1563		
836	1187	721	1236	1564		
837	1682		502	1565	F 145a	
838	1188	722	1270	1566		
839	1189		1238	1579		
840	961	723	1239	1580		
841	1190	724	1240	1581		
842	1685			1582		
843	1191	725		1583		
844	1192			1590		
845		730		1589	G 521	
846	1193	731		1591	F 75	

Echt.	Had.+Sup.	Paduense	Gelasianum	Gellonense	Meroving.	Others
847	1686			1593		
848	1194	732		1594	V 208	
849	1195			1615		
850		745		1616		
851	1196	743		1617		
852	1689			1618	G 481	
853	1197	747		1619		
854	1198	748		1621		
855	1199	749		1623		
856	1690	859		1624		
857	1200	750		1625		
858	778	781		1674		
859	779	782	246	1676		
860	1695					
861	1699		1123	1677	B44, V34	
862	780	783		1678		
863			1157	1680		
864		208	1158	1681		
865	1700					
866		767	1134	1654	V 37	
867			1139	1684	V 36	
868			1134	1685		
869	791	794		1727		
870				1687		
871	1701					
872			218	1688		
873			1142	1689		
874	253	227	359	1691		
875	1702					
876	164	134		1692	V 216	
877	781	784	1125	1711	B 39, V 31	
878			1131	1712	B 56	
879	782	785	1122	1713		
880	1703					
881	783	786		1715	V 38a	
882	794	797	1141	1733		
883			1153	1701		
884	795	798	762	69		
885				1714	V 43	
886						
887			1136	1692	V 216	
888			1137	1699		
889	721	695	1138	1224		
890	813	815	1145			
891	787	790		1720	B 43, V 41	
892			1128	1721	B 60	
893	788	791	1144	1722		
894	1704					
895			1160	1427		
896	789	792	174	1724		
897	790	793	1140	1726		
898	791	794		1727		
899	792	795	217	375	B 154	

Echt.	Had.+Sup.	Paduense	Gelasianum	Gellonense	Meroving.	Others
900	1705					
901	793	796	97	310		
902	603		1162	1247		
903	794	797	1141	1733		
904			1163			
905	795	798	762	69		
906	1706			1729		
907	796	799		299		
908			1168	1739	G 93	
909	797	800	1152	1740		
910	798	801	1143	1696		
911	799	802	1146	1743		
912	800	803	1154	1695		
913	801	804	1173	1735		
914	802	805	1174	1746	B 33	
915	803	806	1138	1753		
916	1707					
917	804	807		1749		
918			1177	1750	F 129	
919	805	808	1121	1751	B 38	
920	806	809	1138	1753		
921	1708					
922	807	810	1130	1755		
923			1132	1752		
924	808	811	1120	1650	B 37, V 30	
925	809		1127	1651	B 41, V 40	
926						

Liber II

Echt.	Had.+Sup.	Paduense	Gelasianum	Gellonense	Meroving.	Others
927	62	25		42		
928	63	26		876		
929	1518			45		
930	64	28	1241			
931			35	46		
932	65	30	30	43		
933	66			49		
934		31	32	48		
935		29	34	47	G 36	
936			31	1614		
937	67	32		51		
938	68	33		52		
939	1519	34		53		
940	69	35		54		
941	382*			55		
942	70	36	41	1478		
943	71	37		1479		
944	72	38		1483		
945	73		36	50	G 323	
946	74			1382		
947			40	1169	F 93	
948	75	39	42	58		
949			43	59		
950	76	40		1394		

Echt.	Had.+Sup.	Paduense	Gelasianum	Gellonense	Meroving.	Others
951	1520	41		61		
952	77	42	967	62		
953			47	63		
954	78	43		64		
955	66			65		
956		44	46	66		
957	79	46		73	G 399, F 100b	
958	80	47		74		
959	81	48		75		
960	99	69		127		
961						F 140
962	100			174		
963	1527			129		
964	101			132	F 97	
965	133	71	809	130		
966			806	131		
967	102	75		146		
968	488	431	812	141		
969	103	76		147	G 392	
970	1529			143	G 466a	
971	104	77		145		
972	105	77		132	G 442	
973	106	79	1050	133		
974	107	80		134	F 97	
975			1091	152		
976			1092	153		
977			1093	154		
978	108	81		156		
979			819	157	G 468, F 99	
980	109	82	568	176		
981	110	83		141		
982	111	84		161		
983	3266					
984	112	85		923		
985	1530			165		
986	113	86	332	166		
987	114	87		169		
988			823	168	F 94	
989	115	88		1302		
990	1531			171		
991	116	90		54		
992			825	172	F 105	
993	117	91		173		
994	118	92	762	69		
995	1532					
996	119	93		175		
997			1105	182		
998	669	632	1107	184		
999			1108	185		
1000						
1001				186	G 437	
1002				187	G 445	
1003				188		

Echt.	Had.+Sup.	Paduense	Gelasianum	Gellonense	Meroving.	Others
1004			967	189		
1005	40*			169		
1006	41*			170		
1007	1535					
1008	42*	·		172		
1009	848	942		921		
1010	120	97		190		
1011			826	191		
1012	121	98		969		
1013				193	G 108b	
1014	122	99	117	316		
1015	123	103		195		
1016	124	104		196		
1017	125	105		197		
1018	1537	6	38	198		
1019	126	106		199		
1020	127·			200		
1021	128	107		202		
1022	131	111				
1023	129	108		52		
1024	1538	109		104		
1025	130	110	·			
1026	132			190		
1027	121	98		969		
1028						
1029			835	212		
1030			836	213		
1031	133		837	214		
1032	285*		1117	215		
1033		834	1118	216		
1034			1119	217		
1035	134	115		226		
1036	135	116		314		
1037	136	117	1193	228		
1038			838	225		
1039			839	227		
1040			840	229		
1041			841	230	G 112	
1042			822	167		
1043			842	231		
1044				232		
1045			843	233	F 113	
1046	598	545	918	234		
1047	605	549	919	235		
1048	1541			236		
1049	66*		920	237	G 382	
1050	67*					
1051			844	238		
1052			845	239	G 412	
1053				240		
1054	635	205	846	241		
1055	899			242		
1056	137					

Echt.	Had.+Sup.	Paduense	Gelasianum	Gellonense	Meroving.	Others
1057	138					
1058	1542			245		
1059	139					
1060	173*					
1061	174*			1238		
1062	175*			1239		
1063	176*			1240		
1064	140					
1065	141					
1066	142					
1067	1598	387		855		
1068	143	385		850		
1069	1342					
1070				849		
1071			847	851	B 125a	
1072			848		B 125b	
1073		388		858		
1074			851-2	1169	F 93a	
1075		816	1151	1700		
1076	391*	823	810	140		
1077			811	867		
1078			813	868	F 84	
1079			814	869		
1080			854	870		
1081			855	871		
1082			857	872		
1083	1600			873	F 110b	
1084			859	874		
1085			857	872		
1086	461	394	1050	150		
1087	1601			877		
1088	462	395	332	166		
1089	463		1068			
1090	464		28			
1091	1603			887		
1092	465		118			
1093	476	408	816	162	F 107	
1094	477	409	1111	923		
1095	478	410		160		
1096			1008	924		
1097	479	415		930	F 92	
1098			860	931	G 380	
1099	480	516		932		
1100	1608					
1101	481	517	878	132	F97	
1102			917	934		
1103						
1104	2798					En 1717
1105	2791					
1106						
1107						
1108	2992					L 1138
1109						

Echt.	Had.+Sup.	Paduense	Gelasianum	Gellonense	Meroving.	Others
1110			865	937		
1111			866	938		
1112			867	939		
1113			868	940		
1114	482	115		965		
1115	483	98		969		
1116	484	83		160		
1117	129*	421	869	944		
1118	130*		970	945		
1119	131*		871	946		
1120	1609					
1121				947		
1122	134*	423	872	948		
1123	485	428		955		
1124	486	429	762	69		
1125	487	430	166	356		
1126	488	431	812	141		
1127	489	432	568	174		
1128	490	433		175		
1129	136*		873	961		
1130	137*		874	962		
1131	1611			963	F 96	
1132	138*		875	964		
1133	491	434		965		
1134	492	435	1290	966	F 135a	
1135	493	436	1293	967		
1136	494	437		968		
1137	495	438		969		
1138	496	439		970		
1139	504	452	812	993		
1140	492	435		994	F 135a	
1141	493	436		995		
1142	556	499		1068		
1143	557	500		1069		
1144	558	501		1070		
1145	559	502		930		
1146	560	503	1050	150		
1147	1622			1073		
1148	561	504	332	166		
1149	152*			1771	G 447	
1150	153*					
1151						
1152	154*					
1153	158*		1102	1082		
1154	159*		1103	1083		
1155	160*		1104	1084		
1156	164*		880	1085		
1157	165*		880	1085		
1158	166*		882	1087		
1159	562	511		965		
1160	563	512	1290	966	F 135a	
1161	564	513	97	310		
1162			883	1122		

Echt.	Had.+Sup.	Paduense	Gelasianum	Gellonense	Meroving.	Others
1163			884	1123		
1164				1124		
1165			885	1125		
1166		829	889	1129		
1167		830	891	1130		
1168			892	1131	F 146a	
1169	565	514		930	F 92	
1170	566	515		314		
1171	1627			1135		
1172	567	516		86	B 24d	
1173	568	520		1143		
1174			896	1144		
1175	569	521	898	1145		
1176	1629			1146		
1177	570	522	897	1147		
1178	571	523		1149		
1179	572	524		1150	B 6	
1180	573	525		1151		
1181	574	526	901	1152	G 371	
1182			902	1153		
1183	575	527	903	1154		
1184	1630			1155	B 321	
1185	576	528	904	1156		
1186	577	531		1160		
1187	578	530		1161		
1188	579			1162		
1189	580	529		1163		
1190	581			1164		
1191	582			1158		
1192			905	1159		
1193			906	1165		
1194			907	1166		
1195			909	1167		
1196	583	532	910	1168	G 409	
1197	584	533	911	174		
1198	1631		568			
1199	585	534		159		
1200	586		821			
1201	587					
1202	588					
1203	589	538		1181		
1204	590	539				
1205	591	540	948	1192		
1206	592	541	850	1184		
1207	593	542		1186		
1208			931	1187		
1209	594	543	921	1188	G 374	
1210			922	1189	B 331	
1211	595	544		1190		
1212	596		948	1192		
1213	1633			1183		
1214	597		850	1184		
1215			917	1194		

489

Echt.	Had.+Sup.	Paduense	Gelasianum	Gellonense	Meroving.	Others
1216	598	945	918	234		
1217	599	946		1195		
1218	600			1202		
1219	601	547	936	1199		
1220	602		277	1221		
1221	603		1162	1247		
1222			934	1197		
1223	604	548	927	1203		
1224	605	549	919	235		
1225	1671	559		1481		
1226	606	550				
1227	610	551		1208	F 114	
1228	611	552		1209		
1229	612	553		1210		
1230	607	557	946	1217		
1231	608	558		1209		
1232	1664	654		1431		
1233	609	560	277	1221		
1234	613	561		1223		
1235	614	562		1224		
1236	1635			1225		
1237	615	563		1226	V 253	
1238	170*			1233	F 81	
1239	171*	846		1234	F 85b	
1240	1637	826		1235	F 88b	
1241	172*			1236	F 91	
1242	105	78		149	G 422	
1243	106	79	1050	150		
1244	107	80	878	151	F 97	
1245	3545					
1246	3546					
1247	3547					
1248	177*		1162	1247		
1249	178*		923	1248	G 47	
1250	1640			1249	F 88e	
1251	180*		864	1250		
1252			937	1251		
1253						
1254						
1255						
1256	616	573		1264		
1257			806	1260		
1258	617	574		923		
1259	618	575	1330	1262	V 216	
1260	619	576		1266		
1261	620	577	1050	150		
1262	1641					
1263	621	578		1268		
1264	622					
1265	623			116		
1266	624			1210		
1267	184*		1113	1277		
1268	185*		1114	1278		

Echt.	Had.+Sup.	Paduense	Gelasianum	Gellonense	Meroving.	Others
1269			1115	1279		
1270	1643			1280		
1271	187*			1281	F 120	
1272	625	582		1282		
1273	626	583	1290	1283	F 135a	
1274	627	584		1284	B 24d	
1275	628	585		254		
1276				1285		
1277	629	586	1138	445		
1278	1644			1288		
1279	630					
1280	631		577	2833	B 560	
1281	632	587		1292		
1282	633	588		1290		
1283	634	589		1291		
1284	635	590	846	241		
1285			965	1293		
1286			964	1294	G 452	
1287			966	1295		
1288				1296		
1289	636	594		1297		
1290	637	595		923		
1291	638	596		160		
1292	639	597		1300		
1293			970	1301		
1294	640	598		1302		
1295				1304		
1296	641	599		1306		
1297			973	1305		
1298	642	600		1308	G 389b	
1299	643	601	1082	956		
1300	1646			1304		
1301	644	602				
1302	645	603		1311		
1303			975	1312	G 395	
1304	646	604		17	G 392	
1305	1647					
1306	647	606	332	166		
1307						
1308	648	607	974	1316		
1309				1307		
1310	189*	608	979	1317	G 397	
1311	191*		981	1319		
1312	190*		980	1318		
1313			969	1765		
1314	3378					L 25
1315	649	609		1321		
1316	650	610				
1317				1323		
1318	651	611		1324		
1319	652	612	968	73	G 399, F 100b	
1320	653	613		1328		
1321	1649					

491

Echt.	Had.+Sup.	Paduense	Gelasianum	Gellonense	Meroving.	Others
1322	654	614		1331		
1323	655	618		1338		
1324	656	519		1339		
1325	1649					
1326	657	520		54		
1327	658					
1328	659					
1329	660					
1330	661					
1331	662					
1332	663					
1333	1653			1356		
1334	664					
1335	82	49	993	67		
1336	192*		988	1353		
1337	193*		989	1354		
1338	194*		990	1355		
1339	1653			1356		
1340	1654					
1341	196*		992	1357		
1342	665	625	876	1071		
1343	666	626		1359		
1344	667	627		19		
1345	199*		1000	1361	F 102a	
1346			1001	1363	F 108	
1347				1364	F 103b	
1348	201*		1002	1365		
1349	668	631		1366		
1350	669	632	1107	184		
1351				1368	G 29	
1352	670	633	232	1369		
1353	202*			1382		
1354	203*			1383		
1355	1656		944	1384	F 110a	
1356			926	1385		
1357	602	560	277	1386		
1358			1003	1387		
1359			1004	1389	F 102b	
1360	1657			1390	F 88d	
1361			1005	1391		
1362	671	637		161		
1363	672	638		942	G 469b	
1364	1658	847		1399	F 88a	
1365	673	639		1400		
1366	205*			1393		
1367	207*	698		1394		
1368	1659			11395		
1369	208*	827		1396	G 402a, F 86	
1370	674	640		1833		
1371	675	641	568	1835		
1372	676	642	232	457		
1373	209*	643	1009	1411	F 100a	
1374	210*		1010	1412		

Echt.	Had.+Sup.	Paduense	Gelasianum	Gellonense	Meroving.	Others
1375	211*			1413		
1376	1661			1414		
1377	215*		1012	1415		
1378	677			1416		
1379	678			1417		
1380	679			1418		
1381		822	1013	1419	F 106	
1382		824	1014	1420		
1383	1662			1421		
1384		821	1015	1422		
1385	680			1433		
1386	681			1434		
1387	682					
1388	1664	654		1431		
1389	683		117	316		
1390		652	1016	1428		
1391			826	1429		
1392						
1393						
1394						F 407
1395	221*		1020	1435	F 80	
1396	222*		1021	1436		
1397	1665			1437		
1398	224*		1022	1438		
1399	684	656		1439		
1400	685	657		1440		
1401	686	658		1441		
1402	687	662		1467		
1403			1026	1452		
1404	688	663	964	1453	G 452	
1405	1668			1455	G 408	
1406	689	664	878	132	F 97	
1407				1457		
1408				1458		
1409	1669			1459		
1410				1460		
1411	690	665		1451		
1412	226*		1023	1448		
1413	229*					
1414	1609					
1415	691					
1416	692		1512	1474		
1417	693	666		1461		
1418	694	667	962	1287		
1419	695	668	1216	1463		
1420	696	669		1464		
1421	697	670		1465		
1422	698	671		1466		
1423	699	672	823	168	F 94	
1424	700	673		1468		
1425	701	675		1469		
1426	236*	612	968	1476	G 399, F 100b	
1427	237*		1077	1477		

493

Echt.	Had.+Sup.	Paduense	Gelasianum	Gellonense	Meroving.	Others
1428	238*	36		1478		
1429	239*	37		1479		
1430	240*		39	1480		
1431	1671	559		1481		
1432	242*	550		1482		
1433	243*	38		1483	G 402b	
1434	244*		938	1484		
1435	371*		860	931	G 380	
1436						
1437						
1438	246*		1027	1454		
1439						
1440	1713			1811		
1441	741	735		1392		
1442						
1443	735	726		1585		
1444	723	697		226		
1445	724	698		1394		
1446	1676	835		1516		
1447	725	699		1360		
1448	726	700		1518		
1449	727	701		1520		
1450	1677			1521		
1451	728	702	1033	1522		L 858
1452	252*					L 859
1453	251*	703	1032	1519		
1454	250*		1036	1523		
1455		704	1034	1525		
1456	391*	823				
1457	749	743		1617		
1458	1715					
1459						
1460						
1461	63*					
1462						
1463	729	708		1537		
1464	740	734	858	1538	F 117b	
1465	731	710		1539		
1466		832	1053	1540		
1467			1054	1541		
1468			1055	1542		
1469						
1470	637	594		1297		
1471	1713			1811		
1472	647	606	332	166		
1473	732	714		1548		
1474	733	715	1294	1549		
1475	734	716		1550		
1476	271*			1558		
1477	272*	873		1559		
1478	1681			1560		
1479	274*			1561		
1480	275*		939	1568		

Echt.	Had.+Sup.	Paduense	Gelasianum	Gellonense	Meroving.	Others
1481	276*		940	1569	F 101	
1482	1683			1570		
1483	278*		941	1571		
1484	279*		942	1572		
1485	180*			1573		
1486	281*		943	1574		
1487	1684			1575		
1488	283*		945	1576		
1489				1577		
1490	285*		1117	215		
1491	286*					
1492	287*		1078	1662		
1493	288*					
1494	289*					L 395
1495	290*					
1496	291*	586		1291		
1497	292*		378	614		
1498	293*	710		1539		
1499	294*					
1500	735	726		1585		
1501	736	727		1586		
1502	737	728	568	1587		
1503	738	729		175		
1504	3536					
1505						
1506						
1507						
1508						
1509						
1510						
1511	739	733		1596		
1512	740	734	858	1538	F 117B	
1513	1687			1599	G 159b	
1514	741	735		1592		
1515			1056	1597		
1516	742	736		1602		
1517	743	737		1603		
1518	744	738	846	241		
1519	745	739		1605		
1520	746	740	762	69		
1521	747	741		1306		
1522	748	742		1608		
1523				1609		
1524	749	743		1617		
1525	1688					
1526				1611		
1527	750	744		1618		
1528	853			1613		
1529			31	1614		
1530						
1531						
1532						
1533	751	751		190		

Echt.	Had.+Sup.	Paduense	Gelasianum	Gellonense	Meroving.	Others
1534						
1535	752	752		1633		
1536	1692					
1537	753	754		19	G 115A	
1538	754	755		1297		
1539				1636		
1540			1067	1637		
1541	755	756		28	B 6	
1542	1693			1639		
1543	756	758		1210		
1544	757	759		1641		
1545	758	760		1468		
1546	759	761		1644		
1547	760	762		1646		
1548				1645		
1549	761	763		314		
1550	1694			1648		
1551	762	764		322		
1552	763	768		1160		
1553				1656		
1554	764	769	1290	466		
1555				1657		
1556	1696					
1557	765	770	1081	1466		
1558			1075	1658		
1559	766	771		1659		
1560			1076	1660		
1561	767	772		1661		
1562	768		1083	1759		
1563	1697					
1564	769	773	945	1663		
1565	770	774	1080	1664	G 381	
1566		779		1665		
1567	771	775	1082	1666		
1568	772		1083	1759		
1569	1698	776		1667		
1570	773	777		957		
1571			1084	1668	G 45	
1572	774	778		1670		
1573	775	780	1087	1707		
1574	776		860	1671	G 380	
1575	777			1672	G 375	
1576			1081	1673		
1577						
1578						
1579	378*					
1580				1708		
1581				1709		
1582				1710	F 90b	
1583			1070	1717		
1584			1065	1718		
1585			1062	1719		
1586	301*		1088	1757		

Echt.	Had.+Sup.	Paduense	Gelasianum	Gellonense	Meroving.	Others
1587	302*		1089	1758		
1588	768		1083	1759		
1589	303*		1090	1761		
1590						
1591	275*		939	1568		
1592	601	547	936	1567		
1593	276*		940	1569	F 101	
1594	3172					
1595	1683			1570		
1596	278*		941	1571		
1597	42*					L 355
1598	766	771		1659		
1599	767	772		1661		
1600	768	773		1663		
1601	279*		942	1572		
1602	280*			1573		
1603	281*		943	1574		
1604	1684			1575		
1605	283*		944	1576		
1606	3186		937			L 377
1607	3187					L 284
1608	591	540	948	1192		
1609	373*		949	1220		
1600				1577		
1611	479	415		930	F 92	
1612	480	416		932		
1613	481	417	878	132	F 97	
1614	55*					
1615	244	246	1029	1247		
1616						
1617			1101	1816		
1618	285*		1117	1821		
1619			957	1814		
1620		834	1118	1822		
1621			1119	1823		
1622				1824		
1623				1825		
1624		833		1826	G 454	
1625			815	1827		
1626			1112	1828		
1627		837		1829	G 114	
1628		838		1830	F 101	
1629				1831	G 436	
1630				1832		
1631						F 223, 1059
1632	1239	640		1833		
1633		840		1834		
1634	129	108		52		
1635	1717					
1636	130	110		45		
1637	131	111				
1638	696	669		1464		
1639		779				

Echt.	Had.+Sup.	Paduense	Gelasianum	Gellonense	Meroving.	Others
1640				1409		
1641	1718	842		1836		
1642	397			732		
1643	3428					
1644	3432					
1645	3433					
1646	3434					
1647	3435					
1648	3436					
1649						F 1842
1650						F 1843
1651						F 1845
1652	2492					F 1846

Liber III

Echt.	Had.+Sup.	Paduense	Gelasianum	Gellonense	Meroving.	Others
1653	1806					
1654	1807					
1655	1807		680	1065		
1656	1809					
1657	1810					
1658						F 1780
1659	1215	865	1306	1992		
1660						
1661						F 1789
1662		471	651	1020		
1663						
1664	1907					
1665	1908	85		923		
1666	1909	79	1050	150		
1667	1910					
1668	1911	28	1241			
1669	1912					
1670	2163					En 2302
1671	2164					En 2303
1672	2165	859			B 392	En 2304
1673	2170					En 2305
1674	2172					En 2606
1675	1814					
1676	1815					
1677	1816					
1678	1817					
1679	1818					
1680	1243					
1681	566	515		314		
1682	1940				B 414	
1683	1280					
1684	1282					
1685	1283					
1686	1284					
1687	2325					
1688	2326					
1689	2327					
1690	2328					

Echt.	Had.+Sup.	Paduense	Gelasianum	Gellonense	Meroving.	Others
1691	2329					
1692	1921	662		1467		
1693	1922	601	1082	956		
1694	1923	663	964	1453	G 452	
1695	1924			1560		
1696	1925	106		199		
1697	1926					
1698	2100					
1699	2101					
1700	2102					
1701	2103					
1702	2104					
1703	2307					
1704	2308		1323	2771		
1705	2309					L 578
1706	1617					
1707	2312	134		1262		
1708	2314		562	987		
1709	1865					
1710	1866					
1711	1867	207	846	241		
1712	1868					
1713	1285					
1714	1286					
1715	1287					
1716	2126					
1717	1288					
1718	1856	704	1034	1525		
1719	1857	701		1520		
1720	1858					
1721	1859	639		1400		
1722	1860					L 859
1723	1936	47		74		
1724	1938	425				
1725	1939					
1726	1940					
1727	1941					
1728						F 2166
1729	2079			1868		En 2195
1730	2105			1957		
1731	2080			1872		En 2197
1732	2081					En 2198
1733	2082					En 2200
1734	690	665		1451		
1735	324	292		583		
1736	1836					
1737			331	567	B 24d	
1738	1837					
1739	1838	260		488		
1740	327	295		587		
1741	1943					
1742	1944	701		1520		
1743	1945	734	858	1538	117b	

Echt.	Had.+Sup.	Paduense	Gelasianum	Gellonense	Meroving.	Others
1744	1946			245		
1745	1947	550	930	1207		
1746	1948					
1747			1360			
1748						
1749	2089		1369			
1750	1841					
1751	1842					
1752						
1753	664					
1754	1844					
1755	1870					
1756	1871					
1757	1872					
1758	1873					
1759	1281					
1760	2079			1889		
1761	2063		1375			
1762	2064		1376	2553		
1763	2066					
1764	2127			1874		
1765	2128			1878		
1766	2129					
1767	2130					
1768	2133					
1769	2134					
1770	2135					
1771	2136					
1772	2137					
1773	2138					
1774						
1775	2140					
1776	2141					
1777	2142	556	1181	1215	B 23	
1778	2143				B 450	
1779	2144					
1780	2145					
1781	2146					
1782	2147					
1783						
1784	2148					
1785	2149					
1786						F 2885
1787	2150					
1788	2151					
1789	2152					
1790	2320					En 2294
1791	2321					En 2295
1792	2322					En 2296
1793	2323					En 2297
1794	2330					
1795	1781					
1796	2331					

Echt.	Had.+Sup.	Paduense	Gelasianum	Gellonense	Meroving.	Others
1797	2332					
1798	2333					
1799	2334					
1800	2672			1883		
1801	2674			1884		
1802	2675			1886		
1803	2676				G 520	
1804	2090					
1805				1887		
1806	2485		1341	2686		
1807	2153					
1808	1333		1481	2746		
1809	1491		1576	2108	B 569	
1810	2180					
1811	2340					
1812	2335					
1813	2341					
1814	2336					
1815	2342					
1816	2344					
1817	2338					
1818						
1819						
1820						
1821						
1822	2343					
1823	250	224		435		
1824	814		84			
1825	815					
1826	816					
1827	817					
1828	818		709	2456		
1829	819		710	2457		
1830	820					
1831	821		712	2459	B 392	
1832	822					
1833	823					
1834	824					
1835	825					
1836	826					
1837	827					
1838	1260		730	2476		
1839			731	2477		
1840			732	2478		
1841			733	2479		
1842			734	2480		
1843	1261		735	2481		
1844			736	2482		
1845						
1846						
1847						
1848	1262					
1849	1263					

501

Echt.	Had.+Sup.	Paduense	Gelasianum	Gellonense	Meroving.	Others
1850				2485	B 391	
1851	1264			2483	B 390	
1852	1265			2486		
1853	828			2487		
1854	829					
1855	830					
1856	831					
1857	832					
1858	2061		764	2566		
1859	2062		1374			
1860	2211					
1861	2064		1376	2556		
1862			157	2538	F 34	
1863			158	2539		
1864	1544		159	2540		
1865			160	2541		
1866			161	1542		
1867	187		162	1543		
1868			779	1558		
1869			780	2559		
1870			781	2560		
1871			782	2561		
1872			783	2562		
1873			784	2563		
1874			785	2564		
1875			786	2565		
1876						
1877			1373			
1878				1862		
1879						
1880	2059					
1881	2062		1374			
1882						
1883	1992					
1884	1993					
1885	2257					
1886	1994					
1887			1703			
1888				1849		
1889						
1890	399*		757	2570		
1891	400*		758	2571		
1892			759	2572		
1893	401*		760	2573		
1894			793	2611		
1895			794	2612		
1896			795	2613		
1897			796	2614		
1898			797	2517		
1899			798	2518		
1900			799	2519		
1901			800	2620		
1902			801	2621		

502

Echt.	Had.+Sup.	Paduense	Gelasianum	Gellonense	Meroving.	Others
1903			802	2622		
1904			803	2623		
1905	837		1443	2629		
1906	839		1444	2630		
1907			1445	2631		
1908	835		1446	2632		
1909			1447			
1910			1448	2633		
1911			1450	2635		
1912			1451-2	2636		
1913			1454	2638		
1914			1455	2639		
1915	833		1455	2639		
1916	834					
1917	835		1456	2632		
1918	836					
1919			1450	2635		
1920	837		1443	2629		
1921	838a					
1922	839		1444	2630		
1923			1456	2640		
1924			1457	2641		
1925			1458	2642		
1926				2643		
1927			1459	2644		
1928			1460	2645		
1929			1461	2646		
1930			1462	2647		
1931			1463	2648		
1932			1464	2649		
1933			1465	2650		
1934			1466	2651		
1935			1467	2652		
1936			1468	2653		
1937				2654		
1938			1469	2655		
1939			1470	2656		
1940				1883		
1941						
1942						
1943						
1944			1398	2657		
1945			1399	2658		
1946			1400	2659		
1947				2660		
1948			1401	2661		
1949	1000		1403	2663		
1950	1001		1412	2668		
1951	1002					
1952	1366		1402	2662		
1953	1367		1404	2664		
1954	1368		1405	2665		
1955				2666		

Echt.	Had.+Sup.	Paduense	Gelasianum	Gellonense	Meroving.	Others
1956	1369		1406	2667		
1957	1370					
1958	1371					
1959	1372		1413	2669		
1960	1375		1414	2670		
1961	1373		1416	2671		
1962				2672		
1963	1374		1417	2673		
1964			1418	2677		
1965	1376		1419	2678		
1966	1377		1420	2679		
1967	1378		1421	2680		
1968	1346		1333	2681		
1969			1334	2682		
1970	1347		640	2683		
1971	1730			2689		
1972	1348		1363	2685		
1973	867	955		1955		
1974	1193	731	1351	1591	F 75	
1975	1680			1555		
1976			1340			
1977	860			2179		
1978				2758		
1979			1345	2687		
1980			1347	2688		
1981	1650			1378		
1982			1344	2690		
1983			1349	2691		
1984			1354	2692		
1985			1362	2693		
1986			1356	2694	G 24	
1987			1364	2695		
1988			1365	2696		
1989			1366	2697		
1990			1352	2698		
1991			1359	2699		
1992	1007		1377	2705		
1993	1008		1378	2706		
1994	312*		1379	2707		
1995				2708		
1996	1365		1380	2709		
1997	1349		1393	2711		
1998			1394	2712		
1999	1350		1395	2713		
2000	1731			2714		
2001	1351		1396	2715		
2002	1352		1397	2716		
2003			1530	2717		
2004			1531	2718		
2005			1532	2719		
2006				2720		
2007			1533	2721		
2008		899	1534	2722		

Echt.	Had.+Sup.	Paduense	Gelasianum	Gellonense	Meroving.	Others
2009	1357		1510	2723		
2010			1513	2726		
2011	1358		1511	2724		
2012	1359		1514	2727		
2013				2728		
2014	692		1512	2725		
2015			1515	2729		
2016			1516	2730		
2017	1360		1526	2731		
2018			1527	2732		
2019			1235	2733		
2020	1361		1528	2734		
2021				2735		
2022	1362		1529	2736		
2023	1353		1517	2738		
2024			1518	2739		
2025	1354		1519	2740		
2026				2741		
2027	1355		1520	2742		
2028	1356		1521	2743		
2029	997					
2030	998		1485	2757	F 76b	
2031	1330		1479	2744		
2032	1331		1480	2745	F 72	
2033	1332					
2034	1333		1481	2746	F 74	
2035	1727			2747	F 76b	
2036	1334		1482	2748		
2037	1335		1484	2756		
2038	1337		1486		F 74b	
2039	1728					
2040	1338					
2041	1339					
2042	1340					
2043	1341					
2045	1729					
2046	1342					
2046	194					
2047	2567					
2048	2568					
2049						F 1958
2050	2569					
2051	1343		1472	2764		
2052	1344		1475	2766		
2053	1345		1476	2767		
2054			1477	2768		
2055			1323	2771		
2056	2303	634	1324	2772		
2057			1325	2775		
2058				2777		
2059			1330	2779	V 216	
2060			1332	2780		
2061			1424	2784		

Echt.	Had.+Sup.	Paduense	Gelasianum	Gellonense	Meroving.	Others
2062			1425	2785		
2063			1426	2786		
2064				2787		
2065			1427	2788		
2066	357		1428	2789		
2067	1317		1313	2790		
2068	1313		1314	2791		
2069	1314		1315	2798		
2070	1318		1316	2792		
2071	1726			2793		
2072			1317	2794		
2073			1318	2795		
2074				2796		
2075	1319		1319	2797		
2076	1315			2804		
2077	1316		1554	2809		
2078	1320			2805		
2079	1321		1339	2806		
2080				2807		
2081	1322			2808		
2082		517		1137		
2083			1550	2824	B 443	
2084			1551	2825		
2085			1553	2827	B 444	
2086			1617	2914		
2087						
2088						
2089	1266		1505	2624		
2090	404*		1506	2625		
2091	1267		1507	2626		
2092	1268		1508	2627		
2093	1269		1509	2628		
2094						
2095	1271					
2096	1719					
2097	1272					
2098	1273					
2099	1274					
2100	1275					
2101	1276					
2102	1277					
2103	1278					
2104	1720					
2105	1721					
2106	1279					
2107						
2108	2457		933	1179		
2109						
2110						
2111						
2112						
2113	1311		1571	2581		
2114	1312		1572	2582		

COLLATION TABLE

Echt.	Had.+Sup.	Paduense	Gelasianum	Gellonense	Meroving.	Others
2115				2583		
2116				2584		
2117				2586		
2118						
2119						
2120	2259		708	2455		
2121	1308		1429	1587		
2122						
2123	1309		1432	2590		
2124	1310		1435	2593		
2125	1312		1572	2582		
2126				1861		
2127				1862		
2128				1863		
2129						
2130	1297			1847		
2131	1298			1849		
2132	1722			1845		
2133	2393					
2134	1293					
2135	1294					
2136						
2137	1295					
2138				1296		
2139						
2140						
2141				1724		
2142	2463		77	258		
2143	1292			1866		
2144	1289			1860		
2145	1290			1853		
2146	1723					
2147						F 2909
2148	1292			1866		
2149				1834		
2150				1844		
2151				1845		
2152				1846		
2153	720	694		1508		
2154						
2155	1291			1865		
2156						
2157	2378					En 2186
2158						
2159	2380					En 2190
2160	1304					
2161	1305					
2162	1725					
2163						
2164	1306					
2165	1307					
2166	2669					
2167	2670					

507

Echt.	Had.+Sup.	Paduense	Gelasianum	Gellonense	Meroving.	Others
2168						
2169						
2170	2671					
2171	2719		360	607		
2172	2720					
2173	2723					
2174	2721					
2175	1323			2176		
2176	1324		1370			
2177	1325					
2178	1326					
2179	1327	957		900		
2180	2371				B 421	
2181						
2182						
2183						
2184						
2185						
2186						
2187	2417					
2188	2419					
2189						
2190	1302		1698	1858		
2191	1303		1699	1859		
2192			1301	1915		
2193			1430	2588		
2194						
2195			1433	2591		
2196						
2197	3093				B 438	
2198	3094				B 439	
2199	3098					
2200	3095					
2201	3096		1671	389		
2202	3097					
2203	3117					
2204	3118					
2205	3119					
2206	3120		1262	1719		
2207	3121					
2208	1448					
2209	1449					
2210	1450					
2211	3085					
2212	3086					
2213						
2214						
2215	1656		944	1384	F 110a	
2216	3194					
2217	731	710		1539		
2218	3536					
2219	3196					En 181
2220						

Echt.	Had.+Sup.	Paduense	Gelasianum	Gellonense	Meroving.	Others
2221						
2222						
2223	3198					
2224	3204			1286		
2225	42*				2491	
2226	4013					
2227	1456					
2228	622					
2229						F 2440
2230	987					
2231	988					
2234	1388		1535	2878		
2235	1389		1536	2879		
2236	3988					
2237						
2238	3989					
2239						
2240						
2241						F 2415-16
2242						F 2418
2243						F 2420
2244						F 2422
2245						F 2423-4
2246						F 2428
2247						F 2429-30
2248						F 2433
2249	4003					
2250						
2251						F 2435
2252			787	2607		
2253						F 2447
2254	2781					
2255	109*		362	610		
2256						F 2400
2257						F 2399
2258						F 2404
2259	1395		1543	2887		
2260	3994					
2261	3996			2100		
2262	3997					
2263	3998					
2264	1392		1539	2882		
2265	1393		1541	2884		
2266	1732			2684		
2267	1394		1542	2886		
2268	2782					
2269	2783					
2270						F 2349
2271	2739					
2272	2784					
2273	2791					
2274	2792					
2275	2499					

Echt.	Had.+Sup.	Paduense	Gelasianum	Gellonense	Meroving.	Others
2276						
2277						F 2354
2278						
2279	2794					
2280	2795					
2281	2797					
2282	2796					
2283	2449					
2284	2450					
2285						
2286	2451					
2287	1396		364	2888		
2288	1397		365	2889		
2289						
2290	1415					R 30
2291	4071					
2292			1626a	1921		
2293			1626b	1922		
2294	4077					
2295			1608	2901		
2296			1609	2896	B 536	
2297	4072					
2298	4073		1667	2974		
2299	1400					
2300				2904		
2301			1613	2905	B 538	
2302	1401					
2303			1618	2911		
2304						
2305			1616	2912	G 248	
2306	1402					
2307			1619	2913	B 526	
2308	1403			2994		
2309	1398		1607	2899	B 535	
2310	1409					
2311	1410					
2312	1411		1620	2915		
2313			1621	2906		
2314	1412		1614	2910		
2315	1407					
2316	1408					
2317			1625	2918-9		
2318			1622	2920		
2319			1627	2895		
2320	1414					
2321	1413		1623	2916		
2322			1617	2914		
2323			1610	2903		
2324			1612	2900		
2325	4072					
2326	1016					
2327	1017					
2328	1010					

Echt.	Had.+Sup.	Paduense	Gelasianum	Gellonense	Meroving.	Others
2329	1011					
2330	1012					
2331	1013				B 17, F 168, V 32b	
2332						
2333	1014					
2334	3812		1628	2932		
2335	2820					
2336						
2337						F 2467
2338	413*		1634	2939		
2339			1632	2937		
2340			1633	2938	B 524	
2341			1635	2940		
2342			1636	2941		
2343			1637	2942		
2344			1642	2947		
2345			1643	2948		
2346			1644	2949		
2347	1736			2976		
2348			1646	2951		
2349		149	1647	2952		
2350		104	1639	2944		
2351			1640	2945		
2352			1641	2946		
2353			1642	2947		
2354	2862					
2355	2863		1634	2939		
2356			1433	2591		
2357	2864					

INDEX OF LITURGICAL FORMS

513

1465	Da quaesumus domine fidelibus populis . . . semper ueneratione
787	Da quaesumus domine hanc mentem populo
219	Da quaesumus domine nostris effectum ieiuniis
169; 1867	Da quaesumus domine populis christianis
824	Da quaesumus domine populo tuo diabolica
218; 305	Da quaesumus domine populo tuo salutem mentis
1875	Da quaesumus domine ut tantae ministerium
676	Da quaesumus ecclesiae tuae misericors deus
867	Da quaesumus omnipotens deus cuncta familiae
2129	Da quaesumus omnipotens deus famulo tuo
581	Da quaesumus omnipotens deus illuc subsequi
1189	Da quaesumus omnipotens deus intra sanctae
1459	Da quaesumus omnipotens deus repleti alimonia
835; 2019	Da quaesumus omnipotens deus sic nos tuam gratiam promereri
957	Da quaesumus omnipotens deus ut beati Siluestri
961	Da quaesumus omnipotens deus ut beatus Felix
476	Da quaesumus omnipotens deus ut ecclesia tua
1869	Da quaesumus omnipotens deus ut in tua spe
520	Da quaesumus omnipotens deus ut . . . iugiter ambientes
309	Da quaesumus omnipotens deus ut . . . iugiter exequentes
1242	Da quaesumus omnipotens deus ut qui beatae Praxedis
972	Da quaesumus omnipotens deus ut qui beatae Priscae
968	Da quaesumus omnipotens deus ut qui beati Marcelli
1139	Da quaesumus omnipotens deus ut qui beati Vrbani
1126	Da quaesumus omnipotens deus ut qui beatorum martyrum
342	Da quaesumus omnipotens deus ut qui in tot aduersis
288	Da quaesumus omnipotens deus ut qui infirmitatis
41	Da quaesumus omnipotens deus ut qui noua incarnati
214	Da quaesumus omnipotens deus ut sacro nos purificante
1309	Da quaesumus omnipotens deus ut triumphum
1587	Debitum dominum nostrae reddimus seruitutis
2321	Debitum humani corporis sepeliendi officium
2118	Defende quaesumus domine deus beato Petro
1953	Delicta fragilitatis nostrae domine quaesumus miseratus
840	Delicta nostra domine quibus aduersa dominantur
506	Depelle domine conscriptum peccati lege cyrographum
267; 726	Depraecationem nostram quaesumus domine benignus
422	Descendat in hanc plenitudine fontis uirtus spiritus tui
1826	Descendat quaesumus domine deus noster spiritus sanctus
2305	Deum iudicem uniuersitatis deum caelestium
1795	Deuotionem mean dominus dignanter intendat
160; 165	Deuotionem populi tui quaesumus domine benignus intende
893	Deuotionis nostrae tibi quaesumus domine hostia iugiter
570	Deus a quo bona cuncta procedunt largire supplicibus
358; 370	Deus a quo et Iudas proditor reatus sui poenam
2051	Deus a quo sancta desideria recta consilia
623	Deus Abraham deus Isaac deus Iacob deus qui Moysi
626	Deus Abraham deus Isaac deus Iacob deus qui tribus Israhel
1784	Deus apud quem est misericordia copiosa efficiat
2319	Deus apud quem omnia morientia uiuunt
2311	Deus aput quem mortuorum spiritus uiuunt
2099	Deus auctor omnium iustorum bonorum dator

208	Deus innocentiae restitutor et amator dirige
1887	Deus iustorum gloria misericordia peccatorum
1729; 1760	Deus misericordiae deus pietatis deus indulgentiae
2287	Deus misericors deus clemens qui secundum
1303	Deus mundi creator et rector qui hunc diem
425; 635; 640	Deus omnipotens pater domini nostri Iesu Christi
1883	Deus omnium fidelium pastor et rector famulos tuos
2166	Deus pacis caritatisque amator et custos
2157	Deus pater omnipotens qui es uerus sanctus
622	Deus patrum nostrorum deus uniuersae conditor
529	Deus per cuius prouidentiam nec praeteritorum
482	Deus per quem nobis et redemptio uenit et praestatur
850	Deus quem docente spiritu sancto paterno
183	Deus quem omnia opera benedicunt quem caeli
597	Deus qui Abrahae famuli tui opere humano generi
499	Deus qui ad aeternam uitam . . . reparas erige nos ad
507	Deus qui ad aeternam uitam . . . reparas imple pietatis tuae
682	Deus qui ad animarum medellam ieiunii
583	Deus qui ad caelebranda miracula maiestatis
2093	Deus qui ad praedicandum aeterni regis euangelium
1774	Deus qui aelisos erigis et humilibus das gratiam
1056	Deus qui animae famuli tui Gregorii aeternae
1202	Deus qui animae famuli tui Leonis aeternae
1462	Deus qui animae famuli tui Vedasti aeternae
1934	Deus qui anxietatem sterilium pie respiciens
662	Deus qui apostolis tuis sanctum dedisti spiritum
1216	Deus qui apostolo Petro collatis clauibus
1534	Deus qui beata Cecilia ita castitatis deuotione
4*	Deus qui beatae Mariae Magdalena paenitentiam
1064	Deus qui beatae Mariae uirginis utero
7*	Deus qui beatam Margaretam uirginem hodierna
1046	Deus qui beato apostolo tuo Petro conlatis clauibus
1469	Deus qui beatum Dionisium martyrem tuum uirtute
1059	Deus qui beatum Gregorium pontificem
1362	Deus qui beatum Hermen martyrem
1200	Deus qui beatum Leonem pontificem
1*	Deus qui beatum Marcum euangelistam
17*	Deus qui beatum Mathiam apostolum
1264	Deus qui beatum Petrum apostolum a uinculis
2228	Deus qui beatum Petrum apostolum misisti ad Thabitam
982	Deus qui beatum Sebastianum martyrem
949	Deus qui bonis tuis infantium quoque nascentia
2160	Deus qui caritatis dona per gratiam sancti spiritus
2255	Deus qui confitentium tibi corda purificas et accusantes
462	Deus qui conspicis familiam tuam omni humana uirtute
189	Deus qui conspicis omni nos uirtute destitui interius
909	Deus qui conspicis quia ex nostra prauitate
1522	Deus qui conspicis quia ex nulla nostra actione
116	Deus qui conspicis quia ex nulla nostra actione confidimus
1275	Deus qui conspicis quia ex nulla nostra uirtute
863	Deus qui conspicis quia in tua pietate confidimus
1188·	Deus qui conspicis quia nos undique mala nostra contristant
1123	Deus qui conspicis quia nos undique mala nostra perturbant
2033	Deus qui conteris bella et inpugnatores in te sperantium

525

555

INDEX OF MANUSCRIPTS

ARRAS
Bibliothèque Municipale
lat. 1045: 15 n. 39

AUGSBURG
Universitätsbibliothek
Cod. 1.2.4º2 (The Augsburg
Gospels): 3 n. 14

BERLIN
Staatsbibliothek
theol. lat. fº 58: 16 n. 40

BERN
Burgerbibliothek
289: 24 n. 92

CAMBRAI
Bibliothèque Municipale
162–163: 253 n. 19

DUBLIN
Trinity College
A 4º20: 24 n. 93

GOTHA
Landesbibliothek
MBR. I 71 (*Codex aureus
Epternacensis*): 1 n. 1

GÖTTINGEN
Universitätsbibliothek
Theol. 231: 38

LE MANS
Bibliothèque Municipale
77: 36

LONDON
British Library
Cotton, Vitellius A. xviii: 34

NEW YORK
Pierpont Morgan Library
G 57: 36

ORLÉANS
Bibliothèque Municipale
127 (The Winchcombe
Sacramentary): 33–4

OXFORD
Bodleian Library
Bodley 579 (The Leofric
Missal): 33

PADUA
Biblioteca Capitolare
D 47 (The Sacramentary of
Padua): 34

PARIS
Bibliothèque Nationale
lat. 2: 15 n. 38
lat. 2290: 36
lat. 2291: 28 n. 118, 29 n. 122, 36
lat. 7193 (The Old Gelasian
Sacramentary): 23 n. 91
lat. 9382: 3 n. 13
lat. 9421: 10 n. 23
lat. 9433 (The Sacramentary of
Echternach): *passim*
lat. 10158: 17 n. 48
lat. 10837: 3 nn. 14–15, 23
lat. 10864: 10 n. 23
lat. 10865: 10 n. 23, 16
lat. 12048 (The Sacramentary of
Gellone): 24 n. 93, 29
lat. 12050: 28 n. 119
lat. 13246 (The Bobbio Missal):
28

GENERAL INDEX

abbreviations, 11–12
Advent, 25
Afra, St, 26
Ambrose of Milan, 28
Anglo-Saxon, church, 33; prayerbooks, 33–4
Annals of Fulda, 21
Anthologia Latina, 27
apologies, 28
Arnulf, king of Carinthia, 20–1
astrology, 24
Augsburg Gospels, 3
Augustine of Hippo, 28
Ausonius, 24
Austrasia, 2

Bede, 17, 24 n. 98, 27
Benedict of Aniane, supplement to the *Hadrianum* by, 32, 33, 35, 41
Bishop, E., 25
Bourque, E., 32
breviarium apostolorum, 23, 26

Caecilia, St, vigil of, 17, 22 n. 84
calendar, 24–7
Carolingian renaissance, 4
Charlemagne, 40, 41
Charles the Simple, 20
Chromatius of Aquileia, 23
computus, 24, 27
corrections, 17–18
Crucifixion, 25
decorated initials, 15–17

Delisle, L., 18–19
divisio apostolorum, 26
dog days, 25
dominical numbers, 24

Easter, 25

Echternach, *passim*
appended material related to, 39–40
basilica, 19, 22
charters, 3
library catalogue, 4–5
neumes, 12–13
scriptorium, 3–4
St Peter's church at, 22
Egbert, abbot of Rath-Melsigi, 1, 22
Egyptian days, 24–5
embolisms, 24
equinox, 24

fly-leaves, 6
Franco-Saxon style, 10, 15–16, 19
Frisia, 1

Gaul, 4, 15

Hadrian I, pope, 41
Heliodorus of Altino, 22
Hesse, 2
Hohler, C., 34
Hrabanus Maurus, 27
Humber, 22

Insular style, 3
Ireland, 1
Irmina, abbess of Oeren, 2

Jerome, 23
Jews, 148 n. 31

Kilian, St, 26

Laurentius, scribe, 3; 23 n. 88
Leroquais, V., 19
Liber aureus Epternacensis, 1 n.1
ligatures, 11
litany, 22, 29
littera notabilior, 12

559

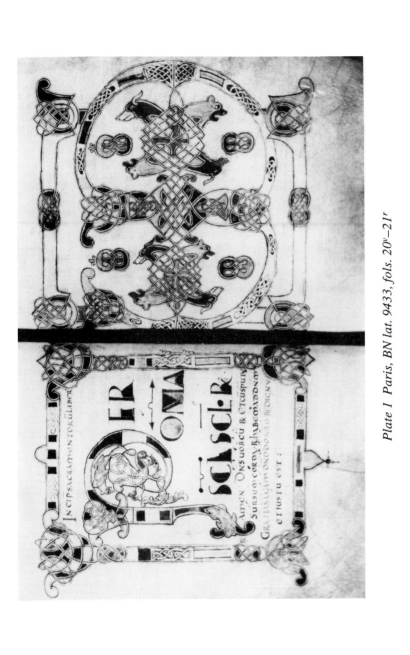

Plate 1 Paris, BN lat. 9433, fols. 20ᵛ–21ʳ

Plate 2 Paris, BN lat. 9433, fols. 109ᵛ–110ʳ

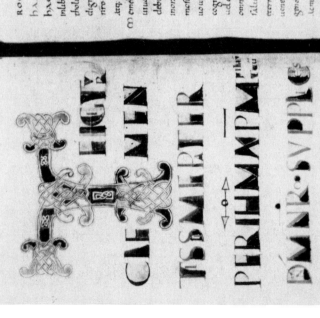

Plate 3 Paris, BN lat. 9433, fols. 22ᵛ–23ʳ

Plate 4 Paris, BN lat. 9433, fols. 4ᵛ–5ʳ